JN212468

ゴシック建築の考古学

トリフォリウムからみる建設技術史

嶋﨑 礼

Aya Shimazaki

Archaeology of Gothic Buildings:
Studying the Triforium *in situ*

東京大学出版会

Archaeology of Gothic Buildings:
Studying the Triforium *in situ*
Aya Shimazaki
University of Tokyo Press
ISBN978-4-13-066864-4

口絵1　クレルモン＝フェランのノートル＝ダム＝ド＝ラソンプシオン大聖堂
壁面に白い擬似石積みが描かれ，トリフォリウムの背後の壁は赤く彩色されている．

口絵2　ランピヨンのサン＝テリフ聖堂
数種類の擬似石積みと壁画，その他の彩色がみられる．

口絵3　ボーヴェのサン＝ピエール大聖堂，周歩廊のトリフォリウム

口絵4　ボーヴェのサン＝ピエール大聖堂，内陣多角形部のトリフォリウム

口絵5　ヴィエンヌのサン＝モーリス大聖堂（内陣）
トリフォリウムの上下に赤いフリーズ装飾。その他の彩色もみられる.

口絵6　ヴィエンヌのサン＝モーリス大聖堂（外陣）
右手のレリーフはロマネスク期の聖堂からの再利用．左手には赤いフリーズ装飾.

口絵7　シャルトルのサン＝ピエール聖堂，トリフォリウムの柱頭詳細

口絵8　ルーアンのノートル＝ダム大聖堂，トリフォリウムの彩色詳細

口絵9　ルーアンのノートル＝ダム大聖堂，トリフォリウム天井部の擬似石積み

口絵10　アミアンのノートル＝ダム大聖堂，南袖廊端部トリフォリウムの天井部

ゴシック建築の考古学　目　次

略号一覧

MPP : Médiathèque du patrimoine et de la photographie（パリ，文化遺産・写真メディアテーク）
BM：Bulletin monumental
CAF：Congrès archéologique de France
JSAH：Journal of the Society of Architectural Historians

本書でトリフォリウムの各部位に関して用いる呼称とフランス語・英語の一般的な対応語を以下に図示する．巻末の用語集も参照のこと．

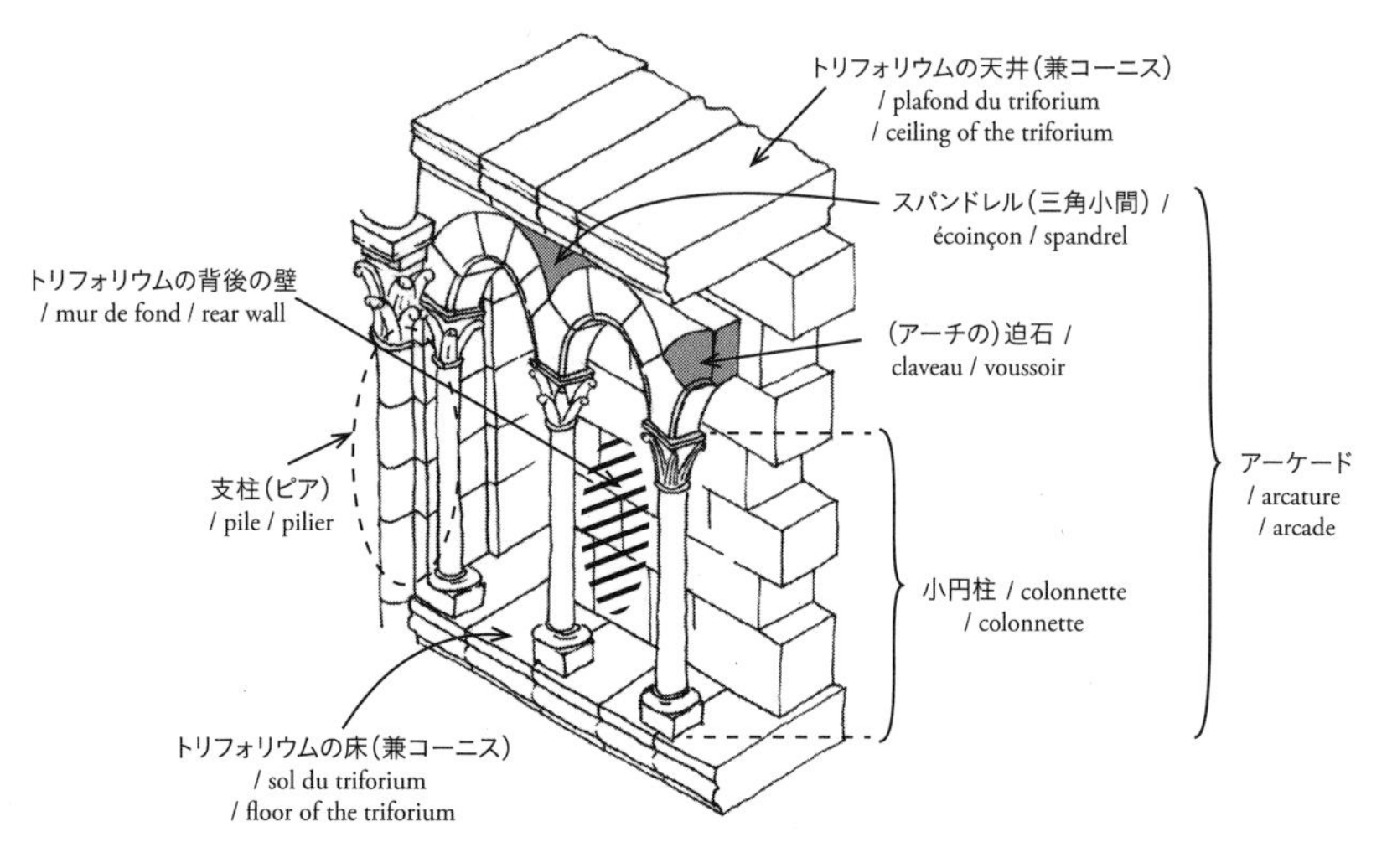

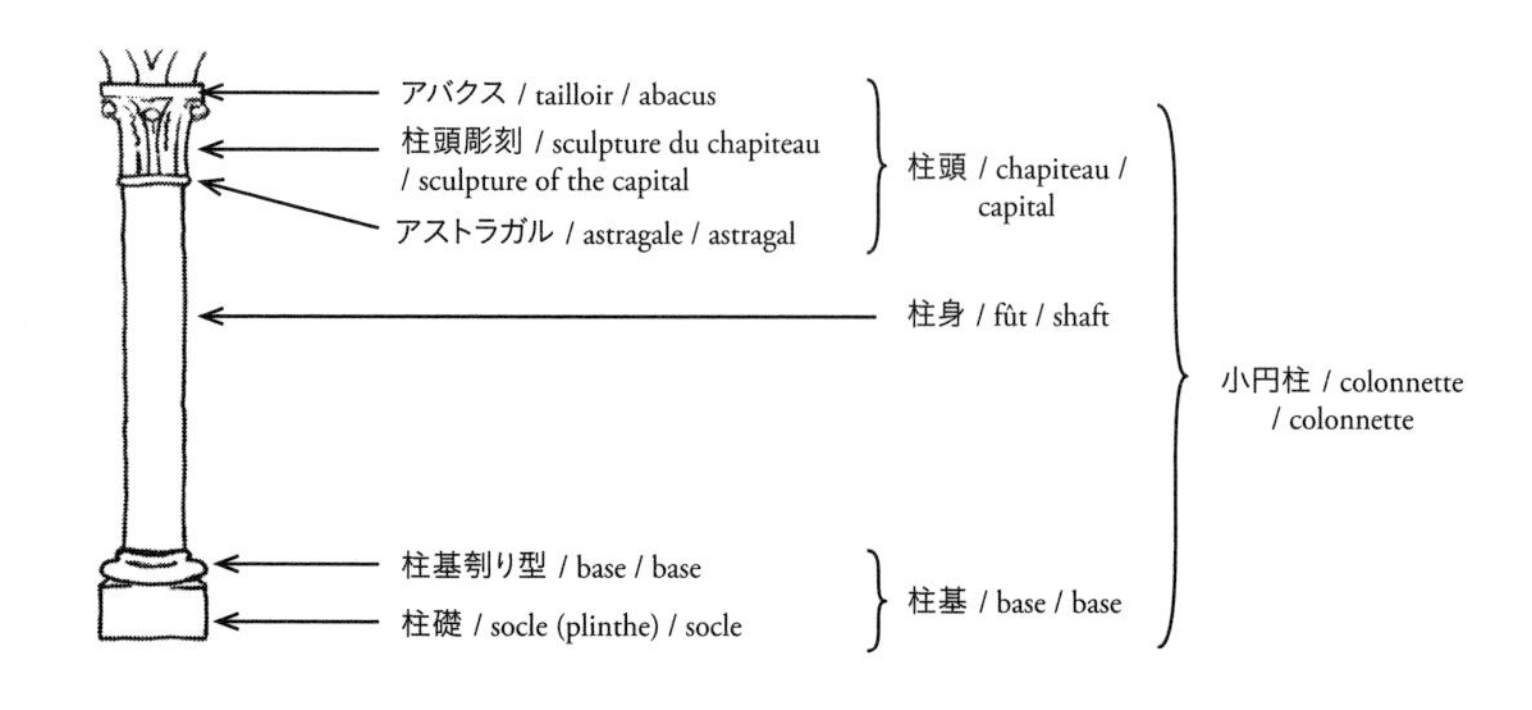

序章　物質としての大聖堂

1　俯瞰の作業と虫めがねの作業

ある図面をお見せしたい（図0-1）。

これはドイツの美術史家G・デヒーオとG・フォン・ベツォルトが編集執筆した『西欧の聖堂建築』（一八八七―一九〇一年）の図版集の中の一ページである。[1] なんという冷たさだろう。フランス中世の大聖堂という、最も美しく聖なるものが提示されているはずなのに、ここには何もない。あるのは精神性を剝奪された、ただのデータだ。この図面が示しているのはノワイヨンのノートル＝ダム大聖堂、ソワッソンのサン＝ジェルヴェ＝サン＝プロテ大聖堂の全体、およびランスのサン＝レミ修道院聖堂、サン＝カンタンの参事会聖堂、サンリスのノートル＝ダム大聖堂、サン＝ルー＝デスラン修道院聖堂、モンティエ＝アン＝デル修道院聖堂の東部の平面図で、縮尺がそろえてある。一二世紀後半のほぼ同時代に建設が開始された初期ゴシック様式の大規模聖堂である。どの聖堂も柱の配置は規則的で、壁のラインにもほとんど歪みがない。

もう一枚の図面を見てみよう（図0-2）。これはアメリカ出身の歴史家C・セイマーによるノワイヨン大聖堂のモ

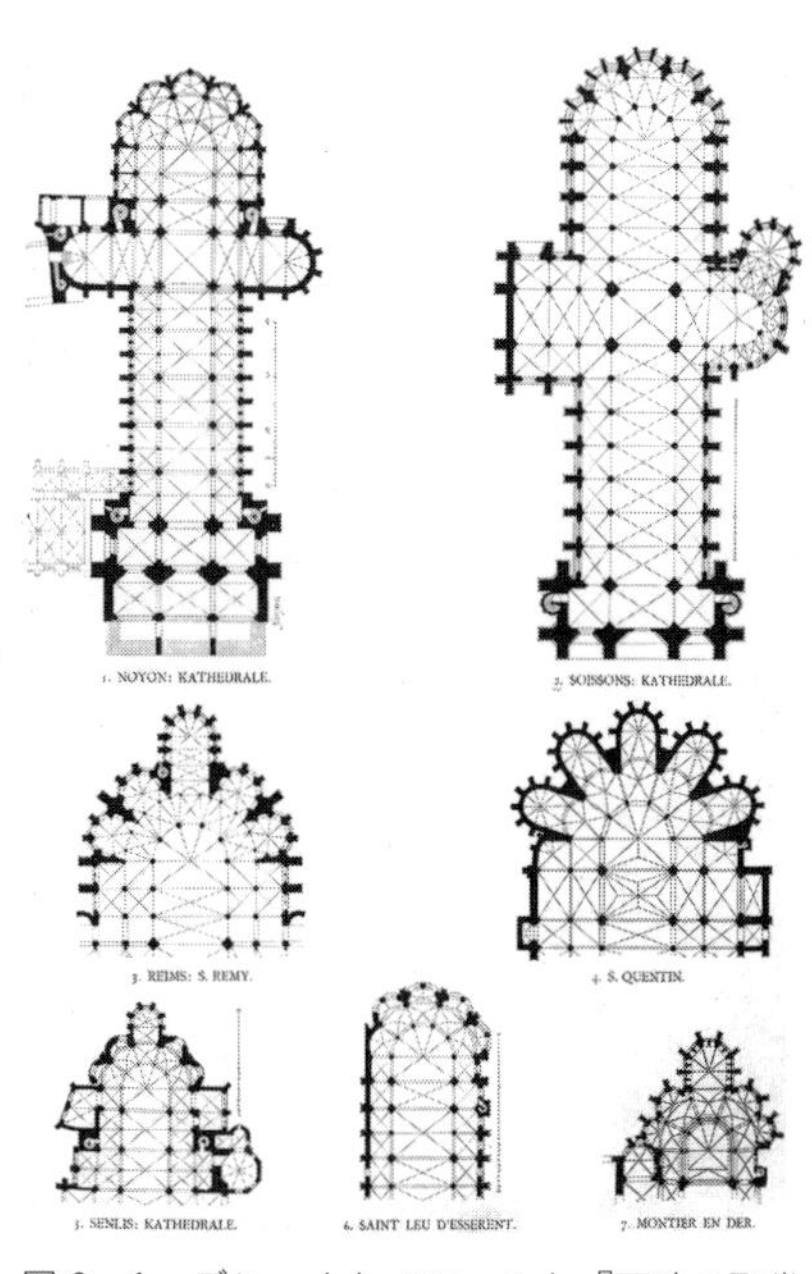

図０－１　デヒーオとベツォルト『西欧の聖堂建築』の図面
上段左がノワイヨン大聖堂.

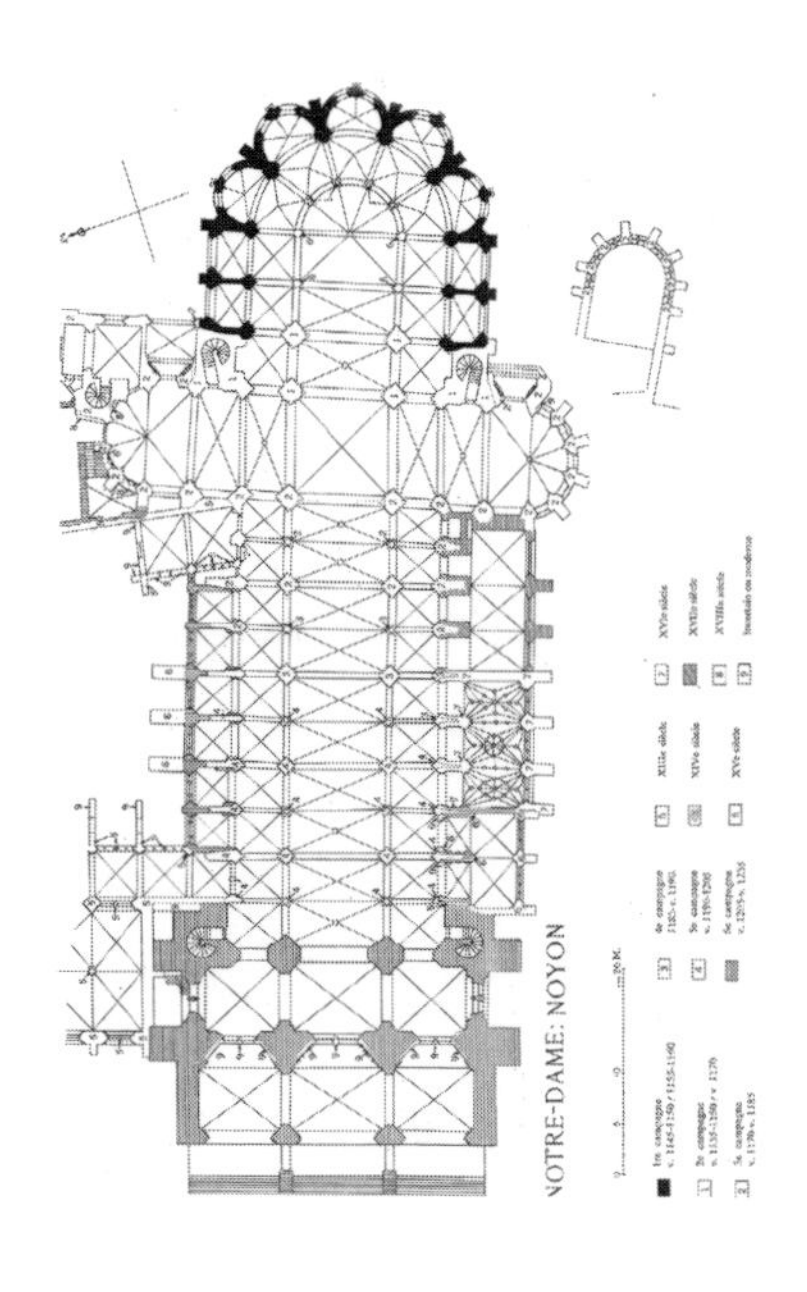

図０－２　セイマー『12世紀のノワイヨンのノートル＝ダム大聖堂』の図面

ノグラフ（一九三九年）に掲載された平面図である。[2] 彼はこの大聖堂をすみずみまで探査し、建設年代、工事の進行に伴って生じたわずかな変化、様式的特徴を調べ、同時代の建築の中に位置づけることを試みた。この図面では、柱の色や番号によって建設段階が細かく追えるようになっている。

二枚のノワイヨン大聖堂の平面図を比べてみると、セイマーの図面にはゴシック期以降の改変や近代に修復された箇所までが反映されているのに対し、デヒーオとベツォルトの図面では一三世紀の参事会堂はかろうじて白い線で示されているものの（図面左下）、一四世紀以降に外陣側廊の外側に増築された祭室群は描かれておらず、一二世紀にこうであっただろうと思われる姿に戻されている。また、セイマーでは古い聖堂からローマ時代の市壁を隔てて内陣が着工されたために生じてしまった内陣と袖廊の主軸のわずかなずれが図面に反映されているが（袖廊の壁のラインが水平より若干傾いて描かれている）、デヒーオとベツォルトでは、少なくとも袖廊は身廊の軸と直交しているようにみえる。個々の建物は初期ゴシックの平面構成を比較検討するためのデータだから、実際にはある柱の微妙なずれも、壁の歪みも、不要なノイズとして容赦なく切り捨てられる(3)。

デヒーオとベツォルトの行った作業は「俯瞰の作業」である。同時代に建てられた複数の建築の平面図を書斎の机に並べ、横断的に見比べて、似ているものを隣同士に合わせ、ひとつの群として分類整理する作業である。例えばここに挙げた図面に示された聖堂はいずれも半円形ないし多角形平面のアプスと放射状祭室をもち、ノワイヨンとソワッソンは半円形の端部をもつ袖廊が特徴的である。別の図面ではパリのノートル＝ダム大聖堂とブールジュのサン＝テティエンヌ大聖堂という、袖廊を欠く五廊式（中央の身廊の両脇に側廊が二列ずつ配置される平面形式）の平面図が並べられている。ここで重視されているのは建設当初の状態のみで、後世に加えられた改変はオリジナルな状態を認識しにくくする不純な要素とみなされている。

対して、セイマーの研究は「虫めがねの作業」である。建物の内部を自らの足で歩き回り、上層部に上り、石に手で触れて観察する。実測し、ひとつひとつの柱頭を調べ、刳(く)り型を模写する。こうして、ノワイヨン大聖堂が歩んできた八世紀以上の歴史が明らかにされる（聖メダルダスが六世紀に創建した聖堂から記述が始められているため、実際にはもっと長い）。

俯瞰の作業——様式理解

「俯瞰の作業」は、ゴシックをひとつの様式として理解しようとする作業ともいえよう(4)。様式（スタイル）とは、ある芸術作品の集合に恒常的にみられる特徴的な形式を総称したものである。一九世紀に「ロマネスク」「ゴシック」の区別がなされて以来(5)、おおむね（地域差はあるが）一二世紀半ばから一五世紀頃にかけての一連の建築がゴシック様式と総称されるようになった。様式という語の中には元来「規範」や「規律」といった意味合いが含まれており、規範に合致するかどうかが個々の作品の価値判断の手がかりとなる。例えばゴシック建築は先のとがった尖頭アーチを備えているべきで、半円アーチが使われている場合、それは規範からの逸脱なのである。

様式はそれ自体で一貫性を備えると同時に、直線的な発展段階を踏むことを想定され、一般にそれは生物の幼年期・成年期・老年期とのアナロジーによって語られる。[6] 実験的諸段階・古典的局面・デカダンスと衰退という捉え方である。ゴシックの発展段階は例えば次のように説明される。初期ゴシック期に飛梁やリブ・ヴォールト、尖頭アーチなどのゴシック様式を特徴づける諸要素が用意され、古典期にはそれらが最も完成度の高い状態に達し、その段階を過ぎるとリブなどが徐々に当初の構造的役割を失い装飾的になり、様式はバロック的段階に達して解体され、次の時代の様式に道を譲る。

様式分析には実用的な利点がある。一貫した発展段階を想定することにより、雑多な項目として存在する作品群に「初期ゴシック」「レイヨナン・ゴシック」などの分類のラベルを貼り、一定の秩序を与え、合理的に整理することが容易になるのである。

ゴシック建築の主要な発展地であり、本書が研究対象とする地域でもあるフランスでは、フランス革命の混乱の後、荒廃した状態で残された歴史的建造物を把握・修繕・保存することが喫緊の課題として存在した。一八三〇年にF・ギゾーの主導で歴史的記念物視察官という専門の役職が創設されるとともに、各地のモニュメントのリストアップと目録作成、古文書の解読調査、地域の流派の把握などの手法が確立されていった。[7] こうした調査において、無数の建築物の中で対象建築の位置づけを定めるために、様式分析は重要な役割を担っていたのである。

そうした目録作成がひと段落してからも、中世建築を様式に基づいて理解する姿勢は、形式主義として残る。フランスの中世美術に関してはH・フォシヨンやJ・ボニが形式主義の中心的人物とみなされる。[8] 四層構成の内部立面（四列のアーケード層を上下に積み重ねた立面）と六分ヴォールトは初期ゴシックの典型的な特徴とされるし、大アーケード、トリフォリウム、背の高いクリアストーリーからなりトリビューンを欠くシャルトル大聖堂は「古典」と形容される。[9] ここで語られるゴシック建築は歴史家の頭の中で理想化された、いわば「書斎のゴシック」である。

形式主義的理解において、様式の構成要素たる個々の作品は、総体としての様式の自律的発展のストーリーの中に溺れることになる。作品からは形式（フォルム）のみが抽出され、それらの作品が生まれた個別の背景や設計者の意向などは捨象されがちになる。こうした理解の方法は、総説や通史としては依然有効かもしれないが、今日の学術的文脈においてはもはや客観性を欠いているように感じられる。今日ではある一時期に支配的であった美術の総体を様式という概念で捉える試みそのものが相対化され、批判にさらされている[10]。ゴシック様式やバロック様式といった名称は便宜的なラベルとして残されているのみで、教条主義的な様式概念は時代遅れになってきている。

虫めがねの作業——建築考古学

一方で「虫めがねの作業」、つまり古文書中心の歴史記述や形式主義的方法論に甘んじず、建物そのものを読み解くようなアプローチは、一九世紀の段階で皆無だったわけではないが[11]、比較的新しい。二〇世紀後半にA・プラーシュが行った個別研究[12]は、対象の建築に関する一次史料だけでなくモニュメントそのものを見、石積みやディテールに工期の切れ目や技術の変化を読み取り、その建築の歴史的背景、建設年代、建設順序などを徹底的に調べ上げ、ゴシック建築史の中での位置づけを検討する。その方法論は、プラーシュの門下であるD・サンドロン[13]やN・ルヴェロン[14]に受け継がれた。

とくにルヴェロンは、近年のフランスにおけるゴシック建築研究の一潮流をなす建築考古学[15]（archéologie du bâti）と呼ばれる方法論を主導する中心的人物の一人である。建築の技術的な面に関心をもち、石積みのひとつひとつ、モルタルの厚みまで精確に描き起こされた図面を用いながら、材料、状態、仕上げなどを手がかりに建物を分析するのが建築考古学の特色である（図0-3）。もちろん、建築考古学の旗印が掲げられる以前から、ゴシック建築の建設技術全般に関する論考は存在した[16]。とくに一九六〇年代頃から、力学的な構造に限らず、ヴォールトの建設方法[17]、足場の組み方、部材の加工と施工、石材、金属材、建築家[18]、図面、職人のサイン、彩色の痕跡など、建設現場や物質（マテ

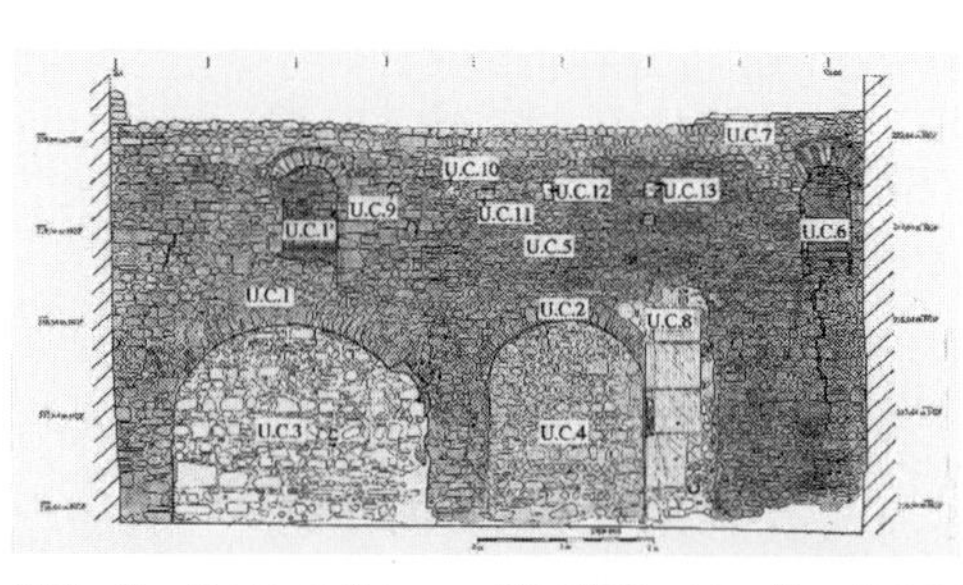

図０－３　リヨンのサン＝ニジエ聖堂，ファサードの石積みの分析

リアル）への関心に裏づけられた研究が目立ち始めるが、一九八〇年代以降は、レーザー測定[19]、年輪年代測定[20]、コンピューターシミュレーション、顕微鏡観察[21]（まさに虫めがねの作業だ）、金属材や塗料の化学分析等、調査技術の発達に後押しされ、現代的な建築考古学の方法論が確立する。例えば金属材に関する論文では、当初はたんに複数の建築に散見される多様な金属補強の存在を列挙するような研究だったものが、近年では対象建築内部の金属材を逐一数え上げ、建物の部位ごとの多寡を調べ、寸法を測り、リン含有率などの組成を分析し、その役割を考察するというような、対象の限定された、丹念で綿密な調査が主流となりつつあるようだ[22]。さらに、複数人で調査チームを結成し、さまざまな専門家が学際的に連携することも行われるようになった。こうした考古学的研究によって、建築の年代や建設段階を詳細に解明することができる[23]。

　このような調査の重要性は、二〇一九年四月一五日にパリのノートル＝ダム大聖堂で起きた屋根火災において改めて認識された[24]。火災後に結成された調査研究チームでは、炭化した木材や金属片など遺物の詳細な分析が行われている。また、火災前に行われていた小屋組の綿密な実測調査やレーザースキャンのデータは、復元工事のための貴重な史料となった。こうした調査の様子はウェブメディアや当局の機関紙によって広報され、専門家でない人々の間にも広く関心を呼び起こしている[25]。

　建築考古学がここまで必要とされるのには理由がある。歴史研究において一次史料が重要であることはいうまでもないが、中世の聖堂建築に関しては建設に関連する文字史料が乏しい。たとえ残されていたとしても、それは建物で催された儀式や寄進の記録、参事会の財政状況を伝える記録などが主であり、各工期の範囲を厳密に指定するものでもなければ、現場組織の様子を伝えるものでもないことが多いのが実情である。したがって、建設過程を詳しく追うためには遺構そのものを頼りにする必要があるのだ。遺構は記録者の偽証や誇張などを含まないという点では、信頼度の高い史料ともいえる[26]。

建物はドキュメントであるという考えに基づき、石積みや刳り型の詳細な観察を通して建設順序・建設年代を推定するJ・ジェームズは、以下のように述べている。「一五世紀以前のフランスには建造物に関する記述はほとんどない……北フランスの初期ゴシックのモニュメント建設に関連するのは、ヴィラール・ド・オヌクールの画帖とカンタベリ再建に関する修道士ジャーヴァスの年代記述だけである。……結局のところ、我々はモニュメント自体に頼らねばならない。それらは私たちの手に入る最も物質的な「ドキュメント」なのだ[27]」。

わが国でもブルゴーニュ地方の比較的小規模なロマネスク建築を主な対象として、西田雅嗣らが詳細な実測調査を行い、特筆すべき成果を上げている[28]。

ただ、建築考古学は万能ではない。考古学的調査で知ることができるのは基本的に「その建物」についてだけである。ひとつの建物だけを頼りにゴシック建築の全体を把握することはできないし、無数に存在するゴシック建築をすべて自分の手で調べ上げるわけにもいかない。もちろん同時代の建築群における当該建物の位置づけや歴史的意義に関する考察は付随するにしても、「木をみて森をみず」になる危険性をはらんでいる[29]。上から目線で「森」ばかりみるのも考えものだが、一本の「木」にばかりしがみつくのもいかがなものか。とくに、日本という異国から遠くフランスに林立するゴシック聖堂群を望んだとき、みえるのは「森」であって、その全容が把握されてはじめて「木」が意味をもつ。はじめから「森」の中で暮らしているフランス人にとって、自らのすぐ近くに立っている木を詳しく調べることには意義があるのだろう。フランスの片田舎に建つ小さな聖堂に目をつけて、村役場の棚から黴臭い古文書を引っ張り出し、割石の石積みを根気強く解読し、その建設年代を云々することは、フランス人であれ日本人であれフランスで行う仕事としては意義のあることに違いない。しかしそのような自己目的化した考古学は、日本ではあまり意味をもたないように感じられる。

かといって、様式概念が再考されつつある今、ゴシックという「森」の全体像を改めて論じることになお意義があるのだろうか。

意義があるとすれば、それは教条主義的な様式概念を復興することでも自己目的化した考古学に身を投じることでもなく、考古学的な視点によって形式以外の観点から様式に迫ることにあるのではなかろうか。考古学と様式論の架け橋となるような研究、つまり考古学的・科学的探究を出発点あるいは主な手段としつつも、考古学的事実の解明を最終目標とせず、一貫したゴシック様式のストーリーに寄与することを意図した研究が考えられる。多数の建築に共通するひとつのキーを取り出し、その建設手法や技術について横断的に調査を行うことで、総体としてのゴシック理解につなげることができるのではないか。

それはさまざまな木の「葉」を調べ上げることで総体としての「森」を理解しようとする試みに似ているかもしれない。木の葉にはその木の特徴が表れていて、葉を調べればたんなる「葉」以上のことがわかるものだ。そして本書は、トリフォリウムという「葉」を調べることでゴシックという「森」に迫ろうとしている。

2 トリフォリウムとは何か

トリフォリウム（triforium）とは、身廊の壁の中間層（一般に三層構成立面では第二層、四層構成では第三層）[30]を占める立面構成要素である（図0-4）。低いアーケードのようにみえるが、アーケードの背後には空隙があって、水平な通路として機能している。つまり、トリフォリウムは壁の厚みの内部に設けられた通路（壁内通路）である。

ゴシック期に建てられた多くの聖堂にトリフォリウムがあり、その立面はきわめて多様である。もちろん、すべてのゴシック聖堂にトリフォリウムがあるということはなく[31]、様式的にはロマネスクやルネサンスに分類される建築にトリフォリウムが皆無というわけでもない。一般に「最初のゴシック建築」として称えられるパリ近郊のサン＝ドニ修道院聖堂[32]の現存しない内陣上層部には、おそらくトリフォリウムはなかったであろう。小規模な建築や清貧を重んじる修道会の建築にはトリフォリウムが少ないし、[33]地域によってもかなり偏りがある。[34]それでも、トリフォリウムがゴシック建築の歴史の初期段階で現れ、それからまもなく著しい発展を遂げ、かなり多くのゴシック聖堂建築で用いられたということは事実である。時代や地域により豊かなヴァリエーションをみせるため、立面のデザインを分析したり分類したりすることで地方流派や建物間の影響関係を読み解くことができ、事実トリフォリウムはそのように研究されてきた。けれどもそれも結局は「俯瞰の作業」であり、ひとつひとつの建築のもつ生々しさは薄れる。これはとても惜しいことだ。なぜならトリフォリウムは、石の組み方、彩色、金属材といった建築考古学で着目されている諸技術を観察するにはうってつけの建築要素だからだ。

ゴシック期には水車や製鉄などの技術が飛躍的に発達したことが知られており、それは「中世の産業革命」ともいわれる。[35]建築も同時代の技術革新から多大な恩恵を受けて発展した。とくに重要と思われるのが金属材である。一三世紀初頭にトレーサリーという技法（第1章で詳述）が発明されると、トリフォリウムのアーケードはそれを積極的

図0-4　ラン大聖堂外陣，内部立面図と断面図

に取り入れ、発展させた。また、建築の大規模化に伴い、トリフォリウムもその規模を拡大した。通路の空隙を残しながら多数の部材を組み上げてつくられるトリフォリウムの複雑な構造が、大規模化や、トレーサリー化に伴う部材のますますの繊細化に耐えられたのは、ゴシック期の製鉄技術の向上があってこそのことであった。トリフォリウムには一三世紀以降、鉄製の補強材が飛躍的に増加することになったのである。加えて、ゴシック期に発達したと指摘される部材の規格化とプレファブリケーションの実践は、きわめて多数の部材からなるトリフォリウムを建設するために不可欠であったと思われる。こうした意味でトリフォリウムには、ゴシックの建設技術の精髄が凝縮されており、技術の発展がわかりやすく反映されている。トリフォリウムという「葉」をみればゴシックという「森」がわかるといっても過言ではない。

構築的なものとしてのゴシック?

「葉」を調べることで「森」を考察する試みには、前例がないわけではない。わが国でも佐藤達生によるゴシック建築の線条要素の分析や[36]、加藤耕一によるアン・デリ(石目を縦にした構法)研究を通して[37]、ゴシック建築の構造や空間性が浮き彫りにされてきている。これらは主にゴシックの柱に着目したものである。

いつの建築でも柱には特別な意味合いが与えられるが[38]、ゴシックの柱は構築という点でとくに重要性をもつ。今日比較的肯定的に受容されているゴシック様式論、様式論と言って大げさなら「ゴシック観」のひとつに、構築的(テクトニック)なものとしてのゴシックという考え方がある。つまり、構造と装飾が切り離され、装飾が構造に貼りつけられたようなものではなく、構造(と思われるもの)がそのまま装飾的・意匠的なものでもあるような建築としてゴシックを捉えるものだ。今日の最も重要なゴシック建築通史のひとつである『フランスのゴシック建築――一一三〇―一二七〇』(一九八五年)の中でD・キンペルとR・ズカーレは、アミアン大聖堂の特質について「構築的な形態と装飾的な形態の融合」を指摘している[39]。この特徴はアミアンに限らずゴシック全般に顕著にみられる傾向ということができる。すでにE・パノフスキーは、柱とヴォールト・リブの対応関係といった視覚的な論理性や、飛梁やリブのように「語り」も「働き」もする部材に、ゴシックとスコラ学の平行性を見てとっていた[40]。O・フォン・ジムソンも、「幾何学的機能主義」や「構造的価値と美的価値の特異な収斂[41]」といったキーワードによって同様の指摘をしている。ゴシックの線的なデザインは、実際の物理的な力関係を顕在化させているわけではないにしても「建築家たちが建物の理論的なフレームワークとして信じたところのものを表現している[42]」。

このように構築的なものとしてのゴシックが語られるとき、まず念頭に置かれているのは「フレームワーク」つまり「柱」である。建物内部においてはヴォールト・リブから壁付シャフト、大アーケードの列柱へと流れる線となって表れ、外部においては飛梁から控え壁へと流れる荷重として顕在化している。さらに、リブとシャフトが対応関係を結ぶことによって、その構造は視覚的に強調される。では柱の間の壁はというと、窓として溶解するか、半円形アプスから多角形アプスへの移行[43]に象徴されるように、彫塑的なものから文字どおり平面的で厚み感のないものへと変貌する。明確にベイ（柱間）を区切るシステムの発達と開口部の拡大によって、ゴシックは石造建築として後にも先にもないほど柱構造風になったのである。柱構造風というのは、ゴシックをいわゆる柱梁構造とみなすことはできないからだが、ゴシックの柱が構造的・美的に重要な役割を果たしていることは疑いない。

もちろん壁にも構造的かつ意匠的なものとしての側面はある。とはいえ、ゴシックが技術的工夫を重ねることによって柱に主な荷重を集中させることに成功した、という認識は、ゴシック観などという曖昧なものではなく、基本的には真理を語っているように思われる。佐藤や加藤がゴシックのとくに「柱」に着目したのは、ゴシックを構築的なものとして理解するうえで道理に適っていたといえよう。ヴォールトやリブ、飛梁といった、柱と同様に「構築的な」部位に関しても、これまでおびただしい数の議論が交わされてきた。

対して、本書が着目するトリフォリウムという部位は、「構築的なゴシック」としては異質な要素のように思われる。なぜならトリフォリウムの通路は往々にして柱を貫いており、全体の構造に寄与するよりもそれを弱体化させて

図0－5　壁の中間層のさまざまな処理
a：トリフォリウム（ソワッソン大聖堂北袖廊）
b：偽トリフォリウム（パリのサン＝セヴラン聖堂外陣）
c：ブラインド・アーケード（ノワイヨン大聖堂内陣）

いるようにみえるからだ。

トリフォリウムは一般に、側廊ないしトリビューンの片流れ屋根が差しかかっていて窓を設けられない壁面を生気づける苦肉の策として説明される（図0－5a）。つまり、たんに壁に穴を開けただけ（「偽トリフォリウム」と呼ばれる（図0－5b））では屋根裏の暗い小屋組がみえて美的ではないし、外気や砂塵が建物内部に侵入しやすくなってしまう。かといって開口部をつくらず、ブラインド・アーケードや壁画で飾るだけ（図0－5c）ではあまりに「壁」感が強い。そこでアーケードの向こうに少し隙間を開けて壁をつくれば、ちょうどいい塩梅に明暗の対比が得られるというのである。このような解釈の正当性についてはここでの検討を差し控えるとして、もしそうだとすれば、トリフォリウムは「構築的」役割のないたんなる装飾、空虚な舞台装置のようなものでしかないということになる。ゴシックを「構築的」つまり構造と装飾が融合したものとみるならばトリフォリウムは異質な要素ということになるが、かなり多くのゴシック建築がトリフォリウムを有している以上、異質とはみなせない。このことはゴシックをただ構築的なものと考えることの限界を示唆している。マッシヴな壁体を減らし、柱に荷重を集中させることで、ゴシック建築の構造がシャープなものになったのは事実だが、けっしてそれだけではないのだ。

壁の構造に関する研究の少なさ

これまでの研究において、トリフォリウムを含めゴシック建築の壁はあまり重要視されてこなかった。E・ガルは控え壁や付柱、ヴォールトを受けるシャフトによる壁面のアーティキュレーション（分節化）を論じたが[44]、そこでいう「壁」とは、「柱」を論じることで浮き彫りになる、いわばネガティヴとしての壁であった。また、三層構成や四層構成といった立面形式による壁の分類は[45]、たしかに壁面に着目しているに違いないけれども、厚みのある壁としての物質性は削ぎ落とされている。厚みをもった壁に注目したのはJ・ボニで、彼は論文「ロマネスク期のノルマンの厚い壁の技術」（一九三九年）において「厚い壁」（壁の内部に通路がある、つまり壁内通路を有する壁）という概念を用いてロマネスク建築の壁を論じた[46]。ノルマン・ロマネスク建築ではトリフォリウムではなくクリアストーリー階に通路がつくられたのである。ところが、彼のその後の研究では構造をみる姿勢が希薄になり、「壁の厚み」（あるいは壁内通路）はたんなる建築の属性、壁の仕様（スペック）のひとつになってしまう。つまり、壁の構造そのものをみるのではなく、尖頭アーチやピリエ・カントネやアーチのタンパンを刳り抜く四葉模様などといわば同列に並ぶ形式のひとつとして「壁内通路」が捉えられ[47]、その発展や伝播が論じられるようになったのである[48]。

一九世紀にフランスで中世建築研究が本格的に始動した頃から二〇世紀初頭に至るまで、トリフォリウムという語自体明確な定義を欠いたまま使用され（語の由来に関しては補遺を参照）、それらは通路としての構造的な特徴というよりはその形態的な様相が主な関心の対象となった[49]。例えばC・アンラールの『フランスの考古学便覧』（一九二七年）では、トリフォリウムに関する記述は同形状の立面の列挙からなる[50]。さらに、壁内通路は建築間の影響関係や地域性を知るための手がかりとされた[51]。P・エリオは一九五〇年代から六〇年代にかけて壁内通路に関する論文を多数発表したが[52]、彼の関心も様式的な特色や、分類、地域間での伝播の可能性に偏っていた。たしかにそれらは古今東西の建築への深い造詣に裏づけられた緻密な論考であり、壁内通路の基礎的な研究としてエリオは多大な貢献をしたが、その一方で彼の論文は冗長な割にまとまりや結論に欠ける。網羅的かつ形態に着目した研究であるため、壁内通路の構造や石積み、建設技術、用途などに関する考察がないうえ、例えば特定の建築に焦点を当てて壁内通路とそれ以外の部位との建築的関係を検討するといった分析もなされていない。典型的な「俯瞰の作業」といえよう。

形態に基づく研究はややもするとたんなる憶測に陥ってしまう。例えばベルギーのトゥールネ大聖堂の袖廊のトリフォリウムにみられる、二段に並んだ楣（まぐさ）を柱が直接支えるという特殊な構成に関して、エリオがその着想源の可能性を中東の宮殿や塔に求めているところなどは、さすがに荒唐無稽の感がある[53]。最近の研究にも、酷似した構成のトリフォリウムの間の影響関係を探る論考はある。J・ティエボーの論文（一九九二年）は主に形態に基づいてアブヴィルのサン＝ヴルフラン聖堂のトリフォリウムの着想源を探っているが、とくにポン＝トードゥメールの聖堂との類似性が指摘され、アブヴィルと同じ参照元から着想したのではないかとの推測が述べられている[54]。

二〇一二年に刊行されたM・ルールの著作『トリフォリウム』[55]は包括的かつ概説的なもので、さながらエリオの論文を多数の図版（立面の写真や立面・断面図）を用いながらまとめ上げた集大成である。彼はトリフォリウムに関係する構造安定性の問題にも言及しているが[56]、彼の主張の中には説得力に欠けているといわざるを得ない断定もある。例えば側廊の屋根裏に開く開口部がゴシック期に建設されなくなる現象について、開口部の構造的脆弱性を理由に挙げている箇所などだ[57]。

ヴィオレ＝ル＝デュクによるトリフォリウム分析

トリフォリウムの構造に関しては、E・E・ヴィオレ＝ル＝デュクの『一一世紀から一六世紀までのフランス建築の理論的事典』（一八五四―一八六九年）がそのほぼ唯一のまとまった論考であるといっても過言ではない[58]。彼の合理主義的・機能主義的な解釈には必ずしも説得力があるわけではないものの、トリフォリウムを含む壁内通路の構造や技術に着目した早期の考察である。彼はデッサンによって建物の一部をひとつひとつの石材に分解してみせる「解剖学的」な分析[59]を行ったが、とくに「構造」の項目中でディジョンのノートル＝ダム聖堂のアプスや、外陣のトリフォリウムとクリアストーリーを分解した図0－6では、工業部品のように精確に成形されたこれらの石材が少しの無駄もなく論理的に組まれていることが主張されている。同図に関するヴィオレ＝ル＝デュクの記述は、各々の石材とその果たす役割を図に示された記号Aから順に説明していくというもので[60]、部材はすべて何らかの明確な機能を有しているはずであり、石積みを観察することでそれを見抜くことができるはずだという信念に裏打ちされている。実際には個々の構成要素の機能は明確ではなく、ましてどの石が主要な構造体でありどの石が装飾であるかなど断定できるものではない。とはいえヴィオレ＝ル＝デュクの図はトリフォリウムの具体的な構造を可視化しており、トリフォリウムが建築要素として比較的複雑で繊細な部位であることをよく示している。トリフォリウムは小さく多様な数多くの部材を組み合わせてつくられ、空洞を含む。各部材が狂いのないよう成形されなければならないだけでなく、施工の際にも厳密でデリケートな扱いを要するだろうということが、一目で想像できるように描かれているのである。

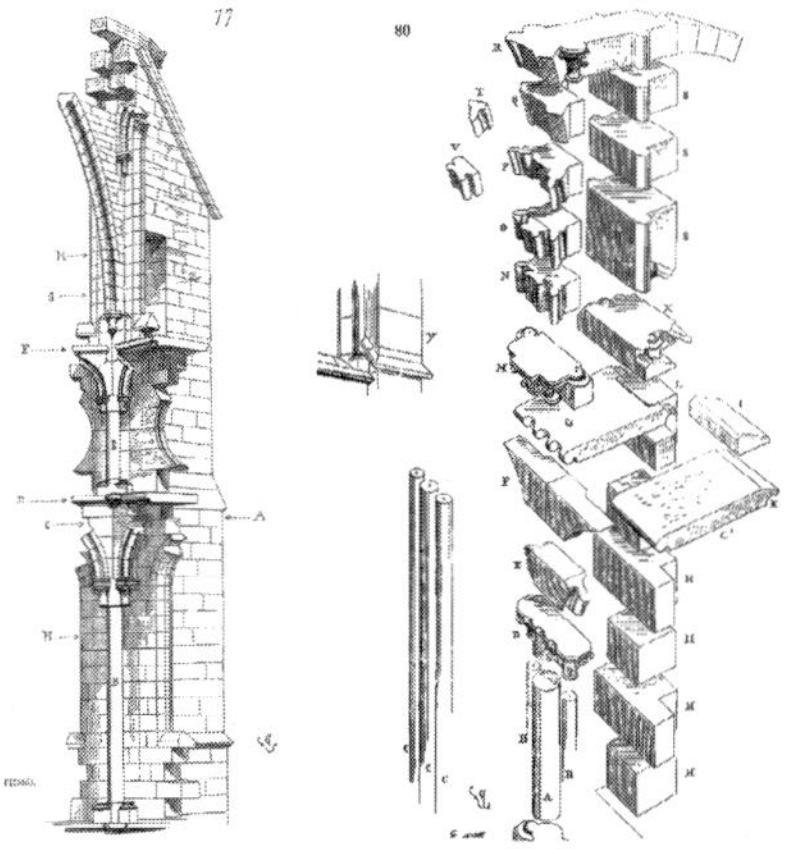

図0－6　ヴィオレ＝ル＝デュクによるディジョンのノートル＝ダム聖堂図解
アプスの通路の石組みと，外陣のトリフォリウムとクリアストーリーの支柱部分の分解．

　同書の項目「トリフォリウム」では、トリフォリウムは分解図ではなく主に立面図や断面図を用いて説明されている[61]。個々のトリフォリウムの詳細な構造というよりは発展史的な関心に基づく記述である。彼のストーリーによれば、当初壁の中間部を占めていたのは側廊の幅全体を占めるトリビューンであったが、イル＝ド＝フランス地域においてトリビューン風の立面を保ったまま狭い通路となった（サン＝ルー＝デスラン、モレ）[62]。一方、サンス大聖堂のように壁に穴を開けただけの屋根裏への開口部（偽トリフォリウム）の形式をとる建築もあったが、やがて開口部を壁で閉じる形式が登場した。アミアン大聖堂の外陣がその最初期の例のひとつだという[63]。同じ大聖堂の内陣ではトリフォリウムは採光され、クリアストーリーと一体化し始める。サン＝ドニではトリフォリウムとクリアストーリーを隔てるのはトリフォリウムの天井をなす板石一枚であり、セー大聖堂になるとクリアストーリーの方立がトリフォリウムと大アーケードにまで引き下ろされて一体化が高まるとともに、トレーサリーのデザインが工夫され、視覚効果への配慮も行われる[64]。クリアストーリー階の通路が併存する背の高いブルゴーニュ地方のトリフォリウムは、最後に特殊事例として紹介されている。

ここでは各建築のトリフォリウムが前段階からの派生・次段階のプロトタイプとして描かれているために、四層構成のトリフォリウムや、シャルトルのような単純な四連アーケードのトリフォリウムなど、ストーリーにうまくはまらないものが省かれている。断面図を用いてトリフォリウムの構造を可視化したことは評価できるが、扱われている実例は少ない。

3　方法と対象

以上のように、トリフォリウムの起源や伝播についてはこれまでも研究されてきたものの、構造や技術的な面を掘り下げた、物質に基づく研究が不足している。端的にいうならば、トリフォリウムの内部の調査が不足している。トリフォリウムは立面の中間に位置し、ヴォールトやクリアストーリーの荷重の影響を受けやすいだけでなく、側廊のヴォールトおよび屋根組とも密接な関係にある。建設中にはトリフォリウムのレヴェルで仮の屋根をかけることもあったし、通路としても機能していたと思われる。しかし、トリフォリウムに実際に立ち入ってみなければ、トリフォリウムを構成する石材や石積み、金属材、建設や使用の痕跡を観察したり、建築の他の部分との関係を検討したりすることができない。

様式的・形式主義的に「俯瞰の作業」でトリフォリウムのデザインを分類したり影響関係を論じたりするのではなく、ひとつひとつのトリフォリウムに自らの足で上り、建築考古学の方法論を基礎にしながら、技術的で即物的な面から「虫めがねの作業」でトリフォリウムに迫るのが本書の方法である。そして、複数のトリフォリウムを横断的に論じることで、総体としてのゴシックという「森」を浮き彫りにすることを目指したい。

具体的には、二〇一五年から二〇二三年にかけて必要な許可を得ることができた三五件の建築のトリフォリウムに立入調査を行い、石積みの観察、彩色の確認、金属材や使用の痕跡の調査、屋根裏の様子の観察、トリフォリウムの通路の幅や高さなどの実測を行った。加えて、パリ近郊シャラントン＝ル＝ポンの文化遺産・写真メディアテーク（MPP）に所蔵されている、修復工事などの機会に作成された図面や報告書も調査した。

地理的には、ゴシック建築発祥の地でありトリフォリウムの主要な発展の現場である、現在のフランス国境内に含まれる建築を中心に扱った。ベルギー、オランダ、イギリス、スイス、ドイツ、スペイン等のゴシック建築にもトリフォリウムは存在するが、文化財行政が国ごとに異なり、他国での調査申請や資料の収集に困難が伴うため、実地調査は行っていない。これらについては必要に応じて既往研究等を参照するにとどめる。

本書はトリフォリウムを網羅的に調査した成果ではない。現在のフランスに含まれる地域で中世に建設された聖堂のうち、トリフォリウムを含むものは、筆者がこれまでに把握した限り一五〇件程度に及ぶ（「トリフォリウム関連地図」参照）。実際に調査できた建築はそのうちわずか三五件であり、それ以外の建物に関して二次文献や図面史料等から得られた知見ももちろんあるとはいえ、網羅性の観点から測ると十分とはいえない。調査回数についても、ラン、ノワイヨンの各大聖堂に関しては複数回実施できたが、その他については一度限りしか行えなかった。しかし調査に特別な許可が必要で手続きが煩雑である点や筆者の単独の研究であるという点を考慮し、このような限界もやむを得ないと判断した。

トリフォリウムの研究は立ち遅れている。本書はトリフォリウムに関する統一された見解や揺るぎない完結した全体像を提供しようとするものではなく、研究の端緒を開こうとするものに他ならない。問題点を整理し、トリフォリウムを研究することによってどのような可能性が開けるかについて提案したい。今後の研究によって、各論点がさらに深められるであろう。

俯瞰と虫めがねのその先へ——様式解釈の試み

「虫めがね」を通して見えるのは生の事実であり、総体としてのゴシック理解へとつなげるためには解釈の過程が必要になる。

多くの学者が、ゴシックをたんなるロマネスクの延長線上にあるもの（例えばロマネスクに尖頭アーチ、飛梁、リブ・ヴォールトを付け足したもの）としてではなく固有の性質をもつものとして理解してきた。つまり「俯瞰の作業」たる様式分析で得られるような「ゴシックとは尖頭アーチ、飛梁、リブ・ヴォールトである」という認識以上のものを、そこに見いだしてきた。

すなわち、古典的規範からの逸脱や無秩序、[65]「美」に対比されるものとしての「崇高」、[66]民族性、[67]合理的構造、[68]奔放な表現、[69]「ディアファーン（透過性）」や「天蓋（バルダキン）」というキーワードで説明される独自の空間、[70]「光の形而上学」を反映したキリスト教的精神性、[71]「石の骨組み」、[72]「中世のモダニズム」[73]等々。その多様な解釈を整理しようとすれば一冊の分厚い本が書けてしまうほどだ。[74]それぞれの歴史家がゴシックをめぐるストーリーを思い描き、時には自らの理想をそこに投影しながら、理論化しようと試みた。それらは「俯瞰の作業」あるいは「虫めがねの作業」を経たうえでさらに一歩進んで、ゴシックという「森」の意味するところを読み取り、解釈しようとしている。

これまでも指摘されているようにこれらの解釈の多くは古典と中世、あるいはロマネスクとゴシックの間の二項対立的な図式に基づいており、それらが依拠する様式概念は教条主義的になりがちである[75]。そもそも中世の人々は過去の「ロマネスク」に自らの「ゴシック」様式を対比させなどしなかったし[76]、シュジェール修道院長時代のサン＝ドニのように最も「革新的」とされるゴシックの現場においても注意深く過去の組積や形式が継承されていたことから、古代あるいはロマネスクからの積極的な離反を目指す運動ではなかったことは明らかだ[77]。ロマネスク／ゴシックの多くの聖堂はバシリカ式の平面形式を採用する石造建築という点で共通しており、ゴシック様式を特徴づける尖頭アーチやリブ・ヴォールトも、ロマネスクの時代から一部の地域で知られていた[78]。ゴシックはロマネスクを基礎に漸次的な展開を経て形成された様式であり、断絶よりは連続性のほうが強いといえる。

けれども、科学的真実性はさておき、こうした多様な解釈は興味深く、ゴシックの時代を私たちの目に非常に魅力的なものとして映し出してくれる。厳密さを欠くからといって問答無用に切って捨てるべきものではない。ゴシック様式解釈の限界は、様式概念自体の限界でもあり、視点を一点に定めたことに由来する限界でもある。

このような限界を踏まえたうえで、本書においても筆者なりのゴシック像を提示したい。結論を先取りすれば、本書におけるゴシック像は先鋭性と冗長性を兼ね備えた建築ということになる。いくらか遠回りではあるが、第1章から第6章までを分析にあて、最後に解釈を行うことにしよう。

4 本書の構成

本書はトリフォリウムとそれに関係する建設技術を論じるが、個別の技術に目を奪われるあまりゴシックという「森」の全体を見失って迷子になってしまうことは避けたい。そこで、はじめにゴシック全体の流れを確認してから、個別の論点に焦点を当てていくことにする。

つまり、第1章において、ゴシック全体の歴史と関連づけながら七件の建築のトリフォリウムを年代順にピックアップし、石組みの分解図を用いて、その変化を編年的に整理する。ゴシックの様式的な発展が、たんなる流行や建築家の創意のみに起因するのではなく、石組みの技によって支えられていることを明らかにする。

第2章以降は建築考古学でも扱われる建設技術をトピックごとに分析する。

第2章では石を切り出す作業に焦点を当て、石材の大きさの変化や、加工の方法、規格化とプレファブリケーションの進展によって現場の効率化が図られたことを確認する。石材には作業に携わった職人の残した痕跡がみられることがある。例えば部材を配置する場所の目印、作図の痕跡、サインなどである。こうした痕跡は生き生きとした現場の気配を伝える貴重な史料だ。

第3章はゴシックの構造を構成する主な材料、つまり石と金属材について詳述する。ゴシック建築の窓面の拡大と構造の洗練化に伴い柱が重要度を増したが、構造的・視覚的に重要になっただけでなく、柱の石材の変化により、柱そのものの強度が増したのである。またトリフォリウムに多数設置された金属材は、ゴシックの構造を成り立たせるために必須であった。

続く第4章は建設行為に焦点を当てる。中世の建設現場はしばしば写本やステンドグラスの図像として描かれ、足場や建設器械の様子を伝えている。実際、足場を固定するための穴がトリフォリウムや周囲の壁に残されており、そうした図像史料を裏づけている。またトリフォリウムの構造や技術の微妙な変化から建設の中断や職人の変化を読み取れることがある。

残る二章で扱う話題は、時系列としては建設後の建物に関するものである。第5章では通路としてのトリフォリウムの実用性を、ゴシック建築全体の通行システムと関連させながら検証する。

第6章は彩色と彫刻に関する考察である。トリフォリウムには中世以来の彩色の痕跡が多く残されている。柱頭などの彫刻は小さくあまり目立つものではないが、興味深いものがある。トリフォリウムに入らなければみえない（つまり地上からは認知できない）彩色や彫刻がある一方で、地上からの見え方を意識したと思われるものもある。そうした可視性と不可視性のあわいに、機能主義的な観点からは捉えきることのできないトリフォリウムの（ひいてはゴシック建築の）多義性が感じ取れるのである。

ゴシック建築は、遠い異国の不思議な建物ではない。そこには生々しい職人の手の跡があり、現場の息遣いがあり、石の重さがある。本書を通じて、まるでゴシックという「森」に自らの足で分け入っていくような感覚を抱いていただけたら、筆者としてこれ以上嬉しいことはない。

（1） DEHIO und BEZOLD, 1887–1901.

（2） SEYMOUR, 1975.（英語初版一九三九年）

（3） これらの平面図はデヒーオとベツォルトが自ら実測して作成したものではなく、当時の文献にすでに掲載されていたものを集め、トレースしたものである。例えばノワイヨンの図面はVITET et VITET（1845）に掲載の図、サンリスはKING（1868）に示された平面図を参考に描かれた（DEHIO und BEZOLD, 1887–1901, Band 2 (1901), p. 203）。したがって壁の歪み等の不規則性が反映されていない点はこれらの文献に起因するが、どの建物も等スケールに、一様な黒い線で表現したことで図面の没個性的な面が助長されていることは事実である。

（4） シャピロ&ゴンブリッチ、一九九七、三頁。「様式」という語で示す概念は幅広く、ある時代の芸術に共通して観察される特徴の総体を示すこともあれば、個々の作品の造形的特徴や方式に関連して用いられることもある。後者の意味での様式分析は「俯瞰の作業」ばかりでなくしばしば精緻な「虫めがねの作業」になりうる。

（5） フランクルによればロマネスクという語でゴシックと前ゴシックを区別したのは、イギリス人ウィリアム・ガンという人物で、この語は一八一九年に『クオータリ・レビュー』誌で提案された後、A・ド・コモンとA・W・N・ピュージンによって採用された（フランクル、二〇一六、五三九頁）。

（6） シャピロ&ゴンブリッチ、一九九七、二四頁。

（7） フランスの文化財行政に関しては、泉（二〇一三、一七二頁以降および三四五頁以降）を参照。

（8） Cf. フォシヨン、一九七六（フランス語初版一九三八年）。この訳書はフランス語版を底本としているが、英訳の際にボニが補った註も訳出されている。

（9）フォシヨン、一九七六。

（10）木俣は、ゴシックともロマネスクとも解釈できる事例やゴシック建築中にあらわれる古典主義的要素に着目し、ゴシックを一貫した様式と捉える見方に批判を加えている（木俣、二〇二一）。

（11）例えばブエによるカーンのサン＝テティエンヌ男子修道院聖堂の分析（Bouet, 1868）。

（12）例えばPrache, 1966; Prache, 1978a.

（13）Sandron, 1998.

（14）Reveyron, 2005.

（15）Sapin et al. (dir.)（2022）および西田（二〇一〇）を参照。なお、建築考古学における「考古学」という語は従来の美術史学における様式論的アプローチに対比されるものであり、発掘や古代遺跡を想起させがちな日本語の「考古学」とはややニュアンスが異なるように感じられる。

（16）例えばHeyman（1997, 初版一九六六年）やマーク（一九八三、英語初版一九八二年）など。

（17）Fitchen, 1961.

（18）ゴシック期は、後世に名を残す「建築家」が増加した時代でもあった。彼らはもちろん現代的な意味における建築家とは多少異なる職能を有していたであろうが、現場の統率者にとどまるものでもなく、設計した建築の工事がひと段落する前に次の現場に遍歴することもあったようだ。聖堂の墓石に肖像を刻まれるという栄誉に浴する者もいた（Cf. Du Colombier, 1973, p. 61ff）。

（19）例えばA・タロンらは建物のレーザー測定によって壁の傾きを測量し、建設当初の飛梁の有無等を検証した（Tallon, 2012; Tallon et Timbert, 2011）。

（20）Prache（1992）では、シャルトル大聖堂の外陣と内陣に用いられた木材が年代測定されている。

（21）彩色の調査では、塗り直しによって層状に重なった塗料の断面の分析が行われる（Verret (dir.), 2002）。

（22）L'Héritier, 2009.

（23）むろん、ゴシック建築に関するあらゆる研究が俯瞰と虫めがねいずれかのアプローチに還元されるわけではない。とりわけ二〇世紀後半以降、聖堂の内部調度品や典礼、建築を取り巻く社会構造や経済、都市、音環境といった新しい切り口によって中世建築の多様な側面が浮き彫りにされてきている（Le Goff (ed.), 2001; Daussy (dir.), 2016）。

（24）火災では中世にさかのぼる木造小屋組と鉛の屋根葺材、一九世紀にヴィオレ＝ル＝デュクにより再建された尖塔などが甚大な被害を受けた。火災の経緯および再建にかかわる議論については坂野（二〇二一）、Dillmann et al. (2022)を参照。二〇一九年末に文化省の下に創設された「パリのノートル＝ダム大聖堂保存修復担当公団」は機関紙 *La Fabrique de Notre-Dame* および公式フェイスブックページにおいてカジュアルな雰囲気の広報活動をしている。

（25）前述の「公団」の広報に加え、ＣＮＲＳ（フランス国立科学研究センター）、文化省、大学などに所属する研究者による公式の調査団体 Chantier scientifique Notre-Dame de Paris が定期的に報告会を開き、調査によって得られた知見を共有している。その一部の録画はインターネット上で公開されている。https://youtube.com/playlist?list=PLsl8NWzVv6T1WMZF0pl9_o-rQP5715pA&si=rOSRtcPewN7_NcsO（二〇二三年一二月二七日閲覧）

（26）一八四一年にすでにペリニョンという人物が、今日残るモニュメントは「検証すべき貴重な証言者である。そこには記憶が蓄積されている。それらは欺瞞を企まず、もしかすると、建築に刻まれた歴史は他のあらゆるものにも増して信用できるかもしれない」と述べている。N・ルヴェロンによる引用（Reveyron, 2002, p. 1, n. 5）。

（27）James, 1989, p. 2.

（28）西田、二〇一九。

（29）フランスでも二〇一五年に「ゴシック建築とは何か？」と題した国際シンポジウムが開催されているように、細分化し綿密化したゴシック研究の現状を顧みてゴシックとは何かを改めて問う姿勢がある（Timbert (dir.), 2018）。しかし本シンポジウムではかえってゴシックの多様な側面が明らかにされるばかりで、問いは開かれたままにされている。

（30）ノワイヨン大聖堂の袖廊のように第二層や第三層に位置しないこともあるが、地上階や最上階ではなく中間の高さにあるという原則は一貫している。なお、最上階に壁内通路を有する事例がノルマンディー地方やブルゴーニュ地方を中心に存在するが（第1章参照）、それらの通路はトリフォリウムとは呼ばない。トリフォリウムという呼称と定義については補遺も参照。

（31）参考までに述べておくと、アメリカの研究者S・マレーとA・タロンが構築したウェブサイト Mapping Gothic France (http://mappinggothic.org/) で言及されている一五〇件程度の建築（ゴシック期のフランスに建設された宗教建築。礼拝堂含む。二〇一八年八月二九日閲覧）中、トリフォリウムを有するものは約半数である。

（32）「最初のゴシック建築」としてのサン＝ドニの存在は、フランクルによれば一九世紀ドイツの建築家フランス・メルテンス（一八〇八—一八九七年）によって初めて指摘されたらしい（フランクル、二〇一六、五六六—五七〇頁）。なおゴシック誕生の地としてのサン＝ドニの評価については加藤（二〇一二、九—一五頁）を参照。

（33）トリフォリウムは三層構成以上の立面を有する建築にしか建設され得ない。また、初期中世以来の権威ある修道会であるベネディクト会ではトリフォリウムつきの建物も建てられたが（一三世紀のサン＝ドニ、ランスのサン＝レミ内陣、ディジョンのサン＝ベニーニュ、ヴァンドームのラ・トリニテ、ルーアンのサン＝トゥアン、サン＝トメールのサン＝ベルタンなど）、托鉢修道会やシトー会の建築にはほとんどトリフォリウムがみられない。

（34）トリフォリウム関連地図を参照。フランス中南部にはトリフォリウムが少ない。建築家ジャン・デシャンの手になるクレルモン＝フェラン大聖堂（一二四八年着工）はこの地域に建設されたトリフォリウムつき大規模三層構成立面をもつ建物の嚆矢であり、フランス北部との関係が指摘されている。Freigang (1991) を参照。

（35）ギャンペル、一九七八。建築については三四頁以降を参照。

(36) 佐藤、二〇二三。佐藤の研究は線条要素をゴシック空間の成立における重要な要素とみなす前提に立ち、線条要素の実現にかかわるヴォールト形式、飛梁、支柱配列などの相互の関係性を体系的に明らかにしたもので、いわば「葉」が幹や根と結びつく根本的な原理を探索しているかのようだ。

(37) 加藤、二〇一二。加藤の研究はアン・デリという初期ゴシックに特徴的な構法を手がかりにして、当時の建築工匠たちが求めた建築空間を探ったもの。なお佐藤と加藤の研究はいずれもゴシック様式の成立過程に焦点を当てており、盛期ゴシック以降の展開は分析の対象外となっている。

(38) 古典主義建築ではオーダーと呼ばれる柱や軒回りの造形体系によって全体が統率されるし、キリスト教建築において柱は使徒を象徴することがある。オナイアンズ（二〇〇四）を参照。またわが国の伝統的な民家建築における大黒柱の重要性は誰もが知るところである。

(39) Kimpel et Suckale, 1990, p. 342. ドイツ語初版は一九八五年出版。引用箇所は、フランス語版では «fusion de la forme tectonique et de la forme décorative».

(40) パノフスキー、二〇〇一、六九—七四頁。

(41) ジムソン、一九八五、六—七頁。

(42) ジムソン、一九八五、七頁。Bony（1967, p. 7）からの引用。

(43) 初期ゴシック建築では、アプスの壁は湾曲しており、平面図上では半円形をしていることが多いが、一三世紀以降は多角形平面を採用する建築が多くなる。第3章第1節も参照。

(44) Gall, 1915. なお、壁面の分節化に関する既往の議論は、佐藤（二〇二三、第一部第六章二節および補章）にまとめられている。

(45) 二〇世紀初頭までは、立面の階層の数で建築を分類する傾向はあまり濃厚ではなかった。例えば、R・ド・ラステイリやC・アンラールによる一九二〇年代のゴシック総論（Lasteyrie, 1926, vol. 1; Enlart, 1927）では、ヴォールトの分類やアーチの形状、平面形式、地域流派、個々の部位の理解が主な関心にあり、何層構成といった言い回しはきわめて稀である。三層構成については、層数表記よりむしろ「トリビューン式立面」や「トリフォリウム式立面」といった言い回しがよく見受けられる。前節で形式主義者として言及したフォシヨンは層数を重視し、彼の方法論を引き継いだボニは四層構成の起源を探った（Bony, 1937; Bony, 1983, p. 103ff）。

(46) Bony, 1939.

(47) 円柱の周囲に付柱が四本取りついた形状の柱。シャルトルやランスの大聖堂でみられる。

(48) 一三世紀のイル＝ド＝フランス地域とそれ以後の時代の建築に頻繁にみられる。

(49) 例えばクリアストーリー階通路は、当初フランスのノルマンディー地方とイギリスのロマネスク建築で発達し、ゴシック期にはブルターニュ地方やブルゴーニュ地方、リヨン（ローヌ）、ローザンヌ（スイス）など広範囲に普及したが、ボニはそれらがどのような経路をたどって伝播し、広まったかを追究した（Bony, 1983, p. 178, 334–335）。
(50) Enlart, 1927, p. 297–309.
(51) 例えばE・ルフェーヴル＝ポンタリのブルゴーニュ地方とシャンパーニュ地方のゴシック建築の特徴を分析した論文では、両地方にみられる壁内通路の差異が考察されている（Lefèvre-Pontalis, 1907c.）。
(52) フランスの壁内通路に関してはとくにHéliot（1970a）が包括的である。その他の論文に関しては、参考文献を参照。
(53) Héliot, 1956, p. 44–45.
(54) Thiébaut, 1992, p. 504.
(55) Lheure, 2012.
(56) 例えばローザンヌ大聖堂のトリフォリウムの通路が「弱い柱」の箇所で中断されているといった指摘（Lheure, 2012, p. 69）。
(57) Lheure, 2012, p. 53ff. なお彼の他の著作に関しても当てはまることだが、研究書であるにもかかわらず系統的な脚注が施されていないのは惜しいことだ。
(58) Viollet-le-Duc, 1854.
(59) ヴィオレ＝ル＝デュクの『事典』の挿絵は、当時興隆していた解剖学との親和性をみせていると同時に、建築を合理的にみせるための効果的なデモンストレーションであったという指摘がある（Vinegar, 1995）。
(60) アプスの図に関する記述は以下のとおり。「A、控え壁、不動のマッス：B、細いが、石灰石の質がよいために強固で鋳鉄のように強靱な竜骨：C、アーチの石積みで、必要に応じて変動する：D、内外の結合：E、第二の竜骨だが、高いところにあってもし動けば大きな影響があるため、下のものより短い：F、第二の内外の結合：G、ヴォールトの起点：H、何も支えておらずただ建物を閉じるためだけの遮蔽：I、アーチの推力が及ぼされる部分」（Viollet-le-Duc, 1854, t. 4, «construction», p. 133–136）。
(61) Viollet-le-Duc, 1854–1868, t. 9, «triforium», p. 272–307. この項目では本書で扱う通路式トリフォリウムだけでなく、偽トリフォリウムやクリアストーリー階通路、トリビューンまで言及されている。通路式トリフォリウムとしてはサン＝ルー＝デスラン、モレ、アミアン、サン＝ドニ、セー、そしてクラムシの事例が主に扱われているのみである。
(62) Viollet-le-Duc, 1854–1868, t. 9, p. 281ff.
(63) Viollet-le-Duc, 1854–1868, t. 9, p. 290ff. アミアン大聖堂（一二二〇年着工）は通常ゴシック最盛期の建築（「古典」）に位置づけられ、すでに通路式トリフォリウムを採用していたシャルトル・ランスと連続した文脈で語られる。したがって、アミアンが偽トリフォリウムから通路式トリフォリウムに移行した最初期の建築として紹介されると、今日の研究者の多くは違和感を抱くだろう。
(64) Viollet-le-Duc, 1854–1868, t. 9, p. 296.
(65) ルネサンスの花開いたイタリアでは中世建築が毛嫌いされ、すでにA・フィラレーテやL・B・アルベルティによる建築論の中で明確に、あるいは暗に批判されている（フランクル、二〇一六、二六八―二七七頁）。また一六世紀にはG・ヴァザーリが著作の中でその秩序（オーダー）の欠如を指摘し「古典」に対比させるとともに、それをローマ帝国滅亡の一因となったとされるゴート人（今日まで用いられる「ゴシック」という呼称の由来）に帰した（ヴァザーリ、一九八〇、八〇―八一頁。Cf. シャピロ&ゴンブリッチ、一九九七、七〇頁）。

(66) 一八世紀以降のロマン主義者たちによって、中世建築の廃墟や壮大なヴォールトは静的で調和に満ちた「美」に対比され、「崇高」という独自の美学が生み出された（Cf. バーク、一九九九、英語初版一七五七年）。

(67) 一九世紀ドイツではやはりロマン主義的な心情とともにゴシックが国民的様式とされ、有名なケルン大聖堂の完成工事を後押しした（本章の冒頭で図版（図0-1）を引用したG・デヒーオも、ゴシックをドイツ美術として擁護する民族主義者であったといわれる）。

(68) 例えば前述のE・E・ヴィオレ=ル=デュクによる、構造的に無駄のない理性的なものとしてのゴシック像。

(69) T・リップスらの感情移入心理学の流れを汲むW・ヴォリンガーは、荷重と支持の関係を率直に示すギリシア建築に対し、ゴシックは「石に抗う」ものであるとした。彼の著作は当時のドイツ表現主義建築の理論的支柱となったといわれる（ヴォリンガー、二〇一六、ドイツ語初版一九一一年）。

(70) ヤンツェン、一九九九（一九二七年の講演）：ゼーデルマイヤ、一九九五（ドイツ語初版一九五〇年）。

(71) 例えばジムソン、一九八五（ドイツ語初版一九五六年）。

(72) Heyman, 1997.

(73) M・トラクテンバーグはロマネスク期には歴史主義者とモダニストという相反する姿勢が共存していたのに対し、ゴシック期には後者の態度が優勢になると分析し、ゴシックを「中世のモダニズム」と解釈した（Trachtenberg, 2000, p. 184）。

(74) フランクル（二〇一六、ドイツ語初版一九六〇年）はゴシック建築に関する中世以来の記述を集成した浩瀚な研究書であるが、その出版以降も当然ながらゴシックへの言及は連綿と続いている。

(75) 木俣、二〇二二、八―九頁、二七―三八頁。

(76) たしかに当時のラテン語文献には opus modernum（opus は「作品」や「手法」。ここでは建物の「古い部分」に対して「モダンな部分」。シュジェール（パノフスキー、一九七一、一四九―一五〇頁：森、二〇〇二、二八五頁））や opus francigenum（「フランスの手法」。ブルハルト・フォン・ハルの年代記（フランクル、二〇一六、六八―七〇頁））という呼称が存在したが、それらの呼称が一般に通用したかどうかは不明であるし、少なくとも近代的な様式概念と同等のものとして考えるのは安易であろう。

(77) サン=ドニの内陣にみられる円柱の古典主義的色彩は議論の的になってきた。木俣（二〇二二、一八四頁以降）を参照。なお前述のトラクテンバーグは、シュジェールがサン=ドニの内陣の「モダニズム」を和らげるために著作の中で「歴史主義的要素」たる円柱の存在を強調したと解釈したが、古来より重要な建築要素とされてきた円柱がはたしてそのような消極的な位置づけに終始するものだったのかどうか、疑わしい（Trachtenberg, 2000, p. 195–197）。

（78）尖頭アーチはブルゴーニュ地方のオータン大聖堂やパレ゠ル゠モニアル修道院聖堂で使われていたし、リブ・ヴォールトはイギリスのダラム大聖堂の内陣やノルマンディーのレッセー修道院聖堂（一〇八〇年創立）にすでに導入されていた（Cf. Fernie, 2000, p. 135; Froidevaux, 1974, p. 77; Bony, 1976, n. 10）。

第1章　様式発展を支える石組みの技

本章ではゴシック様式の展開を、トリフォリウムの石積みを手がかりに分析する。一部の地域を除き、フランスでは中世を通じて石造で聖堂が建てられた。石材は石切り場から切り出されると、直方体形やドラム形など多様な形状に加工され、石灰モルタルによって互いに接着されながら積まれる。そうして石積みができる。「石積み」とは石材の積み方や配置方法のことであるが、どう「積む」かは石の形や大きさに自然と左右されるので、「石積み」という言葉はそうした個々の石材の形状も含意している。また、石を積んでできた構造物のことをもいう。

地域や時代、建物の機能や規模などさまざまな要因が石積みに影響する。ゴシック期フランスの大規模聖堂建築に限っても、一二世紀から一六世紀にかけて、柱や壁の見た目（外見）だけでなく石積みも大きく変遷した。様式はたんなるデザインの流行りすたりではなく、石積みの変化に支えられている。

ゴシック聖堂建築では時にさまざまな形状やサイズの石材を繊細に組み合わせた石積みがみられることがあり、それらはもはやシンプルに下から上へと石を積み上げた「石積み」というより、木製型枠や仮支えの助けを借りつつ石を組み上げてつくられた「石組み」といったほうがよいかもしれない。加工精度の向上や絶妙なバランス感覚に裏づけられたその精巧な技術は「技」とも呼べるものである。本章はゴシック建築の様式展開を支えたその「技」を、トリフォリウムに着目して解明したい。トリフォリウムはゴシック期を通じてデザインが顕著に変化した、意匠的・様式的に重要な部位であるが、壁の内部の通路（壁内通路）であるため複雑な構造をしているからだ。

1　ゴシック以前の壁内通路

壁の中を移動する

トリフォリウムはゴシック期に特徴的な発展を遂げた建築要素であるが、ゴシック以前にも壁内通路はつくられていた。例えばイタリア・ミラノのサン・ロレンツォ聖堂に付属する、サンタクイリーノと呼ばれる八角形の礼拝堂（四世紀頃）[1]の軒下には後述の「小人ギャラリー」に似た小さな通路が走っており、アーケードを介して建物外部に向かって開いている（外部に開く通路を「外部通路」とする）。またその下には別の通路が、建物内部に向かって開く（同じく「内部通路」とする。図1－1）。これらの壁内通路へのアクセスを提供する階段は設置されておらず[2]、用途は不明である。

やや時代が下って一〇世紀末から一一世紀にかけて、エッセンの修道院やトリーア大聖堂では西構え（ヴェストヴェルク）と呼ばれるファサードブロックの上層部に壁内通路がつくられた[3]。ライン川流域およびイタリア北部では「小人ギャラリー」と称される軒下の壁内通路が発達する。ケルンのザンクト・アポステルンやザンクト・ゲレオン聖堂、シュパイヤー大聖堂、コモのサン・フェデレ聖堂やモデナ大聖堂などに実例がある[4]（図1－2）。

トリーア大聖堂の着工した一一世紀半ば頃、ノルマンディー地方（現在のフランス北西部）ではクリアストーリー階の内部通路を備えた建築が建てられ始めた。ジュミエージュとベルネーのノートル＝ダム修道院聖堂（ともに一〇五〇年前後完成）を先行例として[5]、カーンのサン＝テティエンヌ男子修道院聖堂（一〇六六年創立。図1－3）やレッセー修道院聖堂（一〇八〇年創立。図1－4）へと続く[6]。レッセーの通路が壁厚に穴を穿っただけの比較的シンプルなものであるのに対して、カーンでは通路の前面に小円柱や柱頭彫刻が配されることによって、より装飾的になると同時に、通路の空洞をうまく活かしてもいる。

一〇六六年のノルマンディー公ギヨームによるイングランド征服後、イングランドは大陸と政治的にだけでなく文化的にも結びつきを強める。そして、カーンのサン＝テティエンヌにあるようなクリアストーリー階内部通路がウィンチェスター大聖堂（内陣一〇七九年）やイーリ、ピーターバラ両修道院聖堂（現大聖堂。一一一七年頃）の内陣と袖廊、ダラム大聖堂の外陣（一一二〇年頃）などにつくられた[7]。

ノルマンディーとイングランドでは、クリアストーリー階だけでなく、立面の中間に位置するトリフォリウム通路

図１−１　ミラノのサンタクイリーノ礼拝堂内部
上階のアーチの厚みに穴が開けられ，内部通路をなしている．

図１−２　シュパイヤー大聖堂外壁
軒下の低いアーケードが「小人ギャラリー」．

図1-4　レッセー修道院聖堂袖廊（左側）と外陣
外陣の中間層は偽トリフォリウム，袖廊では通路式トリフォリウム．クリアストーリーに通路．

図1-3　カーンのサン=テティエンヌ男子修道院聖堂外陣
クリアストーリーに通路．

図1-5　グロスター修道院聖堂外陣
クリアストーリーとトリフォリウムに通路．

も部分的に建設された。レッセー修道院聖堂やリジュー大聖堂（以下で分析）、サン＝マルタン＝ド＝ボシェルヴィルの修道院聖堂などでは、外陣や内陣の中間層は「偽トリフォリウム」（壁に穴があけられ、その開口部が直接側廊の屋根裏に向かって開いているもの）であるが、袖廊にのみ通路式のトリフォリウムが設けられている。一方でイングランド南西部（西イングランド）のグロスター修道院聖堂[8]（現大聖堂、一一二〇年頃。**図1-5**）や、チュークスベリ修道院聖堂、ヘリフォード大聖堂（一二世紀前半）の各外陣では、袖廊だけでなく目につきやすい外陣の身廊にも通路式トリフォリウムが建設された[9]。これらの立面はいずれも、背の高いシリンダー状の柱の大アーケードの上に、包摂するアーチでグループ化された二連アーチを二組並べた背の低いトリフォリウム、そしてクリアストーリーで構成されている。

また少し遅れてフランドル地方ではトゥールネ大聖堂の外陣やアフリゲム修道院聖堂（いずれも一二世紀半ば）でクリアストーリー階に外部通路が設けられた[10]。トゥールネ大聖堂の袖廊（一一六〇年頃完成[11]）にはクリアストーリー階通路に加えトリフォリウム通路も存在する[12]。

これら初期の壁内通路は何らかの実用性や目的を有するものだったのだろうか。

ノルマンディー地方のクリアストーリー階通路には構造的な役割があったという見解がある[13]。一方で装飾的価値も認められていたかもしれないし、ヴォールトや窓のメンテナンス用通路として使われた可能性もある。

袖廊にのみ存在するレッセーやリジューのトリフォリウム通路には、立面の中間の高さにおける水平移動の経路を確保する、という実用的な役割がある。外陣や内陣の中間層にはトリビューンないし偽トリフォリウムにおける側廊屋根裏のような通行場所があっても、袖廊にはそれらが欠けていることも多い。そこでトリフォリウムという壁内通路で外陣と内陣の中間層を連絡することで、通行の連続性を保証することができたのである（**図1-6・図1-7**）。

このように、初期ゴシック建築のトリフォリウムに先行して、位置や構造を異にする数種類の壁内通路がすでに各地に建設されていた。これらのうちゴシックのトリフォリウムの「プロトタイプ」となった通路はあるのだろうか。いずれも地理的にはフランスの代表的な初期ゴシック建築に比較的近く、その原型と解釈してもさほど不自然ではな

図1－6　リジュー大聖堂北袖廊上部

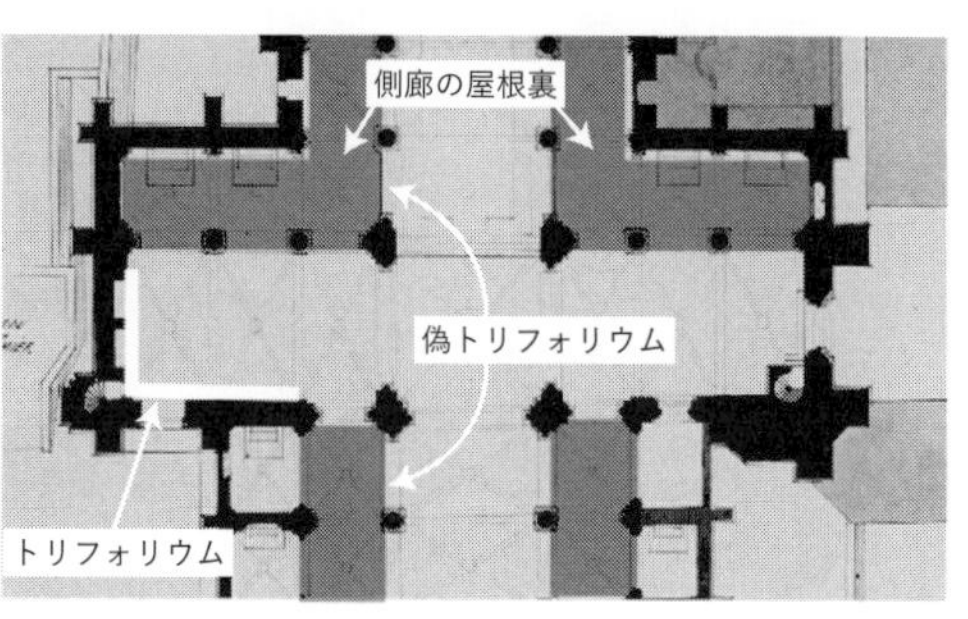

図1－7　リジュー大聖堂袖廊部分平面図
立面中間層の通行場所を示す.

い。しかし、ゴシックの建設者たちがこれらのいずれも知らなかったという可能性も十分に考えられるし、逆に壁内通路という建築要素はあまりに広く知られていたのでどれを参考にするという自覚もなしにトリフォリウムを実現したという可能性も考えられる。ここではロマネスクとゴシックの通路の影響関係ではなく、両者の構造的・意匠的な差異に目を向けたい。以下で、リジュー大聖堂を例に、トリフォリウムの石積みを分析してみよう。

リジュー大聖堂の袖廊

フランスの国民的聖人の一人であるリジューの聖テレーズの故郷としても知られるリジューは、現在のノルマンディー地域圏カルヴァドス県に位置する。

サン＝ピエール大聖堂は司教ヘルベール（在位一〇二二—一〇四三年）の主導で着工し、一一世紀後半に完成した。現在の建物の西ファサードと袖廊の一部にこの時代の組積が残っている[14]。一一七〇年頃、外陣から再建工事が始められた[15]。工事は東へと進み、一三世紀半ばまでに内陣まで完成した模様である。

内部立面はほぼ一貫して三層構成である。工事の後半にあたる内陣第三ベイ以東では中間層が通路式トリフォリウムであるが、比較的初期の工事にあたる外陣と内陣の西側二ベイ、そして袖廊の東側の壁における三層構成立面の中間層は偽トリフォリウムである。一方、袖廊の西側と端部の壁には、内陣のものとはデザインや構造の異なる通路式トリフォリウムがある。

北袖廊の壁をみると、地上階のブラインド・アーケードの上に窓があり、その上に通路式トリフォリウム（図1－6参照）、そしてクリアストーリーという構成になっている。トリフォリウムの開口部は小さく、通路の大部分はプレーンな壁の内部に隠れている。四角い開口部の両脇に円柱が付属する、比較的簡素なデザインである。

通路内部に入ってみると、通路の床や天井がデコボコしており、粗い建材（割石とモルタルの混合物）でできていることがわかる（図1－8・図1－9）。天井は通路長手方向に走るトンネルヴォールトで、型枠に使われたであろう板の痕跡が残されている。通路の背後の壁（つまり外壁側の壁）に目を向けると、粗い切石と割石を組み合わせた壁にみえるが（図1－8右側参照）、建物の外からみると丁寧に成形された切石である。つまりこの壁は石材一個の厚みでできている（「単積み」）のではなく、多少の充填物を間にはさんだ二枚の壁面からなっている（「充填積み」）[16]のだろう（図1－10）。

同じノルマンディー地方にあるレッセー修道院聖堂の袖廊にも、これと類似する構造をもつトリフォリウムが存在する（図1－4左側参照）。トリフォリウムの開口部のデザインは多少異なるものの、立面構成や、長手方向のトンネルヴォールトを有する点が共通している。[17]長手方向のヴォールトは、上部に積載した荷重を通路両側面の壁に伝達しやすい、施工用の仮枠の設置が比較的容易である、連続的に施工できるといった利点がある。ただし、荷重がかかる通路両側面の壁にはさほど大きな開口部を設けることができない。

身廊へのトリフォリウム導入の先駆的事例として先に紹介したイングランドのチュークスベリ修道院聖堂のトリフォリウムの開口部がかなり小さいのは、長手方向のヴォールトで覆われていることと関係がありそうだ。[18]このヴォー

図１－９　リジュー大聖堂北袖廊，北の壁のトリフォリウム天井見上げ

図１－８　リジュー大聖堂北袖廊，北の壁のトリフォリウム内観

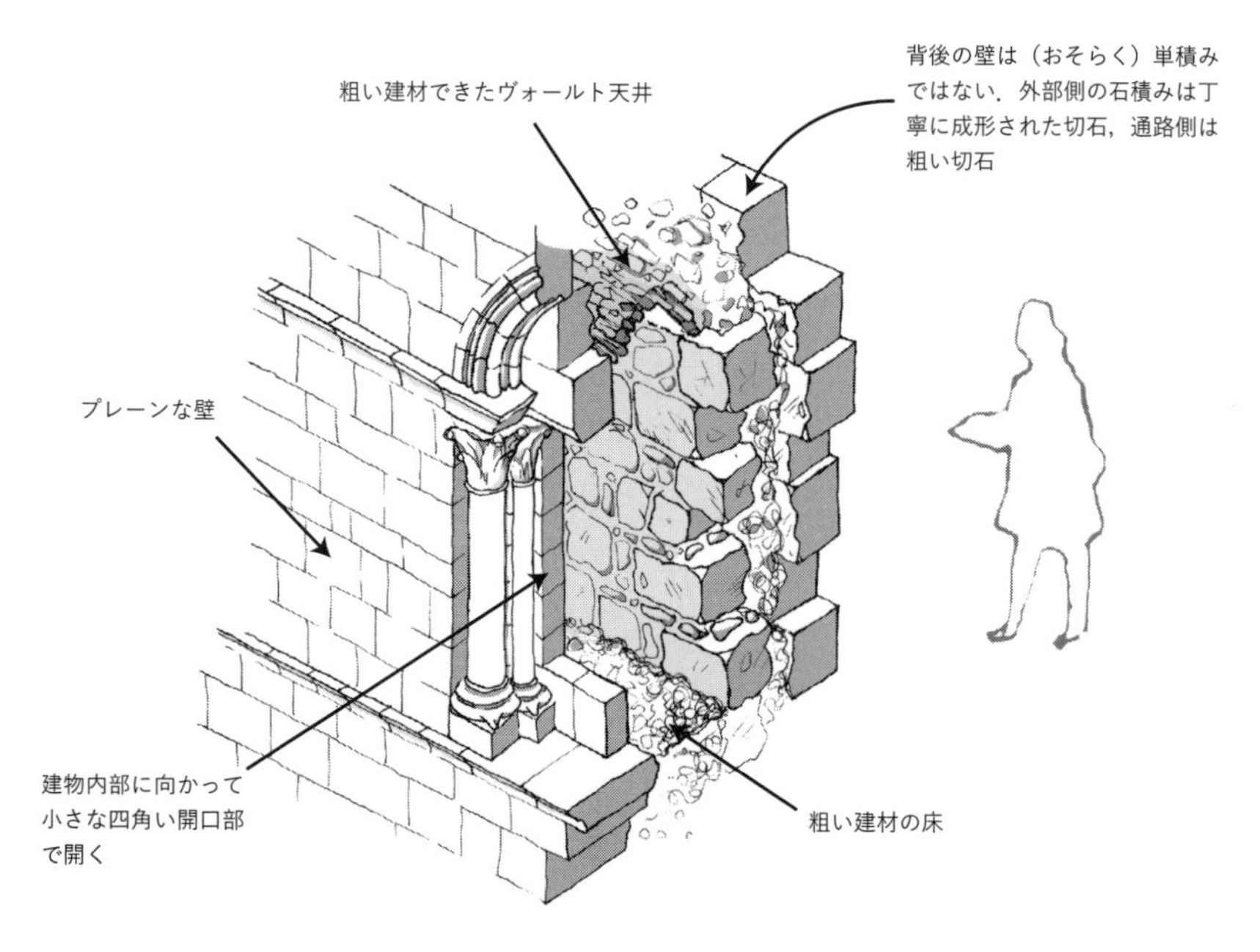

図１－10　リジュー大聖堂北袖廊，ファサード裏のトリフォリウム石組み

ルトも、リジュー同様粗い建材でつくられている。同じ建物の別の部位のトリフォリウムでは、粗く成形された切石からなる長手方向のヴォールトも存在するが[19]、切石の精度は高くない。

トリフォリウムの小さな開口部は、たんにデザインの問題ではなく、長手方向のヴォールトという構造上の問題が関係していたのである。

2 「石積み」から「石組み」へ

美的役割を付与されたトリフォリウム

今日一般に「ゴシック様式生誕の地」と評価されているのは、修道院長シュジェールによって献堂されたサン＝ドニ修道院聖堂の一二世紀の内陣（一一四四年献堂）であるが、上層部は一三世紀に改築されてしまい当初の立面が不明である。同時期に建てられたサンス大聖堂は、大アーケード、偽トリフォリウム、クリアストーリーからなる三層構成の立面をもつ。S・M・クロスビーによる復元立面図によれば、一二世紀のサン＝ドニも同様の立面を有していた[20]。四層構成立面を有した可能性も他の研究者によって指摘されているが、その場合も通路式トリフォリウムはなかったであろう[21]。

一方で、一一五〇年代から一三世紀初頭までに着工された大規模ゴシック聖堂には四層構成立面が多く、トリフォリウムの含まれないものもあるが（パリのノートル＝ダム大聖堂など）、通路式のトリフォリウムをもつものも多い。現在の行政区画でイル＝ド＝フランスおよびオー＝ド＝フランス地域圏（旧ノール＝パ＝ド＝カレー地域圏と旧ピカルディー地域圏）に相当する地域は、初期ゴシック揺籃の地である。ラン大聖堂（図0－4参照）およびノワイヨン大聖堂の袖廊には通路式トリフォリウムがある（いずれも一二世紀半ば）。旧ノール＝パ＝ド＝カレー地域圏の建築の多くはフランス革命の際の蛮行で跡形もなく破壊されてしまい、その様子を確認することはもはやできないものの、破壊前に描かれた絵画や図面史料から、トリフォリウムを含む四層構成立面の建築が複数建設されていたらしいことが判明している（アラス大聖堂やヴァランシエンヌのノートル＝ダム＝ラ＝グランド聖堂。[22] 図1-11）。

同様の立面がそれから一二〇〇年前後にかけて、ソワッソン大聖堂の袖廊（一一七六年頃着工。図1-12）、ランスのサン＝レミ修道院聖堂、シャロン＝アン＝シャンパーニュのノートル＝ダム＝アン＝ヴォー聖堂の外陣（一一九〇年頃着工）、ムゾンのノートル＝ダム聖堂（一二一二年頃着工）と続く。

こうした初期のトリフォリウムの多くは、同形状の半円アーチや尖頭アーチが連続する単純なアーケードからなり、四層の立面を構成する大アーケード、トリビューン、トリフォリウム、クリアストーリーのうち最も背の低い要素である。外陣から内陣へと向かうパースペクティヴの視覚効果とあいまって、まるで一筋の帯のようにみえる。前節でみたリジュー大聖堂のトリフォリウムが、袖廊の目につきにくい場所にあり、おそらくは外陣と内陣を連絡する実用的な役割を担い、大部分が壁に隠されていたのとは対照的である。ゴシックのトリフォリウムにも何らかの実用性があった可能性は十分考えられるものの、袖廊だけでなく身廊全体へ展開されている点や、その手の込んだデザインからして、美的な役割が期待されていたことは明らかと思われる。

立面だけでなく構造においても、ゴシックのトリフォリウムはロマネスク期のものとは異なっている。以下に分析してみよう。

ノワイヨン大聖堂の袖廊と外陣

現在はさほど大きな都市とはいえないノワイヨンだが、その歴史は古代ローマ時代にさかのぼる。古い市壁をはさむ形で一一四〇年頃に内陣周歩廊から建設が始められた[23]現在のノートル＝ダム大聖堂（一八〇一年以降は教区聖堂）は、初期ゴシック建築の代表作のひとつである。

初期工事にあたる四層構成の内陣の第三層はブラインド・アーケードでありトリフォリウムはないが、続いて建設

図 1 − 12　ソワッソン大聖堂南袖廊

図 1 − 11　ヴァランシエンヌのノートル＝ダム＝ラ＝グランド聖堂（現存せず）を描いた絵画（1650 年）

図 1 − 13　ノワイヨン大聖堂外陣南側

された袖廊と外陣には通路式トリフォリウムがある（図4－29参照）。袖廊は一一七〇年頃、外陣の東側は袖廊と同時期、西側は一一八五年頃の建設である。[24]

袖廊は五層（地上階のブラインド・アーケード、窓、トリフォリウム、中間階通路、外部通路つきクリアストーリー。図4－28参照）、外陣は四層構成（大アーケード、トリビューン、トリフォリウム、外部通路つきクリアストーリー。図1－13）の立面をもつ。トリフォリウムの立面は、同一スパンの半円アーチをアン・デリの小円柱が支持するアーケードからなる（袖廊では半円アプス部が三連、それ以外は四連。外陣ではすべて四連）。

トリフォリウムの内部に入ってみる（図1－15）。通路の天井部は、リジユーでみたような長手方向のヴォールトではなく、平天井である。天井を構成するのは通路両側の壁の上にかけ渡された板状の石（板石）である。石積みも規則的で、床は、袖廊ではアーケード側のみ切石（表面にくぼみがあるがこれは石材を持ち上げるのに使われた吊り楔の跡だと思われる。第4章参照）、背後の壁側は粗い建材であるが、外陣では床もすべて切石で、その上に背後の壁が載っている（図1－14・図1－16）。背後の壁は間に充塡物を含んでいない（「単積み」）ことが、壁両側の表面を比較することでわかる。アーケードのアーチは、隣接するアーチと共有する起拱石を含む四―七個の迫石からなる。トリフォリウムの上下コーニスは天井および床の板石と一致している。袖廊と外陣では、アーチやコーニスの刳り型、柱頭彫刻などに様式的な差異がある。

寸法も測ってみよう。袖廊では通路の幅が約八五センチメートル、通路の高さ約二一二センチメートルだ。外陣では一部、通路が支柱（ベイを区切る柱）の位置で中断されて通行できない。[25] 外陣では通路の幅約四五センチメートル、通路の高さ約二〇六センチメートルである。

ノワイヨンの袖廊のトリフォリウムは内陣と外陣のトリビューンを接続するという点においてリジユー大聖堂のトリフォリウムと共通しているが、その立面や構造はまったく異なる。立面からはプレーンな壁面がなくなり、アーチと小円柱からなる軽快なアーケードとなる。アーケードも背後の壁も薄く不安定であるため、板石を設置する作業には精確性が必要とされたであろう。リジユーの例と比べ、石積みに占める割石や粗い切石の割合は減少し、精度の高

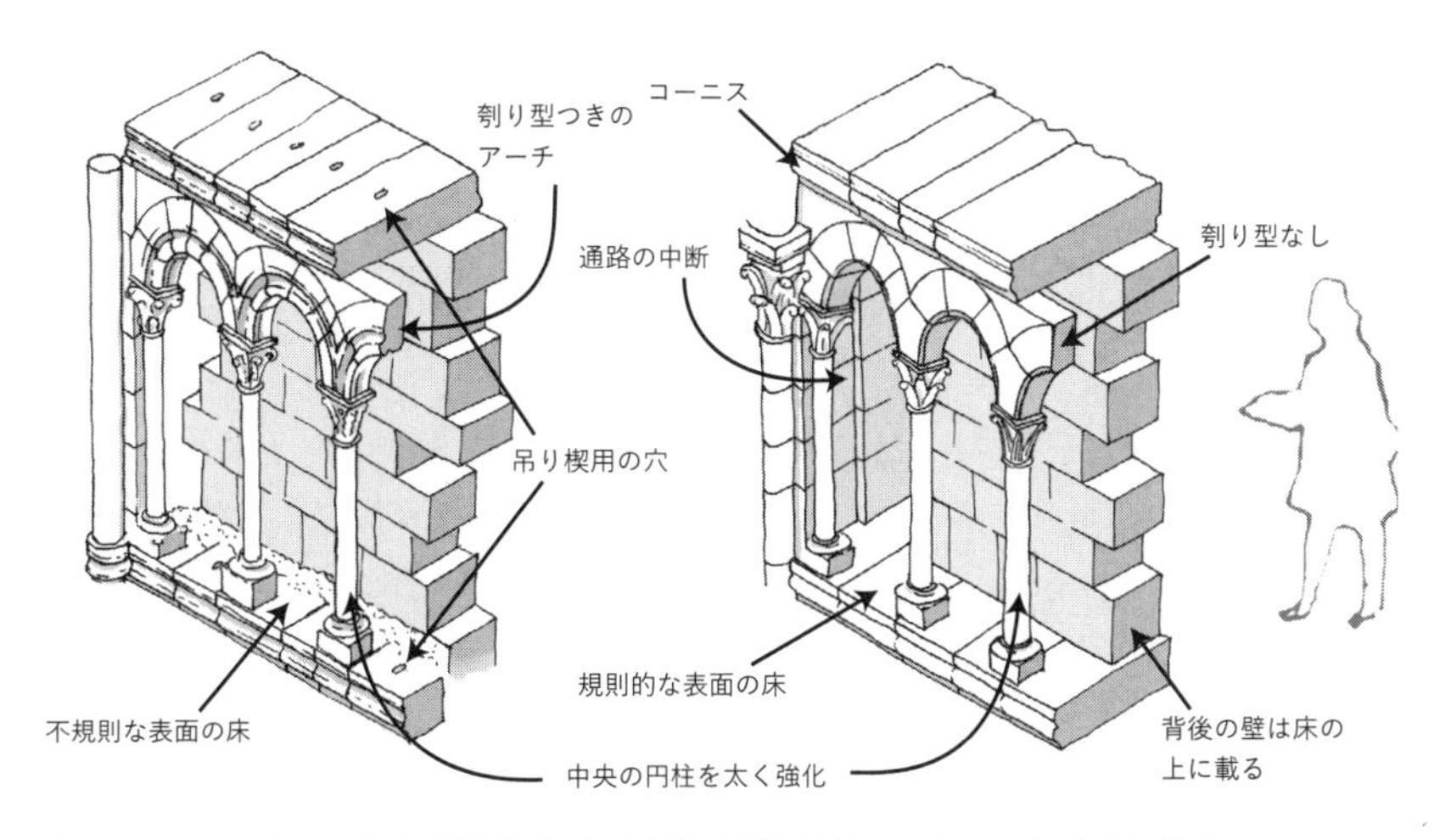

図1－14　ノワイヨン大聖堂袖廊（左）と外陣西側（右）のトリフォリウム石組み

図1－16　ノワイヨン大聖堂外陣のトリフォリウムと床

図1－15　ノワイヨン大聖堂北袖廊のトリフォリウム内部

い加工を施された切石が全面的に使用されている。小円柱の柱身の高さも規則的に整えられており、規格化されていたといえる（規格化については第2章で詳述）。

ロマネスク期のものと異なり、ゴシックのトリフォリウムの天井は、平たい板石を二枚の壁（アーケードと背後の壁）の上にかけ渡した平天井が多数を占める。リジユーにあったような長手方向のヴォールトは、ゴシックに分類される建築ではほとんどみられない[26]。逆にロマネスク期には平天井のトリフォリウムがみられないが、その理由として、上に載るクリアストーリーの窓面が小さく壁が分厚かったため、平天井のトリフォリウムでは支えられなかったという可能性が考えられる。もちろんゴシックのトリフォリウムもクリアストーリーを支えている。しかしゴシック期の多くの建築では、クリアストーリーの壁はトリフォリウムより薄く、基本的に身廊側に寄せて建てられる[27]（図1-18参照）。背の低いクリアストーリーの立面（ラン大聖堂やソワッソン大聖堂の南袖廊）を除けば、トリフォリウムの天井の中央付近にクリアストーリーが載ることは稀なようだ。天井に大きな荷重がかからないからこそ、平天井の軽やかなトリフォリウムを建てることができるようになったといえるだろう。ノワイヨンのトリフォリウムの上に載るのも中間階通路や外部通路つきのクリアストーリーであり、密実な壁体ではない。

リジユーのものと比べると明らかなように、ノワイヨンのトリフォリウムは高い精度で切り出された石材を決まった位置に配置し、石造とは思えないほど軽快な構造を築き上げている。ここにおいて石はもはや単純に下から上へと「積まれる」というより、空隙をはさみながら絶妙なバランス感覚で「組まれる」ものとなっている。背後の壁の組積は「石積み」だが、軽快なアーケード、通路の上に天井の板石をかけ渡した繊細な構造には、「石組み」という表現がしっくりくる。

3　盛期ゴシックにおける立面と石材の大規模化

「シャルトル型」立面

ノワイヨンやランの四層構成とほぼ同時期、トリフォリウムつき三層構成の立面も、ピカルディー地方およびその影響を受けた建築を中心に展開した。ジュジエの聖堂（一一七五年頃）、ブレーヌのサン＝チヴェ修道院聖堂（一一八五年頃着工。図1－17）、ランのサン＝ヴァンサン修道院聖堂（現存せず）、サン＝ミシェル＝アン＝ティエラッシュ修道院聖堂[28]、イギリスのカンタベリ大聖堂の東端部[29]（一一七九年着工）、スイスのローザンヌ大聖堂の内陣[30]（一一九〇頃着工）などである。

ただしこれら初期の三層構成立面においては、立面全体の高さが限られていた。クリアストーリーの高さも低く、ヴォールトの横断リブを受ける柱頭より下の範囲まで拡大することはなかった。

その点、クリアストーリーの背を著しく高くすることに成功したシャルトル大聖堂（一一九四年着工）型の大規模三層構成は革新的だった[31]（図1－18・図1－19）。シャルトルからランス大聖堂（一二一一年着工。図1－20）、アミアン大聖堂（一二二〇年着工）と連なる大聖堂建築は、H・ヤンツェンの著作『ゴシックの芸術――フランスの古典大聖堂、シャルトルとランスとアミアン』（一九五七年）では「古典（クラシック）」として称えられている[32]。「古典」という語は一般に美術史・建築史研究の文脈で「ゴシック」と対置されるため、シャルトルを古典と形容することは一見奇妙にも思われよう。しかしこの語は一方で様式の「最も完成した」（つまり初期でも衰退途上でもない）と思われる段階をも表し、さらには「規範性」の価値観を含んでいる。シャルトルに始まる「古典大聖堂」も、ヤンツェンの言葉を借りれば「ゴシック大聖堂の形態世界のための規範を設定」し「宗教建築の内的ならびに外的な構成（ゲフューゲ）のためのモデルを提供した[33]」という意味で「規範的」と考えられたのである。たしかにこれらの建築はそれぞれ権威ある大聖堂とし

図１－17　ブレーヌのサン＝チヴェ修道院聖堂内陣

図１－19　シャルトル大聖堂外陣

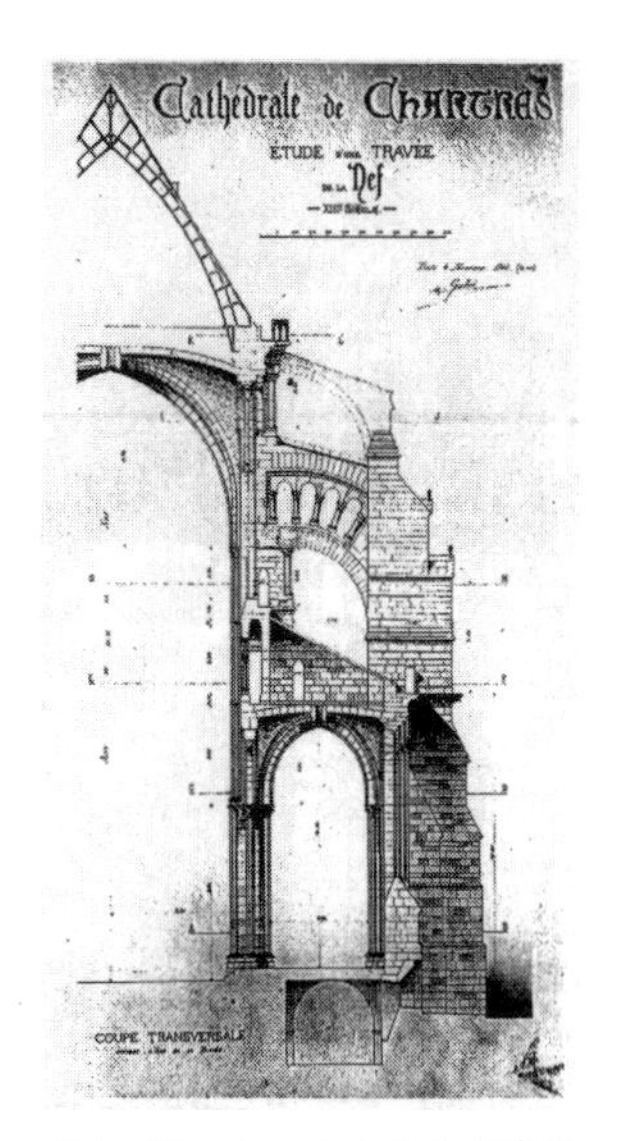

図１－18　シャルトル大聖堂外陣の断面図

て大きな影響力を有したかもしれない。

ただ、シャルトルがその後のすべての建築家の参照すべき規範となったという一面的な見方をすると、シャルトル以後のあらゆる建築をシャルトルに対する追随かさもなくば「抵抗」[34]として捉えなければならなくなる。シャルトル以後もクリアストーリーが低い(代わりにトリフォリウムが高くなることもある)三層構成立面や垂直性の弱いゴシック建築は多数建設された。しかしそれらがはたしてシャルトルに対する自覚的な抵抗だったのかどうかは疑問だ。ゴシック期の建築家はシャルトルやランスの立派さや他の建築家の評判を伝え聞いていたかもしれないが、自分の建築がそれらを踏まえたものである必要性はとくに感じていなかったという可能性も大いにある。建築家が自身で身につけた手法や価値観、建築主の意向、予算、地域、建物種別などによって、建物のデザインは多様に変化しうると考えるのが自然だろう[35]。

したがってシャルトルやランスの大聖堂はこの時代の多数派とも典型ともいえない。しかしその威厳に満ちた内部空間や光の充溢は、私たちがゴシックと聞いて連想するある種の精神性をよく表している。潤沢な資金に裏づけられた野心的な建築であり、技術的に洗練されているという意味で価値も高い。以下で、ランスのトリフォリウムを分析してみよう。

図1－20　ランス大聖堂外陣

ランス大聖堂の外陣東側

ランスはフランク王クロヴィスの洗礼の地であり、ノートル＝ダム大聖堂は歴代のフランス国王の戴冠式が行われた場として歴史的にも重要な位置づけにある。

現在みられる大聖堂の建物は、一二一一年に内陣から着工し、外陣の東側六ベイは一二二一年頃から一二五〇年頃、一二世紀の古いファサードに接続する形で建設された。短い中断をはさんで、外陣西側と塔を含む西ファサードが一二五二年から建設された[36]。内陣、袖廊、外陣いずれもトリフォリウムを有するが、ここでは外陣東側のトリフォリウムを詳しくみたい。

立面は三層構成（大アーケード、トリフォリウム、クリアストーリー。図1－20）で、トリフォリウムの立面は、同一スパンの尖頭アーチをアン・デリの小円柱が支持するアーケード（東端は五連、それ以外は四連）である（図4－5左参照）。中央の小円柱がやや太い[37]。

トリフォリウム内部に入ってみると、まず通路自体が巨大なのに驚かされる。通路の幅は約五四センチメートルと、ノワイヨンのものと大差ないが、通路の高さは約四七三センチメートルもある。ノワイヨンでは通路の天井に手が届くくらいの高さだった。目線より三メートル近く上にある通路天井部を観察すると、アーケードと背後の壁の上にかけ渡された板石からなる平天井である（図1－21）。天井は持ち送りで支持されている（背後の壁側のみ）。床は通路のスパンをまたぐ板石で、通路長手方向に鉄の鎹（かすがい）が埋め込まれている（図1－22）。背後の壁は規則的な切石。アーチは隣接するアーチと共有する起拱石を含む七—八個程度の迫石からなる。トリフォリウムの上部コーニスは天井の板石より一段上に位置する（図1－23）。

まずランス大聖堂は地上からヴォールト頂部までの高さが三八メートルある大規模な建築であり（ノワイヨンの外陣は二二メートル）、トリフォリウムも非常に大きいのが特徴だ。デザインだけみればノワイヨン大聖堂の外陣のトリフォリウムと類似しているものの、通路の高さは二倍以上と、大きさの点ではるかに上回っている。そして石材そのものの大きさもおしなべて大きい。とくに小円柱の柱身を構成するアン・デリの石（石目を縦にして設置された細長い石材）の大きさは、ノワイヨンのものとは比べものにならない。なお、支柱を構成するシャフトの一部もアン・デリである。

ランスのトリフォリウムの天井は持ち送りで支えられているが、これにより天井を構成する板石のスパンを減じることができる。当然ながら板石のサイズは二枚の壁の間のスパンより大きい必要があるが、通路の幅は五〇—八〇セ

図１－22　ランス大聖堂外陣南東側のトリフォリウム，床

図１－21　ランス大聖堂外陣南東側のトリフォリウム，天井見上げ

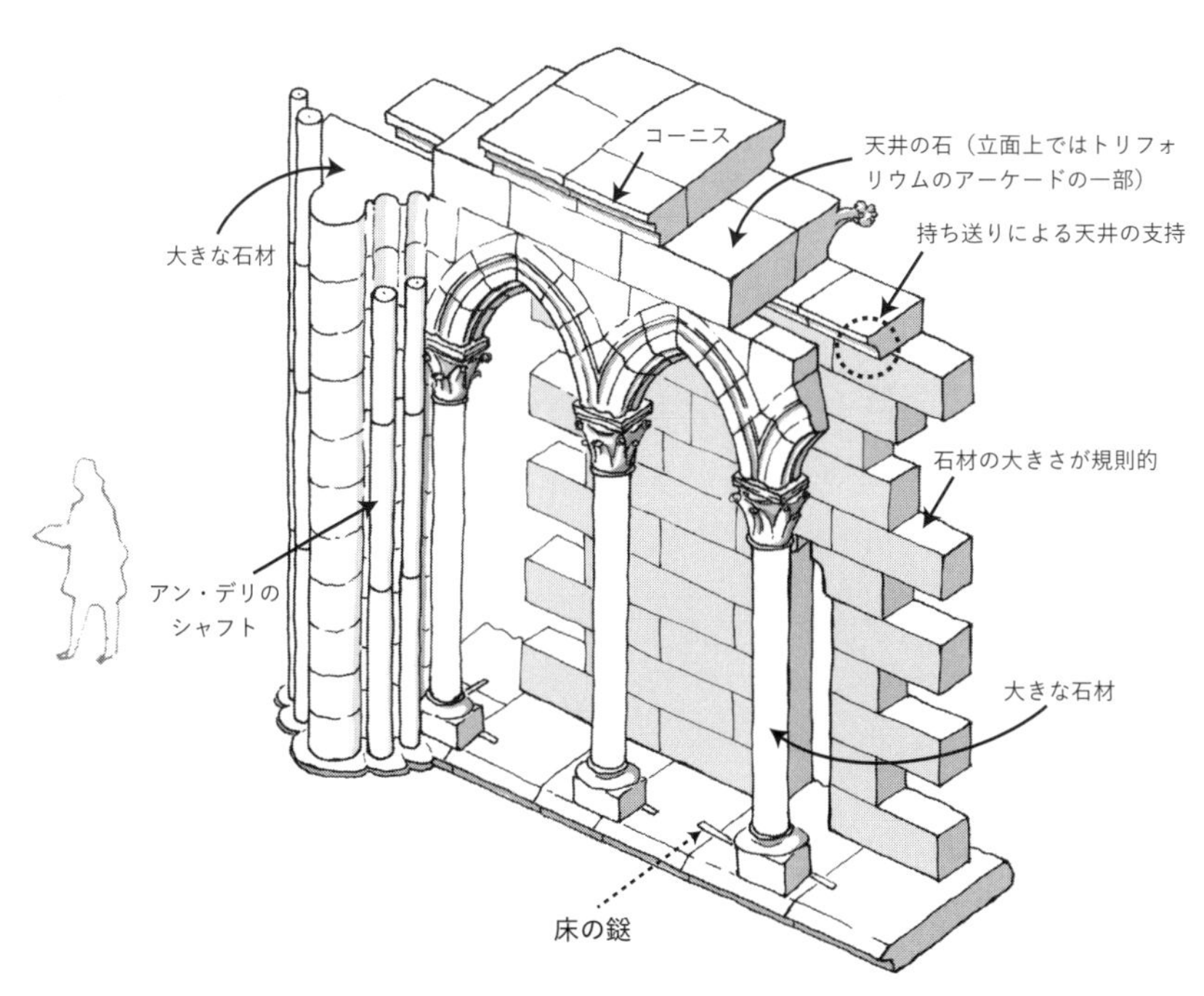

図１－23　ランス大聖堂外陣東側のトリフォリウム石組み（太字は金属材）

ンチメートル程度あるため、薄い板石は自重やクリアストーリーの荷重によって割れる恐れがある。持ち送りの有無に確固とした規則があるわけではないが[38]、このような持ち送りによって、板石が割れる危険をある程度回避することができるのだ。

また、コーニスを構成する石が天井の板石と同じではないという点でもノワイヨンのトリフォリウムとは異なる。ノワイヨン大聖堂やラン大聖堂、ソワッソン大聖堂の南袖廊などの、単純な構造をもつ初期のトリフォリウムでは、天井の板石はアーケード側で突出してコーニスを構成していた。一方でランス大聖堂においては、天井の石材は立面上ではアーケードの上部に当たり、コーニスはさらにその上にある。筆者が調査したところではシャルトルのサン＝ピエール聖堂の外陣やヴィエンヌ大聖堂でも同様であった。ソワッソン大聖堂の内陣やアミアン大聖堂の外陣では逆に、通路はコーニスより上のレヴェルまで続いている。このようなことが起こる背景には、トリフォリウムの大規模化に伴ってトリフォリウムを構成する石材の組み立て方の自由度が高くなったことによる、構造の複雑化があるように思われる。

石材の大きさの規則性も特筆に値する。ランスでは背後の壁や天井を構成する石材の寸法がかなりの程度で一定に保たれ、まるで積み木のように規格化されている。石材の寸法をそろえることは必須ではなかったはずだ（例えば背後の壁の石積みは、石材の横幅がまちまちでも高ささえそろっていればさほど施工に支障はない）が、ランスでは非常にシステマティックに規格化されている。規格化すると、一スパンのベイを建設するのに必要な石材の量（個数）が可視化されるため、計画的に石を切り出すことができ、現場の効率化につながったのではなかろうか。

ランスのトリフォリウムはたんに巨大なだけではなく、石材そのものの巨大化、コーニスや天井を構成する石組みの複雑化、石材の大きさの規格化等の特徴によって、初期ゴシックのトリフォリウムから変化を遂げているといえる。

4　迫石のないアーチの採用

トリフォリウムの自己否定？

ランス大聖堂と同時期、窓がなく暗かったトリフォリウムに光が入り始める。トリフォリウムの背後の壁に開口部が穿たれるようになったのだ。

そもそもトリフォリウムの主要な役割のひとつは、側廊の片流れ屋根が差しかけられているために開口を設けられない部分を装飾することだった。だとすれば、窓つきのトリフォリウムというのはどこか自己否定的な発想にも思われよう。とはいえすべてのトリフォリウムがそのような苦肉の策としての装飾的役割に還元されるのではない。トリフォリウムが窓の設けられない部分の装飾や通行場所として各地のモニュメントで一般化するにつれ、その豊かな視覚効果が評価され、それ自体での存在価値を認められるようになったということは、考えられないことではない。あるいは、トリフォリウムが立面に含めるべき主要な構成要素のひとつと認識されるようになったという可能性もありうる。

初期の採光されたトリフォリウムの現存例としては一二〇〇年前後のものが知られている。ソワッソンのサン＝レジェ修道院聖堂の内陣（一二〇〇年頃着工）のトリフォリウムは現在では採光されていないが、背後の壁に四角い開口部の痕跡が残されている[39]。トリフォリウムのアーケードは単純な二連尖頭アーチからなり、四角い開口部のほかはノワイヨンやランス大聖堂のトリフォリウムとほとんど変わらない。他にサン＝ルー＝デスランの修道院聖堂（一一九〇年頃着工。図1-24）[40]、ナルボンヌのサン＝ポール聖堂外陣（一一八〇年頃着工）[41]、コンピエーニュのサン＝ジャック聖堂（一二三〇年頃着工）[42]、ヴォドワ＝アン＝ブリの聖堂（一二三〇年頃）[43]、スイスのジュネーヴ大聖堂の内陣（一二一三年頃完成）[44]なども採光されたトリフォリウムの先駆的な例である。

これらの例において、背後の壁に開けられた窓は長方形や円形、多弁形、あるいはランセット窓といった単純な形状である[45]。トレーサリーが一般化してからは背後の壁の開口部もトレーサリー状の複雑なデザインが採用された（次節で詳述）。

側廊や周歩廊の差しかけ屋根の勾配を緩やかにするか、方形屋根にすることで採光が実現される。そうすると屋根の雨仕舞いの機能が弱くなるため、樋を設置するなどの工夫が必要であった。側廊を欠く袖廊や周歩廊のないアプス、ファサードの裏など、トリフォリウムにもたれかかる差しかけ屋根がない部分のトリフォリウムでは採光のハードルも低かったようで、ソワッソンのサン＝レジェ修道院聖堂やクレシー＝ラ＝シャペルの参事会聖堂などはそのような例である。

立面の多様化

一三世紀前半にはトリフォリウムの立面も多様化する。

例えば複数のアーチを大きいアーチで包摂し、構成を複雑化したもの。サン＝ルー＝デスランの修道院聖堂（図1-24）や、アミアン大聖堂の外陣（一二二〇年着工。図1-25）、リヨン大聖堂の外陣（一三―一四世紀）、バイユー大聖堂の内陣（一二三〇年頃着工。図6-24参照）、リジユー大聖堂の内陣等が当てはまる。バイユーやリジユーはノルマンディー地方で、地域的特色がないとはいえないが広範囲にあり、その構成もヴァリエーション豊かである。さらにタンパンを四弁形で刳り抜いたデザインのトリフォリウムは、比較的小規模な三層構成の立面をもつイル＝ド＝フランス地域の聖堂によくみられる[46]（図1-26）。同様のデザインをトレーサリーの技術で実現した例はより広範囲の地域に分布している[47]。

また尖頭アーチの代わりに三葉形アーチを使ったアーケードもある。シャルトルのサン＝ピエール聖堂の外陣（図1-33右側参照）や、次に分析するボーヴェ大聖堂の周歩廊にあるものがそうだ。ヌヴェール大聖堂の外陣（図6-22

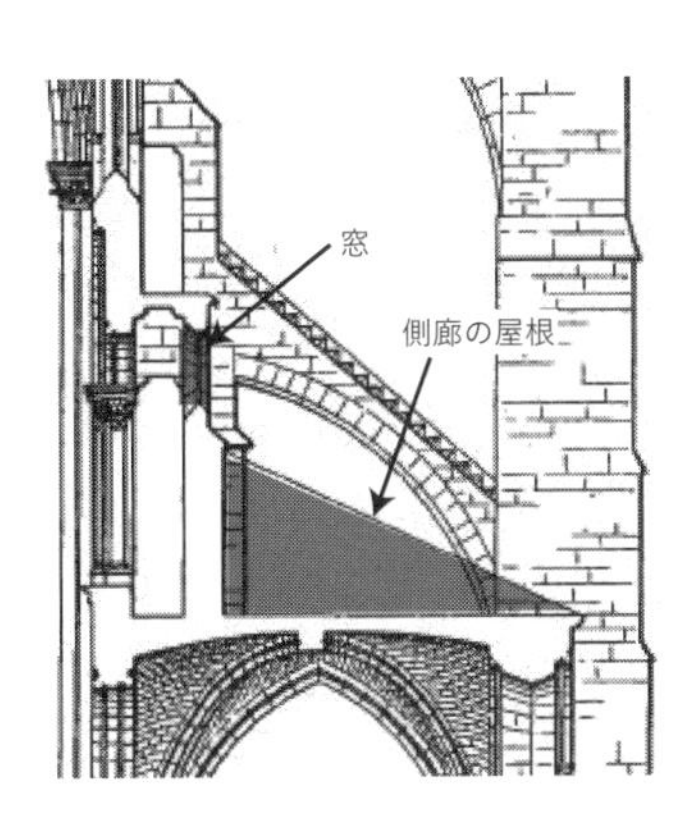

図 1 - 24　サン = ルー = デスランの修道院聖堂外陣
側廊の屋根勾配をやや緩やかにして小さい窓を設ける.

図 1 - 26　ブリ = コント = ロベールのサン = テティエンヌ聖堂, トリフォリウム詳細

図 1 - 25　アミアン大聖堂外陣

参照）や、シャロン＝アン＝シャンパーニュ大聖堂の袖廊東側と内陣（いずれも一三世紀前半）のトリフォリウムのように、三葉形アーチがさらに尖頭アーチで包摂されているものもある。

ボーヴェ大聖堂の周歩廊のトリフォリウムは、採光された三葉形アーチのトリフォリウムである。次に石組みを詳しくみてみよう。

ボーヴェ大聖堂の周歩廊

ボーヴェはセーヌ川の支流テラン川沿いに建設された都市で、三世紀末頃殉教した聖ルシアンが初代の司教とされている。ゴシック様式のサン＝ピエール大聖堂は一二二五年の火災の後、バス＝ウーヴルと呼ばれる小規模な外陣（図4－18参照）に接続するかたちで袖廊の東側から着工したとみられ、周歩廊と内陣の柱は一二三八年頃から建てられた。[48] 内陣主立面には巨大なトリフォリウム（一二七二年までに完成）があるが、周歩廊にも小規模ながらトリフォリウムが存在する（図1－27、口絵3参照）。

周歩廊のトリフォリウムは、放射状祭室に開く地上階のアーチとクリアストーリーの間に位置している。トリフォリウムの立面は同一スパンの三葉形アーチを小円柱が支持するアーケード（六連）であり、ベイ中央はクリアストーリーから連続する方立で区切られている。背後の壁が採光されている。

トリフォリウム内部に入ってみよう（図1－28・図1－29）。天井部は板石からなる平天井で、両側の壁に持ち送りがついている。床は切石ではなく粗い建材で、ベイ中央が盛り上がっている（下にある放射状祭室のヴォールトの形状に対応している）。三葉形アーチはスパンドレル（三角小間）と一体化した三角形の石でできている。トリフォリウムの上部コーニスは天井の板石と一致する。小円柱は床に直接置かれているのではなく、少し立ち上がった低い壁（立ち上がり部分）[49] に載っている。背後の壁にはアルク・ド・デシャルジュ（第3章1節参照）があり、当初は採光されていたようだ。[50] ガラスをはめこむための溝がアーチの内輪に残っている。

図1－28　ボーヴェ大聖堂内陣周歩廊のトリフォリウム天井部

図1－27　ボーヴェ大聖堂内陣

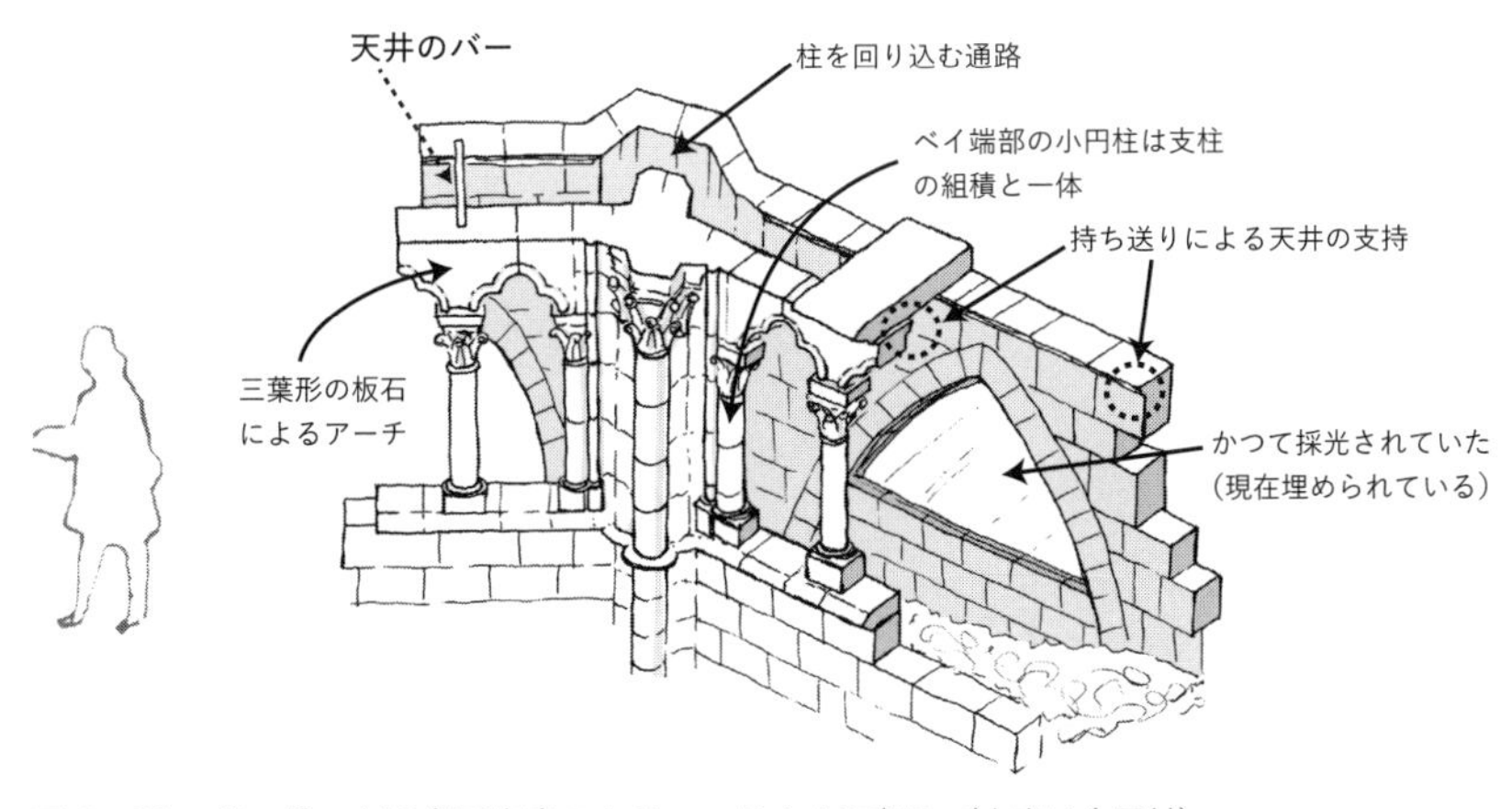

図1－29　ボーヴェ大聖堂周歩廊のトリフォリウム石組み（太字は金属材）

通路の幅は五一—五六センチメートル、通路の高さは二〇九—二二四センチメートル（いずれもベイ中央での実測）である。通路の高さのばらつきは、床の石積みの不規則性に起因すると思われる。

　このトリフォリウムは内陣身廊のものよりずっと小規模だが、興味深い特徴をいくつか備えている。アーチの石組みは通常のアーチのように楔形の迫石を積み上げてつくられているのではなく、板状の石（板石）でできている。アーチが三葉形であるため、三葉形の仮枠をつくってその上に迫石を並べるという煩雑な作業を行うよりも、このような板石でつくったほうが合理的なのだろう。板状にすれば、同じ形の石材を大量生産することでアーチをつくることができる。規格化とも関連の深い技術であり、第2章で詳論したい。

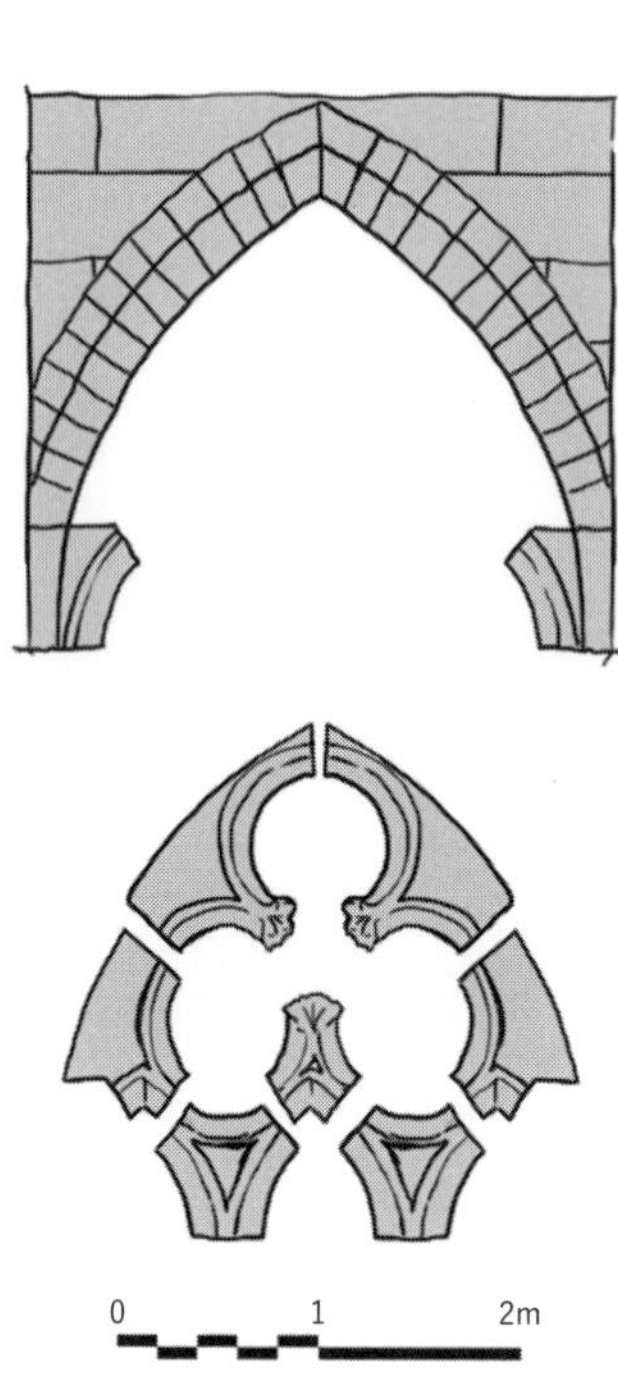

図1－30　アミアン大聖堂外陣，トリフォリウム上部の石組み

　板石をパネル状に組み合わせることによって壁を面的に構成する技術は、後述するトレーサリー技術の前身として「プレート・トレーサリー」と呼ばれることもある。[51] シャルトル大聖堂の外陣（一一九四年着工）のクリアストーリーの円窓部分など、トリフォリウム以外の部分では一二世紀から使われていた技術である。アミアン大聖堂やブリ＝コント＝ロベールのサン＝テティエンヌ聖堂のように多弁形の刳り抜きのあるトリフォリウムでも、刳り抜き部分にプレート・トレーサリーの技術を用いている（図1－30、図1－26参照）。

　また、通路が支柱の位置で屈曲している（柱を回り込んでいる）点も興味深い。この点は第5章で詳述する。

5　レイヨナン様式のトレーサリー

トレーサリーという革新性

少しページを戻して、先に分析したランス大聖堂の写真（図1－20参照）を見直してみてほしい。トリフォリウムの上のクリアストーリーに目を向けると、黒い線で窓が分割され、上部に花のような模様がある（側廊の窓にも同じデザインがある）。これはトレーサリー（réseau de remplage［仏］／tracery［英］）[52]と呼ばれる技術でつくられている（図1－31・図1－32）。建物内部からは黒い線のようにみえるが、実際には小さな石の組子をつなぎ合わせたものである。

一三世紀前半にいわゆるレイヨナン・ゴシックと呼ばれる一連の様式的傾向が興隆する。「レイヨナン」という呼称はこの時期多く建設されたバラ窓のデザインが、中心から「放射状に（レイヨナン）」スポークが伸展する車輪のようなデザインだったことに由来するとされる[53]。このバラ窓もトレーサリーの技術なくしては実現できなかった。トレーサリーはあたかも透かし細工や中世の金銀細工のような繊細な石組みで、一般にバラ窓やクリアストーリーの窓の桟として知られるが、トリフォリウムにも使

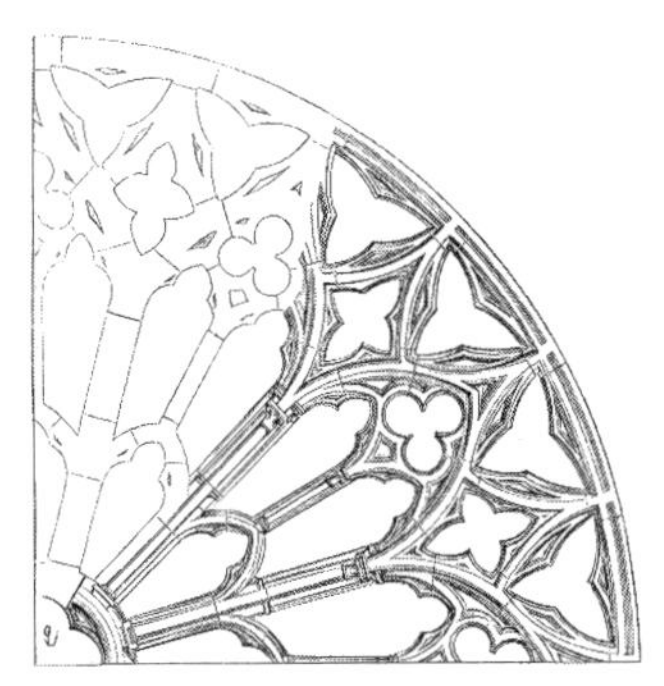

図1－31　バラ窓のトレーサリーの構成例（ヴィオレ＝ル＝デュクによる）

図1－32　トレーサリーの組子（パリ，サント＝シャペル）

われた技術である。

トレーサリーは通常の彫塑的・立体的な組積とは異なり、線的で表面的な様相を呈する。いくつもの部材（組子）を積み上げるというよりはむしろつなぎ合わせ、あらかじめ決められたとおりにシステマティックに組み立てて建造される。[54]

トレーサリーの技術的な革新性のひとつは、接しあう（内接、外接、あるいは交差する）複数の線要素の断面を意図的に融合させるという工夫で、それらの接点を媒介として複数の線要素が構造的に一体の網のようになる。個々の組子の形状はあらかじめ決められており、線要素同士の接点付近の組子のブロックには、つねにそれぞれの線要素の一部が含まれる。この工夫はトレーサリーの構造的自立性・安定性に大きく寄与する。独立した長い線要素は脆弱になりやすいため、線要素は密な網のように、面的に組織される。

ゴシック以前の開口部にはトレーサリーと呼べるものはほぼ存在しなかったといってよい。[55] 外枠の内側をプレート状の板石によって分割する、前述したプレート・トレーサリーの技術が、トレーサリー（プレート・トレーサリーと区別してバー・トレーサリーともいう）の前身として説明されることが多い。両者は見た目も技術も異なっているが、あらかじめ計画された組み方で面的に構成されるという意味では両者の明確な差異はほとんどないといえるかもしれない。[56] バー・トレーサリーの発明は一般に、ランス大聖堂（一二一一年着工）の最初の工匠ジャン・ドルベに帰されている。[57]

トレーサリーに関する前述の特徴は、トリフォリウム内のトレーサリーにもおおむね当てはまる。トリフォリウムにおいては、トレーサリーの技術はトリフォリウムのアーケード、そして採光された背後の壁の窓に適用され、現存例は一二三〇年頃から知られている。

トレーサリーはその性質上、多様な意匠をつくり出すことが可能である。線要素は基本的に円弧の組み合わせでできており、その幾何学的構造の分析やデザインの分類はトレーサリーに関する既往研究の多くを占めている。[58] トリフォリウムのトレーサリーも時代とともに豊かなヴァリエーションをみせる。ただトレーサリーは構法と造形が不可分であるため、造形だけでなく構法も分析すべきである。そこでシャルトルのサン＝ピエール聖堂を例に、その石組みを観察してみよう。

シャルトルのサン＝ピエール聖堂の内陣

当聖堂は、同市の大聖堂から五〇〇メートルほど離れた地点にサン＝ペール（ピエール）＝アン＝ヴァレ修道院の聖堂として建設された（一八〇四年より教区聖堂として使用）。鐘楼が一〇世紀か一一世紀に既存の聖堂に増築するかたちで建設され、その後何度か火災に見舞われながら、内陣の地上階（一一〇〇—一一七〇年頃）、外陣（一二〇〇—一二五〇年頃）、内陣上層（一二五〇年以降）と建設が進められていった。[59] トレーサリーは、内陣のトリフォリウムにある。

内陣は三層構成で、大アーケード、トリフォリウム、クリアストーリーからなる（図1-33左側）。トリフォリウムの立面をみると、ベイを二分割する尖頭アーチがそれぞれ尖頭アーチに内接した三葉形アーチのバー・トレーサリー（以下、特筆しない場合トレーサリーはすべてバー・トレーサリーを指す）で二分割され、タンパンには四葉のトレーサリーが内接している（図1-34）。尖頭アーチに内接した三葉形アーチは、小円柱および小円柱の束（ベイ中央）で支持される。四葉の透かし彫りが施された欄干がある。背後の壁はトレーサリーによる開口部で採光されている。

トリフォリウムに入ってみると、円柱に見えていた柱の裏面が平たく、断面が円形ではないことに気づく（図1-35）。しかも、通路に面している側ではトレーサリーの刳り型や柱頭の造形が省略され、平たい。通路側は「裏」だから省略されたのかもしれない（この点については第6章で詳しく検討することにする）。

ベイを二分割するやや大きい尖頭アーチは成層積みではなくパネル状のプレート・トレーサリーである。アーチの内部はトレーサリーで、決まった位置にモルタル接合部がある。トリフォリウムの上下のコーニスは天井および床の板石とそれぞれ一致している。平天井は両側の壁から持ち送りで支えられているが、両側の壁をまたぐように、天井

図１－34　シャルトルのサン＝ピエール聖堂内陣のトリフォリウム

図１－33　シャルトルのサン＝ピエール聖堂内陣（左側）と外陣（右側）

図１－35　シャルトルのサン＝ピエール聖堂アーケード（右側）と背後の壁の窓（左側）

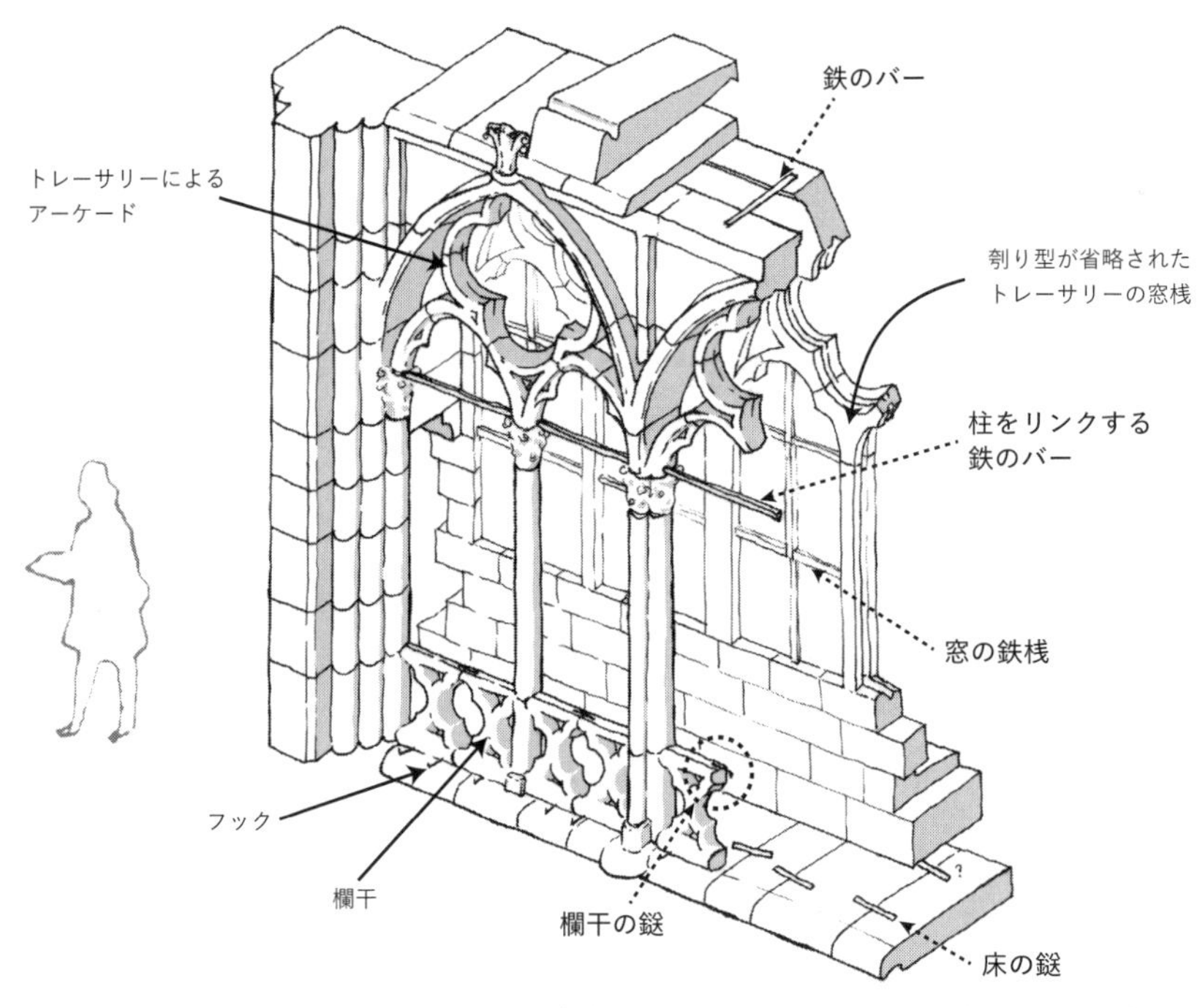

図1－36　シャルトルのサン＝ピエール聖堂内陣のトリフォリウム石組み（太字は金属材）

部に棒状の金属材がみられる。床は通路の幅全体をまたぐ切石で、通路長手方向の鎹で補強されている。欄干も鎹でつながれている。柱同士を鉄のバーがリンクしている。

通路の幅は約五五センチメートル、通路の高さは約四〇〇センチメートルである。

このトリフォリウムの特徴は、アーケードと背後の壁の開口部にみられるトレーサリー、そして金属材の多さにある。金属は先に分析したランスやボーヴェでも床や天井部の石材をつなぐ鎹として使われていたが、その比ではない多さだ（**図1－36**）。

アーケードの一様化へ

その他の事例もいくつかみてみよう。

トレーサリーによるトリフォリウムの最初期の例として、ロワイヨモン修道院聖堂（一二三五年献堂）[60]やサン＝ドニ修道院聖堂の内陣（改築部分、一二三一年着工。**図1－37、図4－24参照**）が挙げられる。

サン＝ドニでは、アーケードの尖頭アーチの内側のみがトレーサリーであり、スパンドレルは成層積みである。とはいえ尖頭アーチは通常の楔形の迫石によるのではなく、大きな二つの弧（図1－38A）および隣のアーチと共有する迫元で構成され、それぞれのブロックにはトレーサリーの断片が付属している。トレーサリーはこれらの断片と中央の組子一個（図1－38B）から構成されている。トレーサリーの通路側の面にも、「表」と同じ刳り型が施されている。鉄の補強は見受けられない。

ボーヴェ大聖堂の内陣多角形部のトリフォリウム（一二七二年までに完成。図1－39、口絵4参照）では、スパンドレルはトレーサリーでも成層積みの壁体でもなく、レリーフの施された板石によるプレート・トレーサリー状の壁（図1－39A）である。スパンドレルの板石には五弁形が内接する円の断片が付属する。ヴォールト崩落後に再建された内陣直線部のトリフォリウム（一二八四年以降。図1－40）ではスパンドレルにも穴が開けられ、全体がトレーサリー

図1－37　サン＝ドニ修道院聖堂内陣のトリフォリウム
トレーサリーはアーケードの尖頭アーチの内部に限られており，その他は通常の成層積みの組積．トレーサリーの刳り型は丸みを帯びている．

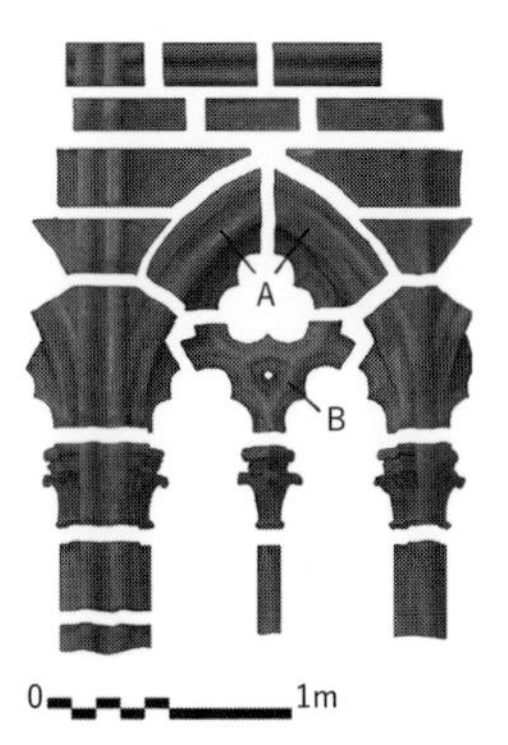

図1－38　サン＝ドニ修道院聖堂内陣，トレーサリー上部の石組み

による四角いパネルになる。非常に太くマッシヴなトレーサリーだ。円に内接する四葉の先端が身廊側に向かって突き出しており、彫塑性を感じさせる。アーチの足元に、シャルトルのサン＝ピエールにもみられた鉄のバーが通っている。また、柱部分が小円柱や束ね柱ではなく、トレーサリーの刳り型と連続した太い柱であることも注目に値する。柱の組積の前面に取りついた小円柱は、独立したモノリスではなく組積と一体のブロックからなり、その位置や径はトレーサリーのアーチの円筒形刳り型と連続している。これは再建前のトレーサリーにはみられなかった特徴だ。同様の特徴をもつ、より軽快なトレーサリーとしてモー大聖堂の内陣（一二五三年改築）のトリフォリウムが挙げられる（図1-41・図1-42）。

以上の例では、小円柱やその柱頭・柱基が保持されていた。一三世紀後半頃からは小円柱をもトレーサリーの一部とし、刳り型をつけ、柱頭も省略してしまう例がみられるようになる。ルーアン大聖堂の外陣東側ベイのトリフォリウム（一三六二年以降、既存のトリフォリウムにトレーサリーを付加。図1-43）では、トレーサリーの刳り型が柱頭も介さずそのまま柱に連続している。トレーサリーの厚みはほぼ一様で、刳り型も単純である。

ここで述べてきたような発展段階に当てはまらないトレーサリーももちろん多いとはいえ、トレーサリーは徐々にトリフォリウムのアーケード全体を一様な網目に溶解させたのだった。

トレーサリーは繊細だ。とりわけトリフォリウムから成層積みのアーチが失われ、トレーサリーの四角いパネルとなったとき、そこに構造らしい構造は認められず、上から下へと流れる荷重の存在は感じられなくなる。

繊細なだけに破損の危険性が高いのも事実である。環状のトレーサリーに内接する多弁装飾はとくに細い部分であり、しばしば欠損がある（口絵4右上）。近隣の組積の小さな変形やモルタル圧縮の不同によって予期せぬ応力を受ける可能性もあるため、石材の破損やずれを防ぐためであろう、トレーサリーにはしばしば小円柱同士をつなぐ鉄のバーや鉛の接合部などの金属材が多くみられる（第3章で詳述）。

図 1 - 40　ボーヴェ大聖堂，1284 年以降の再建部分
全体がトレーサリーの四角いパネル．四葉の先端が身廊側に向かって突き出す（矢印）．

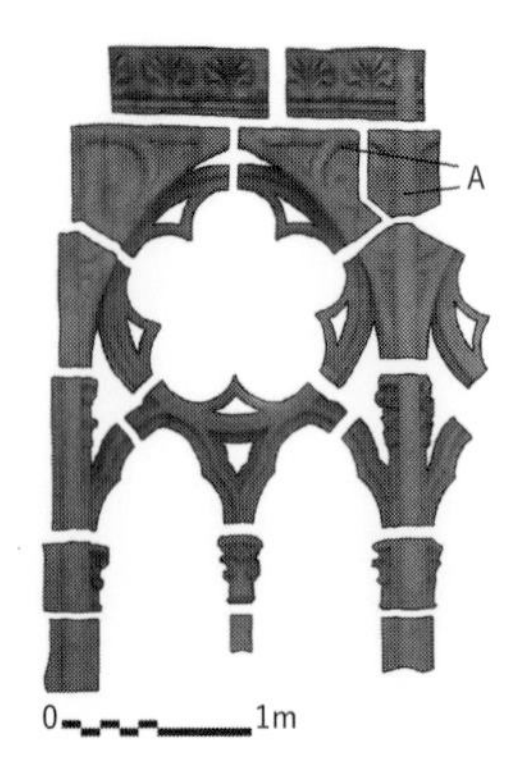

図 1 - 39　ボーヴェ大聖堂内陣，多角形部のトリフォリウムとトレーサリー上部の石組み

図 1 - 42　モー大聖堂内陣，直線部のトリフォリウム
四角いパネルのトレーサリー．

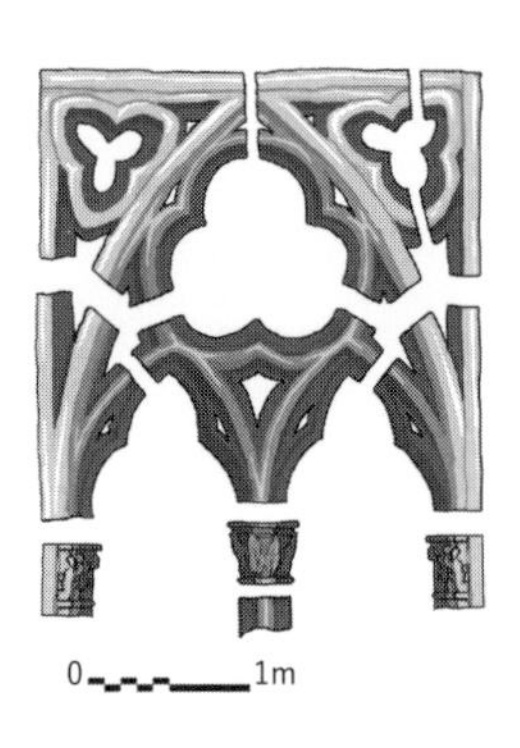

図 1 - 41　モー大聖堂内陣，直線部のトレーサリー上部の石組み

6　簡素化と柱頭の省略

シンプルになったトリフォリウム

気候変動やペストの流行、百年戦争等の災厄に見舞われたフランスでは、一四世紀から一五世紀にかけて建設工事が停滞傾向に陥るとともに、清貧を旨とする修道会建築の影響もあり、簡素な建築が散見されるようになったといわれる。次に分析するディジョンのサン＝ベニーニュ修道院聖堂のトリフォリウムは、先行して建設された内陣では比較的豊かな装飾を施されているが、外陣ではアーケードの形状も柱のデザインも非常にシンプルである。その背景には財政難もあったとされる(61)。

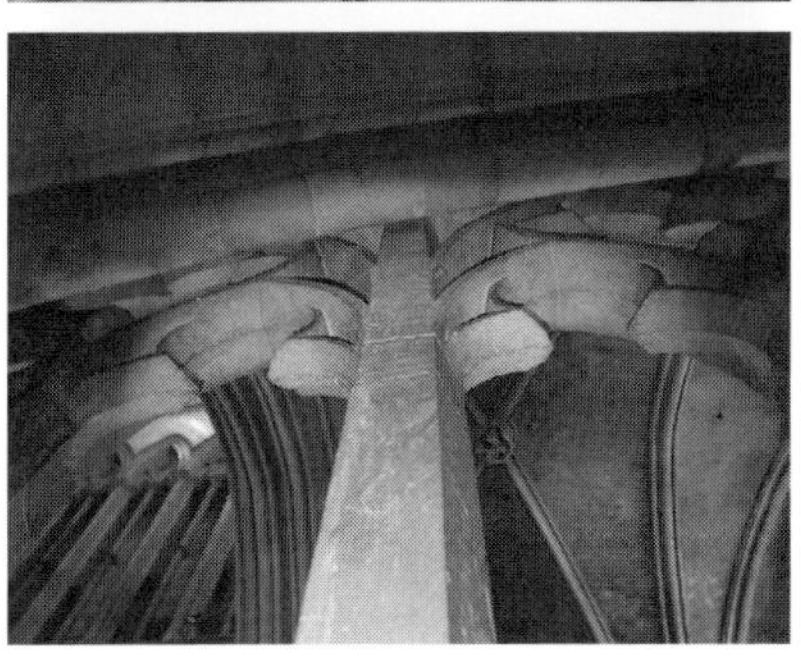

図1－43　ルーアン大聖堂外陣，東側のトリフォリウム
小柱は円柱ではなく，柱頭を介さずトレーサリーと連続している．トレーサリーの刳り型は単純で，くぼんだ部分や円筒形刳り型がない．

先にみたルーアン大聖堂の外陣東側トリフォリウム（図1－43）のようにトレーサリーの技法を用いながらも柱頭を欠くものや、シャロン＝シュル＝ソーヌ大聖堂の外陣（一二世紀の地上階を保存し一三一〇年頃から改築。図1－44）のトリフォリウムのような単純化されたデザインがしばしば見受けられる(62)。柱頭の省略はトリフォリウムに限らずこの時期の建築に共通

図1－45　ルーアンのサン＝トゥアン修道院聖堂内陣のトリフォリウム
柱頭や柱基は著しく小さく，柱の前面にしか施されていない．いずれも柱身と同一のブロック．

図1－44　シャロン＝シュル＝ソーヌ大聖堂外陣

する傾向である。経済性の追求[63]や禁欲主義的価値観がその背景として指摘される一方、アーチやリブの刳り型と柱の刳り型が同一になったことや[64]、タ・ド・シャルジュ構法の採用[65]により、アーチと柱を仲介するという柱頭の構造的重要性が失われたことで促されたとの見方もある。

実際には、柱頭の省略の背景には複数の要因が重なっていると考えられるが、トリフォリウムの柱頭の省略はアーケードがトレーサリーからなる場合にとくに多く、そのほとんどはアーチの刳り型と柱の刳り型が一致している。もちろん刳り型が連続していても柱頭がついたトレーサリーは多数存在する[66]。しかしその場合もトリフォリウムのアーケード全体に対する柱頭の相対的な規模は著しく小さくなる傾向にある。柱頭が柱の一部分にしか施されないことも多い。例えば、ボーヴェ大聖堂の再建部のトリフォリウムでは、方立に付属するシャフトの柱頭は保持されているものの、方立の側面と背面では省略されている（図1-40参照）。ルーアンのサン＝トゥアン修道院聖堂（一三一八―一三三九年頃。図1-45）でも同様で、柱頭はさらに小さくされている。このことは柱頭が装飾的で付加的な性格を強くしたということを如実に表している。

柱頭を欠くトリフォリウムの事例としてディジョンのサン＝ベニーニュ修道院聖堂のトリフォリウムを分析する。

ディジョンのサン＝ベニーニュ修道院聖堂の外陣

一一世紀初頭からロンバルディア地方出身の高名なベネディクト会司祭ギヨーム・ド・ヴォルピアノの主導のもと大規模な聖堂が建設されたことで知られる当修道院（一七九二年に司教座が置かれ、以来大聖堂として使用されている）であるが[67]、現行の建物の大部分はゴシック期のものである。一二八一年に内陣が建設され、一二八七年に献堂されたのち、外陣が一三一〇年から一三二五年頃に再建されたとみられる[68]。内陣、袖廊、外陣いずれもトリフォリウムを有する（図1-46）。ここでは外陣のトリフォリウムを取り上げる。

大アーケード、トリフォリウム、クリアストーリーからなる三層構成の立面の中間に、同一スパンの尖頭アーチによる四連アーケードのトリフォリウムがある（図1-47）。アーチと連続した刳り型をもつ小柱に柱頭はない。開口部と支柱との間にプレーンな壁面があるが、この部分の石積みが不規則なため、支柱とその近隣の組積が先行して建てられ、後からトリフォリウムのアーケードが建てられたことがわかる。

トリフォリウム内部に入ると、柱が載っている立ち上がり部分がかなり高い（図1-48）。この立ち上がり部分と同じくらいの高さに、四角い穴が開いている。これは建設工事中に足場を設置するために使われたものだろう（第4章で詳述）。トリフォリウムの上下のコーニスは天井および床の板石と一致しているようだ。天井は平天井で持ち送りはない。床は通路の幅全体をまたぐ規則的な切石である。アーチはスパンドレルと一体化した三角形の板石からなる。

寸法は、通路の幅が約六〇センチメートル、通路の高さは約三六八センチメートルである。

図1－47　ディジョンのサン＝ベニーニュ修道院聖堂外陣のトリフォリウム

図1－46　ディジョンのサン＝ベニーニュ修道院聖堂外陣（手前），袖廊，内陣（奥）

図1－48　ディジョンのサン＝ベニーニュ修道院聖堂外陣のトリフォリウム内部

ディジョンのサン＝ベニーニュでは、柱から柱頭が失われ、アーチの刳り型と柱の刳り型が何の媒介もなく連続している（図1－49）。柱基は、柱身の両脇に付属するアーモンド型円縁部分のみについており、柱身の前面は立ち上がり部分に滑らかに連続している。ノワイヨンやランスのトリフォリウムの柱基には柱身を支える構造的な部材としての存在感があったが、ディジョンのサン＝ベニーニュでは、柱基は柱身に付属する装飾のようにみえる。

ここにおいて柱はもはや独立した構造要素ではなく、アーチや立ち上がり部分、左右のプレーンな壁体と一体化した壁面の一部（trumeau）であるとも解釈できる。同様の例がルドンのサン＝ソヴール修道院聖堂の内陣（一三世紀後半）、サン＝ポール＝ド＝レオン大聖堂（一三三四年献堂）やヴィエンヌ

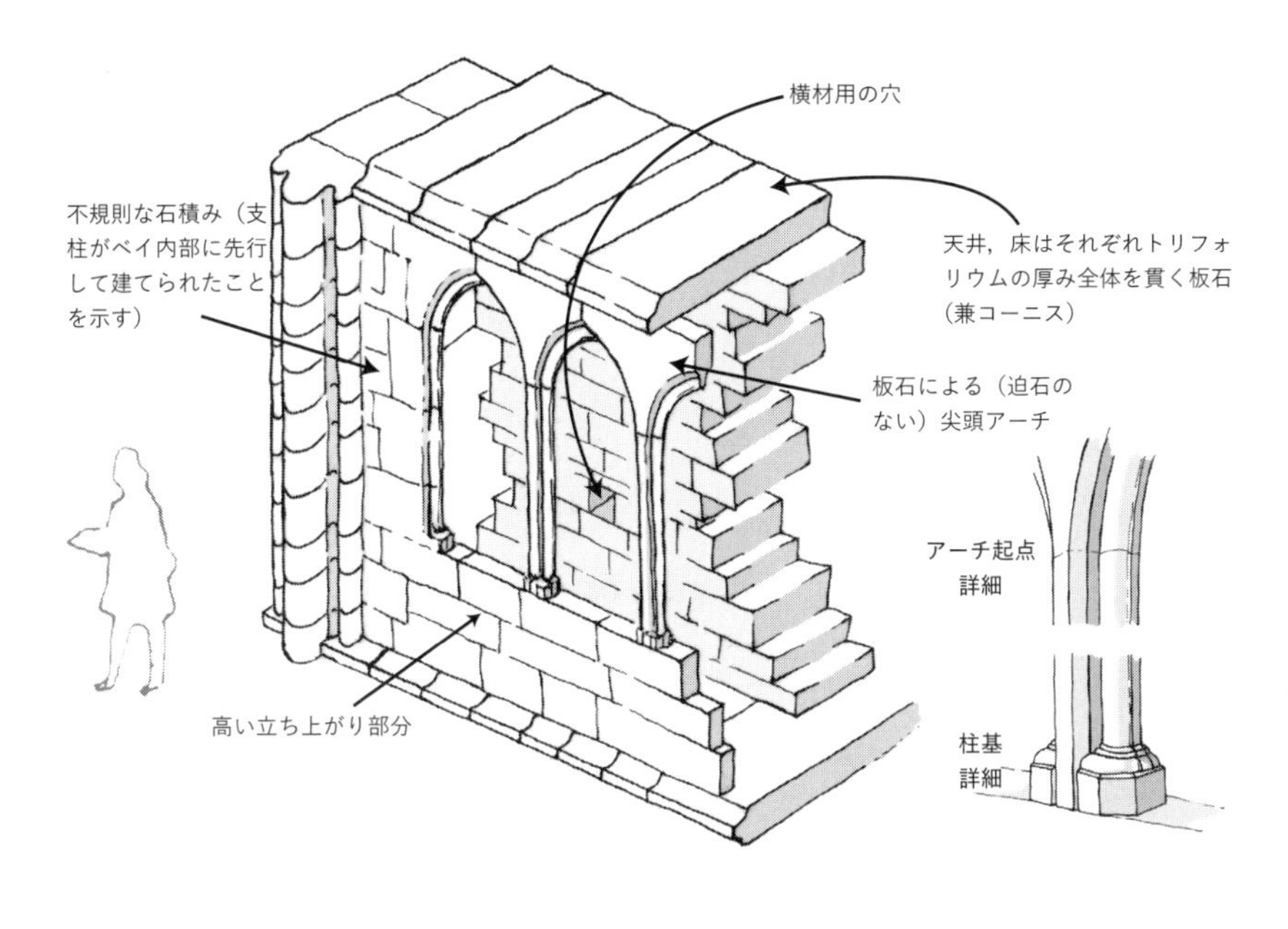

図1－49　ディジョンのサン＝ベニーニュ修道院聖堂身廊，トリフォリウム石組み

大聖堂（一四世紀初頭着工）、ベルギーのオーデナールデの聖母聖堂（一三世紀後半）の各外陣で知られている。

　柱頭の欠落はたんなるデザインの問題ではなく、技術的な特徴とも関連している。サン＝ベニーニュのトリフォリウムにおいては、柱身と柱基の多くが同じブロックでつくられている。柱基は造形的に簡素で控えめなだけでなく、石組みの点からも柱身に従属しているのである。このため、柱は柱頭・柱身・柱基の三個のブロックではなく、基本的に単一のブロックで構成されており、たとえ複数の石材を用いたとしても、モルタル接合部は柱基と柱身の境目ではなく、しばしば柱身の途中に見いだされる。先に言及したボーヴェやルーアンのサン＝トゥアンのトレーサリーに関しても、柱頭や柱基は柱身と同一のブロックに属している（図1－40・図1－45参照）。このような柱の一体構築は、実際には一二世紀後半からすでにいくつかの事例が確認されている（第2章参照）。しかし柱頭と柱基が造形的な存在感を縮小させる（あるいは省略される）ことで、一体化がいっそう合理的になったといえるだろう。

7　フランボワイヤン様式の表面装飾

重さの価値

一五世紀頃から、マッシヴで力強い柱、装飾過多な壁面など、軽やかさを極めたレイヨナンとは異なる志向が認められる。[69] これは一般にフランボワイヤン（火焔式）と呼ばれる様式で、揺らめく炎のようなトレーサリーの造形に由来する呼称である。リヨンのサン＝ニジエ聖堂（一四世紀末着工）の外陣のトリフォリウムでは、炎のような造形のトレーサリーに加え、アーケードのスパンドレルを覆うレリーフの過剰な装飾にその特徴が表れている（図1－50）。レイヨナンの繊細なトリフォリウムと比べると、重厚さが際立っている。

図1－50　リヨンのサン＝ニジエ聖堂外陣

エヴルーのノートル＝ダム大聖堂の内陣を例に、フランボワイヤン様式のトリフォリウムの石組みを観察してみよう。

エヴルー大聖堂の内陣

現在ノルマンディー地域圏ウール県の県庁所在地となっているエヴルーには四世紀頃からすでに司教座が置かれていたようだ。現存する大聖堂のうち最も古い部分は一一一九年の火災後に建設されたロマネスク様式の部分で、外陣の大アーケードと東端部のベイの一部（ブラインド・アーケード）である。一二三〇年頃から外陣上層部（図2－5参照）

の再建が始まり、一二六四年頃には内陣と袖廊に工事が進行し、一三一〇年頃完成をみた[70]。内陣と袖廊にその後もなく構造的脆弱性が認められ、一五世紀初頭に修理工事が着手される。作業は中断と再開を繰り返しながら続けられ、一五四八年に献堂式が行われた。

したがって内陣のトリフォリウムは一三世紀後半に建設された後、一部を除き一五世紀から一六世紀に再建されたものである。それはルイ一一世の時代（在位一四六一―一四八三年）から一六世紀初頭にかけてであったとみられている[71]。内陣はその後も一八七二年から飛梁や側廊の屋根の修繕、トリフォリウムの天井部と背後の壁の再建を伴う大規模な修理工事がなされているため[72]、新しい石材に置換されている部分がかなり多い。しかし石組みを含む全体の構成は一五世紀のものをほぼ踏襲していると考えられる。

立面全体は大アーケード、トリフォリウム、クリアストーリーからなる三層構成である。フランボワイヤン様式のトリフォリウムは尖頭アーチの四連アーケードで、ベイ中央の方立がやや太い（図1-52）。各アーケードは細い方立でさらに二分割され、反曲線を伴うトレーサリー（中央のアーモンド形の開口をスフレ、その両脇の非対称な開口をムシェットといい、フランボワイヤン様式の開口部の特徴をなす[73]）で装飾されている。各アーチの上にオジー（葱花形）アーチの切妻が載り、その頂点はコーニスを突き抜けて高く尖ったピナクル（小尖塔）のような形状をなしている。スパンドレルは湾曲した葉のついたフリーズ（装飾帯）や怪物などで飾られた複雑な表面である。クリアストーリーの窓台との境目は、ユリの花のついた透かし彫りの帯で縁取られている。

内陣のトリフォリウム通路（図1-53）は各ベイ端部でふさがれ、互いに独立しているため、背後の壁に開けられた扉を介してアクセスする。通路をふさぐ組積は周辺と石積みが不連続なことから、建設後に設置されたものである可能性が高い。

柱基は各方立に付属している一方、柱頭は四連アーケードの方立前面に取りつく円形断面のシャフトにのみ付属しており、トレーサリーの下の細い方立にはついていない。柱頭のついた部分は独立した石材でできており、鎹によっ

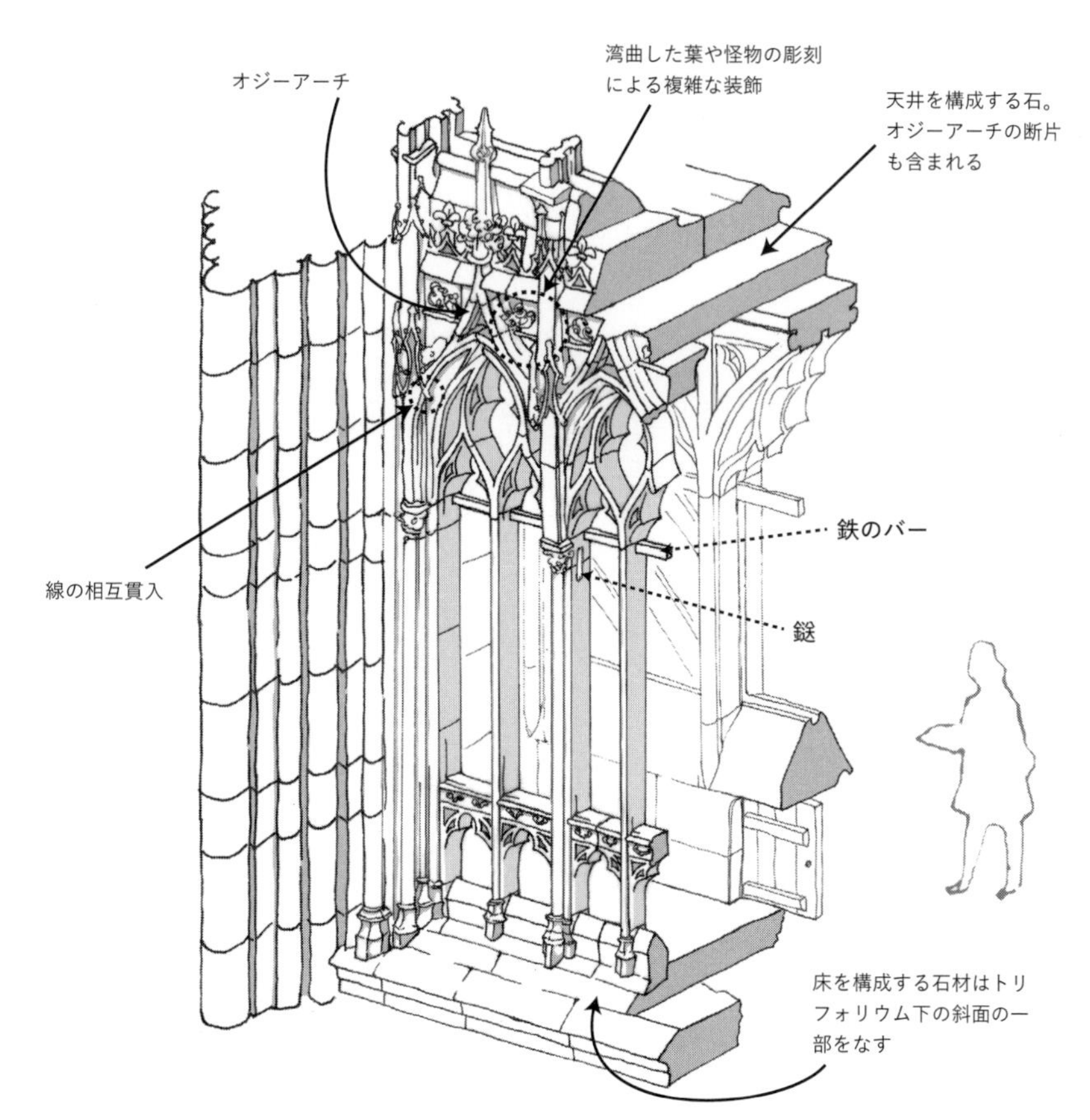

図 1－51　エヴルー大聖堂，内陣，再建部のトリフォリウム石組み（太字は金属製）

て直下の石材と緊結されている[74](図1-53)。

トリフォリウムの上下のコーニスは天井および床の板石と一致していない。平天井を構成する石材は、立面上ではアーケードの一部である。床は通路の幅全体をまたぐ規則的な切石であり、トリフォリウム下部の斜面の一部をなしている。

通路の幅は約五三センチメートル、高さは約三九六センチメートルである。

重々しい印象の一因となっているスパンドレルの豊かな装飾は、それぞれ別個の石材でつくられているのではなく、成層積みを基本とする石積みの表面に加工を施すことで実現されている。尖頭アーチのアーケード上方にあるオジー

図1-52　エヴルー大聖堂内陣
右端には15世紀の再建を免れたレイヨナン・ゴシック様式のトリフォリウム.

図1-53　エヴルー大聖堂内陣トリフォリウム内部
通路を中断する組積や，方立の鎹がみえる.

アーチも、構造的に有効なアーチではなく、天井を構成する石材の一面に彫り込まれたいわばレリーフである（図1－51）。アーチの刳り型の一部にみられる線の相互貫入も、表面上の彫刻で成り立っている。そのため見た目は複雑でも実際の石の積み方は比較的単純である。

先にみたルーアンのサン＝トゥアンのトレーサリーにおいて柱頭と柱身と柱基が単一の石材でつくられ、石の表面に加工を施すことで柱頭や柱基のような外観にしていたのと同じように、これらの装飾も表面的な加工によってあたかも複雑な構造であるかのようにみせているのである。

しかし石積みの単純化は技術的な後退ではない。それぞれの石材にはきわめて繊細な刳り型や装飾が彫刻されているが、それらは石材を積む前に加工された[75]。彫刻の形状や各石材の位置関係があらかじめ周到に計画されていたからこそ、それらがずれたり曲がったりすることなく滑らかに接続されたのである。

"二層構成"は自然の帰結か？　建て続けられるトリフォリウム

トリフォリウムが採光されたことによって、側廊の差しかけ屋根に対応する部分を装飾するというトリフォリウムの役割は実質的に消失したといっていい。これ以後、トロワのサン＝チュルバン聖堂の内陣と袖廊（一二六二－一二六六年、図1－54）を始めとする大アーケードとクリアストーリーによる二層構成の出現とともに、トリフォリウムは消え去ったかのように語られることもある[76]。しかし二層構成の立面とトリフォリウムつきの三層構成の立面は、長い期間並存している。そもそも立面の二層構成自体、新しいものではなかった。小規模建築ではトリビューンもトリフォリウムもない立面は一般的であったし、クリアストーリー通路つきの大規模な二層構成は、ブールジュのサン＝ピエール＝ル＝ギヤール聖堂（一二二〇年頃着工[77]）等で、一三世紀前半からすでに建設されていた。トロワのサン＝チュルバンはガラス窓が大アーケードの上のスペース全体を占めるという点では革新的で、パリのサン＝ジェルマン＝ロセロワ聖堂の内陣（一四世紀半ば）やサン＝ジェルヴェ＝サン＝プロテ聖堂の内陣（一四九四年頃着工）等、多くの建築で同様の二層構成の立面が実現された[78]。だがそれと同時期に、トリフォリウムを含む建築も負けず劣らず多数建設されている。したがって、二層構成を必然的な帰結のように捉えるべきではない。

古典主義とゴシックの融合

トリフォリウム建設の年代的な下限はいつなのだろうか。

王侯貴族の城館にルネサンス様式が次々と取り入れられた一六世紀に至っても、聖堂建築においてはゴシック様式が存続した。先行する時代にゴシック様式で着工された建物がなお建設途中で、一六世紀以降にようやく主要部分が完成した聖堂や、すでに完成していたが一六世紀以降に部分的に再建された聖堂などが多く存在した。そのような建築では部分的に古典主義的な装飾やディテールを採用しつつも、全体の構造は既存の部分に合わせてゴシック（フランボワイヤン）様式を基本とするものが多くみられる[79]。そこではゴシックと古典主義が独特の融合を果たし、ゴシックともルネサンスとも分類しがたい様式が実現された。ランスのサン＝ジャック聖堂の内陣（一五四八年着工。図

図1－54　トロワのサン＝チュルバン聖堂内陣と袖廊

図1－55　ランスのサン＝ジャック聖堂内陣
地上階はルネサンス様式に近いが，上層部はフランボワイヤン.

1-55）は、一二、一三世紀に建設されたゴシック様式の外陣[80]に見事に調和している。地上階（大アーケード、放射状祭室）ではコリント式柱頭やコファリン（格間）のついた半円アーチを用い、窓の意匠もよりルネサンス様式に近い。しかし外陣からみたとき目につきやすい内陣の正面と上層部（トリフォリウム、クリアストーリー）はフランボワイヤンを基調とし、トリフォリウムは一三世紀の外陣と類似した意匠を採用しているのである。[81]

トレーサリーを用いたフランボワイヤン様式のアーケードをもつトリフォリウムは多く、[82]それどころか依然としてレイヨナン・ゴシックのような、尖頭アーチに内接する三葉形アーチのトリフォリウムさえ建設された。[83]

一方で、半円アーチを用いたトリフォリウムも一般化した。オーセールのサン＝トゥゼーブ聖堂の内陣（一五三〇年着工。図1-56）は一二世紀に着工した外陣に接続しており、同市の盛期ゴシックの大聖堂（一二一五年頃着工。図5-13参照）の立面構成を意識しているようだが、半円アーチと、一様な断面の円筒形ではなく下に向かってわずかに太くなる小円柱の柱身、その上のコリント式柱頭などは古典主義を感じさせる部分である。パリのサン＝トゥスタッシュ聖堂[84]（一五三二年着工。図1-57）やラ・フェルテ＝ベルナールのノートル＝ダム＝デ＝マレ聖堂（トリフォリウムは一五四九年[85]）には、柱の溝彫りや平たいピラスター、卵鏃模様[86]（オヴォロ）など、古典主義的なディテールが多い。イオニア式柱頭の小円柱を有するヴァルモンの旧修道院礼拝堂の内陣（一五四〇―一五四二年[87]）のトリフォリウムや、それに加えてトリグリフやメトープのついたフリーズ、菱形装飾や環状装飾の施された欄干をもつアルジャンタンのサン＝マルタン聖堂[88]（一五四〇年頃。図1-58）のトリフォリウムは、ゴシックからかけ離れた印象を与える。

ベイ幅をまたぐ弓形アーチからなる単純化されたトリフォリウムも一六世紀に散見される。[89]一七世紀に台頭してきたバロック様式の聖堂（例えばパリのサン＝シュルピス聖堂）には、トリフォリウムは含まれない。

＊　＊　＊

図1－58　アルジャンタンのサン＝マルタン聖堂
古典主義的な装飾の施されたトリフォリウム．

図1－56　オーセールのサン＝トゥゼーブ聖堂内陣
半円アーチのトリフォリウム．円柱は下方に向かってわずかに太くなる．

図1－57　パリのサン＝トゥスタッシュ聖堂外陣，柱の溝彫り，平たいピラスター

ゴシック建築は、その誕生からラン大聖堂に至るまでの十数年間を除き、その発展のほぼ全期間を通じてトリフォリウムを伴ってきた。空間の印象を大きく左右する内部立面にきわめて多様な表情を与え、その建物の独自性に寄与してきた。そうしたトリフォリウムのデザインの変化は、石組みの技術によって支えられていたのである。

（1）もとは古代ローマ時代に墓廟として建設されたものである（Krautheimer, 1965, p. 56）。

（2）Héliot, 1959b, p. 429.

（3）Héliot, 1959b, p. 433; Kubach und Verbeek, 1976, p. 1092.

（4）これらの具体例に関しては Kahl（1939）に詳しい。地理的分布と構造の分類に関しては嶋﨑（二〇一五a）を参照。

（5）Bony, 1939, p. 156. いずれも袖廊の西側の壁、つまり外陣から内陣に向かうとき目につきにくい場所に通路がある。通路は袖廊の角に備えられた螺旋階段から採光塔や側廊の屋根裏へとアクセスを提供している。紀元一〇〇〇年を過ぎた頃からベネディクト会士ギヨーム・ド・ヴォルピアノ（後述するディジョンのサン＝ベニーニュ修道院にも関わった）の影響下で建設が進められた（Baylé, 1980, p. 119–120; Morganstern, 2003, p. 79）。

（6）一二世紀のヴォールト建設時にクリアストーリーも改変されたが、ブエのみたところでは当初から小円柱等を備えた装飾的なものであった（Bouet, 1868, p. 51ff）。

（7）イングランドでは中央のアーチが高くなった三連アーケードが通路前面に付与されることが多い（Bony, 1939, p. 173; Hoey, 1989）。

（8）Bony, 1939, p. 185. なお一三世紀にヴォールトがかけられたためクリアストーリーは縮小されてしまったものの、クリアストーリー通路も当初から存在した。

（9）袖廊にトリフォリウムが現存するセント・オールバンズ修道院聖堂（現大聖堂）でも、かつては内陣に同様の通路式トリフォリウムが存在したという推測がされている（Hoey, 1989, n. 46）。トリフォリウムの存在を示す開口の痕跡が、I. C. and C. A. Buckler, *A History of the Architecture of the Abbey Church of St. Albans*, London, 1847, p. 46, 60 で描写されていることに基づく。また、内陣と袖廊のトリフォリウムは交差部の柱を貫いてつながってはおらず、移動するためにはいったん側廊の屋根裏に出る必要があった。クリアストーリーの通路は内陣・袖廊間で連続である。なお、Thurlby（2001, p. 84）によれば、袖廊の東の壁で通路の組積が交差部の柱の後ろを回っているため、内陣にも同様の通路が存在しただろうとのことであるが、ここではクリアストーリーの通路に言及しているものと思われる。

（10）トゥールネ大聖堂は一一一〇年と一一四一年の間に着工された（Rolland, 1934, p. 137）。また、アフリゲム修道院については当時の建物が現存しないこともあり、通路の存否は確実ではない（Rolland, 1940, p. 183）。

（11）Rolland, 1934, p. 137. ロランの推測によれば、一二四三年以降レイヨナン・ゴシックで改築された内陣もかつてはこれと同様の構造であった。なお、四層構成立面の先駆的な事例である外陣（一一四一年頃完成）の第三層は偽トリフォリウムである。

（12）これは小柱が直接天井の板石を支持するというきわめて特殊な立面である。筆者の把握する限り、一三世紀前半に建設されたとみられるヘントのシント＝ニクラース聖堂の外陣が唯一、同種のトリフォリウムを有する。この建物にはクリアストーリー階の外部通路などトゥールネと共通する特徴もある（Cf. Verhaegen, 1937, p. 140）。

（13）壁の軽量化に役立ち、支柱の負担を減らしたり、費用の節約に貢献したりしたという見解がある（Vergnolle, 1994, p. 151–153）。

（14）Erlande-Brandenburg, 1974, p. 139–140.

（15）Erlande-Brandenburg, 1974, p. 139–172.

（16）「単積み」「充填積み」はフランス語の «appareil simple», «maçonnerie fourrée» の試訳である。

（17）一八九二年に描かれた図面に、通路の断面も示されている（MPP cote 0082/050/1012 no. 010137）。

（18）コートールド美術研究所アーカイブの写真。https://photocollections.courtauld.ac.uk/sec-menu/search/detail/4351ecde-8d14-11ed-968b-ac1f6ba5b082/media/cfe0bebc-d019-1a64-dcb0-6a30887d5076（二〇二四年六月二四日閲覧）

（19）Fernie, 2000, fig. 195.

（20）Crosby, 1987.

（21）キンペルとズカーレは、モンティエ＝アン＝デル修道院聖堂の内陣がサン＝ドニを模しているという仮説およびノワイヨン大聖堂との比較から、サン＝ドニが四層構成だった可能性を示唆している。通路式トリフォリウムの可能性に関しては言及されていないが、モンティエ＝アン＝デルでもノワイヨンでも内陣の第三層は通路式トリフォリウムではない（Kimpel et Suckale, 1990, p. 481, n. 6）。さらに周歩廊のヴォールトの横断アーチの上には屋根裏を区切る三角形の隔壁の痕跡があることが判明しており、トリビューンがあった可能性は低いようだ（Prache, 2001, p. 32）。

（22）ジュベを描いた簡略なデッサンが残っている（Héliot, 1953, fig. 9）。

（23）Prache, 1989, p. 73.

（24）Seymour, 1975.

（25）内陣と同じ工期に属する、内陣に隣接したベイは寸法が大きく異なるため除外している。

（26）ロマネスクとゴシックのどちらに分類するかは微妙なところだが、リヨン大聖堂のアプスのトリフォリウム（一一六五年頃着工）には長手方向のヴォールトがある。ヴォールトを構成する切石の精度はかなり高い（Reveyron, 2005, p. 132）。

（27）ディジョンのノートル＝ダム聖堂のようにクリアストー

リー内部通路がある場合は背後の壁側に寄せて建てられる。

(28) エリオによれば、様式的にみて一一八〇年代―一一九〇年頃の建設(Héliot, 1972, p. 26)。

(29) 工匠サンスのギヨームが足場から転落して負傷した後現場を引き継いだ、「イギリス人ウィリアム」の担当部分。

(30) ボニはここにカンタベリ大聖堂の影響があったと考えている(Bony, 1957, p. 47)。

(31) ソワッソン大聖堂の内陣が先行したとの説も提出されている(Héliot, 1967a, p. 305, n. 50)。またD・サンドロンは、南袖廊の建設中に基礎が築かれた交差部の柱の分析や、南袖廊の北端のベイ(南袖廊の他の部分より若干後に建設された)を支えるために外陣や内陣の南袖廊に隣接するベイがある程度建設されていなければならないとの推論から、一一九〇年頃にすでに三層構成の大規模な立面が見込まれていたはずだと主張した(Sandron, 1998, p. 79–80)。

(32) 邦訳はヤンツェン(一九九九、二三頁以降)に収録。ヤンツェンに先立ちH・フォションやE・パノフスキーもゴシックの「古典時代」や「古典的」局面という表現を用いたが、それらの表現は特定の建築を指し示しているのではなく、一三世紀北フランスのゴシック建築を広く包含している(フォション、一九七六およびパノフスキー、二〇〇一参照)。Cf. Bony, 1983, p. 246, 501, n. 1, 2.

(33) ヤンツェン、一九九九、三〇頁。

(34) ボニは低いクリアストーリーや背の高いトリフォリウム、クリアストーリー階通路などを備えた一三世紀の建築をシャルトルへの「抵抗」と捉えた。彼によればシャルトルの特徴は巨大なクリアストーリー、垂直性の強調、アン・デリの欠如、立面の平坦さにあるが、南仏、ノルマンディー地方、イル＝ド＝フランスの一部地域、ブルゴーニュ地方等でそれらの特徴から乖離した建築が多数建設された(Bony, 1957)。これらの建築を重要度の低いたんなる地方流派に還元せず、シャルトルへの抵抗として積極的に評価した点がこの論文の眼目であるが、建築家は同時代の建築を熟知しそれに対する自分なりの反応を示すはずだという思考はすぐれてモダニスト的である(Cf. Sauerländer, 1984)。

(35) シャルトルのサン＝ピエール聖堂やランスのサン＝ジャック聖堂は、一部分を除き同じ市の大聖堂より後に建てられ、大聖堂と似通った特徴もあるが、細部においても全体の構成においても大聖堂とは異なる点が多い。このことは、シャルトル大聖堂やランス大聖堂の影響力に関する言説をニュアンスする必要性を示している。

(36) Kurmann et Villes, 2015, p. 65.

(37) ベイ中央の柱の強化は、構造的な必要性よりも立面上の創意工夫からくるもので、ベイ中央の強調を狙ったものであろう。ノワイヨン大聖堂の外陣でもベイ中央以外の小円柱柱身の直径が一六センチメートルであるのに対し中央では一八センチメートルほどと、差異化されていた。ソワッソン大聖堂の外陣では二〇センチメートルに対し二二センチメートル、同じく北袖廊では二一センチメートルに対し二三センチメートル(ベイ端部の柱も二三センチメートル)、ランス大聖堂では三二センチメートルに対し三六センチメートル程度。ランスの外陣では、ベイ端部の小円柱がやや細いようにみえる。

(38) 立面の高さ二〇メートル前後の小規模な建築や、クリアストーリーに通路が備わる立面では、上に載るクリアストーリーの荷重が小さいためか、天井に持ち送りのないトリフォリウムが多い印象を受ける。けれども構造にほとんど変化がないにもかかわらず工期の切れ目で持ち送りの有無が変化している事例もあり（ソワッソン大聖堂の南袖廊やヴィエンヌ大聖堂の外陣）、必ずしもクリアストーリーの荷重だけで持ち送りの有無が決定されるわけではないようだ。

(39) Sandron, 2001, p. 399–400.

(40) 現状では開口部はふさがれている（Lefèvre-Pontalis, 1907b, p. 353）。

(41) コンピエーニュのトリフォリウムの窓は一六世紀に開けられたものであるとする見方もあるが（Bonnault D'Houët, 1905, p. 134）、ビドーとローティエは組積に改変の痕跡がないとして、当初から採光されていたとみる（Bideault et Lautier, 1987, p. 177）。

(42) Bideault et Lautier, 1987, p. 177. ヴォドワのトリフォリウムの開口部は現状では埋められている。

(43) Blondel, 1952, p. 155.

(44) 現存しないものではソワッソンのサン＝ヴァースト聖堂、シェル修道院聖堂が指摘されている（Peigné-Delacourt, 1871, planche 16）。

(45) 長方形や尖頭アーチのランセット形の窓はクレシー＝ラ＝シャペル参事会聖堂の内陣、ソワッソンのサン＝レジェ聖堂、リヨンのサン＝ニジエ聖堂、スイスのローザンヌ大聖堂の北袖廊など。円形や多弁形の窓はサン＝ルー＝デスラン修道院聖堂、ベルギーのトゥールネ大聖堂など。

(46) ブリ＝コント＝ロベールのサン＝テティエンヌ聖堂、コルメイユ＝アン＝ヴェクサンのサン＝マルタン聖堂、プロヴァンのサン＝キリアス聖堂の袖廊、ボワコマンの聖堂の西側など。

(47) トロワ大聖堂の内陣（三葉）と袖廊（四葉）、クレルモン＝フェラン大聖堂（一二四八年着工）、モー大聖堂の内陣（三葉、一二五三年着工）、サン＝タマン＝シュル＝フィヨンの聖堂、サン＝マロ大聖堂の内陣（一三世紀後半）、ドル＝ド＝ブルターニュ大聖堂の内陣、トリールのサン＝マルタン聖堂の袖廊など。

(48) Murray, 1980b, p. 547.

(49) これはフランス語でバユと呼ばれる部分で、実用上の欄干として機能しうるが、四層構成の立面を持つ初期ゴシック建築に少ないということを除けばその有無に規則性はなく、一概に発展や美的問題や安全性の問題として論じることはできない。プレーンな壁ではなく装飾的な透かしになったものは「欄干」として区別する。

(50) base Mémoire, Référence no. APLP006795. なお、アミアン大聖堂の外陣のトリフォリウムの背後の壁にみられるアルク・ド・デシャルジュも、当初採光を意図されていたというのが現在通説となっている。側廊の屋根の勾配を低くする予定だったことを示す痕跡があるからである（Erlande-

Brandenburg, 1977, p. 280–281)。

(51) Branner, 1965.

(52) トレーサリーはフランス語では通常 remplage や remplage à meneau、あるいは réseaux などと表現されるが、これは技法としてのトレーサリーというよりはできあがったものとしての石組み全体を表現しているように思われる。そもそも remplage という語は「埋める・充填する」という意味の remplir と同じ系統にあることからも、網目のように広がって窓面を充填する石組みがイメージされる（meneau は「方立」、réseaux は「網」）。一方英語の tracery は trace（線を描く）という動詞から派生したとされ、一六六九年には建築家クリストファー・レンによる使用が確認されている（"tracery, n.". OED Online. Oxford University Press（二〇二三年一〇月二四日閲覧））。なお、ドイツでは Maßwerk という語が用いられるが、この語は興味深いことに、中世ドイツ語においては「幾何学」と同義であったという（Kayser, 2012, p. 20; Binding, 1989, p. 13）。日本では「透かし彫り」「網目模様」「窓飾り」などと表現されることもある。各言語でそのニュアンスは多少異なると思われ、本来ならば厳密に議論すべきであるが、これは今後の課題としたい。

(53) Bony, 1983, p. 357. なおR・ブランナーはとくにルイ九世の時代の様式を「宮廷様式」（コート・スタイル）と呼称している（Branner, 1965)。

(54) Viollet-le-Duc, 1854–1868, t. 6, «meneau», p. 317–345.

(55) Kimpel et Suckale, 1990, p. 28. 網状に透かし彫りをした板石で開口部を閉じる手法（fenêtre à claustra）は古代から知られているが、これは平らな板石に穴を開けただけのもので、トレーサリーとは技術的に異なる（Viollet-le-Duc, 1854–1868, t. 5, «fenêtre», p. 370–371)。

(56) カイザーはプレート・トレーサリーの特徴として、接合部の線がトレーサリーの線要素のベクトルに直交しない点を挙げている。Kayser, 2012, p. 85.

(57) 放射状祭室の窓にトレーサリーが採用された（Branner, 1965, p. 15; Kimpel et Suckale, 1990, p. 253）。ランス近郊のエッソムの修道院聖堂の祭室の窓でランスよりやや早くにトレーサリーと呼べるものが発生したのではないかとの見解も提出されているが、確証はない（James, 1989, p. 152ff）。

(58) 主要な先行研究として Branner（1965）や Viollet-le-Duc（1854–1868）«fenêtre», «meneau» のほか、Behling（1944）や Binding（1989）等が挙げられるが、ヴィオレ＝ル＝デュクを除きその技術的側面に関する記述は少ない。Kayser（2012）はドイツを主な調査対象としているものの、トレーサリーの技術や建設、材料に焦点を当てた興味深い研究である。

(59) Héliot et Jouven, 1970.

(60) ロワイヨモン修道院聖堂は一八世紀末に大部分が取り壊されており、螺旋階段を含む北袖廊の隅角部がかろうじて残されている。トリフォリウムのトレーサリーはそのアーチの起点部分が残るにすぎない（Branner, 1965, p. 31–33; Lauer, 1908, p. 219–220）。遺構から、背後の壁はおそらくアーチによって屋根裏に開いていたのではないかと思われる。

(61) Gajewski, 2008, p. 43–45.

(62) ナルボンヌとボルドーの大聖堂の内陣（一三世紀後半）、サン＝トメール、シャロン＝シュル＝ソーヌ（一三一〇年頃着工）、ルーアン、オーセール（一四世紀）、トロワ（一五世紀）の各大聖堂の外陣、オーセールのサン＝ジェルマン修道院聖堂（一三六二年以降）、ドル＝ド＝ブルターニュ大聖堂の内陣、アランソンのノートル＝ダム聖堂、アルジャンタンのサン＝ジェルマン聖堂など。

(63) オーセールのサン＝ジェルマン修道院聖堂では北袖廊建設後資金難に陥ったため、外陣や南袖廊のトリフォリウムのアーケードが簡略化され、柱頭が省略されたとの指摘がある（Porée, 1907, p. 186）。

(64) Viollet-le-Duc, 1854–1868, t. 2, «chapiteau», p. 520, 540.

(65) Choisy, 1899, vol. 2, p. 352–353.

(66) エヴルー大聖堂の内陣（再建前）、ルーアンのサン＝トゥアン修道院聖堂、モー大聖堂の内陣、ロデ大聖堂、リモージュ大聖堂、ヴァンドームのラ・トリニテ修道院聖堂の内陣、トゥールのサン＝ジュリアン修道院聖堂の外陣、トゥール大聖堂の内陣など。

(67) Conant, 1959, p. 85.

(68) Gajewski, 2008, p. 44.

(69) Sanfaçon, 1971, p. 187–188.

(70) Bottineau-Fuchs, 2001a, p. 168–170.

(71) Bottineau-Fuchs, 2001a, p. 178; Gallet, 2014a, p. 197. なお、現存するレイヨナン・ゴシック様式のトリフォリウムも一三世紀のものではなく一三五六年の火災の後に（おそらく当初のものと近いデザインで）再建されたものである（Gallet, 2014a, p. 195）。

(72) Gallet, 2014a, p. 102.

(73) Pérouse de Montclos, 2011, p. 213.

(74) 鎹はすべてのベイにあるわけではなく、ベイ幅の狭くなる第一四ベイ以東にはみられない。第一一ベイ―第一三ベイにおいてはほとんどが特定の位置に設置されているが、例外もある。一五世紀のものである可能性、近代以降の修復時の付加である可能性、一五世紀のものを近代に置換したものである可能性、いずれも考えられる。

(75) 彫刻が石を積む前になされたのか、施工後になされたのかは、彫刻の形状や石材加工道具の痕跡によって判断できる。ここでは、尖頭アーチとオジーアーチの間の狭いくぼみ（石を積んだ後に彫り込むことは困難と思われる）にも刳り型やフリーズの精巧な彫刻が施されていることから、石を積む前に加工されたと考えられる（Cf. Bessac, 2004, p. 45–47）。

(76) 「ガラス窓つきのトリフォリウム」は「最後にはトリフォリウムの完全な併合吸収まで行きつくことになるひとつの発展のはじまりである」（フォシヨン、一九七六、六一頁）。

(77) 同じ形式の立面としてスミュール＝アン＝ノソワのノートル＝ダム参事会聖堂の外陣（一二三五年頃着工）、ヴィルヌーヴ＝シュル＝ヨンヌの聖堂の内陣（一二五〇年頃）、クリュニーのノートル＝ダム聖堂（一二七五年以降）などが挙げられる。

(78) Cf. Bos, 2003, p. 106–109, 167.

(79) Héliot, 1957b, p. 17.

(80) ランスのサン＝ジャック聖堂は一一九〇年頃着工し、一三世紀後半—一四世紀初頭に外陣西側の上層部まで建てられた。Demaison, 1911a, p. 107; Kurmann, 1977, p. 141–142.

(81) Demaison, 1911a, p. 113; Kurmann, 1977, p. 154.

(82) ヴェルノンのノートル＝ダム聖堂の外陣（一四世紀末か一五世紀初頭）、コドゥベック＝アン＝コーのノートル＝ダム聖堂（一四二六年着工）、ショーモンのサン＝ジャン＝バティスト聖堂の内陣（一五一七年着工）、ポン＝トードゥメールのサン＝トゥアン聖堂（一四八六年着工）など。ポン＝トードゥメールの装飾の過剰さは他に例をみないほどである（Cf. Bottineau-Fuchs, 2001a, p. 268）。

(83) ただし欄干などにレイヨナンとは異なる特徴がみられることもある。例えばアルジャンタンのサン＝ジェルマン聖堂のトリフォリウム（一四六〇年頃）の欄干はルネサンス風であるし（改造の痕跡はないので、当初からこのようであったと思われる。Prieur, 1953a, p. 96–97）、サン＝カンタン参事会聖堂の南小袖廊（一四七七年着工）ではトレーサリーの断面は太くマッシヴで、欄干にはフランボワイヤンに特徴的な線の相互貫入がみられる。リジユーのサン＝ジャック聖堂（一六世紀初頭）の欄干もフランボワイヤン様式である。

(84) Bos, 2003, p. 131.

(85) 四か所のカルトゥシュ（枠で縁取られた装飾）に示された年代（Lafond, 1961, p. 230）。

(86) 柱への溝彫りは一二、一三世紀にも行われた。古代を参照することによって教会の権威や歴史性を強調する狙いがあったと考えられている。例えばランスのサン＝レミ修道院聖堂のファサードや交差部の柱、同市のサン＝ジャック聖堂の大アーケードの柱、それに古代の遺構が数多く残るヴィエンヌの大聖堂のベイ5—ベイ11の地上階のピラスター、リヨン大聖堂の内陣と袖廊のトリフォリウムなどが挙げられる。

(87) アンラールはこの建築をルネサンスの章に含めている（Enlart, 1927, p. 776）。

(88) 大アーケードは一四世紀のゴシック、トリフォリウムとクリアストーリーはルネサンス様式の色彩が強い（Prieur, 1953b, p. 108）。

(89) エール＝シュル＝ラ＝リスの参事会聖堂、オーシュ大聖堂（一六世紀）、バザス大聖堂（一六世紀末着工）。

第2章　石材の規格化と加工過程

本章ではゴシック聖堂建築をつくる石材の加工過程に焦点を当て、前章でも指摘した石材の規格化について踏み込んだ考察を行う。石材の寸法や重さ、石材の表面に残された加工や施工の痕跡についても検討する。

1　作業小屋と石積み職人の出現

中世の聖堂建設に携わった職人は、石切職人（石を切る職人）をはじめ、石工（石を積む職人）、モルタル工、鍛冶職人、彫刻家、大工、屋根職人、ガラス職人など多岐にわたる。彼らがどのように組織されていたのかを伝える史料は多くない。それでもいくつかの記録（例えばモデナ大聖堂の建設風景を描いた一三世紀末の写本（図2-1）や、ケルン大聖堂の建設現場を観察した一二世紀半ばの参事会員の記録などが知られている）から、職人は高度な技術を有する上位の職人と、運搬や単純作業を担う作業員に大別されていたらしいこと[1]、そして上位の職人の中で石切職人と石工が区別されていたらしいことがわかる[2]。記録によれば職種だけでなく、個人の能力や具体的な作業内容、作業場所等も賃金決定に影響した[3]。石切職人は数ある職人たちの中でも比較的高い職階にあり、現場を指揮する立場にいることもあったという。石に携わる職人の数は小規模な現場では一〇人前後、大規模な現場では五〇人以上に及び[4]、建物の数か所で独立したチームが組まれたこともあったという[5]。

建設工事は〝年中無休〟で進められたわけではない。現場の施工は、モルタルが凍ってしまう冬季には中断せざるを得ない[6]。一方で石を切るだけなら季節にさほど影響されずに進められるし、前もって石をたくさん加工しておけば、その後の工事が迅速に進められ、効率化につながる。ただし、あらかじめ部材を用意しておく(プレファブリケーション)ためにはいくつかの条件があった。

まず、部材が規格化・標準化されていることである。石材の寸法がある程度一定していなければ、どの石をどのように組み合わせて配置すればよいのかわからなくなり、現場が混乱する。

図2-1 モデナ大聖堂の建設を指揮する建築家ランフランクス(左端),つるはしを手に壁を建てる職人たち(artifices,中央),煉瓦を運ぶ作業員(operarii,右)

それと関連して、石積み職人という、求める形をどのような石積みに分割するかを決定する職人がいることが望ましい[7]。それはとりわけ支柱や付柱のように刳り型のついた部位を構成する石材を標準化しプレファブリケーションしようとする場合に当てはまる。石積み職人は、切り出すべきひとつひとつの石材の形を逐一木製の「個別テンプレート(型板)」で指定する。D・キンペルは石材の標準化とプレファブリケーションに関する草分け的な研究を行ったが、彼によれば、当初は柱や付柱の最終的な輪郭が「全体のテンプレート」によって指定されるだけで、それを得るためにどのように個々の石材を組むかは石切職人各自の裁量に任されていた[8]。しかしそれでは石材の寸法がばらばらになってしまい標準化が難しい。テンプレート一枚に複数の石材を対応させる(「全体のテンプレート」)のではなく、テンプレートと石材を一対一で対応させる(「個別テンプレート(型板)」)ことにより、標準化が容易になる。石切職人頭が石積み職人を兼務していた場合もあると考えられるが[9]、V・モルテによれば一二九二年のパリのシテ島に石積み職人が住んでいたとの記録が残っている[10]。実際にはこの記録より前に石積み職人が存在したと考えるべきであろう。

加えて、作業するための適切な場所があることも重要だ。天候や季節に関わらず仕事ができ、切り出した石材を一時保管しておくためにも使える場所である[11]。風雨をしのげる木造ないし石造の小屋のようなものが望ましい。

キンペルによれば標準化は作業小屋や石積み職人の出現と同時期に進展した[12]。

作業小屋に関する規定が、一三五二年にはイングランドのヨークで定められた[13]。また、建設現場を描いた中世の図像にも示されている。一三〇〇年頃の『世界年代記』写本に描かれたバベルの塔（図2-2）では、建設中の塔の足元に小屋があり、職人が石を切っている。この小屋は屋根と柱だけの簡易なものとして示されているが、実際には壁で囲われていたと考えてよいだろう。また少々時代は下るが聖バルバラを描いた絵画（一四三七年）にも、作業に当たる職人たちとともに作業小屋が示されている（図2-3）。現存するものでは一五七九年からストラスブール大聖堂の工匠によって建てられた建物の一部が石切職人や石工の小屋としての役割を果たしていたという[14]。

2　規格化の手法

キンペルによれば大アーケードの支柱や、壁面の付柱のように、刳り型をもち特定の断面形状を有する部位の石材はランス大聖堂やアミアン大聖堂、サント゠シャペルといった一三世紀前半の主要な建築において規格化された[15]（図2-4）。複雑な刳り型を含む部材の加工には、テンプレートの使用が適している。

一方で、石積み職人やテンプレートなしでもプレファブリケーションが可能な部材もある。三辺の長さを指定すれば事足りる直方体の石材は、テンプレートを必要としない。直方体の石材に関しては、すでに一一世紀から一二世紀にかけて、高さをそろえるなどの標準化が始まっていたことが複数の研究者によって指摘されている[16]。寸法が一定であるアン・デリのシャフト、柱頭彫刻などもプレファブリケーションしやすい。石切り場で一定数加工して建設現場

図 2－3　ヤン・ファン・エイク《聖バルバラ》(1437 年，アントワープ王立美術館所蔵)
上図は作業小屋を描いた部分.

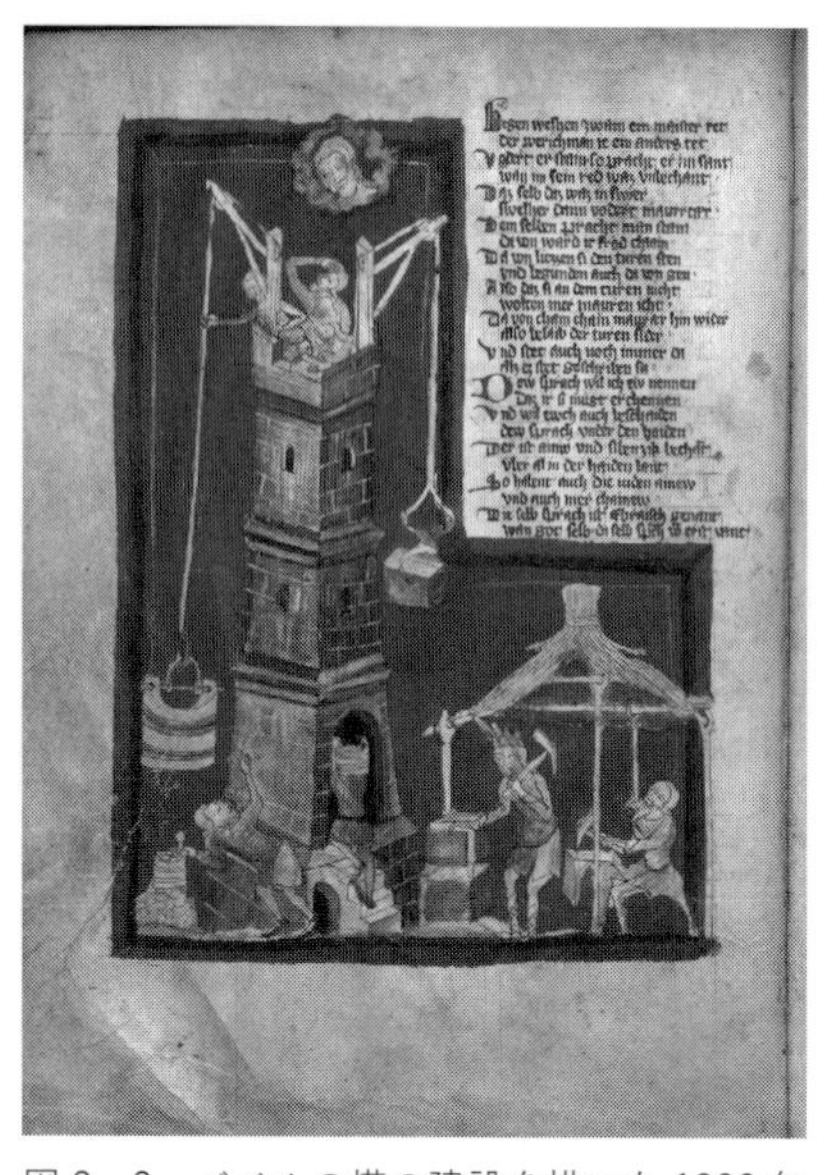

図 2－2　バベルの塔の建設を描いた 1300 年頃の写本

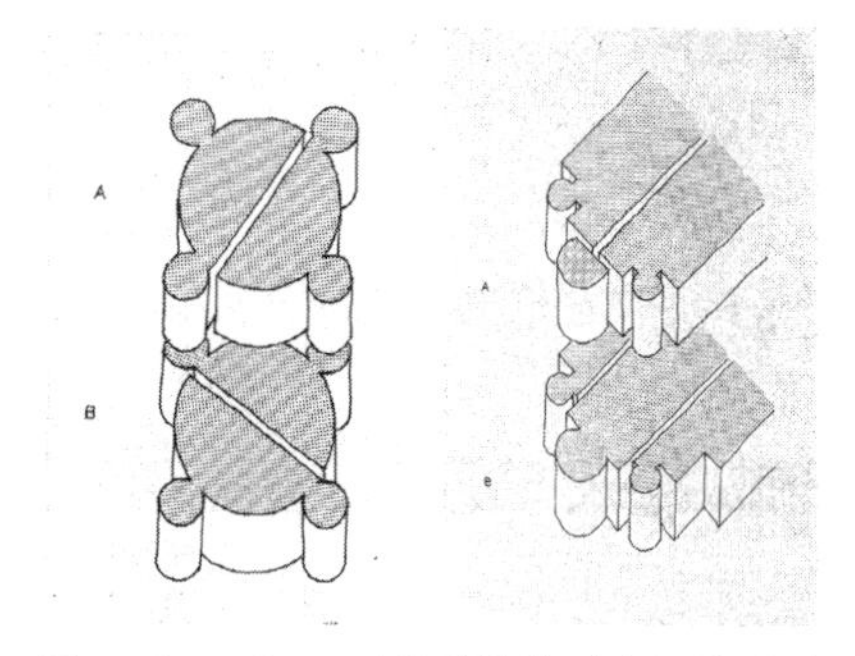

図 2－4　アミアン大聖堂外陣，上部の柱（左）と付柱（右）の石積み（D. キンペルによる）

に持ち込むことができ、運搬中に破損しても代替が容易である[17]。

A・サラマーニュの指摘するように、直方体の石材が比較的早い時期からプレファブリケーションされており、その量は加工にテンプレートを必要とする石材の量よりずっと多かったことを考えれば、ランスやアミアンにおける個別テンプレートの使用は、キンペルが評価したほどには現場を劇的に変えなかったかもしれない[18]。それでも、複雑な刳り型をもつ部材が増加した盛期ゴシック期には、個別テンプレートを使うことの利点は小さくなかったに違いない。

〝組立不要〟のアーチ

では、トリフォリウムの部材はどうだろうか。

ゴシック建築のトリフォリウムには、小円柱の柱身や柱頭、柱基、そして床や天井の板石など、同形状の石材が多数含まれる。そうした石材はアン・デリのシャフト同様はじめから規格化されているのでプレファブリケーションが容易であっただろう。大アーケードやトリビューンにも規格化された石材は存在するが、同一ベイの内部にこれほど多数の規格化された部材が含まれるのはやはりトリフォリウムの特徴といえる。

ランス大聖堂では柱身や柱頭以外の部材も規格化されている。トリフォリウムの背後の壁や天井を構成する石は、石材の横幅がまちまちでも高ささえそろっていればさほど施工に支障はないと思われる。それにもかかわらず、ランスでは背後の壁や天井の石材の大きさがかなりの程度で一定に保たれ、まるで積み木のようにシステマティックに規格化されている（図1－23参照）。その利点としては、ひとつのベイを建設するのに必要な石材の量（個数）が可視化されるため、管理が容易になるということが考えられる。また、部材の寸法のばらつきに由来する施工誤差を小さくしやすいのではないだろうか[19]。

アーケードのアーチを構成する迫石や、その上のスパンドレル（三角小間）を埋める石材は、規格化されているとは限らず、大きさがまちまちになりやすい。しかもスパンドレルの石はアーチの外輪の曲線にぴったり合うように切り出し、対応関係にある石材を把握しておかねばならないという難しさもある。

もしアーチ全体を大きく平たい板のようなものでつくれたなら、石切作業も、切り出した石材の管理もしやすくなることだろう。等スパンのアーチであれば規格化して同じ形の石材を量産すればよいのだから。

そのような〝組立不要〟のアーチは、前章でみたボーヴェ大聖堂の周歩廊において、パネル状の板石による三葉形アーチとして使われていた（図1-29参照）。三葉形アーチからなるアーケードでは一般に迫石は使われない[20]（図2-5）。これは三葉形というアーチの形が迫石では構成しにくいという技術的困難が関係している。

一方で、そのような特殊な形状のアーチに限らず、時には迫石でも容易に造形可能な尖頭アーチでさえ板石によって建設されることがあった。そこでは迫石をまったく使わず、一─三個程度の板石でアーチをスパンドレルもろとも成形してしまう。ブールジュ大聖堂の外陣（一二二五年頃着工。図2-6）、ランス大聖堂の外陣の西側四ベイ（一二五二年着工）、ソワッソン大聖堂の北袖廊[21]（一三世紀半ば以降。図0-5a参照）などが、そのようなトリフォリウムを有する建築として挙げられる[22]。

また、スパンドレルまで一体となった板石によるアーチではないが、アーチが特定の形状をもつ二個ないし三個の石材からなり、楔形の迫石と呼べるものがほとんどない場合も、技術的には迫石のないアーチに近い。ルーアン大聖堂の袖廊と内陣（大きな迫元とその間を埋める単一の迫石からなる。図2-7）、サン＝ドニ修道院聖堂（迫元と二つの迫石からなる。ただし一部トレーサリーと一体化している。図1-37・図1-38参照）、ソワッソン大聖堂の南袖廊の一部などが該当する。

迫石は比較的小さな石でつくれるのに対し、板石によるアーチはある程度大きいサイズの石を必要とする。しかし迫石のないアーチは、部材の規格化・標準化が容易になるという利点をもつ[23]。迫石で構成されたアーチにおいては、個々の迫石の大きさは一定しているとは限らないため、どの迫石がどこに設置されるべきかを把握しておくか、あるいは現場で適宜再加工を施す必要がある。それに対し、迫石のないアーチは標準化されているため管理がしやすく、事前に加工しストックしておくことが容易になり、現場の効率化に寄与したと思われる。ただし、アーチのスパンが少しでも変動すると標準化された部材は使用できなくなるので、スパンが他と異なる部分だけは特別に設計した部材を加工しておかねばならなかっただろう[24]。とはいえ、スパンの調整の必要性は迫石のアーチに関しても同様である。加えて迫石のアーチではスパンが異なれば木製仮枠も別個に用意しなければならないが、迫石のないアーチではある程度スパンが変動しても使えるような簡易な支えで施工できたであろう。

〝組立不要〟の柱

また、〝組立不要〟なのはアーチに限らず、柱においてもありえた。

一般的に、トリフォリウムの小円柱の柱頭、柱身、柱基は別々のブロックで成形され、施工時にモルタルや太枘等

図2－5　エヴルー大聖堂外陣，三葉形アーチの板石によるトリフォリウム

図2－6　ブールジュ大聖堂外陣東端，尖頭アーチの板石によるトリフォリウム

図2－7　ルーアン大聖堂内陣，少数の石材からなるトリフォリウムのアーチ

を用いて接着される。ところが、それらが場合によっては一体のブロックで成形されている（図2-8）ことが、ソワッソン大聖堂の修復を行ったÉ・ブリュネによって報告されている。[25] ソワッソンにおいては、柱頭や柱基の造形は通常の石積みの小円柱と同様、独立した明確な形態を伴っている。そのため間近で確認しない限り、一見してそれらが一体に成形されているとは気がつかないほどである。筆者はラン大聖堂においても同様の小円柱を確認した（図2-9）。

組立不要の柱は、プレファブリケーションした部材の管理を容易にする。また、施工時の組み立ても容易になる利点がある。しかし加工はより煩雑になり、無駄になる石材も増えるため、必ずしも合理的な手法とは思われない。ブリュネも言うように柱の一体構築は散在して認められる技法であり、[26] ある建築で一体構築が実践されても、同じ建物のより新しい部分では一体構築していないこともある。時代の傾向や技術的進歩というよりは、建設にあたった職人集団の独自の手法と解釈すべきであろう。

一方、前章でみたディジョンのサン＝ベニーニュ修道院聖堂やルーアンのサン＝トゥアン修道院聖堂（図1-45参照）、そして先に板石のアーチの例として挙げたエヴルーのトリフォリウム（図2-5参照）のように、小さい柱頭や柱基が柱の片側に付属しているだけの場合、柱は一体構築されているのが常であるし、その合理性は高いように思われる。というのも、柱の一部にのみ柱頭や柱基の彫刻を施せばよいので、加工はそれほど煩雑にはならないし、柱頭や柱基の突出部分が小さいため、一体構築することで無駄になる石材もさほど多くはならないからだ。

トレーサリーの規格化

以上のようにトリフォリウムを構成する多数の石材は、一部の部材を一体化させることでその種類を減らし、建設に必要とされる石材の量を把握することを容易にした。

トレーサリーの技術も規格化・標準化との関連が指摘されている。[27] 建物の同じ工期に属し、同じデザインからなるトレーサリーでは、モルタル接合部の位置がほぼ必ず統一されている。ただ規格化されていないトレーサリーもあり、とりわけトゥール大聖堂の外陣西側（一五世紀半ば。図2-10）やアブヴィルのサン＝ヴルフラン参事会聖堂の外陣（一四八八年着工）のトリフォリウムにみられるような一部のフランボワイヤン様式のトレーサリーでは、ベイごとにトレーサリーのデザインが異なっている。その場合は当然、さまざまな形状の組子を少量ずつ生産することになり、規格化に適さない[28]。

キンペルによると一三世紀末以降、実寸図面や石積みの図面など各石材の位置を詳細に記した図面が普及したことによって、規格化された部材に頼らなくてもプレファブリケーションが可能になり、個別テンプレートが衰退して再び全体のテンプレートにのっとった部材加工が主流になった[29]。キンペル自身はとくに言及していないが、デザインが逐一異なるトレーサリーの実現には図面の普及も関係しているかもしれない。

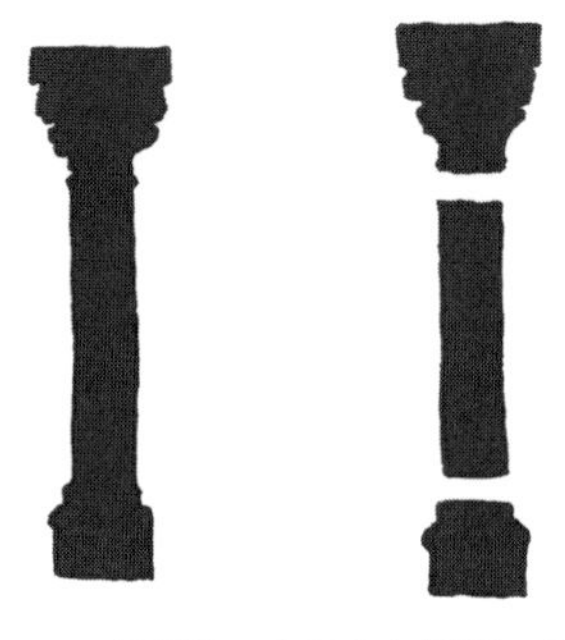

図2-8　一体構築の小円柱と柱頭・柱基が別ブロックの小円柱のイメージ

図2-9　ラン大聖堂のトリフォリウム
柱頭と柱身の間にモルタル接合部がなく，一体につくられている小円柱.

図2-10　トゥール大聖堂外陣西側のトリフォリウム

板石のアーチに関しても、一見同形状の規格化されたアーチが並んでいるようにみえて少しずつスパンが異なっている可能性があり、つねに規格化されているというわけではない[30]。現状で実測できた事例は少ないため、今後検証を重ねていく必要がある。

たとえ規格化されていなくても、板石のアーチは部材の個数管理がしやすく、トレーサリーは建物の他の部分と分けて生産することができるという点に変わりはない。これらの利点は現場の分業やプレファブリケーションに少なからず寄与したと考えられる。

3　石材の寸法と重さ

そうして標準化された石材一個の重さを、小円柱を例に比較してみたい。ランス大聖堂の巨大なトリフォリウムを構成する石材はそれ自体で大きく、しかも規格化されているということはすでにみたとおりだ。石材の巨大化は建物自体の大規模化に付随する現象だが、加工技術や運搬・施工技術（例えば部材を引き上げるクレーンなどの器械）の向上もその背景にある[31]。

石材の大きさが規則的になることと、石材が大きくなることは、一見関連性のない事象に思われても、実は結びついている。大きな石材を加工できるようになったことで、前に述べたテンプレートの普及が促された面もあるからである[32]。仕上がりの形状を単一のあるいは少数の大きな石材でつくるのではなく、いくつもの小さな石材に分割する必要がある場合には、標準化が難しくなる。

石材は天然資源ゆえ、得られる大きさは石の堆積層の厚みにも制約を受ける。標準化によって石材の形状や大きさを一定に保とうとすると、石切り場に自然に存在する石の堆積層を有効に活用できなくなる恐れがある。また、石の硬さ、割れやすさ、粒子の大きさなどによっても適切な大きさは異なり、例えばアミアンでは強度の低い石質の関係上、一部の石材をあまり大きくすることができなかったといわれる[33]。したがって石の大きさは建設技術の洗練度や規格化・標準化の進展具合だけでなく、これらの自然条件にも左右される（石材の輸送費は高額になりがちなため、もっぱら地元で採掘できる石が優先された。一方でカーン産やトゥールネ産の石のように遠方まで輸出された石灰岩もある[34]）。

アーケードの小円柱を構成するアン・デリの柱身は、トリフォリウムの中でも比較的大きな石材である。ランス大聖堂のものだと長さが約二四〇センチメートル、直径が三二センチメートルで、一般的な石灰岩の比重を約二・五トン毎立方メートルとすると[35]、一本が約四〇〇キログラムに達する。ノワイヨン大聖堂では長さ約一メートル、直径約一六センチメートルで約五〇キログラムである。いずれも容易に運べる重さではない。背後の壁を構成する直方体の石材も、高さと奥行きがそれぞれ三〇―四〇センチメートル、長さが七〇―九〇センチメートルとすると二〇〇―三〇〇キログラムと、かなりの重さがある。

しかしランス大聖堂以降、石材はさらなる巨大化の途をたどるかと思いきや、トリフォリウムの小円柱の柱身は一三世紀半ばにかけて長さ・直径とも縮小する傾向が認められる（図2-11）。とりわけ直径の縮小が顕著に認められ（サン＝ドニ修道院聖堂ではわずか一〇センチメートル）、長さを直径で割った比率が大きくなる傾向にある。つまり、一三世紀初頭から建設され始めるブルゴーニュ地方のゴシック建築（ディジョンのノートル＝ダム聖堂、一二二〇年頃着工。図2-12など）や一二三一年以降に改築されたサン＝ドニのようなレイヨナン・ゴシックのトレーサリー化したトリフォリウムでは、ほっそりとした小円柱が好まれたのだ。ボニが指摘したように[36]、これらの建築はシャルトルやランスに代表されるモニュメンタルで威厳のある建築とは異なる、繊細で優美な建築への志向を示している。とくにディジョンのノートル＝ダムの、まるで鉄骨のように細い柱と薄い壁からなる構造は、荘重なシャルトルの構造とは異なった大胆な軽さを志向しており、一八世紀の新古典主義建築の時代にさえ賛辞が寄せられた[37]。ディジョンの柱身の重さはノワイヨンと同程度で約五〇キログラム、サン＝ドニでは約三〇キログラムに減少する。

レイヨナン・ゴシックのトリフォリウムは、採光およびトレーサリーの採用をその主な特色としている。そこでは

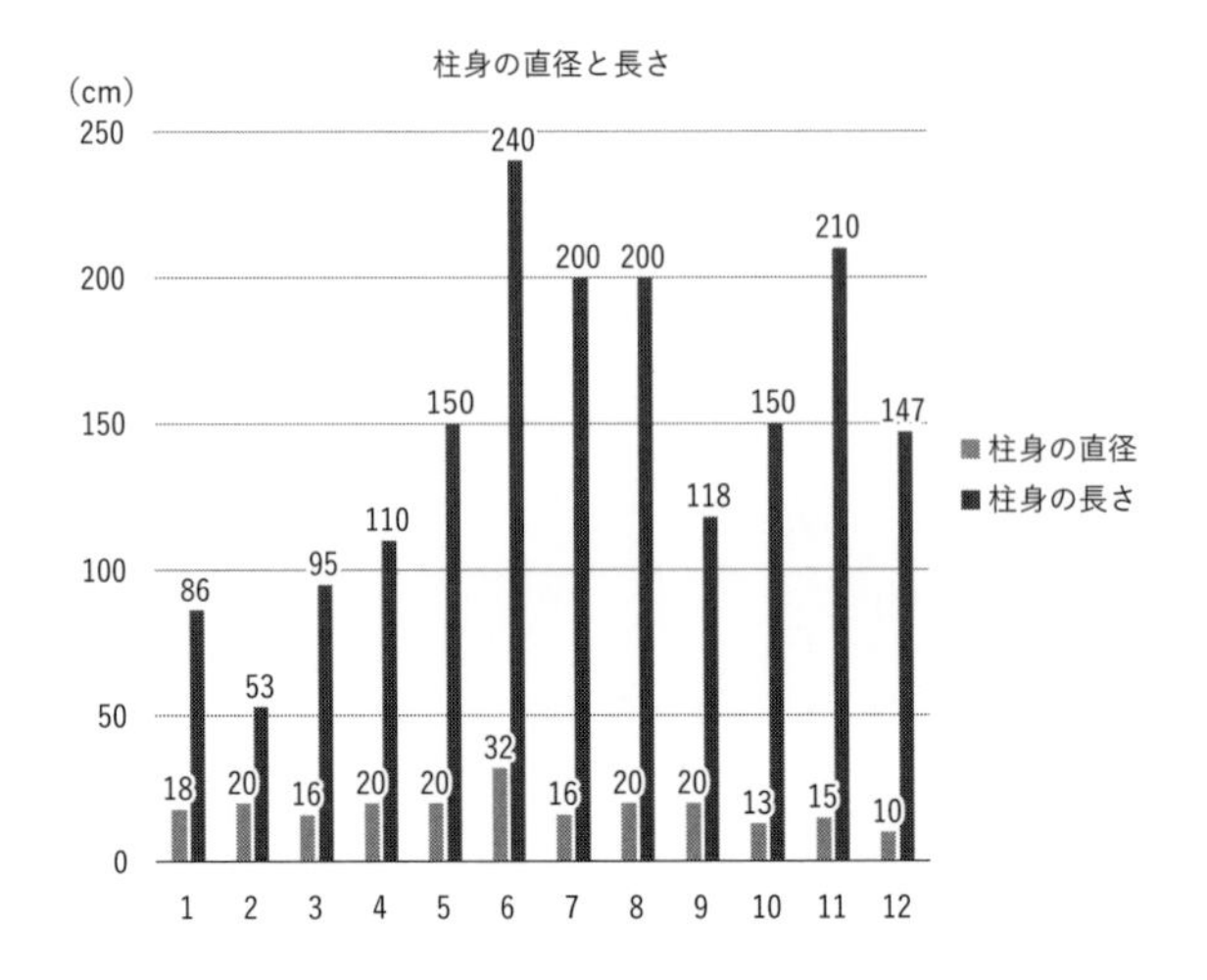

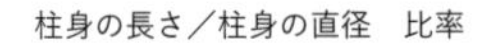

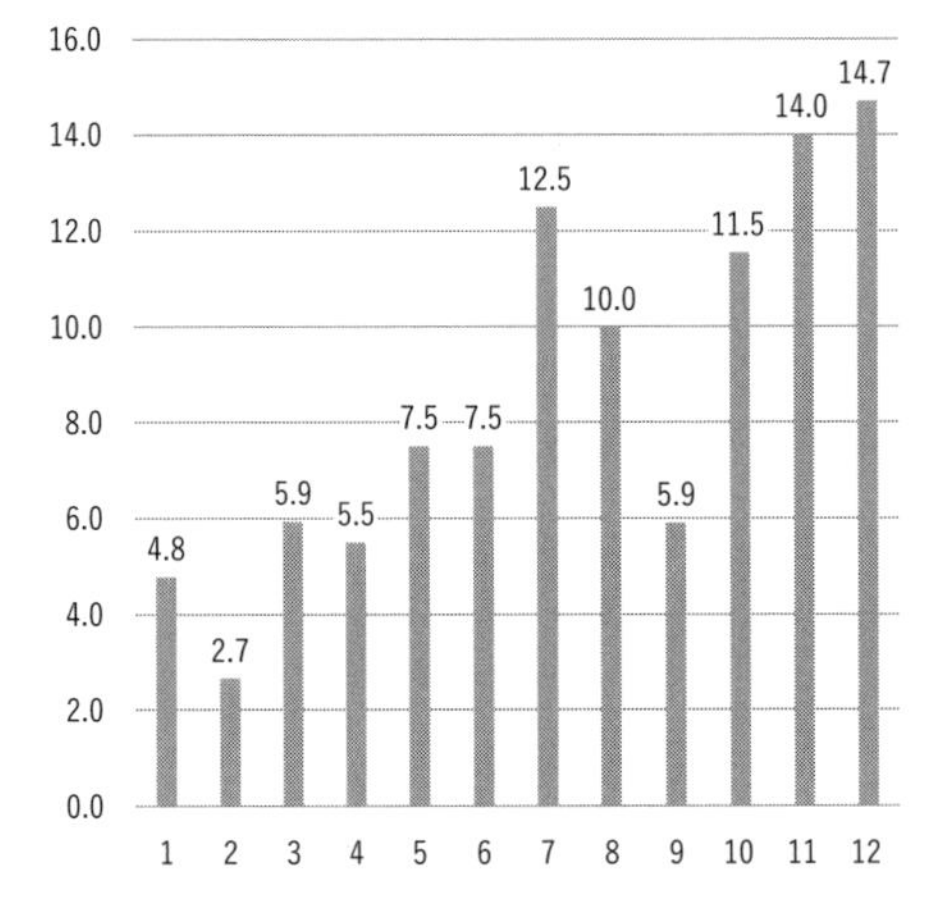

1. ラン大聖堂
2. ジュジエ，サン＝ミシェル聖堂
3. ノワイヨン大聖堂，外陣
4. ブレーヌ，サン＝チヴェ修道院聖堂
5. ソワッソン大聖堂＊
6. ランス大聖堂＊
7. ルーアン大聖堂，内陣＊
8. サン＝カンタン参事会聖堂，内陣＊
9. シャルトル，サン＝ピエール聖堂，外陣
10. ディジョン，ノートル＝ダム聖堂＊
11. シャロン＝シュル＝ソーヌ大聖堂，内陣＊
12. サン＝ドニ修道院聖堂

＊実測ではなく立面図等での計測

図2－11　柱身の直径と長さの値（上）と比率（下）
1160年頃—1240年頃のトリフォリウムをおよそ時系列順に並べているが，正確な年代の不明なものも多いので厳密な順序ではない．

アーケード側と背後の壁側の二枚のトレーサリー模様が重なり、その背後から光が浸透する。光はけっして一様ではなく、鮮やかな色がついているうえ、トレーサリーの網目によっていくつにも分割されている。観察者が移動すると二枚のトレーサリーはその相対的な位置を変え、小さな光の破片が砕かれては生まれるような、神秘的な視覚効果を生む。このようなトリフォリウムに、太く堂々と立ち上がるランスのような柱がそぐわないのも頷けよう。また、トレーサリーの採用によって石材が小さく分割されるとともに壁厚が縮小したため、マッシヴな大きい石材は少なくなった。

4　加工と施工の痕跡

石材加工の道具

フランスの中世聖堂建築を構成する石材は基本的に、柱であろうと壁であろうと、古代の大理石円柱のように表面を滑らかに磨いて仕上げられることは少なく、石材を切り出す鑿（のみ）やハンマーの規則正しい痕跡がそのまま残されている（その上に彩色を施すのが常であった。第6章参照）。それらは現場の様子を伝える、職人たちの生々しい手の跡である。

これらの痕跡をもとに使用された道具の種類を割り出し、地域や時代によって変化する道具の選択傾向を調べたり、逆に石材の大まかな年代を推定したりすることができる。ただし道具の選択は地域や時代に加え石材の質や切り出す形状によっても異なってくるので注意が必要だ。つまり、柱一本をとってみても、柱身、

図2－12　ディジョンのノートル＝ダム聖堂外陣

図2－13　石材の加工道具の一例
上から，平刃ハンマー，鋸歯刃ハンマー，鋸歯刃鑿．

柱頭、柱礎、柱基刳り型など各要素が異なる道具を用いて加工されている可能性がある。

中世フランスの建築に頻繁にみられる道具の痕跡は二種に大別される。

第一は、石材の表面に比較的まっすぐな線が密に並ぶもので、おそらく平たい刃をもつハンマー（平刃ハンマー marteau taillant［仏］。**図2－13上**）で加工されたとみられるものである。

第二は線に沿って細かい凹凸が並んでいるのが特徴で、鋸歯（ギザギザ）のついたハンマー（鋸歯刃ハンマー bretture［仏］。**図2－13中央**）もしくはもっと小規模な鑿（のみ）（鋸歯刃鑿 gradine［仏］、刃のついていないほうの頭を打って使う。**図2－13下**）で加工されたと思われるものである。

いずれの場合も仕上げの細かさ、つまり痕跡の密度（単位面積あるいは長さあたりの打撃の数）はさまざまであり、ふつうは密度が高いほど仕上げ面は平滑になる。鋸歯刃ではさらに歯の間隔や数、幅（歯の先端が平たくつぶれている場合）にもヴァリエーションがある。鋸歯刃ハンマーは一般に鋸歯刃鑿よりも粗い歯をもっている。

ゴシック期のフランスでは使用される道具が大きく変化した。J－C・ベサックによると、鋸歯刃鑿は古代ギリシアの時代から使われていたが、西ローマ帝国滅亡後は使われなくなり、一二世紀末から再び使用例が増加する[38]。F・ドプレらは、イル＝ド＝フランス産の石灰岩・砂岩が中世にフランス北部およびブルゴーニュ地方で使われた際の加工道具を広範に調査し、実際に一二世紀末頃、道具が大きく変化したことを裏づけた[39]。それによると、一二世紀前半においては鋸歯刃の道具が使われたとしてもそれは柱礎や柱基刳り型の加工に限られ、他の部位は平刃の道具で切り出されていることが多かった。しかし一二世紀後半から一三世紀半ばにかけて、鋸歯刃の道具が他の部位にも使用されるようになった（一三世紀半ばの時点で、鋸歯刃の道具が柱礎や柱基刳り型に限られる事例は五パーセントだという）。ここで指摘されているように、鋸歯刃の道具の広まりがゴシック建築の出現と同時期であるのは興味深い。この道具は柱基刳り型のように細かい彫刻を必要とする部位の加工に適したものなので、細かい刳り型のついた部材が多くなるゴシック建築でとりわけ好まれた可能性があるというのだ。D・ルミールとA・タンベールもノワイヨン大聖堂の石材加工道具の分析から同様の指摘をしており、彫刻家が鋸歯刃鑿をとりわけよく使っていたのではないかと述べている[40]。

切り出しと配置の目印

前述のような、石材の加工道具に由来する痕跡に交じって、先端の細い道具で描かれた規則的な直線や曲線、あるいは絵のようなものが見つかることがある。

直方体に近い石や、小円柱の柱頭や柱身といった単純な形状の石材は、寸法さえ指定すれば加工できる。アミアン大聖堂の内陣ではトリフォリウムの小円柱の加工用見本として木製小円柱がつくられたようだが[41]、他のモニュメントで同様のことが行われていたかはわからない。

もっと複雑な形状の部材、つまり刳り型や欄干など、幾何学的形状を有する石材の加工には、薄い木の板でできたテンプレートが活用された[42]。テンプレートから部材を切り出すには、まずそこに示された基準軸となる線を、加工する石の表面に描き写す[43]。石切職人はテンプレートに従って外形を荒削りした後、内側に示された刳り型等のディテールを定規やコンパスを駆使して描き写し（なぞって描けるのは基本的に外形のみのため）、部材を完成させた。

基準線やディテールを描き写した線は、施工後も石の表面に残されていることがある。筆者がトリフォリウム周辺で観察したところでは、シャルトルのサン゠ピエール聖堂の内陣（一二五〇年頃）やルーアン大聖堂の外陣東側（一三六二年以降。**図2-14**）のトリフォリウム、それにクレシー゠ラ゠シャペル参事会聖堂の西ファサード裏の欄干（一五世紀初頭。**図2-15**）にその痕跡が認められた。[44]

テンプレート由来の線だけでなく、部材を設置する場所の目印、部材を組み合わせる際の目安となる線が残ることがある。[45]

例えば、小円柱や鎹の設置場所の目印である。一様なリズムのアーケードからなるトリフォリウムでは、ベイ内部での柱同士の間隔（ないしアーチのスパン）をおおむね一定に保たなければならない。ノワイヨン大聖堂の外陣ではアーチのスパンに五センチメートル（一〇パーセント）程度の比較的大きなばらつきがある箇所もあったが、組積にはとくに目立った不規則性はない。迫石を用いたアーチでは施工中も迫石の再加工によってアーチのスパンに多少の融通が利くという事情も無関係ではないだろう。一方で、アーチが迫石ではなくモノリスの板石で構成されている場合は、柱の間隔（アーチのスパン）が一定であることは必須である。あまり不規則ではアーチが柱の上に載らなくなってしまう。精確を期するためか、ディジョンのサン゠ベニーニュ修道院聖堂の外陣（一三一〇年頃）では、柱の位置が立ち上がり部分の上面に線（くぼみ）で示されている（**図2-16**）。ランス大聖堂の外陣（一二二一年頃着工）、ショーモンのサン゠ジャン゠バティスト聖堂の袖廊（一六世紀前半。**図2-17**）にも同様の痕跡を認めた。どこに柱を設置すべきか、事前に計算の上で目印がつけられたのだろう。ディジョンでは柱とアーチの刳り型が柱頭を介さず連続するため、ほんの少しのずれでも目立ってしまうという事情もあったかもしれない。

他にも鎹を設置する目印となる線や[46]（リヨン大聖堂、内陣のトリフォリウムの立ち上がり部分）、柱の柱基・柱身・柱頭の石材の対応関係を示す線[47]（ヴィエンヌ大聖堂の内陣のトリフォリウム。**図2-18**）などが見つかっており、部材の加工

図 2-14　ルーアン大聖堂外陣，東側トリフォリウムの欄干の裏側
加工の際に描かれたと思われる中心線等の痕跡（左図）．

図 2-15　クレシー＝ラ＝シャペル参事会聖堂西ファサード裏，トリフォリウム階通路・欄干の裏側
中心線や円等のディテールを描いた痕跡（左は白い線で痕跡をなぞった図）．

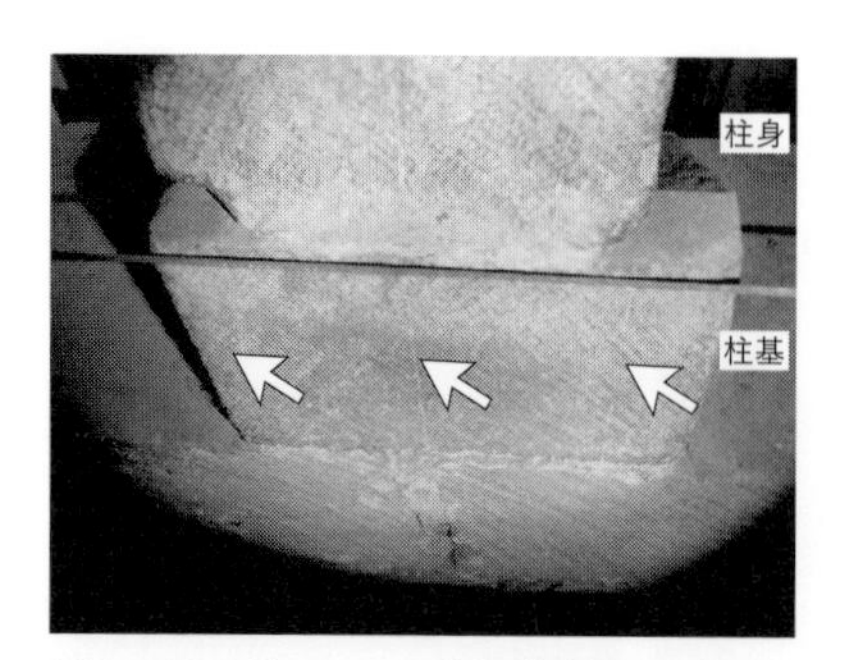

図 2 - 18　ヴィエンヌ大聖堂内陣
トリフォリウムの柱の柱身と柱基の背面．柱基には中心線と柱身の幅を示す線．

図 2 - 16　ディジョンのサン＝ベニーニュ修道院聖堂外陣のトリフォリウム
立ち上がり部分の上面に，柱の設置場所の目印となる線状のくぼみ．

図 2 - 17　ショーモンのサン＝ジャン＝バティスト聖堂袖廊のトリフォリウム
床面に，柱の設置場所を示す，あるいは作図の痕跡と思われる線．

や施工に要した注意深さを物語っている。

5　サインや落書き

職人のサイン

下書き以外にも石の表面に彫られた線は数多く存在する。その多くは職人のサインか、次に述べる落書きである。

石のサイン（signes lapidaires［仏］）あるいは裁量のマーク（marques de tâcherons［仏］）などと呼ばれるサイン[48]（本書では「職人のサイン」とする。図2-19）は、建設現場で何らかの明確な目的をもって刻まれたある種の目印で、システマティックに用いられ、多くはある程度の広がりをもった範囲に繰り返し出現する。

その果たしていた役割によって、サインはいくつかのカテゴリーに分類される。ベルギーと北フランスのサインを網羅的に集計したJ-L・ファン・ベルの『事典』序論によると、サインは「同定用サイン」と「実用サイン」の二種類に大別される[49]。前者はもっぱら、石切職人が自らの加工したブロックを見分け、その出来高に応じて報酬を支払われるための目印としての役割をもつ。後者は、あるブロックをどの位置に施工するか、あるいは他のどのブロックと組み合わせればよいかを示すヒントとなるもので、例えば対応関係にある石材に同じ印をつけておくことで施工時の手がかりとしうる（図2-20）。サインは石を切り出した段階で彫られ、どの面に彫られることもあったため、施工後のサインの向きは一定しておらず、接合面の目地の中に隠れてしまうこともある[50]。

サインの形状には時代変遷や地域の傾向が認められることがある。例えばストラスブール大聖堂の職人のサインは時とともにより複雑なものへと変化している[51]。

彫刻としての質もさまざまだ。簡易なものでは、先の尖った道具でただ引っかいただけのような様相を呈する（図2-21）。一方で丁寧なサインでは、くぼみが深くV字などの明確な断面をもつ（図2-22）。線の先端がわずかに太く

図2－19　ブリ＝コント＝ロベールのサン＝テティエンヌ聖堂，トリフォリウムのアーケードに刻まれた職人のサイン「A」

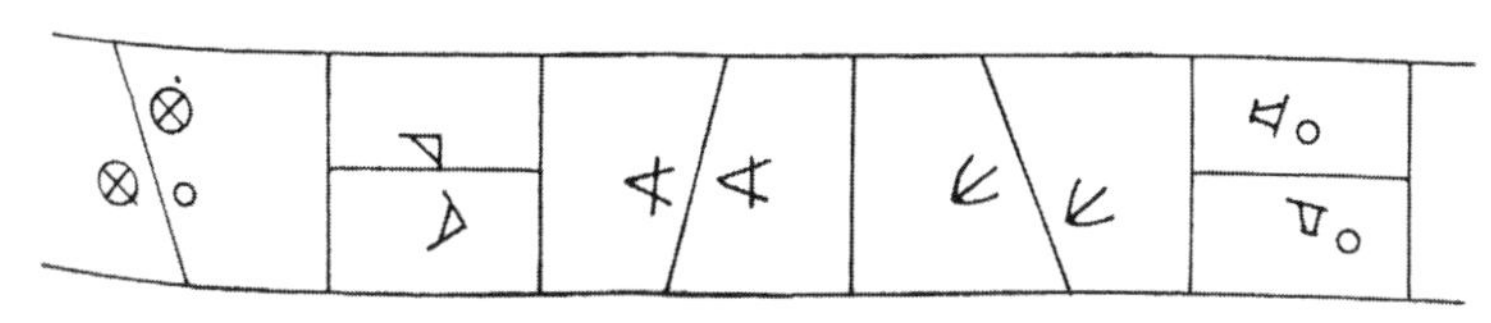

図2－20　ランス大聖堂身廊軒壁で発見された施工用サイン（H. ドゥヌーによる）

されていることもある（図2－23）。

ある建築の「同定用サイン」の調査に伴う関心は主として、同じ職人の仕事が建築のどの範囲に及んでいたか、同じサインがどの程度の頻度で現れるか、サインの形状や彫り方にどのような特徴があるかなどを知ることにある。同じサインは基本的に同じ職人あるいはアトリエの手になると解釈されるため(52)、同じサインが現れる部位は一貫した工事に属すると考えられる。それはしばしば建築の建設プロセスを確認し、現場の特色を知るための手がかりとなる。石切職人への報酬の支払いにサインを用いた賃金体系を採用するかどうかは、現場組織の方針によって異なる。したがってある部位にはサインが豊富にあるのに他の部位にはまったく現れないとすれば、それは両者を建設した「手」の変化を証言していると解釈される。例えばブレーヌのサン＝チヴェ修道院聖堂では、外陣の上階にはサインがないのに対し、内陣および外陣地上階に

図 2 - 21　ノワイヨン大聖堂外陣，トリフォリウム（1180 年頃）にみられるサイン
くぼみは浅く，引っかいたような簡単なもの．

図 2 - 22　ショーモンのサン＝ジャン＝バティスト聖堂袖廊，トリフォリウム（16 世紀前半）にみられるサイン
はっきりと丁寧に彫り込まれている．

図 2 - 23　ストラスブール大聖堂外陣，地上階にみられるサイン
線の先端がわずかに太い．

図 2 - 24　アミアン大聖堂外陣，トリフォリウム背後の壁のアルク・ド・デシャルジュ内部を埋める石材
平行な線がいくつも刻まれていることから数を示していると考えられ，施工用サインの可能性もある．

はサインがあることから、工事が東から始められ、外陣低層部を建てた後に職人が変わったと推察されている[53]。さらに内陣ではトリフォリウムと地上階で使われているサインが異なるため、異なる職人によって石が加工されたことがわかる。ただしこれは建設に携わった職人集団が丸ごと入れ替わったことを意味するのか、それともたんに同じチーム の中で役割分担がなされていたことを示しているのか、解釈は難しい。

筆者が調査したノワイヨン大聖堂でも、外陣の東端二ベイのトリフォリウムにほとんどサインがないのに対して西側には豊富にみられることから、ここで職人の交代があったらしいことがわかる（図2-25）。さらに南北のトリフォリウムのサインを比較すると、両者に共通なもの（魚や「＊」）と片方に集中しているもの（「→」、「A」など）があることから、ある職人は南北両側で働き、ある職人はどちらか一方のための石だけを切り出していたと考えられる。ラン大聖堂では初期工事の部分にだけサインが認められることから、第一期工事の後に職人が入れ替わったらしいことがわかる[54]。

また、アミアン大聖堂の外陣のトリフォリウムでは、平行な数本の線からなるサインが見受けられた（図2-24）。これは「同定用サイン」というよりは線の本数によって施工場所などを示す「実用サイン」であろう[55]。

作図と落書き

大聖堂の壁や柱に落書きする気を起こす現代人はあまりいないと信じているが、実際に石を観察してみると落書きの多さに驚かされる。なかなか足を踏み入れることがないと思われるトリフォリウムをみても、落書きは中世のものから現代のものまで、年代も性質も多様である[56]。近代以降の落書きには自身の名前や役職に西暦を添えたものも多く、年代の特定が容易で、多数の落書きが残された石はさながら訪問者の記念帳である[57]（図2-26）。

それに対し、幾何学模様や建築の一部やその他の絵を描いた落書きは、しばしば年代特定が困難である。サン＝カンタンの参事会聖堂（一三世紀初頭着工）では、内陣と小袖廊のトリフォリウムの背後の壁に、同心円などの幾何学模

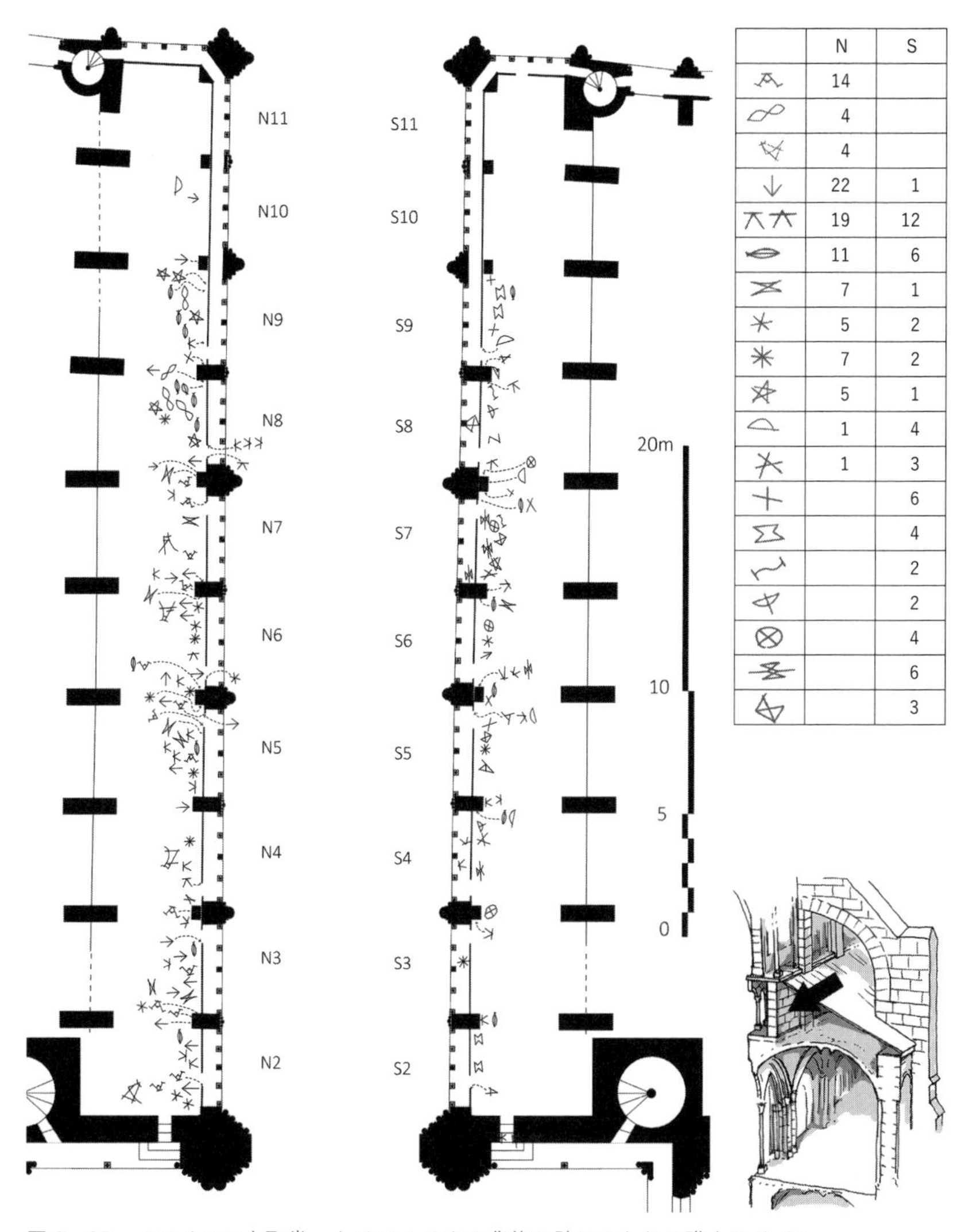

	N	S
	14	
	4	
	4	
	22	1
	19	12
	11	6
	7	1
	5	2
	7	2
	5	1
	1	4
	1	3
		6
		4
		2
		2
		4
		6
		3

図 2-25　ノワイヨン大聖堂，トリフォリウム背後の壁にみられる職人のサイン

様や刳り型などの落書きが多数みられる[58]（図2－27）。周歩廊の屋根裏は現在ヴォールトの外輪が露出せず平坦にされているが、もし建設当時から平坦だったとすれば、屋根裏が作業場として使われ、トリフォリウムの背後の壁をデッサンのために使っていた可能性も考えられる。サン＝カンタンの参事会聖堂では外陣（一五世紀前半）にも落書きを認めた（図2－28）。メッス大聖堂（一三世紀半ば[59]）やオーセール大聖堂の内陣（一二一七年頃着工[60]）のトリフォリウムにも、図面や落書きの存在が報告されている。

建築の平面や窓の構成などを示したデッサンや落書きは「図面」に近い様相を呈し、スタディのデッサンとして設計の役に立ったとしてもおかしくないが、設計や施工のために定規やコンパス等を用いて建築家ないし職人が描いた縮尺図面ほど厳密なものではない。

中世には、たとえ厳密な図面であっても、必ずしも羊皮紙などの恒久的な媒体に描かれるとは限らなかった。広い平面に漆喰を塗って図面の土台にすることが一般的に行われた。一方で、建物の石の床に直接図面が彫り刻まれることもあった。ナルボンヌ大聖堂の放射状祭室の床[61]、クレルモン＝フェラン大聖堂の周歩廊のテラス屋根[62]、ソワッソン大聖堂南袖廊や西塔のトリビューンの床などに[63]、一三世紀のものとされる図面が確認されている。これらは石を切るための原寸大テンプレートの作成にも役立っただろう。

一方で、容易に想像できるように、垂直な壁面は床に比べて、大規模な図面を描くのにあまり適していない[64]。テンプレートをつくるための土台としても不便である。イギリスのセント・オールバンズ修道院聖堂の側廊やローザンヌ大聖堂の外陣南側の壁に図面があることが知られているものの、報告されている数は少ない[65]。

トリフォリウム内では、ランス大聖堂の南袖廊の壁に、図面らしきものが見つかっている[66]（図2－29・図2－30）。同大聖堂の修復建築家を務めたH・ドゥヌーによると、これらは西正面の二か所の扉口の平面と扉口上部のヴシュール（段状アーチ帯）の計画を示した実寸大図面である。ヴシュールを表す線のそばに描かれている人の頭部のシルエットは落書きではなく、ヴシュールに沿って人物のレリーフを配置するという計画を示している。実際に建設された

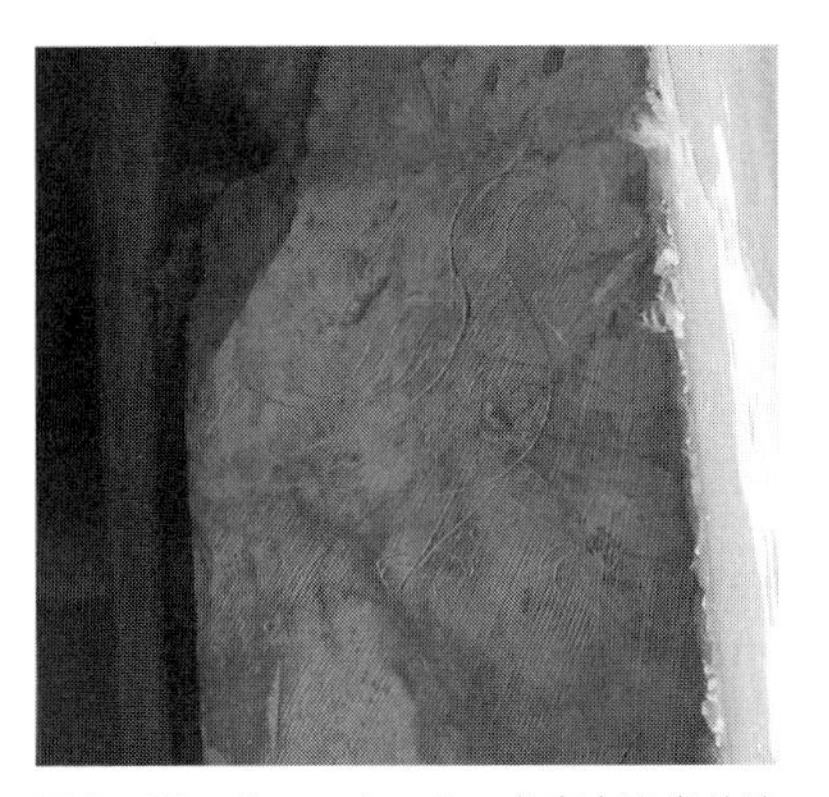

図 2－28　サン＝カンタン参事会聖堂外陣，南側トリフォリウム背後の壁に設けられた扉の開口部側面
鳥のような絵が描かれている．

図 2－26　ノワイヨン大聖堂外陣東側のトリフォリウム
支柱部分の背後に，訪問者や修復に訪れた職人の落書きが刻まれている（このサインは Couvreur つまり屋根の職人であることがわかる）．

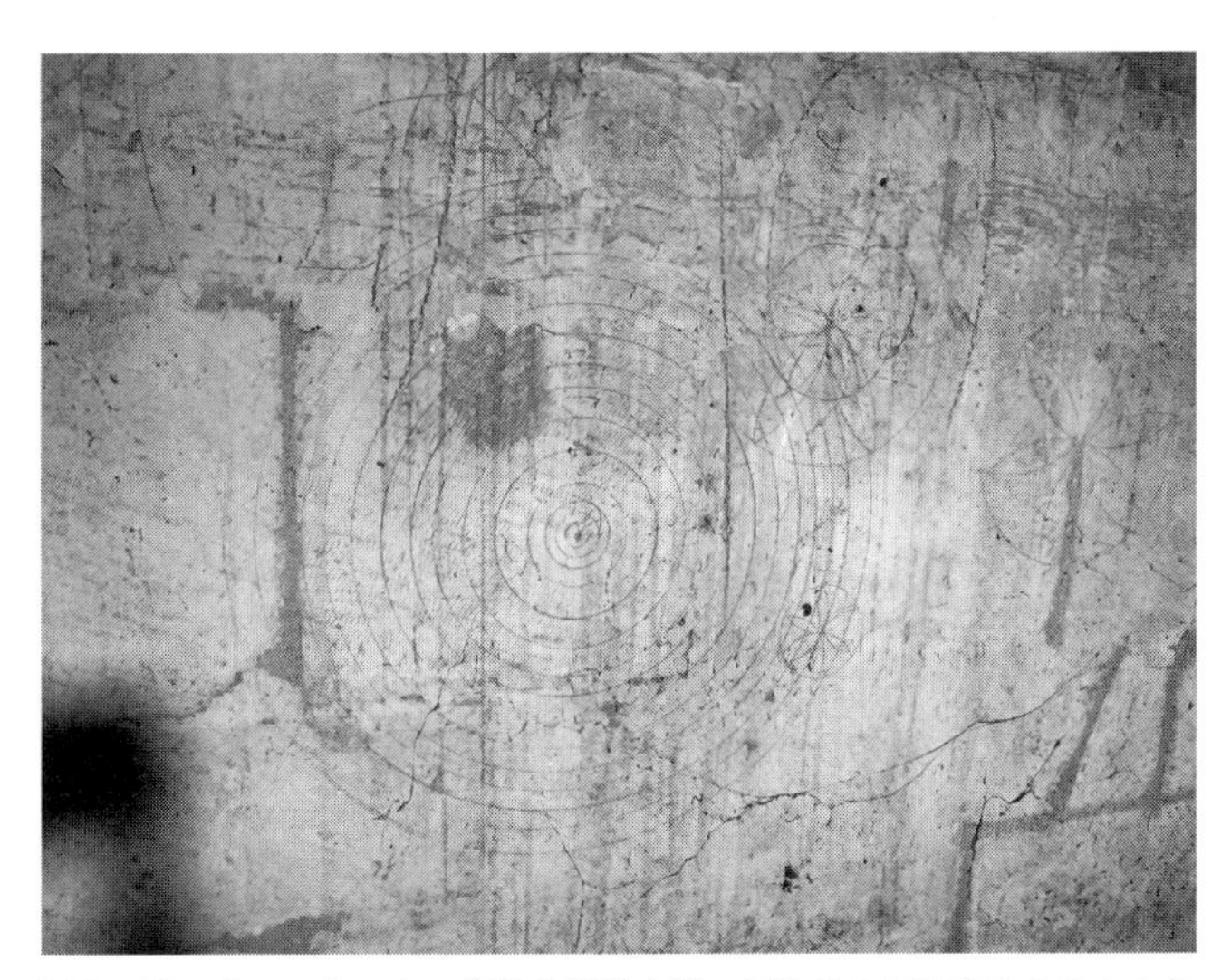

図 2－27　サン＝カンタン参事会聖堂内陣，周歩廊の屋根裏からみたトリフォリウムの背後の壁
同心円などさまざまな幾何学的図形のデッサン．

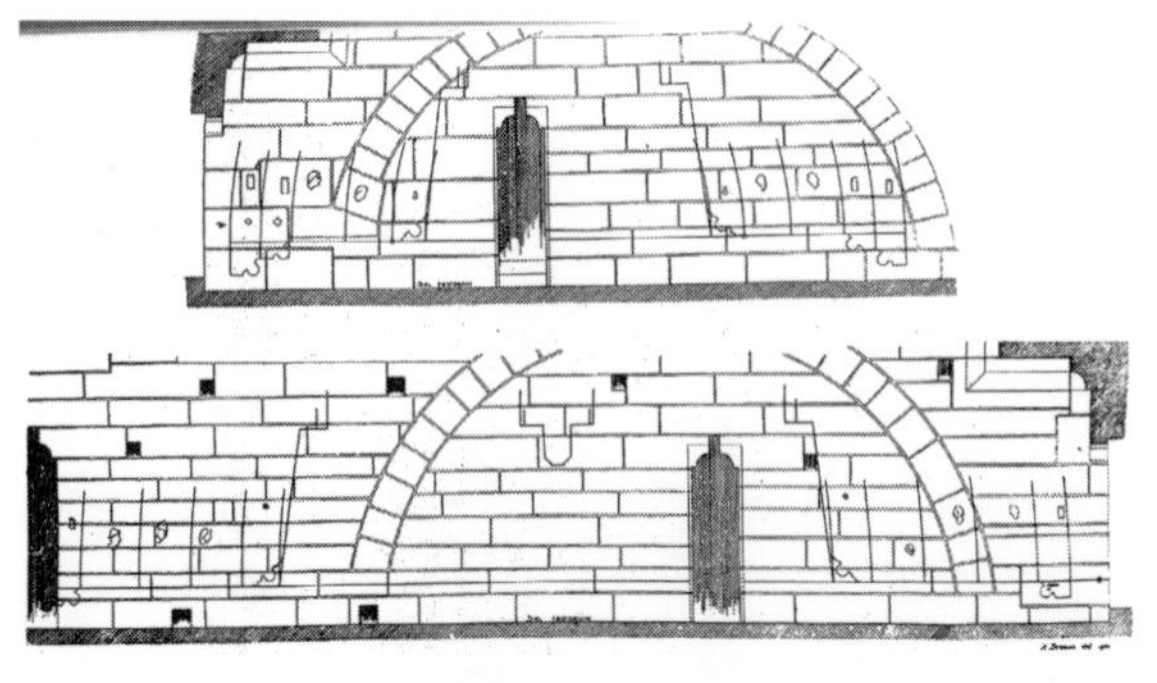

図2-29　ランス大聖堂南袖廊，トリフォリウムの背後の壁にある図面（H. ドゥヌーによる）

図2-30　ランス大聖堂南袖廊，トリフォリウムの背後の壁にある図面（一部）

扉口は、この図面で計画されていた平面とほぼ同じ規模を有するが、彫刻の構成などの細部に図面と異なる部分があり、計画から施工までの間に設計変更があったことを示す。[67] 図面はトリフォリウムの背後の壁のアーケード側（通路内部側）の面に彫られている。R・ブランナーが指摘したように、幅一メートルに満たないトリフォリウムの狭い通路の中でこのような大規模な図面を描くことは困難なため、背後の壁（ここでは袖廊の塔の壁を兼ねている）を建設した後アーケードを施工する前の段階で、おそらく足場の助けを借りつつ描かれたのであろう。[68] J-P・ラヴォーによれば袖廊のトリフォリウムは一二三六年頃に建設されたので、計画の変更は一二五二年頃の西ファサードの着工までの一五年余りの間になされたことになる。[69] ここでは図面がトリフォリウムの内部に描かれていることによって、ファサードの扉口の計画がどの段階でなされたかを知ることができるため、ランス大聖堂の設計プロセスを知るうえで興味深い。

トリフォリウム内の図面はほかに知られていない。筆者の調査した中では、クレシー＝ラ＝シャペル参事会聖堂の内陣（一二四〇年頃着工）のトリフォリウムの背後の壁にかなり精密なレイヨナン・ゴシック様式の開口部の図面があったが（**図2－31**）、これは漆喰の上塗りの上に描かれたもので、おそらく近代以降のものであろう。

図2－31　クレシー＝ラ＝シャペル参事会聖堂内陣，トリフォリウムに描かれたデッサン

図2－32　リヨン大聖堂内陣，トリフォリウムの柱頭裏側に描かれたデッサン

また、リヨン大聖堂の内陣のトリフォリウムの立ち上がり部分には、幾何学的なパネル状の模様の未完成の低浮彫りがある。これらは配置や向きからして建設前（一二世紀後半から末頃）のものと思われる[70]。浮彫りを施したが何らかの理由で使われなかった石材を、目につきにくい部分へ施工したのかもしれない。同じ内陣のトリフォリウムの柱頭の裏側には、黒い線で柱頭彫刻のような葉模様が描かれており、これはスタディのデッサンとも下書きともとれる（図2-32）。N・ルヴェロンは、年代の特定は難しいとしながらも、保存状態と線の特徴から、一九世紀のものではないだろうと述べている[71]。

＊　＊　＊

以上のように、ゴシックの聖堂建築は石材の規格化やプレファブリケーションの工夫、重い石材の取り扱いなど、職人たちによって地道な努力が重ねられてこそ実現したのであった。部材の切り出しや配置のためにつけられた目印や多種の「サイン」からは建設に携わった職人たちの息遣いが聞こえてくるようだ。そしていつのものとも知れぬ落書きやデッサンは、建物に積層した数百年に及ぶ時間の厚みを感じさせる。

（1）Du Colombier, 1973, p. 41.

（2）しかし石切職人と石工の呼称は地域や時代によって一定しておらず、場合によっては記録の中で両者が区別されていないこともあるようだ（Du Colombier, 1973, p. 44–46）。

（3）Du Colombier, 1973, p. 47; Bernardi, 2011, p. 119–123.

（4）一四八六年頃のカンペール大聖堂の現場には一五人程度（石を扱わない専門職を含む。Bernardi, 2011, p. 41）、一二五三年のウェストミンスター（イングランド）の現場には八〇人程度（石切職人三九人、大理石に携わる職人一五人、石工二六人。Blary et Gély, 2021, p. 178）の職人がいたと記録されている。

（5）Bernardi, 2011, p. 43–44.

（6）一般的には一〇月初旬から四旬節第一主日（年によって異なる。二月初旬から三月初旬）にかけての期間（Bengel

et al., 2014, p. 137)。なお、石切り場から石を切り出す作業も冬季には中断する。石材は岩質により水分を含んでいることがあるためである。水分は石を切り出した後、石切り場で一定期間乾燥させることで取り除かれた（Blary et Gély, 2021, p. 119)。

（7）ルロワによれば石積み職人は図面を描き、石に加工のための線をつける仕事もしていた（Leroy, 1877, p. 196)。

（8）Kimpel, 1980, p. 40–59.

（9）Bengel et al., 2014, p. 145.

（10）Mortet, 1906.

（11）石材は現場近くの作業小屋だけでなく、石材の運搬費用節約のため、石切り場で適切な形状に加工されることもあった（Bernardi, 2011, p. 91)。その場合でも、石材が規格化されているほうが望ましかっただろう。

（12）Kimpel, 1977, p. 212.

（13）Du Colombier, 1973, p. 51.

（14）Icher, 1998, p. 88.

（15）Kimpel, 1977, p. 201–211.

（16）Kimpel（1977, p. 197）ではノルマンディーの建物（カーンのサン＝テティエンヌやラ・トリニテの各修道院聖堂、ジュミエージュのノートル＝ダム修道院聖堂）が指摘されている。ソワッソン大聖堂に関してはAncien（1984, p. 5)、南フランス（アルル、アヴィニョン等）の建物に関してはHartmann-Virnich（2004）を参照。なお直方体の石材は、その形状や組積内の配置次第で異なる呼称をあてられる。現代フランス語では最も長い辺が組積の内部に埋め込まれているものをboutisse、壁表面に露出しているものをcarreauと呼ぶが、時代と地域により多様な呼称が存在した。Cf. Salamagne, 2001, «Glossaire»; Pérouse de Montclos, 2011, p. 115.

（17）Olson, 2004. オルソンは一三世紀前半のイル＝ド＝フランス地方付近で建設された一四の聖堂にみられる小円柱の直径の測定に基づき、大量生産された小円柱が複数の現場で共有された可能性さえ示唆している。

（18）Salamagne, 2001, 7.4.3, 101–102.

（19）実際、ランス大聖堂のトリフォリウムの通路の高さは四七三センチメートルほどになるが、四か所の測定で認められた誤差は五センチメートルほどである。

（20）ヌヴェール大聖堂の外陣、シャロン＝アン＝シャンパーニュ大聖堂の袖廊東側と内陣（一三世紀前半）、シャルトルのサン＝ピエール聖堂の外陣、クレシー＝ラ＝シャペルの参事会聖堂の内陣、スミュール＝アン＝ノソワのノートル＝ダム参事会聖堂の内陣、エヴルー大聖堂の外陣、ギャラルドンの聖堂、ドゥルダンの聖堂の外陣（一五世紀）、トリールのサン＝マルタン聖堂の外陣（一四世紀）、ルドンのサン＝ソヴール修道院聖堂などが該当する。

（21）Ancien, 1984, p. 43.

（22）他にサン＝カンタン参事会聖堂の内陣と中袖廊（一三世紀前半）、シャルトル大聖堂の袖廊と内陣（Kimpel et Suckale, 1990, p. 491, n. 35)、ディジョンのサン＝ベニーニュ修道院聖堂の外陣（一二八一年頃着工）、タヴェルニの聖堂の北袖廊、ヴィエンヌ大聖堂の外陣（一四―一五世紀）（口絵6参照）、クラムシのサン＝マルタン聖堂の西端ベイ（一五世紀）、ランバルの聖堂などにも確認されている。

（23）J・アンシャンやY・ガレは、ソワッソンやエヴルーのトリフォリウムに関して、標準化の可能性に言及した（Ancien, 1984, p. 43; Gallet, 2014a, p. 160）。

（24）ガレによれば、エヴルーの外陣のトリフォリウムの欄干の一部は施工現場で加工し直されている（Gallet, 2014a, p. 160–163）。

（25）Brunet, 1928, p. 81.

（26）Brunet, 1928, p. 81; Ancien, 1984, p. 34.

（27）Kimpel et Suckale, 1990, p. 291–292.

（28）この点に関しては嶋﨑（二〇二四b）に詳述した。

（29）Kimpel, 1985, p. 215.

（30）ショーモンのサン＝ジャン＝バティスト聖堂の内陣のトリフォリウムのアーケードには板石による同形状のアーチが並ぶが（トレーサリーの技法を用いないトレーサリー風の透かし彫りが付属している）、筆者の実測によるとスパンは三〇センチメートルから四三センチメートルまでの変動がある。ここではベイ幅自体一定していないことも関係していよう。規則的なベイ幅を有する建築ではアーチのスパンもより規則的になりやすい可能性はある。

（31）Kimpel, 1985, p. 212.

（32）Kimpel, 1985, p. 212–213.

（33）Viollet-le-Duc, 1854–1868, «meneau» (t. 6, 1863), p. 323.

（34）例えばイギリスでは建築物に適した上質の石材が少ないか、あっても搬出に不便な土地にあることが多かった。カンタベリ、ノリッジ、チチェスター、ロンドン、チュークスベリなどの諸都市の聖堂においては、海を隔てたノルマンディー地方カーンから石材が輸入されたとみられている。ノルマンディー公ギヨーム（ウィリアム）によるイングランド征服も、両地域の結びつきを強めた（Dujardin, 2008, p. 322–323）。トゥールネ（ベルギー）の黒みを帯びた石は柱頭彫刻や柱身、墓石等の素材として周辺都市だけでなく北フランスの広い地域に輸出された。一一四〇年代のサン＝ドニでは回廊の柱頭や柱基として使用されている（Delannoy et al., 2015, p. 70; Blary et Gély, 2021, p. 121）。なお、彫刻に適した粒子の細かい石をパリ地方から輸入したシャルトル、オーセール、サンスの各大聖堂の事例も知られている（Leroux et Blanc, 2008）。ランピヨンのサン＝テリフ聖堂では彫刻が豊富な扉口周辺のみパリ地方の石を用いており、建物本体を構成する灰色の砂岩と比較してその白さが際立っている（Förstel, 2015, p. 356）。

（35）石灰岩の質は地域や石切り場、地層等によって異なり、密度は一・五―二・八トン毎立方メートルまでばらつきがある。圧縮強度の高い石はそれだけ重くなる傾向にある（Bessac, 2004, p. 9–16; Fantin Mathias, *Calcaires - Poids et Résistance*, http://combiencaporte.blogspot.com/2013/01/calcaires-poids-et-resistance.html（二〇二四年一一月一一日閲覧））。

（36）ボニによるとブルゴーニュの工匠たちは「一一七〇―八〇年代に四層構成の建築で広まり、シャルトルの登場によって挫折させられた繊細さを特徴とする建築を復活させ完成に導こうとした」（Bony, 1983, p. 340）。モダニスト的な解釈といえよう。

（37）パリのサント＝ジュヌヴィエーヴ聖堂（パンテオン）の設計で知られる新古典主義建築家J‐G・スフロは一七六二年、ル・ジョリヴェによるディジョンのノートル＝ダムの図面を伴い、ゴシック建築に関する講演を行った。その中で彼はゴシックの構造の大胆さや困難さ、繊細さを称え、壁に設けられたトリビューン〔トリフォリウム〕が主支柱を貫いていることなどを指摘し、荷重が適切な部位へ流れるように設計されていると述べた（Recht, 2000）。

（38）Bessac, 2004, p. 26–27.

（39）Doperé et al., 2018, p. 84.

（40）Lemire et Timbert, 2011, p. 109–110. ここで参照されているPlagnieux（1989）によると、建築への鋸歯刃鑿の使用が一般的でなかった時代に彫刻家がこの道具を使っていた。

（41）この木製小円柱（柱頭、柱基含む）は一八九四年に石造小円柱に置換されるまで、内陣の一角（ベイ14中央）に設置されていた（Gilbert, 1833, p. 109（Durand, 1901, p. 290, n. 1に引用））。

（42）テンプレートは全体設計を担当する建築家（工匠）が設計し、木工を担当する大工らが切り抜いて作成し、現場で働く石切職人に供給されたと考えられる（Shelby, 1971, p. 143）。場合によっては工匠を補佐する石切職人頭がテンプレートを作成したようだ（Schock-Werner, 1989, p. 137）。中世のテンプレートは現存しないと思われるが、建設現場を描いた一三世紀以降の多くの図像や、一六世紀の建築家の肖像画の背景の壁にも示されている。なお今日の現場では、錫や紙がテンプレートの材料として用いられる。

（43）Bengel et al., 2014, p. 192.

（44）なお、R・シュライバーはトゥール大聖堂の内陣のトリフォリウムにコンパスや定規で描かれた線の存在を指摘し、トゥールではトレーサリーの加工にテンプレートを用いず、その都度定規とコンパスで石の上に作図したのだと分析している（Schreiber, 1997, p. 65, 126, fig. 61–63）。たしかにベイ幅が異なる、あるいは部材の大きさが一定していない場合は、その場で石の上に作図をするほうが理に適っているようにも思われる。ただ、前述のように仮にテンプレートを用いたとしても中心線等の基本的な線は描かれるし、石にテンプレートを描き写した痕跡が残ることは十分考えられる。クレシー＝ラ＝シャペルの欄干では半円アーチの厚みの中心にも線が引かれていることから、アーチがテンプレートに頼らず作図されたらしいことが推察される。こうした作図の痕跡は、中世における幾何学理論や石材の加工手順に関する貴重な史料となりうる。Cf. Bessac, 2004, p. 42, fig. 32; Guillouët, 2017, p. 96–97.

（45）例えば、リヨンのサン＝ニジエ聖堂やリヨン大聖堂、ディエ大聖堂では、横材用の穴の下書きがあることが知られている（Reveyron, 2005, p. 335, 336; Tardieu et al., 1996, p. 58）。またパリのノートル＝ダム大聖堂ではヴォールトのリブを受けるアバクス上面に、リブの迫石設置に備えたと思われる線が発見されている。二〇二四年一月九日の報告会 Cycle de conférences “Notre-Dame de Paris en chantiers” https://youtu.be/exSO1IOlEik?si=sFN_FM1IaMRzUAFh&t=2610（二〇二四年五月二八日閲覧）

(46) Reveyron, 2005, p. 278.

(47) この柱礎は柱身の幅に比べ不規則な大きさをしている。しかし、内陣の他の場所にもあるような職人のサインが柱礎にもみられるため、この部材は修復等で取り替えられたものではなく、建設当初のものである。

(48) 職人のサインが歴史家によって注目され始めた当初、サインはほぼすべて石切職人の報酬計算のための「同定用サイン」とみなされたので、marques de tâcherons と呼称されていた（Cf. Viollet-le-Duc, 1854–1868, t. 6, «ouvrier», p. 454）。報酬以外のさまざまな役割が明らかになるにつれ、signes lapidaires や marques lapidaires という表現が選択されるようになっている。

(49) フランス語ではそれぞれ «signes d'identité»、«signes utilitaires»（Van Belle, 1984, p. xi–xii）。なお、この事典の新しい版が一〇年後に発刊されている（Van Belle et al., 1994）。また、Van Belle（2014）も参照。

(50) Y・エスキューらによると、組積の中に隠れる面は仕上げが粗く、明確なサインを彫るのに適していないため、組積の表面となる面にサインがつけられることが多いという。しかしサインが比較的多く観察されるモニュメントでも、「無名」の石は存在する（Esquieu et al., 2007, p. 340–341; Esquieu, 1992b）。

(51) Bengel et al., 2014, p. 198.

(52) パリのノートル＝ダム大聖堂では一部のサインが個人ではなく集団で共有されていた可能性が指摘されている。サインの「筆跡」の違いがその根拠のひとつである。二〇二三年四月六日の報告会 Cycle de conférences "Notre-Dame de Paris en chantiers" https://youtu.be/dr97yuBSbco?si=Ucve0d0uf9dhrTLR&t=2940（二〇二四年五月二八日閲覧）

(53) Klein, 1984, Abb. 20; Prache, 1990.

(54) 嶋﨑（二〇二〇c）を参照。

(55) このサインに関してはご案内くださった Centre des monuments nationaux の A・ドゥマレ氏に示唆をいただいた。同種のサインについては Esquieu et al.（2007, p. 348–350）を参照。

(56) 落書きに関する研究として Van Belle et Brun（2020）がある。

(57) 近現代の修復の記録として石に年代が刻まれることもあるが、それには修復を明示する目的があり、落書きと分類すべきではないかもしれない。

(58) サン＝カンタンの参事会聖堂のトリフォリウムの落書きに関しては、案内していただいたP・ドゥレーヌ氏に示唆をいただいた。なお、サン＝カンタンでは地上の放射状祭室の壁に彫られたバラ窓のような形の図面あるいは落書きがヴィラール・ド・オヌクールの『画帖』にあるものと似ているとして活発な議論の対象となってきたが、トリフォリウムの落書きは言及されないままとなっている。放射状祭室のバラ窓のような落書きとそれに関する問題については、Bucher（1977）および翌年の同雑誌三九三―三九四頁に寄せられたバーンズの反論とそれに対する返答を参照。

放射状祭室の壁には他にも落書きがある（Branner, 1987を参照）。

(59) Brachmann, 1991, p. 475, n. 57. この著者によればこの図面はこれまで（つまり一九九一年まで）言及されてこなかった。

(60) この落書きは一九世紀のものとされている（Branner, 1987, fig. 12）。

(61) Freigang, 1989, p. 127–131.

(62) Branner, 1963b, p. 134. クレルモンの図面の詳細に関しては、Claval（1984）を参照。

(63) Brunet, 1928, p. 93–94, fig. 17; Barnes, 1972; Kimpel et Suckale, 1990, fig. 224.

(64) Barnes, 1972, p. 61.

(65) Branner, 1963b, p. 134, 135.

(66) Deneux, 1925, p. 123–126; Villes, 2009, p. 303ff. なお Deneux（1925）にはランス大聖堂における「実用サイン」への言及もある（Demouy (dir.), 2000, p. 240–245; Decrock et Demouy (dir.), 2008, p. 96–98 も参照）。

(67) Kurmann et Villes, 2015, p. 66–67.

(68) Branner, 1961, p. 231–232. なお、石積みのモルタル目地の上には線がない。これらのベイではモルタルが比較的厚いことから、図面が描かれた後のどこかの段階で目地が補強され、その結果目地の上の線が失われたという可能性が考えられる。

(69) Ravaux, 1979, p. 37–38, 43. 図面の年代は研究者により、一二二五年頃から一二四五年頃まで幅広く見積もられているが、西ファサードの計画を示すという点では多くの研究者の意見が一致している。

(70) 同じ部分に、幅一センチメートル程度の石切用の刃で細長く彫ったような跡も残っている（Reveyron, 2005, p. 95–96）。

(71) Reveyron, 2005, p. 95.

第3章　材料の純化と複合化

本章ではゴシック聖堂建築の構造を成り立たせるための材料について述べる。ゴシックの空間を特徴づける大きな窓面は、荷重を柱という特定の箇所に集中させてはじめて可能となる。柱は集中する荷重に耐えられるだけの強度を備える必要があり、材料の量よりも「質」が重要になってくる。柱内部の充塡物を減らし、切石の割合を増加させることで耐荷重性が増し、ヴォールト天井や屋根材の重みから解放された壁は、単独の石材の厚みでもつくれるくらいに薄くなる。

そうして柱や壁を構成する石材がいわば「純化」していく一方で、異質な材料がゴシック建築の中で徐々に存在感を増していった。鉄や鉛といった金属材である。鎹や太枘、棒材や鉛接合部として、金属材はゴシック建築の材料を「複合的」にしていった。

1　充塡積みの壁から単積みの壁へ

小規模建築、あるいは中世初期の多くの建築では、人の手に収まるくらいの、時として不定形な小さな石片が壁全体を覆っている。たとえ成形した切石が使われたとしてもそれは柱や控え壁、隅角部、壁の部分的補強等の限定的使用に限られていた。それ以外の大部分の壁は、割石や大まかに成形された石材を多量のモルタルに頼って接着することによって立ち上げられた[1]。

フランスで壁にも切石が使われるようになるのは、É・ヴェルニョールによればおよそ一〇二〇―三〇年頃[2]、一般化するのは一〇四〇―五〇年頃[3]であるが、それでも切石（一般に高さ二〇―三〇センチメートルの中型石材）は壁の表面のいわば外装部分のみであり、その間に割石や石灰モルタルを混ぜ合わせた充填物をはさんで一枚の壁をつくり上げる（「充填積み」。図3-1）。切石の外装材は薄く、全体の厚さからみれば芯材としての充填物の厚みが圧倒的であり、切石はほとんどそれに貼りつけられた化粧仕上材のような様相を呈している。しかし実際には、切石の外装こそ構造の主体だったと考えられる[4]。質の一定しない充填物にはコンクリートのような強固な構造体としての有効性が期待できない。中世のモルタルは圧縮強度・引張強度ともに切石と比較して圧倒的に弱かったのだ[5]。

A・ショワジーやE・E・ヴィオレ＝ル＝デュクの見解によればゴシック期には充填積みの壁は稀になった[6]。いわば壁が「純切石化」していったのである。ただ彼らによるとゴシック期にも太い柱や控え壁、建物基礎には充填物が含まれることがある。実際、二〇世紀に入ってから工事や調査に伴い作成された図面をみると、側廊の腰壁のような比較的厚みのある壁は充填積みで示されている（図3-2）。しかし、一三世紀にかけての石材の大きさの増大に付随して、充填物の相対的な量は減少したと考えられる[7]。純粋な切石造に近づいたことにより、構造体としての強度は改善したに違いない。

天井架構として交差リブ・ヴォールトを採用したゴシックの聖堂建築では、壁は構造壁としての重要性を失い、窓面の拡大が進められた。そして天井や屋根材からもたらされる荷重はベイを区切る支柱（ピア）に集中させられることになった[8]。

この変化は造形的にも重大なものであった。一一世紀のロマネスク建築の傑作として知られるヴィニョリ修道院聖堂の外陣では、滑らかで分節のない壁が身廊両側にそびえ、開口部はそれに穴を開けたような様相を呈していた。それに対しゴシック聖堂建築では、ヴォールトの高みにまで立ち上がる柱が圧倒的な存在感を放ち、壁はまるでその間に張り渡された膜のようにさえみえる。(9)

盛期ゴシックにおける半円形アプスから多角形アプスへの移行も、薄くされた壁を象徴的に示している。つまりノワイヨン大聖堂(一一五〇年前後着工)、パリ大聖堂(一一六三年頃着工)、ソワッソン大聖堂の南袖廊(一一七六年頃着工。図1-12参照)のような一二世紀半ばまでに着工された建築ではアプスの壁面が曲面状に処理されていたのに対して、シャルトル大聖堂(一一九四年着工)や一三世紀以降の多くの建築(図3-18参照)では柱の間の壁が平面となり、アプスが多角形になったのである。(10)支柱とその間の壁が論理的に区別されたという点、(11)そして壁が湾曲せず平らであるためガラス窓の平面と親和性があり、したがって間接的には窓の拡大を可能にしたという点が、ゴシックの様式発展における重要な意義であろう。

半円形アプスから多角形アプスへ移行するにあたり、トリフォリウムのアーケードや背後の壁も湾曲した壁から直線的な壁へと変化した。これらの壁は厚さ四〇センチメートル程度の薄いものなので、壁厚全体をひとつの石材の厚みで構成する(「単積み」)ことも容易であったと思われる(図3-3)。第1章で確認したようにリジュー大聖堂のトリフォリウムでは背後の壁が充塡積みであったが、ノワイヨン大聖堂では単積みで構成されていた。直線的な壁になったことで、よりいっそうその「薄さ」が際立つ。

さらにトリフォリウムの背後の壁やトリフォリウム下部には時としてアーチが埋め込まれるが(フランス語でアルク・ド・デシャルジュ、つまり荷受けのアーチと呼ばれる。図3-4・図3-5・図3-6)、クリアストーリーやトリフォリウムといった柱の間の壁面の荷重も、このアーチによって効率的に柱へと流される。アルク・ド・デシャルジュの役割は荷重の処理に限られないとしても、(12)このようなアーチの存在はゴシックの柱優位性を象徴的に表している。

図3-3　ソワッソン大聖堂，第一次世界大戦中の爆撃で破壊されたトリフォリウム

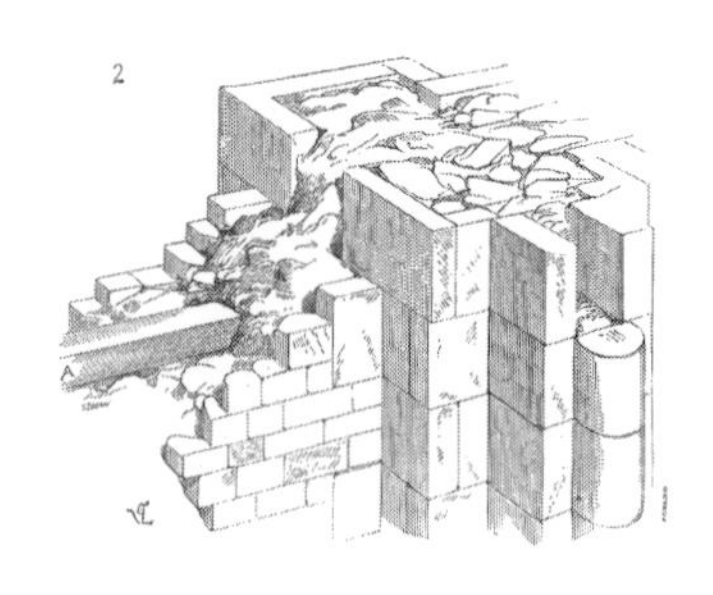

図3-1　充塡積みの壁の構法（E. E. ヴィオレ=ル=デュクによる）

図3-2　ランピヨンのサン=テリフ聖堂断面透視図

図3－5　サン＝カンタン参事会聖堂中袖廊，トリフォリウム背後の壁のアルク・ド・デシャルジュ

図3－4　ゴシック建築のトリフォリウムにみられるアルク・ド・デシャルジュ

図3－6　シャロン＝シュル＝ソーヌ大聖堂外陣，屋根裏からみえるトリフォリウム下部のアルク・ド・デシャルジュ

2　柱の純切石化による安定性の確保

柱の充塡物の減少

荷重が支柱に集中するゴシック聖堂建築において、柱の強度が死活問題となることはいうまでもない。支柱内部の構成も、一二世紀から一三世紀にかけて変化を遂げる。

ロマネスク期には、柱は一般に充塡積みで建てられていた（図3‐7）。ボーヴェのサン＝テティエンヌ聖堂やサン＝ジェルメール＝ド＝フリ修道院聖堂といった一二世紀前半の聖堂の支柱も充塡積みであったらしいことが加藤の研究により判明している[13]。しかしキンペルの研究によればランス、アミアンといった一三世紀の大規模建築においては、支柱が純切石造で（つまり柱の内部も切石で）建てられた[14]（図2‐4参照）。複雑な断面をもつサン＝ドニ修道院聖堂の支柱（多くの柱を束ねたようにみえる柱で、束ね柱と呼ばれる）も、少ない個数の石材を加工することによって、一・五メートルあまりの太さをもつ柱全体を切石で構成していた（図3‐8）。純切石造の柱が充塡積みのものより構造的に強固であることは明らかだ。柱の純切石化を可能にしたのは石材の大きさの増大であるが、それはまた、ゴシック建築において柱の強度がますます求められるようになったということを意味している。

支柱がトリフォリウム階において通路に貫かれる部分でも、純切石化が確認できる。

ソワッソン大聖堂の南袖廊（一一七六年頃着工）やブレーヌのサン＝チヴェ修道院聖堂の北袖廊（一一九〇年頃着工。図3‐9）では支柱の背面に垂直のモルタル接合部が多数確認される。これは石積みの一段が複数の石材で構成されており、その内部にはおそらく充塡物があるということを示している。サン＝ルー＝デスランの修道院聖堂の外陣（一二〇〇年頃）も同様である。

それに対してソワッソン大聖堂の内陣（一二一二年頃までに完成）では垂直接合部が少なくなり、単一の石材でてきた段が多くなる。同大聖堂の外陣（一二四〇年頃までに完成。図3-10）やサン＝カンタン参事会聖堂の内陣（一三世紀前半）ではほぼすべて単一の石材の段からなっている。ただし横断リブを受ける中央の太いシャフトは別個に成形された細長いアン・デリの石材である。

サン＝ドニ修道院聖堂（一二三一年改築）、ランス大聖堂の外陣西側（一二五二年以降）になると、横断リブを受けるシャフトを含む支柱全体が単一の石材の段による成層積みで構成されるようになる（図3-11）。アン・デリのシャフトの構造的な有効性については諸説あるため[15]、アン・デリを含む支柱と全体が成層積みの支柱のどちらが強度において優れているのかは不明だが、アン・デリを廃することで支柱がより均質な石積みになることは確かである。

タ・ド・シャルジュ

トリフォリウムよりさらに上にいくと、支柱はどうなるだろうか。支柱はヴォールト天井の起点までまっすぐ立ち上がり、柱頭を介して、枝分かれしたヴォールト・リブへと視覚的に連続している。ヴォールトの各リブはそれぞれ

図3-7　クリュニー修道院第三聖堂の柱の構成（K. J. コナントによる）

図3-8　サン＝ドニ修道院聖堂の柱の構成（D. キンペルによる）

独立した迫石をもつアーチにみえるが、実際にはアーチの迫元からある程度の高さまで、周辺の組積や近隣のアーチと共通の石材を水平に積んで建てられていることがある（図3－12）。そのような構法をタ・ド・シャルジュという（図3－13）。A・ショワジーによると一三世紀になって採用された構法で、一二二〇年頃完成したパリ大聖堂の外陣ではまだないが、ソワッソン大聖堂では全体がタ・ド・シャルジュを使って建てられているという[16]。そこでは、視覚的にはヴォールトである部分まで構造的には柱が続いているといえるかもしれない。オーセール大聖堂の内陣のようにクリアストーリー階に内部通路があると、通路によって窓面が後退するため観察しやすい。

タ・ド・シャルジュは、多大な荷重のかかるアーチ起点を構造的に堅固にすると同時に、施工を簡便化するという利点がある[17]。また、水平に積まれた組積は推力をもたらさないことから、アーチの推力を軽減することができた。つまり、タ・ド・シャルジュを用いたアーチは、構造としては見かけより小さいアーチになるのである。

図3－9　ブレーヌのサン＝チヴェ修道院聖堂北袖廊，西側の支柱
トリフォリウム内部からみた裏面（左図），身廊側からみた正面（右図）．

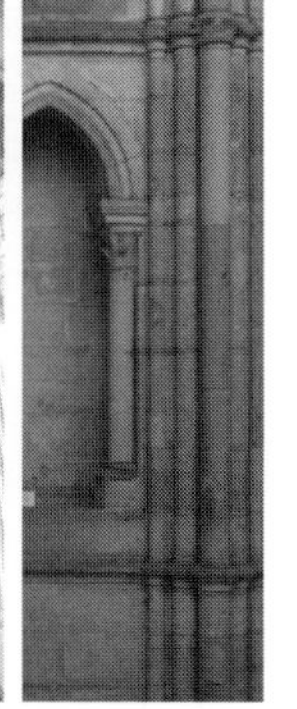

図3－10　ソワッソン大聖堂外陣，ベイ南側支柱

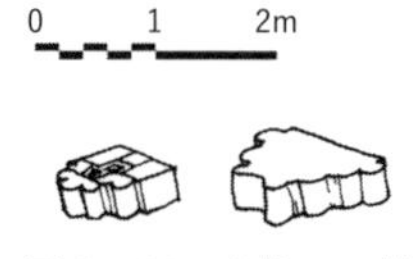

図3－11　支柱の石材
左からブレーヌ（1185年頃），ソワッソン内陣（1190年頃），ランス外陣西側（1250年頃）．

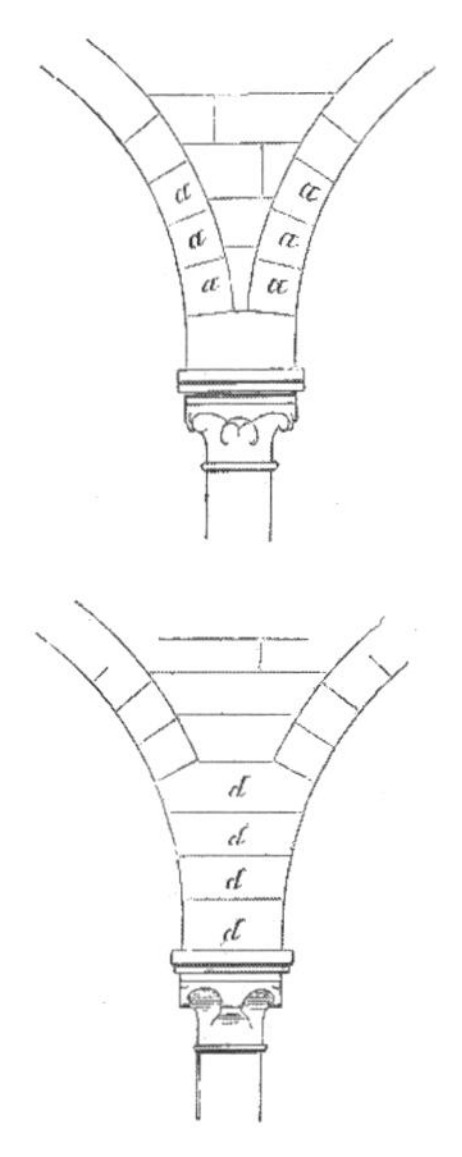

図 3－13　通常のアーチ起点（上）とタ・ド・シャルジュによるアーチ起点（下）（E. E. ヴィオレ＝ル＝デュクによる）

図 3－12　オーセール大聖堂内陣ヴォールト起点
リブの下方は周辺の組積と一体で水平に積まれている．

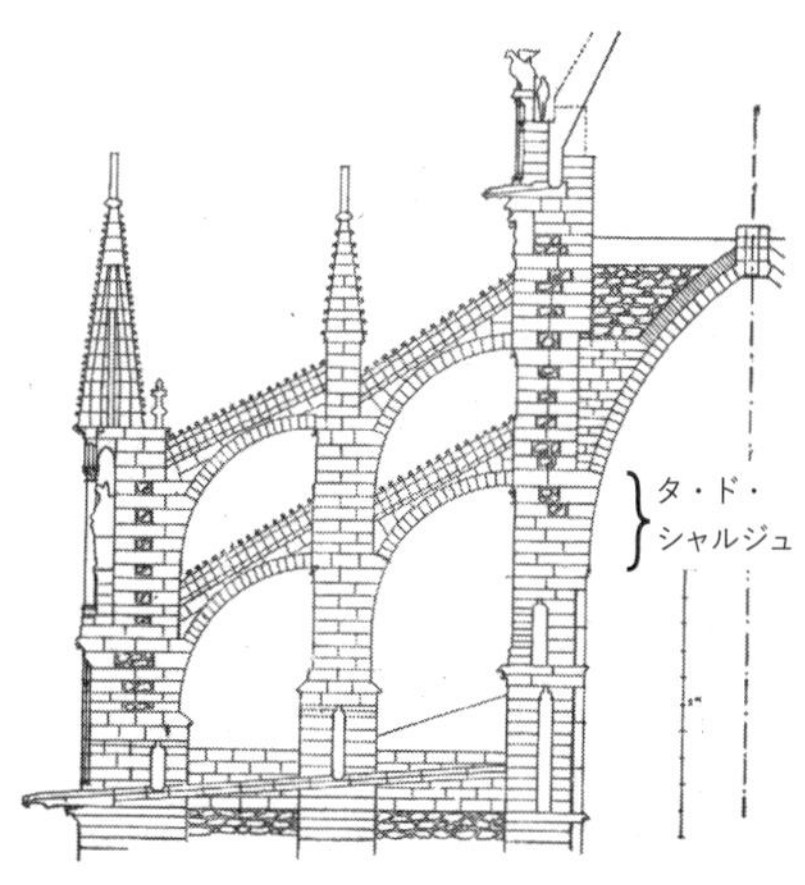

図 3－14　ランス大聖堂内陣，タ・ド・シャルジュと飛梁の対応関係（H. ドゥヌーによる）

H・ドゥヌーによると、ランス大聖堂の内陣（ヴォールトは一二二〇年頃）では、タ・ド・シャルジュの段が終わりヴォールト・リブの迫石が始まる点に合わせて下段の飛梁がつけられている（図3-14）。ゴシックの建設技術の代表格である飛梁は、その歴史の初期段階では壁のかなり高い位置（あるいは低すぎる位置）に取りついていたので十分に効力を発揮できなかったが、ランスではヴォールトの推力のかかる位置が適切に見定められ、「ねらい打ち」で飛梁が設置されているのである[18]。

以上のように、柱の純切石化やアルク・ド・デシャルジュ、タ・ド・シャルジュといった技術は、荷重の流れる位置が明確に定められたことを示している。

3　構造の複合化——鉄と鉛

石造建築の金属補強の歴史は古い。すでにギリシア建築の壁内部には鉄や青銅でできた鎹や太枘が埋め込まれていた[19]。

ロマネスク期のフランスでは、ヴェズレーのラ・マドレーヌ修道院聖堂の外陣（一一二〇年着工）において、身廊の南北の壁を結ぶ金属の引張材がヴォールト起点に備えられ、ヴォールトの推力によって壁の間隔が広がるのを防いでいた[20]。ゴシック建築においてこのような引張材は一般化し、ソワッソン大聖堂の南袖廊（一一七六年頃着工）ではトリビューンのヴォールトが引張材で強化された[21]（図3-15）。

ヴォールト起点の引張材は恒久的な補強に限らず、身廊が上層部まで建設されモルタルが凝固するまでの間、側廊のヴォールトや大アーケードのアーチが開かぬよう設置される仮設のものもある。ランス大聖堂の初期の建設部分では木材の引張材が、一二五二年から建設された西側四ベイでは金属の引張材が使われていた[22]。逆にシャルトル大聖堂では、外陣では金属の引張材を用いていたが、内陣では木材が使われたようだ[23]。もっとも、これら仮設の引張材は役目を終えれば原則的に切断されたり取り除かれたりしたため、今日ではヴォールトの起点に残る穴（木材を差し込んでいたことを示す痕跡）や、金属の棒材を固定するためのフックとしてしか確認することはできない。ヴォールト起点の引張材は、ボーヴェ大聖堂の周歩廊やサン＝カンタンの参事会聖堂の内陣のように、建設後に補強を追加する必要性が生じて設置されることも多い。

ヴォールトの推力を直接的に軽減する引張材とは別に、多数の鉄の棒材を鎖のようにつなぎ合わせ、ベルトのように壁沿いに建物を取り巻くことで建物全体の変形を防ぐ金属材（「補強鎖」）もある。[24] パリのサント＝シャペル（一二四八年献堂）の上層礼拝堂においては、三段階の高さレヴェル（窓の基部、ヴォールト起点、壁上部のコーニスの下）で建物全体を補強鎖が取り巻いている。補強鎖は互いの両端でつながる長さ三〇―五〇センチメートルの鎹からなり、石に掘られた溝の中に設置され、鉛で覆われて固定された。窓の中間レヴェルにも補強鎖があり、柱の内部で固定されている。[25] 隣り合う石材と石材を鎹でつないでいくことによっても似たような効果が期待できる。パリのノートル＝ダム大聖堂の軒壁とトリビューンにみられる多数の鎹（一一六〇年代）は、確認されている限りそのような補強の最初期の事例である。[26]

より小規模な単位で使われる金属材としては、局所的な鎹（図3-16）や太枘、部分的に設置される短い鉄のバー、モルタルの代用としての鉛接合部などが挙げられる。これらは建物の構造的安定に直接的に寄与したというよりは、細分化した建築部材を効率的に組み立て、場合によってはそれらが外部からの予期せぬ荷重を受けて破損したりずれたりするのを防止するために役立った。

拡大する窓面に不可欠な金属補強

ゴシック建築における金属材増加の背景には、建物の巨大化と開口部の拡大、そしてこの時代の技術革新がある。広い窓面は通常、補強と施工上の便宜のために鉄の桟で分割される[27]（図3-17）。桟は周囲の組積に埋め込んで固定

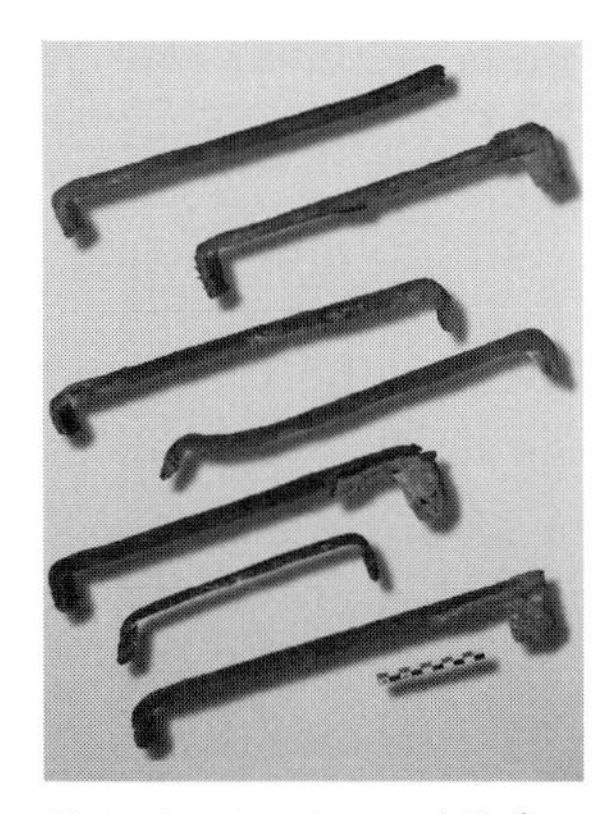

図 3-16　オーセール大聖堂の欄干や破風で使われていた鉄の鎹
一部鉛が付着している．

図 3－15　ソワッソン大聖堂南袖廊，トリビューン，ヴォールト起点をつなぐ引張材

図 3－18　ボーヴェ大聖堂の補強材の位置

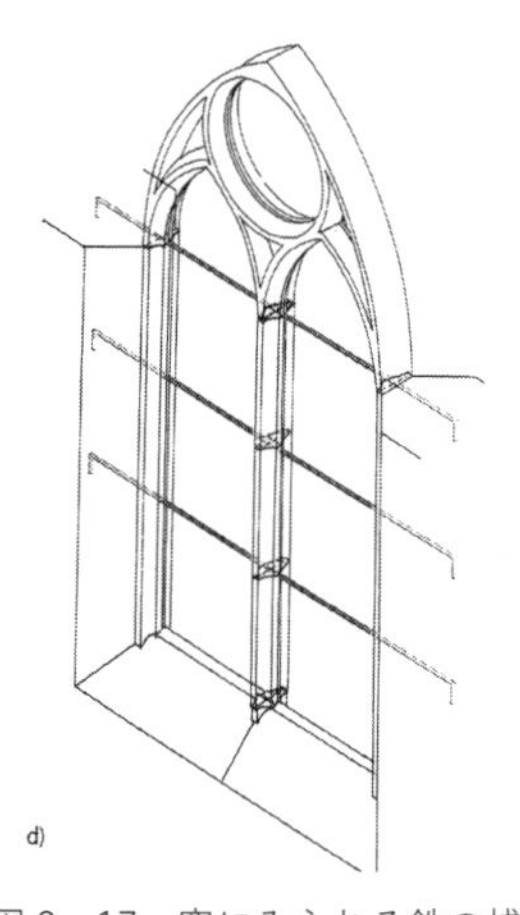

図 3－17　窓にみられる鉄の桟
（C. カイザーによる）

された。レイヨナン・ゴシック以降の大きな窓をもつ建築では、方立や支柱の石積みの内部を貫いて複数のベイにまたがっている鉄材もあったといわれている[28]。このような場合、桟は開口部自体を補強するにとどまらず、建物全体を取り囲む補強鎖として働くよう意図されていたと思われる。ただし、ゴシック期の大規模な開口部の中で、実際にどの程度の割合で支柱を貫く鉄桟があったのかは明らかになっておらず、一部の建物に限られるとする見方もある一方で[29]、ベイごとに独立していてもある程度補強鎖としての役割は果たしたと考える研究者もいる[30]。

ボーヴェ大聖堂においては、大アーケードの柱頭上部の引張材や窓の鉄桟、壁上部に埋め込まれた補強等、計六か所の高さレヴェルに補強鎖がある[31]（図3-18）。建物に付加される補強材は恒久的な補強の役割を担うものと、一時的な補強の役割を担うものに大別される。前者は恒久的に及ぼされる風圧やヴォールトの荷重、建物内部の歪みなどに起因する被害を減じ、建物全体の剛性の向上に寄与するものである。後者は先に言及した大アーケードのアーチ足元の引張材のようにモルタルが凝固するまでの期間必要なものや、建物の特定の部分が未完成であるために全体の均衡が実現されていない状態の建物を安定的に保つのに寄与するもので、建物が完成すれば不要になるものである。

一二八四年に内陣直線部のヴォールトの歴史的な崩落をみたボーヴェ大聖堂では、高いキュレの組積同士も鉄のバーでつながれている[32]。背の高い建築ではそれだけ風圧にさらされる危険も高まる。放射状祭室の上にそそり立つキュレは風の影響を受けやすいため、これらのバーによって風の乱流によるキュレへの負担を軽減していると思われる[33]。このヴォールト崩落事故が当時の建設者に金属材による補強をより逼迫した問題として認識させる出来事であった、と考えるのはいささか単純に過ぎる憶測かもしれないが、建物の巨大化と開口部の拡大が金属材の普及と並行して進んだことは間違いない。なお、サン＝マルタン＝オ＝ボワ修道院聖堂（一二六〇年頃完成）はパリのサント＝シャペルに似た広い窓面を有する造りだが、おそらく補強が少ないことが一因で建物が変形し、修復された[34]。

鉄と鉛に関する諸技術

金属に関する技術革新が、増大する需要を支えた。

水車を用いた水力ハンマーの発明が、鉄の普及に大きく寄与した。[35] 鍛錬や成形が高効率化し、価格が低下して入手が容易になるとともに、より大型で重い部材の製造が可能になった。水力ハンマーは一二世紀前半頃に登場したと考えられている。[36]

ただしこの時代にはまだ高炉が発明されておらず、鉄の融点（一五三八℃）以下で鉱石を処理し、いくつもの工程を経て徐々に純度を上げていく「直接法」と呼ばれる方式が採られていた。フランスでは一五世紀後半頃にまで時代が下ってから高炉を用いた「間接法」が普及し始めたとされ、製鉄のプロセスがさらに効率化された。[37] 鉄はその強靭さから補強鎖や引張材、窓の鉄桟用に重宝された。

鉛に関しては、比較的低い温度で融点に達し（三二七℃）、再利用も容易であった。さらに一二世紀には硬貨用の銀の生産の副産物として鉛が産出されるなど、入手や加工がしやすかったと思われる。[38] 鉛は建物の補強よりむしろ屋根葺材や屋根の頂華、ステンドグラス片支持用のH型鉛線[39]としての利用価値が高かったが、鉄の補強材を補助するものとしても重宝された。すなわち、鉄材を太枘や鎹として組積の内部に設置する際は、鉄材はしばしば鉛によって覆われて、あるいは融かした鉛の中に埋め込まれるようにして石材に固定される。これは鉄材を固定する役割に加え、錆によって鉄材が劣化したり、膨張して石を破壊したりするのを防ぐ役割も担っていた。[40]

鉛はモルタルの代用として部材同士の接着にも用いられた。鉛はモルタルと異なり凝固後も展性を保つため、建物各部でのモルタルの圧縮具合の不同に起因して生じる応力をある程度吸収することができる。[41] 鉛は厚さ数ミリメートルから数センチメートル程度の板状にして部材の間にはさんだり、融かして手杓で隙間に流し込んだり、あるいは石材の側面から接合面まで達する短い導管を石材内部に設け、そこに流し込んだりした。[42] モルタル接合部を鉛接合部で代用することによるその他の利点としては、モルタルより迅速に硬化する点、天候や季節に左右されず施工できる点がある。[43]

4　トリフォリウム内の金属補強

壊れやすいトリフォリウム

ゴシック建築における金属材の使用の増加とともに、トリフォリウムの補強に使われる金属も増加する。ノワイヨン大聖堂（一一五〇年前後着工）では、トリフォリウムの小円柱に用いられた太枘の鉄の総量は三〇キログラム前後に過ぎないが、[44] ルーアン大聖堂（一一八〇年頃着工）のトリフォリウムには約七五〇キログラムの金属材がある。[45] シャルトル大聖堂（一一九四年着工）では、トリフォリウムの立ち上がり部分にある鎹の総量は約二一〇〇―二八〇〇キログラム、トリフォリウムに隣接する屋根裏の控え壁にある鎹の総量は約三トンと見積もられている。[46] これはガラス窓の骨組みに使われる約二五トンの鉄、[47] 屋根葺材として用いられていた総量二三〇トンを超えると思われる鉛[48]に比べればわずかな値であるが、ノワイヨン大聖堂のトリフォリウムの金属材に比べれば飛躍的に増加している。

図3－19　ブレーヌのサン＝チヴェ修道院聖堂のトリフォリウム
組積が傾いたりずれたりしている．アーチやコーニスに歪みが著しい．

トリフォリウムは数多くの小さな部材を複雑に組み合わせた構造であるため、わずかな荷重で部材同士のずれが生じたり、施工の誤差に起因する歪みを引き起こしたりしやすかったと思われる。実際に、明らかな部材のずれや小円柱の傾きが生じて

いるトリフォリウムも数多く見受けられる（図3-19。筆者はノワイヨン、ラン、ソワッソンの各大聖堂やサン=ドニ修道院聖堂でも円柱の柱身と柱頭や柱基の間にずれが生じた箇所を認めた）。

トリフォリウム内にみられる太枘、鎹、その他の鉄の短いバー、鉛接合部について、その役割や適用箇所を分析する。

太枘

中世に一般的に用いられた気硬性石灰のモルタルは固化に時間を要するため[49]、積層された組積がモルタルの漸次的

図3-20　ノワイヨン大聖堂外陣
太枘の場所を示す.

図3-21　ルーアン大聖堂外陣，かつてトリフォリウムとクリアストーリーを覆っていたアーケードの小円柱の痕跡

圧縮によって縮小し安定するまでの間、アン・デリのモノリスでつくられることの多かった小円柱の柱身に予期せぬ荷重が加わって柱頭や基部と柱身との間にずれが生じることが懸念された。そのようなずれを防止することを主な目的として、太枘が使われた。[50]

ノワイヨン大聖堂の袖廊と外陣（一一八五年頃）のトリフォリウムでは、ベイ端部の二本の小円柱のみが柱頭と柱身の間に太枘を有する[51]（図3-20）。ベイ端部の小円柱は支柱に隣接しておりヴォールトの荷重を受けやすい。また小円柱の柱身がモノリスなのに対し支柱は成層積みであるため、モルタルの圧縮による高さの変動に影響されてずれが生じやすいのだろう。サン＝カンタン参事会聖堂の内陣（一三世紀前半）[52]やアミアン大聖堂（一二二〇年着工）のトリフォリウムでも、ベイ端部の小円柱のみ太枘を有する。[53]一方、ルーアン大聖堂の袖廊と内陣（一二二〇年頃完成）では、ほぼすべての小円柱の柱頭・柱身・基部の間に太枘があるようだ。[54]同じ大聖堂の外陣では後世の改変で小円柱が取り除かれた場所に、現在でも古い太枘やその痕跡が確認できる[55]（図3-21）。

太枘は小円柱だけでなくトレーサリーの各組子の固定にも用いられた。オーセール大聖堂の外陣と南袖廊（一三二〇年頃）のトリフォリウムでは、鉛で覆われた鉄の太枘がベイにつき四五個も使われている。[56]ここではトリフォリウムのアーケードがトレーサリーでできており、太枘はそれらトレーサリーの部材を組み合わせる際に用いられているのである。[57]

鎹

鎹は、ホチキスの針のように両端が直角に曲がった形状をしており、原則として水平方向に隣接する石材を接続する。[58]あらかじめ彫っておいた溝に設置されるため、仕上がりの表面は石の表面に対しほとんど突出していない場合が多い。組積の内部に隠されてしまうこともあるが、露出した表面にあるものは目視で確認することができる。

トリフォリウム内では、立ち上がり部分（図3-22）あるいは欄干、床（図3-23）にとくに頻繁に観察される。

立ち上がり部分や欄干の鎹は、小円柱の載る壁を補強する役割を果たしたと思われる。とくにシャルトルのサン＝ピエール聖堂の内陣（一三世紀後半。**図1-36参照**）にみられるような、厚みに比べて高さの大きい欄干は施工時にも不安定になりやすかったのではないだろうか。さらにモルタルが十分に固化する前の段階で上に小円柱が載せられるため、小円柱の土台として安定性を強化する狙いもあったかもしれない。鎹の大きさは千差万別で、リヨン大聖堂では長さ約一八―二三センチメートル[59]、シャルトルのサン＝ピエール聖堂の内陣では約二七センチメートル、シャルトル大聖堂では七〇―九〇センチメートル[60]と、建物によって差がある。

トリフォリウムの床の鎹は、筆者が調査した中では一三世紀以降に着工された建築にのみ観察されたが、確認され

図3-22　シャルトル大聖堂，トリフォリウムの立ち上がり部分の鎹

図3-23　ランス大聖堂外陣，トリフォリウムの床の鎹

ている最も初期の事例はブールジュ大聖堂の内陣（一一九五年頃着工）のものである[61]。ただしこれは独立した鎹ではなく、枘と枘穴によって互いに連なる一連の補強鎖として床に埋め込まれている。M・レリティエによるとこの補強鎖はおそらく、内陣の地上階を建設した後しばらくしてから設置された。新しい内陣は古いロマネスクの内陣にもたせかけるように建設されたので、古い内陣を取り壊した際に不均衡が生じ、それを補正するために鉄の補強鎖が使われたのではないかという[62]。後に建設された外陣に補強鎖がないことも、この仮説を裏づける。外陣は既存のファサードと内陣によって東西の両端から支えられているので、補強鎖がなくても安定するのである。外陣の建設後は外陣によって内陣が支えられるため、内陣の補強鎖の役割はなくなる（したがってこれは一時的な補強のための金属材といえる）。

床の鎹は一時的な補強に限らない。É・ルフェーブルによると、アミアン大聖堂の外陣建設の初期段階に建てられた南側のトリフォリウムでは床に鎹が密に配置されている（五七個）のに対し、トリフォリウムを採光する計画を中止した後に建設された北側では鎹がほとんどみられない（一〇個）。トリフォリウムを採光するにあたって通常のトリフォリウムより多くの補強を必要と見込んでいたからではないかとルフェーブルは分析している[63]。

しかしながら、採光と鎹の有無がつねに対応しているわけではない。内陣、袖廊、外陣のいずれにおいてもトリフォリウムが採光されているトロワ大聖堂では、トリフォリウムの床の鎹はほぼ初期の建設部分である内陣と袖廊の東側（一二四〇年代完成）にしか存在せず、袖廊西側と外陣（一五世紀）にはほとんど見受けられない[64]。ボーヴェ大聖堂の主立面のトリフォリウムにも、床の鎹はない。逆にランス大聖堂のトリフォリウムは採光されていないにもかかわらず鎹が存在する[65]。

またサン＝カンタン参事会聖堂の北小袖廊と中袖廊（一三世紀前半）には鎹が存在するが、同時代の内陣にはなく、またブリ＝コント＝ロベールのサン＝テティエンヌ聖堂では南東側の一部に鎹があるが、その他のベイにはない。この二件の建築のトリフォリウムは背後の壁にアルク・ド・デシャルジュがあるものの、採光はされておらず、やはり採光されているか否かと床の鎹の関連性は低いといわざるを得ない。それに、いずれの建築も建設後にトリフォリウム部分を含め大々的な修復や補強が行われたことでも知られ、鎹もその際に補強目的で設置された可能性がある。とくにブリ＝コント＝ロベールでは支柱に並んだ鎹が該当ベイの床のすべての石をつないでおり、補強鎖としての働きを期待されていたことを示唆している。

補強鎖としての役割は、当然ながら鎹が「長手方向に」（つまり、通路の方向と平行に）設置された場合にのみ期待される（図3－24a）。通路を「横断」する方向の鎹は、床を構成する石材が単体では通路の幅を満たさず、複数の石材を横に並べなければならない場合、それらの石材が分離することを防止するために設置されていると考えられる（図3－24b）。ランス大聖堂では、横断方向の鎹はとくに通路が支柱を貫く位置に観察される。通路の床の板石の断面は身廊側の立面にコーニスとして表れているが、支柱の刳り型は身廊側へ突出しているため、そのぶん大きな石が必要になるのであろう。ソワッソン大聖堂でも、外陣（一二一二年頃着工）南側の東端の支柱の位置にのみ通路を横断する方向の鎹がある。一二〇センチメートルの広い幅の通路を有するアミアン大聖堂では、内陣と南袖廊東側において、通路の幅より小さい板石を鎹がつないでいる（図3－25）。

以上のように、トリフォリウムの床に設置された鎹は、その目的や役割が推測できるものもあれば、不明瞭なものもある。時代的には一三世紀の建築に多いものの、特定の条件下に限って使用されるものでもないようだ。鎹を欠く部分がとくに鎹つきのトリフォリウムに比べて劣化しやすいという傾向も認められないため、鎹の使用は科学的認識に基づくというよりはその現場を仕切る者の裁量によるところが大きかったように思われる。おそらく、一三世紀の建物規模の増大やトリフォリウムの採光とともにその必要性が認識されるようになったが、徐々に不要とみなされるようになって使われなくなったのかもしれない。重要なのは鎹が補強として実際に有効か否かではなく、当時の建設者たちが鎹を必要と判断したという点であろう。

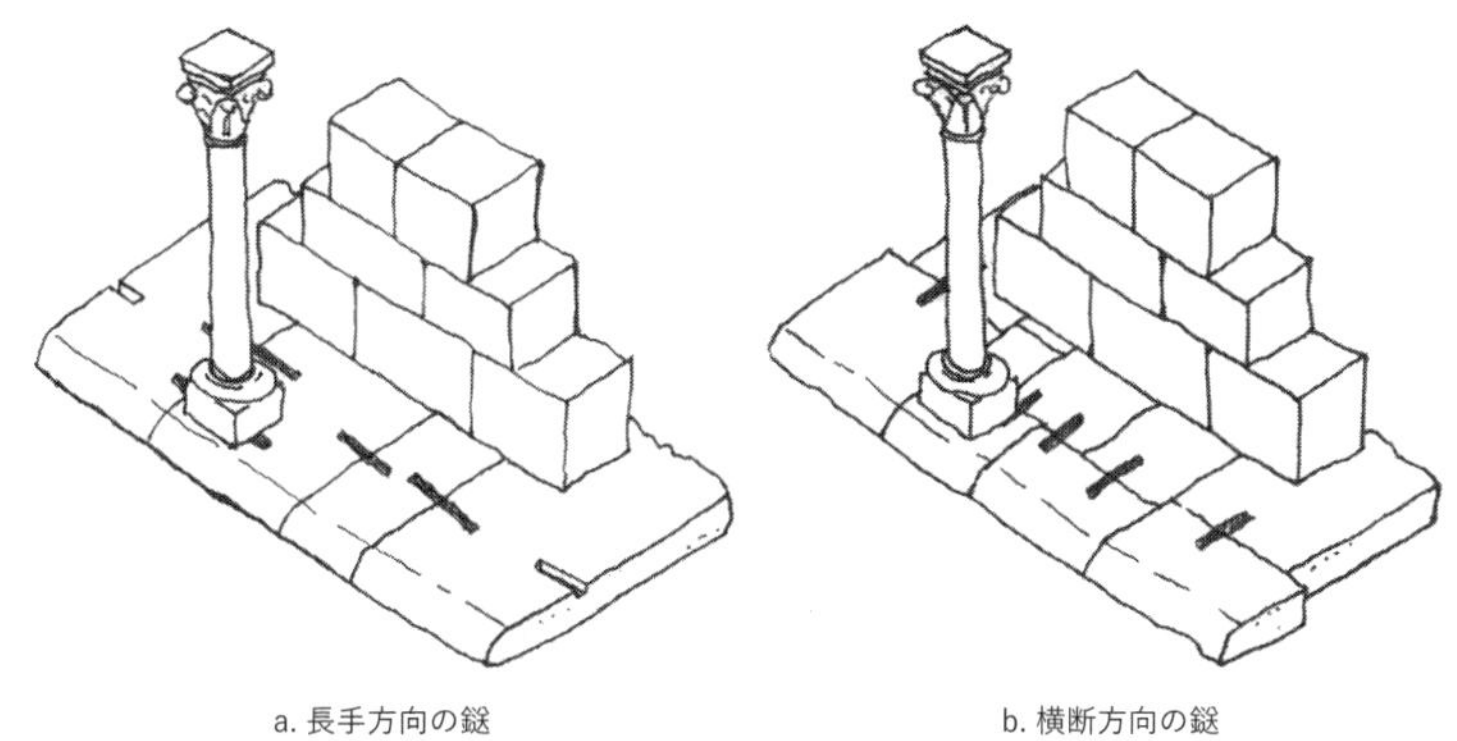

a. 長手方向の鎹　　b. 横断方向の鎹

図 3 - 24　長手方向・横断方向の鎹

図 3 - 25　アミアン大聖堂南袖廊東側，補強鎖を組積に固定する金具（A）と床の鎹（B）

図3－26　トロワ大聖堂南袖廊，西側のトリフォリウム
小円柱の柱頭を鉄のバーがつなぐ.

その他の鉄のバー

鉄の棒材はトリフォリウムの柱頭上部や、天井にも見受けられる。柱頭をつなぐ鉄のバー（図3－26、図1－36・図1－40・図1－45参照）は一三世紀後半以降のトレーサリーを用いたトリフォリウムにしばしばみられるが、建物全体の剛性に寄与するというよりは、小円柱のずれの防止を主な目的としていたと思われる。一般に柱頭の上でモルタル接合部を利用して設置されており[66]、小円柱の施工と同時にこれらのバーが設置されたということを示している。

M・レリティエによれば、その使用例は採光されたトリフォリウムに多い[67]。ただし採光されたトリフォリウムがつねに鉄のバーを有するわけではなく、一三世紀半ばまでのトリフォリウム（トロワ大聖堂の内陣やサン＝ドニ修道院聖堂、アミアン大聖堂の内陣等）や、一五世紀末から一六世紀のトリフォリウム（メッス大聖堂の内陣やモン＝サン＝ミシェル修道院聖堂の内陣等）にはないという[68]。一方でナルボンヌ大聖堂の内陣（一二七二年着工）やコドゥベック＝アン＝コーのノートル＝ダム聖堂（一五世紀）のように採光されていないトリフォリウムでもいくつかの事例が認められる。

つまり柱頭をつなぐバーの採用は厳密な法則や規則に従ったものではなく、床の鎹同様、科学的根拠や理論に基づくというよりは現場の裁量で必要性や有効性が判断されたのだと思われる。トリフォリウムのアーケードがトレーサリーとなり、単純な仮枠を用いたアーチが実質的に消失して施工が複雑化するにつれ、トリフォリウムの小円柱を立ち上げた後に上部のトレーサリーが完成するまでの間、それらを正しい位置に固定しておくという施工上の便宜も期待されていただろう。

なお、これらのバーがたんに技術的な役割を果たすに留まらず視覚的にも重要なものだったとの説も提出されている。[69]

トリフォリウムの天井の下で、通路を横断する方向に設置される鉄のバーは、通路のアーケードと背後の壁をより強固にリンクするとともに、一方の壁がどちらかに倒れることがないよう、両者の適切な間隔を保つのに役立ったと思われる。一三世紀のいくつかの建築、つまりシャルトルのサン＝ピエール聖堂の内陣（一三世紀後半）、ボーヴェ大聖堂の周歩廊のトリフォリウム[70]（一二三八年頃。図1-28参照）、トゥール大聖堂の内陣[71]、シャロン＝シュル＝ソーヌ大聖堂の外陣（一三一〇年頃改築）などにみられ、多くは一定の間隔で規則正しく設置されている。シャロン＝シュル＝ソーヌではトリフォリウムの方立の位置に対応している。

鉛接合部

鉛は太枘や鎹を覆って鉄材の錆防止に役立てられたほか、鉛接合部としてモルタル接合部を代替したことは先に述べたとおりである。鉛接合部はその展性から、荷重を受けて破損する恐れのある部位の緩衝材としても有用であった。トリフォリウムでは、鉛接合部はボーヴェ大聖堂の内陣身廊やサン＝ドニ修道院聖堂の外陣（図3-27・図3-28）、ルーアン大聖堂の外陣東側などにみられ、トレーサリーの組子の接着や小円柱の柱身と柱基の接着に用いられている。オーセール大聖堂の外陣と南袖廊のトリフォリウムでは、トレーサリーを補強する太枘と組み合わせられ、太枘の錆防止と荷重の吸収の役割を兼ねている。[72] ルーアンのサン＝トゥアン修道院聖堂やトロワ大聖堂の袖廊西側のトリフォリウムのトレーサリーでは、小柱の間の鉄のバーを固定する接合部が鉛である。[73]

トレーサリー以外のトリフォリウムでの使用例はあまり確認されていないが、ルーアン大聖堂の外陣西側の欄干の小円柱の基部の下[74]や、同じ大聖堂の袖廊と内陣で柱頭と柱身の間にはさまれた鉛の板が知られている。[75]

建設後に追加される補強

建設後の建物に重大な構造的問題が生じたとき，トリフォリウムに金属材が付加されることがある。とくに通路の床や天井に沿って，交差部の柱やファサードなど建物の主要な構造体同士を結びつける補強鎖が知られている。これらは建設後に思いがけず生じた均衡の乱れや傾きを補正するために，中世末期から近現代にかけて導入された。確認されている最初期の例はアミアン大聖堂のもので，一四九七年に交差部の柱が歪んで亀裂が生じていることが報告されており，補強鎖はその対策として設置された[76]（図3-25参照）。補強鎖は問題のある交差部の柱から四方に，すなわち南北袖廊のファサード，西ファサードそして内陣多角形部の起点に向かって伸びており[77]，端部は柱や壁の組積を貫

図3-27　サン＝ドニ修道院聖堂外陣，西端のトリフォリウム
露出したトレーサリーの接合部の穴.

図3-28　サン＝ドニ修道院聖堂外陣のトリフォリウム
小円柱の柱身と柱基の接合部，柱礎と立ち上がり部分の接合部に鉛.

いて固定されている。

近代には、サン゠カンタン参事会聖堂の中袖廊、北小袖廊、外陣および袖廊の床に沿っても補強鎖が設置された[78]。南袖廊西側と外陣南側では、補強鎖が破断した箇所がみられ（図3－29）、大きな引張力を受けたことを示している[79]。トロワ大聖堂の北袖廊の東西の壁に沿って、トリフォリウムの天井に近い位置に設置されている補強鎖は、レリテイエによれば太さや組み立て方からして近代以降のもので、北袖廊のファサードの傾きを調整するためのものである[80]。筆者の調査した中では他にディジョンのサン゠ベニーニュ修道院聖堂の北袖廊東側にも補強鎖が発見されたが、これも固定部分の部材からみて近代以降のものと考えられる。ディジョンのサン゠ベニーニュの交差部の柱と北袖廊は一九世紀にほぼ完全に再建されており[81]、その際に付加されたものであろう。

このように、トリフォリウムは建設後の補強の設置場所としても使われた。交差部の柱や立面の中間の高さに直接アクセスできるうえ、組積の内部に大がかりな補強を埋め込むことが難しい建設後のタイミングでも通路内であれば補強鎖が設置できるという点が、このような処置を促したのであろう。

図3－29　サン゠カンタン参事会聖堂南袖廊西側，補強鎖の破断箇所

＊　＊　＊

密実な壁体に囲まれた重厚な空間から光あふれる軽快な空間への移行。ゴシックといえば色鮮やかに輝くステンドグラスの窓面の拡大ばかりが注目されがちだけれども、充塡積みから純切石造へという、組積部分の質の変化を伴っていたことが重要である。さらに金

属材は補強鎖として建物全体の強化に役立っただけでなく、多数の太枘や鎹等が部材のずれを防止し、トリフォリウムのように複雑で繊細な構造を実現させたのである。

（1） Viollet-le-Duc, 1854–1868, t. 4, «construction», p. 12; Heber-Suffrin et Sapin, 2021, p. 194ff.

（2） Vergnolle, 1996, p. 231. ここではオーセール大聖堂のクリプト、サン＝ブノワ＝シュル＝ロワール修道院聖堂のポーチが挙げられている。

（3） Vergnolle, 1996, p. 233.

（4） 「古代ローマの壁ではコア〔ローマン・コンクリート〕が壁に強度を与え、煉瓦や石は仕上材でしかなかった。ロマネスク期の壁では、強度は切石の外装に頼っており、コアは充填である」(Fernie, 2000, p. 295)。

（5） マーク、一九八三、四〇—四一頁。

（6） Viollet-le-Duc, 1854–1868, t. 2, «blocage», p. 212. ショワジー、二〇〇八、二七八頁。

（7） 筆者はラン大聖堂とディジョンのノートル＝ダム聖堂において、側廊腰壁の石積みを建物内外から比較してみたことがあるが、いずれにおいても石の高さが内外で一致する傾向にあった（とりわけディジョン）。他の事例を調査していないので安易な断定はできないが、このことは外装をなす切石が互いに近い位置にあり、充填物の割合が壁全体の中で低くなったということを示唆している。

（8） 四分ヴォールトと六分ヴォールトにおいて、荷重がどのようにヴォールト小間を伝わり、柱へ分配されるかに関しては、マーク（一九八三、一七三頁以降）を参照。

（9） H・ゼーデルマイヤは、ゴシックの空間を特徴づける支配的な構成要素はヴォールトと支柱からなる「バルダキン（天蓋）」である、という観点から、壁は柱の間に張り渡された「充填壁」であると解釈した。「成熟した大聖堂の内部空間に立って、大聖堂の構造組織がバルダキンのみによって構築されているのを見ればただちに、必然的に壁をも、バルダキンの支柱の間の充填物と見る。……支持壁がなく、充填壁があるだけである」（ゼーデルマイヤ、一九九五、八四頁）。なお、ゴシック以前の聖堂にもリブ・ヴォールトや壁面分節は存在しているが、佐藤（二〇二三）によれば北フランスの初期ゴシック聖堂建築のものとは性質を異にしている。

（10） 多角形アプスそれ自体は新奇な要素ではなく、初期キリスト教やビザンティン時代にまでさかのぼる歴史をもつ(Frankl, 1957, p. 41)。ロマネスク期には多角形アプスが質素さと結びつけられ、シトー会の聖堂で採用された(Kimpel et Suckale, 1990, p. 193–194)。ゴシック期の多角形アプスがそうした過去の事例と何らかの関係をもつのかどうかは不明である。

（11）ジムソン、一九八五、二六〇頁、注62。

（12）垂直部材（柱や控え壁）同士を水平にリンクすることによって垂直部材の安定性を高める役割（Branner, 1989, p. 84–85）や、側廊建設後、側廊のヴォールトの推力に対応すべき身廊のヴォールトができるまでの間、柱に荷重を加えることによって側廊のヴォールトの推力を押さえつける役割（Kimpel et Suckale, 1990, p. 38）が考えられる。また背後の壁のアーチはボーヴェの周歩廊がそうであったように採光を見込んで設けられた可能性もある。

（13）加藤、二〇一二、一八六—二〇四頁。

（14）Kimpel, 1977.

（15）一九世紀以来、アン・デリのシャフトは圧縮しないため相当な圧力に耐えられるという見解が示される一方、モルタル接合部を多く含む成層積みの組積が圧縮し終えた段階で事後的に挿入される部材であるため構造的有用性はないという説も出されてきた（加藤、二〇一二、一一九—一二二頁）。

（16）Choisy, 1899, vol. 2, p. 274.

（17）Viollet-le-Duc, 1854–1868, t. 9, «tas de charge», p. 7–12; Fitchen, 1961, p. 75–77, 136–138.

（18）Deneux, 1943, p. 244–246. シャルトル大聖堂やアミアン大聖堂の外陣ではこの方法が知られていなかったのか、飛梁は柱頭の位置に合わせられている（Deneux, 1943, p. 247）。

（19）Martin, 1965, p. 155ff; Malacrino, 2010, p. 106–108. ただし、柱を構成するドラム形石材の間に埋め込まれる太枘は多くが木製であった。

（20）Viollet-le-Duc, 1854–1868, t. 2, «chaînage», p. 398–399.

（21）Brunet, 1928. ただしすべての引張材が建設と同時期であるわけではない。ソワッソンの引張材に用いられている鉄の還元方法を分析したところ、一部は間接法（後述、一五世紀以降の手法）によっているという。ただし中世に一般的だった直接法が用いられている引張材もあることから、新しい材は古い材を交換したものである可能性も高い（Dillmann, 2009, p. 95）。

（22）Decrock, 2009, p. 134.

（23）Lefebvre et L'Héritier, 2014, p. 294. 木と金属を組み合わせることもあった。シャルトル大聖堂袖廊では、ヴォールト内部に建設当初からの木製引張材が埋め込まれており、端部が鉄の金具で固定されていることが判明している（Collomb et al., 2023）。

（24）フランス語でarmatureやchaînageと呼ばれるが、二語の使い分け方は研究者の間で一定していない。É・ルフェーブルによれば、armatureは建物全体の維持を目的とするものであるのに対し、chaînageはある部分に加わる引張力に対抗するために設置されるものである（Lefebvre, 2014, p. 96）。ヴィオレ＝ル＝デュクは、armatureは「組積や小屋組の補強・維持に用いられるあらゆる鉄や木材の組み合わせ」、chaînageは「木の梁、ひとつながりの鉄の鎹、鉄のバーなどのうち、水平方向に壁に埋め込まれて石の構造物がばらばらになったり互いに離れたりするのを防ぐもの」として定義している（Viollet-le-Duc, 1854–1868, t. 1, «armature», p. 461; t. 2, «chaînage», p. 397）。

（25）Viollet-le-Duc, 1854–1868, t. 2, «chaînage», p. 401ff.

（26）L'Héritier, 2023. パリのノートル＝ダム大聖堂の鎹は一九世紀に修復を担ったヴィオレ＝ル＝デュクによって指摘されていたが（Viollet-le-Duc, 1854–1868, t. 2, «chaînage», p. 400）、長らく実証されていなかった。二〇一九年の屋根火災後の系統的な調査により、その存在と年代が確認された。

（27）ヴィオレ＝ル＝デュクによれば最大でも六〇—八〇センチメートル四方の大きさに分割される（Viollet-le-Duc, 1854–1868, t. 1, «armature», p. 463）。

（28）Taupin, 1996, p. 20.

（29）L'Héritier, 2016, note 14. 方立や支柱を挟む鉄桟の二か所に電流を流す実験によりある程度調査が可能だが、鉄桟の切断や錆により確実な調査が困難なことがある。（L'Héritier, 2009, p. 62）。ル・マン大聖堂の袖廊では鉄桟は方立を貫いてはいるが、ベイごとに独立しているという（Taupin, 1996, p. 22）。

（30）Benoit, 2009a, p. 56. 対して、レリティエは各ベイで独立していれば補強鎖としての役割はなかったと考える（L'Héritier, 2016, note 14）。

（31）Taupin, 1996, p. 21.

（32）これらの鉄のバーのうち、一部のものは一三世紀のヴォールト崩落前か直後の工事に属するものであることが確認されている。一方で間接法により精錬されたとみられる材もあることから、中世以降に交換あるいは増設されたものも含まれている（Dillmann, 2009, p. 99–102; Leroy et al., 2015, p. 199–200）。

（33）Taupin, 1996, p. 24.

（34）Lefebvre, 2014, p. 183.

（35）J-F・ベローストによれば水力ハンマーの導入によりそれまでの一〇キログラム程度から五〇キログラム以上の重さの鉄材まで製造できるようになったとみられる（Belhoste, 1996, p. 11. Cf. Benoit, 2009b, p. 78–79）。

（36）当時の文献中では、一一三五年、アルノー・ボヌヴァルという人物によって初めて言及されている（Lefebvre, 2014, p. 13）。

（37）Lefebvre, 2014, p. 18; Dillmann, 2009, p. 93–95. 鉄材中の炭素やリンの含有量を分析することで、その材が直接法と間接法のいずれの方法で精錬されたかを見極めることができる。

（38）Benoit, 2009a, p. 52.

（39）H型鉛線に関してはKayser（2012, p. 170 ff）を参照。

（40）Benoit, 2009a, p. 57.

（41）Timbert, 2009.

（42）Timbert, 2009, p. 114–116.

（43）Tricoit, 2009, p. 156.

（44）Lefebvre, 2014, p. 172; Lefebvre, 2011, p. 119.

（45）M・レリティエによる研究に基づく（Lefebvre, 2011, p. 116）。

（46）Lefebvre et L'Héritier, 2014, p. 296, 301.

（47）Lefebvre et L'Héritier, 2014, p. 306.

(48) Benoit, 2014, p. 324. 一八三六年の火災により鉛の屋根は失われた。現在の屋根は銅製である。
(49) マーク、一九八三、四〇—四一頁。
(50) Lefebvre, 2014, p. 142.
(51) Lefebvre, 2011.
(52) Tricoit, 2011, p. 246.
(53) Lefebvre, 2014, p. 113, 174.
(54) L'Héritier, 2007, p. 180. ただしベイ端部の小円柱は支柱と一体の成層積みで実現されているため、太枘もない。
(55) L'Héritier, 2007, p. 168.
(56) Aumard et al., 2011, p. 359. ここで想定されているように太枘一個につき約一キログラムであれば、総量で四〇〇キログラム近い太枘がトリフォリウムに使われていることになる。
(57) クリアストーリーのトレーサリーの組み立てにも太枘が用いられることがあった（Viollet-le-Duc, 1854–1868, t. 6, «meneau», p. 318–320, fig. 1）。
(58) 中には縦方向につなげられるものもあるが（Lefebvre, 2014, p. 113）、トリフォリウム内では稀である。
(59) Reveyron, 2005, p. 278–279.
(60) Lefebvre et L'Héritier, 2014, p. 301.
(61) 補強鎖の存在は、一九六二年以来たびたび言及されてきたが、M・レリティエはより詳細な調査に基づき、補強鎖の施工のタイミングや順番、補強の目的等を分析した（Branner, 1989, p. 84; Ferauge et Mignerey, 1996, p. 136ff; L'Héritier, 2016, p. 452ff）。
(62) L'Héritier, 2016, p. 458. なお、オーセール大聖堂でも古い外陣が新しい内陣を支えており、古い外陣を取り壊した際に内陣に不均衡が生じたと推測されている。そこでトリフォリウムの通路を埋める、大アーケードの支柱を再建する、控え壁を強化するなどの処置がなされた（Titus, 1988, p. 55）。
(63) Lefebvre, 2014, p. 174.
(64) L'Héritier, 2007, p. 441.
(65) Decrock, 2009, p. 136.
(66) レリティエの調査によれば、トロワ大聖堂の場合、袖廊のバーは同一ベイ内でも不連続で、外陣のバーは同一ベイ内では連続している可能性があるがベイ間の連続はなさそうである。ルーアンのサン゠トゥアンでも同一ベイの内部では連続とみられる（L'Héritier, 2007, p. 438, 677–679）。
(67) L'Héritier, 2007, p. 680–683. トゥール大聖堂の内陣（一二四一年頃）と外陣（一四世紀）、ボーヴェ大聖堂の内陣直線部、セー大聖堂の内陣（一二七〇年頃）、ルーアンのサン゠トゥアン修道院聖堂（一三一八年頃）、メッス大聖堂の内陣直線部、ヴァンドームのラ・トリニテ修道院聖堂（一四世紀）、エヴルー大聖堂の内陣と袖廊（一五世紀）、トロワ大聖堂の外陣と袖廊西側（一五世紀）など。
(68) L'Héritier, 2007, p. 683, tableau 117.
(69) レリティエとタンベールは、これらのバーがトリフォリウムに使われることによって、同じように鉄のバーで補強されているクリアストーリーとの視覚的な連続性の強化に寄与したのではないかと述べる（L'Héritier et Timbert,

2015, p. 174–175)。
(70) Lefebvre, 2014, p. 120.
(71) Schreiber, 1997, fig. 67.
(72) Aumard et al., 2011.
(73) L'Héritier, 2007, p. 268.
(74) L'Héritier, 2007, p. 171; Timbert, 2009, p. 115.
(75) L'Héritier, 2007, p. 180.
(76) Lefebvre, 2009.
(77) 枘と枘穴の向きからして、交差部の柱から遠ざかる向きに施工が進んだとルフェーブルは分析している（Lefebvre, 2009, p. 144)。
(78) 袖廊はファサードを除く。外陣北側と北袖廊は調査できなかったが、存在する可能性がある。
(79) トリコワによればおそらく一九世紀（Tricoit, 2011, p. 245)。
(80) L'Héritier, 2009, p. 65–66; L'Héritier, 2007, p. 413–414.
(81) Roze, 2014, p. 203; Flipo, 1928, p. 80–82.

第4章　ゴシックの建設現場

本章で検討するのは、施工段階の現場の様相と、建設の進行についてである。ゴシック聖堂建築の建設工事はどのような手順で進められたのだろうか。更地ではなく先行する建物のある敷地に、古い建物を囲むように、あるいは古い構造物に接続するように着工しなければならないことも多かった。建てている間も、毎週のミサや葬式を必要とする人々がいる。長い時間がかかることは承知のうえで、少しずつ建て、「使用可能な」部分を増やしていった。

本章前半で足場について述べ、後半では建設中に加えられたトリフォリウムのディテールの変化などをもとに、工事の進め方や建設中の聖堂の様子を復元的に検討する。

1　宙に浮いた足場

仮設の足場と万年足場

現在も建物の新築や修復となれば（主として鉄骨の）足場が現場全体に張り巡らされる。中世の足場は、鉄骨ではなく木製である点や、規模もさほど大きくなく建設の進行に応じて適宜移動させながら使ったという点で現代のそれとはもちろん異なっているが、垂直材と水平材、筋交いなどからなる骨組みと、作業場となる水平な板材（あるいは頑丈な網のようなもの）を用いるという点では変わりない（図4－1）。研究も比較的進んでいる[1]。写本やステンドグラスには例えばしばしばバベルの塔の建設風景が描かれるが、それらは旧約聖書の時代の建設現場ではなく図像の描かれた中世の現場を反映しているのである。図2－2や図2－3でも、当時現場に隣接して建っていた作業小屋が描かれていた。

もちろん、足場を使わずに建てられるに越したことはない。高いところの通行場所、例えばトリフォリウムの通路は恒久的な「万年足場」として使うことができた[2]。木製の仮設足場はいかに豊かな経験に基づいて組まれたとしても崩壊の危険性をはらんでおり、人身事故の記録も残されている[3]。その点、トリフォリウムが比較的安全な通行場所として機能したことは容易に想像がつく。確実に安全とはいえないにしても、足元が崩れる心配は薄い。ただし通路は狭いので、職人が道具を携えて単身で移動したり、籠に入れたモルタルを運んだりする程度ならともかく、例えば通路の内部を二人がかりで石材を抱えて運搬することは困難と想像される。

通行場所・作業場所として好都合だったのは、トリフォリウムよりもむしろその背後の屋根裏空間だっただろう。側廊の屋根裏は、アミアン大聖堂の外陣のようにヴォールトの盛り上がった外輪がそのまま露出していることもあれば、サン＝カンタンの参事会聖堂の内陣のように平らにならしてあることもあり、後者の場合はとくに通行や作業に便利だったと考えられる。実際、サン＝カンタンではトリフォリウムの背後の壁の屋根裏側に中世のものと思わしき落書きの痕跡がある（第2章）。また、バイユー大聖堂の周歩廊の屋根裏は一三世紀以来、図面の作図場として活用されていたという[4]。屋根裏は、適切に整備すれば広さの点でも安全性の点でも使い勝手のよい通行場所や作業場所になりうる。工事の進行に伴って建設される螺旋階段で容易にアクセスすることができ、建設中のみならず建設後も使用可能である。

とはいえこれらの「万年足場」だけで建物全体の工事に足りるわけではなく、木製の仮設足場は中世の建設現場に不可欠であった。

壁に固定された横材

板や棒材からなる木製の足場は、独立した構造物として地上から立ち上げられただけでなく、必要に応じて建設中の建物の組積に寄りかかるように設置されたり、片持ち梁式に組積に固定されることで壁の上部に寄生するように設置されたりしたことが知られている[5]（図4-2）。木組用の木材の節約[6]に加え、上階のみで仮設木組を支えられれば地上階は自由に使えるため、それだけ早く礼拝を再開できるという利点があったといわれる[7]。

人がその上で作業する足場は十分安定している必要があり、人が歩き回ったり資材を一時的に積んでおいたりできるだけの広さと強度を備えていることが前提になる。**図4-2**をみると、建物上部で作業にあたる三人の職人は五本の横材に支持された板の上に立っている。壁面の下部には、横材を差し込んでいたと思われる四角い穴（「横材用の穴」）が残されている。横材を適切な方法で穴に固定することによって、足場は壁の高いところで安定させることができた。そのような穴はしばしば遺構にも観察することができ、意識して探さなければあまり目につかなくても探し

図4-1　コンテ・カルロ・ラシニオ《バベルの塔》（部分，1812年）
ピサのカンポサントの壁画（1468-1485年）の複製画.

図4-2　壁に寄生するように設けられた足場（1460-1470年）
足場は穴に差し込まれた横材と板材から構成されている.

始めると無数に見つかることもある。今日の修復現場では一般に鉄骨造の足場が用いられ、広範囲に及ぶ工事では壁面全体を覆うような大がかりな足場も珍しくない（二〇一九年のパリ・ノートル＝ダム大聖堂の屋根火災後の修復現場はまさに「鉄の大聖堂」の観を呈していた）が、一九六〇年頃までは依然として木製の足場が使われていた。[8] 一九世紀の修復工事では、既存の横材用の穴が修復工事の足場の固定に利用されることもあったようだ。[9]

さらにこの図に描かれた横材の位置をよくみると、四列ある横材（ないし横材用の穴）のうち二列は突出したコーニスのすぐ上にあることがわかる。コーニスは水平線の目安をつけやすいだけでなく、壁から突出しているため、軽い横材や斜め材を支えることができた。アバクスの上面にもアーチの仮枠が固定されることがあった。

トリフォリウムも、奥行きのある水平なスペースとして、足場や型枠の設置に適していたと思われる。立面の中間に位置し、高所の建設作業のための足場をかけるにはもってこいの高さにある。[10] 残念ながら、壁内通路を描いた中世の図像が非常に少ないこともあって、そのような模様を描いた図像は管見の限りない。しかし、一九世紀から二〇世紀に行われた歴史的建造物の修復工事の図面や写真には、トリフォリウムにも足場を固定していた様子が記録されており、その例は枚挙に暇がないほどである。[11]

近代の修復工事の図面や写真からは、木材はいくつかの方法でトリフォリウム内に固定されたということがわかる。中でも、通路の床に横材や斜め材を支持させている例（図4-3）と、背後の壁に横材を差し込んで固定している例が多くみられる。これらは単独でトリフォリウムの床や背後の壁に固定されるだけでなく、通路内部に組まれた木組と一体化されることもあったようだ。[12] 一九〇三年に描かれたディジョンのサン＝ベニーニュ修道院聖堂の図面（図4-4）では、ヴォールトの型枠を支える横材が、クリアストーリーの通路に沿って置かれた水平材に接続されている。さらにトリフォリウムのアーケードの立ち上がり部分にも横材を支持させているようにみえる。

図 4－3　ソワッソン大聖堂外陣，1918 年の爆撃後の修復
足場の木組の斜め材がトリフォリウムに固定されている．

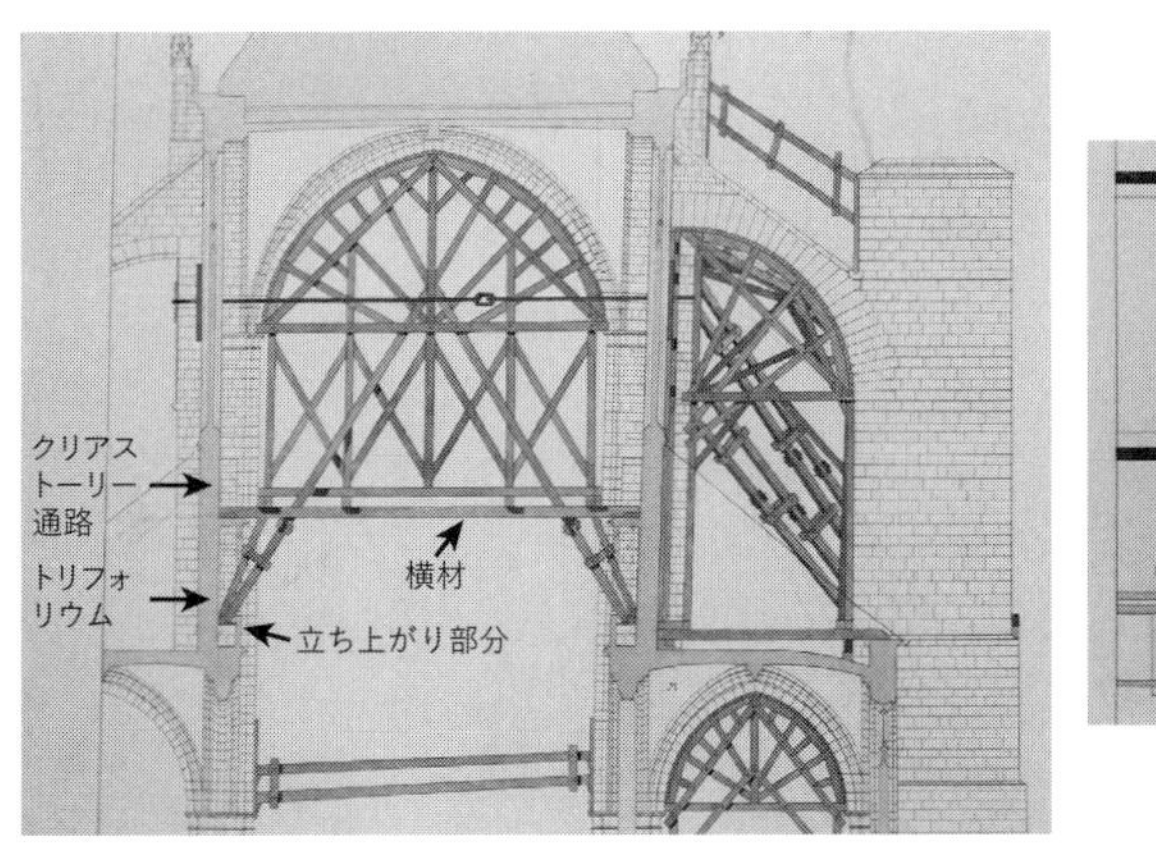

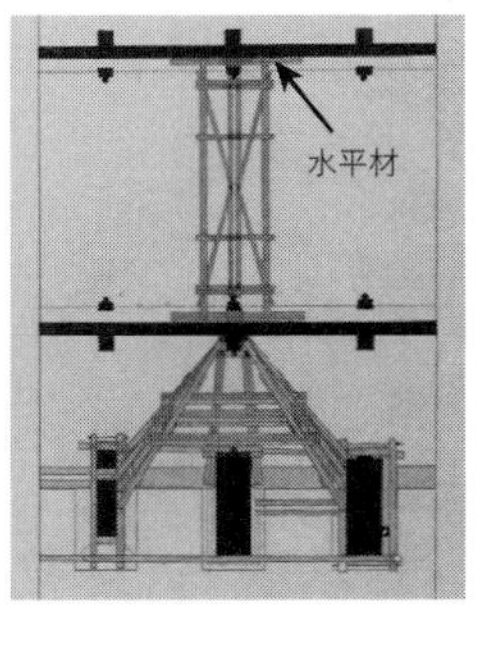

図 4－4　ディジョンのサン＝ベニーニュ修道院聖堂外陣，ヴォールトと控え壁の修復に際して設置された木組の全体図（左）とクリアストーリー階平面図（右，1903 年）
クリアストーリーとトリフォリウムの 2 つの通路に横材と斜め材が固定されている．

2　トリフォリウムに残る足場固定の痕跡

現在トリフォリウムの背後の壁に残されているいくつかの横材用の穴は、実際にこれらの図面や写真のようにトリフォリウムが足場支持に使われたことを示唆している。ジュジエの聖堂の内陣（一一七五年頃。図4－6・図4－7）や、ラン大聖堂の袖廊西側と外陣[13]（一一八五年頃）、ランス大聖堂[14]（一二一一年着工。図4－5）では、横材用の穴が背後の壁の床すれすれの位置にある。横材が床の上でも支えられるため、穴だけで支えられるよりも安定させることができたのであろう。横材の支点から穴までの距離が長くなるからである。

穴の位置は、ラン大聖堂の外陣の場合、半数以上の穴は石材の隅角部にあり、石材の加工の段階で設けられた可能性が高い。一方ランスでは、暗さや障害物のためトリフォリウムの床付近の組積のモルタル接合部を確認できなかったものが多いが、いくつかの穴は垂直接合部の真ん中にあるようにみえる。このような場合、背後の壁を建設した後に穴が削られた可能性も否定できない。加工の煩雑さを避けるため、ほとんどの穴はブロックの隅角部か縁に沿って設けられるからだ[15]。

なお、ジュジエではトリフォリウムのアーケードに立ち上がり部分があり、アーケード建設後は穴がその陰に隠れてしまう（図4－7）ため、アーケードを建設する前の段階でのみ役割を果たしたのであろう。

欄干等による横材の支持

穴がトリフォリウムの床付近ではなく欄干や立ち上がり部分とほぼ同じ高さにある事例も複数見つかっている。N・ルヴェロンとD・アンキエはそれぞれリヨンのサン＝ニジエ聖堂の内陣（図4－8）とサン＝ルー＝デスラン修道院聖堂の外陣に関して、穴に差し込まれた横材が欄干や立ち上がり部分の上で支えられた可能性を指摘した[16]。リヨ

図 4－5　ランス大聖堂外陣，背後の壁の床すれすれの位置にある横材用の穴

図 4－7　ジュジエの聖堂内陣，トリフォリウム内部
横材用の穴は立ち上がり部分の背後に隠れている．

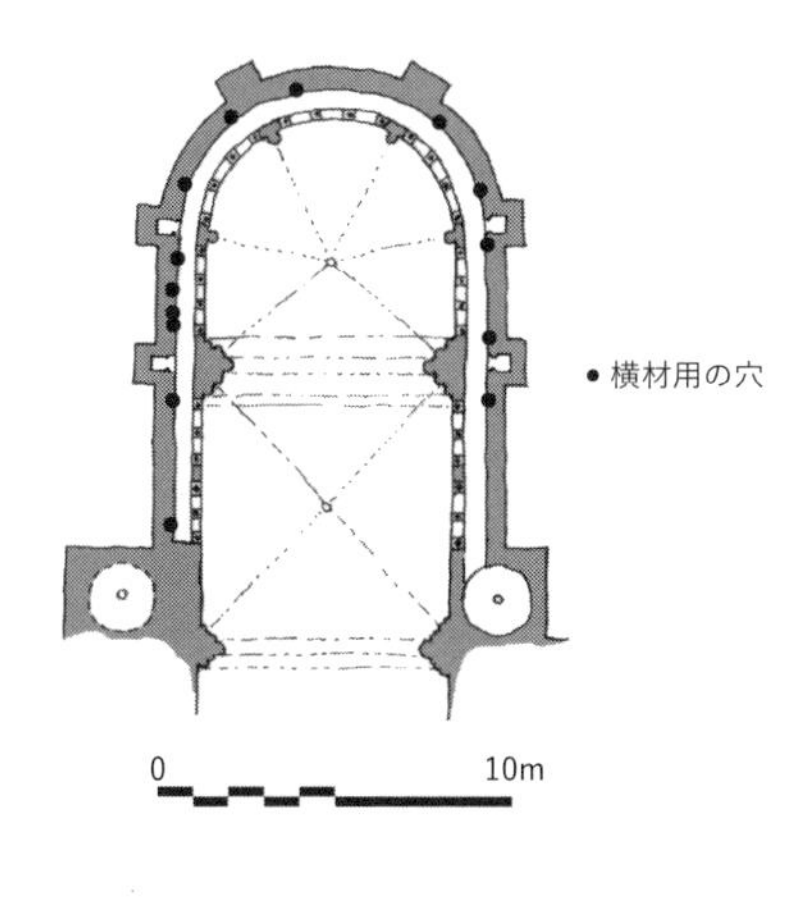

図 4－6　ジュジエの聖堂内陣，トリフォリウム階平面図
背後の壁にある横材用の穴の位置を示す．

図4－8　リヨンのサン＝ニジエ聖堂内陣
背後の壁に設けられた横材用の穴は欄干とほぼ同じ高さにある．

ンのサン＝ニジエでは北袖廊の二か所の通路（外部でバラ窓の足元を通る通路と内部のトリフォリウム）の欄干の位置にも横材用の穴があるが、ルヴェロンは横材に渡された板の上に梯子を設置してバラ窓のトレーサリーの組み立て作業が行われたのではないかと述べている。[17]

筆者は同様の例として、ボーヴェ大聖堂、ソワッソン大聖堂、アミアン大聖堂の外陣、そしてシャロン＝シュル＝ソーヌ大聖堂の内陣と外陣のクリアストーリー階通路のもの（図5－3参照）を確認した。ボーヴェ大聖堂のものは、穴の形状が不規則なことから、建設後に設けられた可能性が高い。シャロン＝シュル＝ソーヌの内陣の穴も建設後に穿たれたものだ（欄干は一四世紀に付加されたもので、建設当初はなかったうえ、[18]穴がしばしば石材の真ん中にあるからである[19]）。同じ建物の外陣では、穴は石材の上縁部にあり形状も規則的であるため、石切の段階でつくられたと考えてよさそうである。

ディジョンのサン＝ベニーニュの外陣（図1－49参照）では、横材用の穴が石に切り込みを入れることによって設けられるのではなく、トリフォリウムの背後の壁の組積を立ち上げる際に四角い空隙を残すようにして設けられている。[20]穴の高さは必然的に石積み一段分と同じ高さになり、サン＝ベニーニュでは一五センチメートル程度である。この穴は建設と同時期に属すると考えてよかろう。ただし、立ち上がり部分の高さは横材用の穴の位置より一五センチメートル程度低く、立ち上がり部分の上端に布や板などが設置されて石材が保護されたという可能性が考えられる。立ち上がり部分の上端にはかなり大きな負荷がかかるため、横材との摩擦によって建設したばかりの石材を傷めないよう、何らかの緩衝材が間に置かれることは合理的な処置といえる。シャロン＝シュル＝ソーヌやアミアン、サン＝

ルー＝デスランでも、穴の下端が欄干や立ち上がり部分の上端よりも数センチメートル程度高い位置にあることが確認されている。[21]

穴の大きさは、ランス大聖堂で測定したところ一二センチメートル（幅）×一六センチメートル（高さ）程度のものから各辺その倍以上に達するものまでばらつきがあり、顕著な規則性は認められなかった。一方、シャロン＝シュル＝ソーヌ大聖堂では外陣・内陣とも一貫して約一二センチメートル四方の正方形に近い形状であった。

安定性の検討

ところで、トリフォリウムの背後の壁の穴に差し込まれた横材は、足場として必要な安定性が確保されるのだろうか。つまり、横材に水平の板材をかけ渡し、その上に作業員や少量の建設資材を積載したとしても、荷重によって横材が回転したり、横材が固定されている壁が崩れたりすることはないのだろうか。本節を終える前に、その安全性を確認しておきたい。

まず、トリフォリウム等のないプレーンな壁体に差し込まれた横材に働く力について、C・ル・バリエが示した計算法を確認したい。彼は一定の厚みをもつ壁体に差し込まれた横材に働く力のモーメントの計算法を提示している[22]（図4－9a）。

支点Oを中心とする一様で剛な棒に働く力F_1とF_2の釣り合いを考える（なお、ここでは実際の足場架構で横材を支えている垂直材や、板材によって他の横材へと分散される荷重などは捨象されている）。

F_1には、横材の自重、上に渡された板材の荷重、職人の荷重（静止時に比べて、移動時や跳躍時に横材に及ぼされる荷重は著しく大きくなる）、足場上に置かれた石材やモルタル等の建設資材の荷重などが含まれる。モーメント$F_1 \times L_1$は各荷重（fn）とそのOからの距離（ln）の積の総和（$=\Sigma fn\, ln$）である。

一方F_2のOからの距離L_2は、Oからトンネル状の穴に差し込まれた横材の端部までの長さである。というのも、

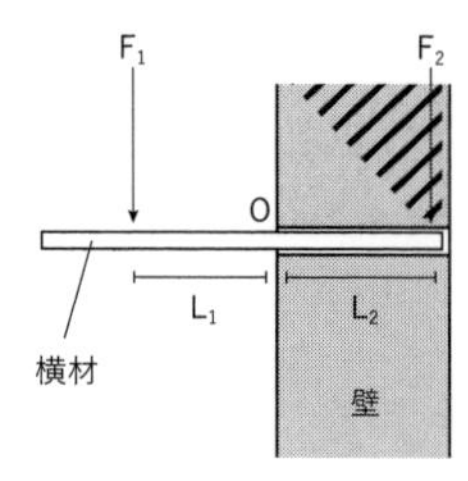

a．プレーンな壁に固定された場合

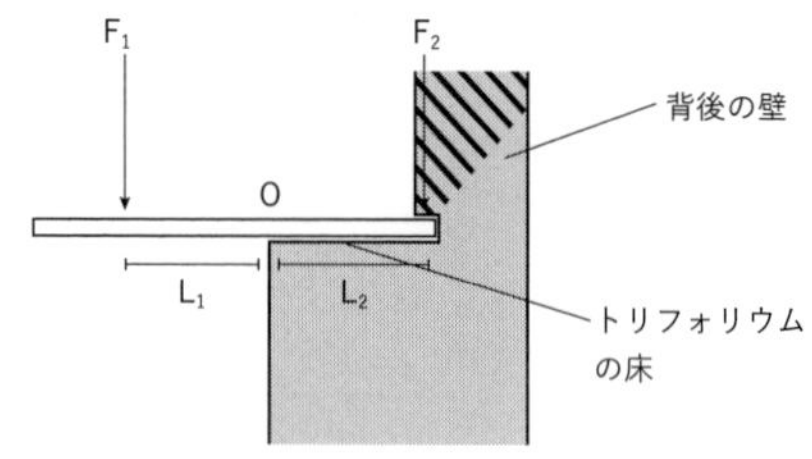

b．トリフォリウムの背後の壁に固定された場合

図4－9　壁に固定された横材に働く力

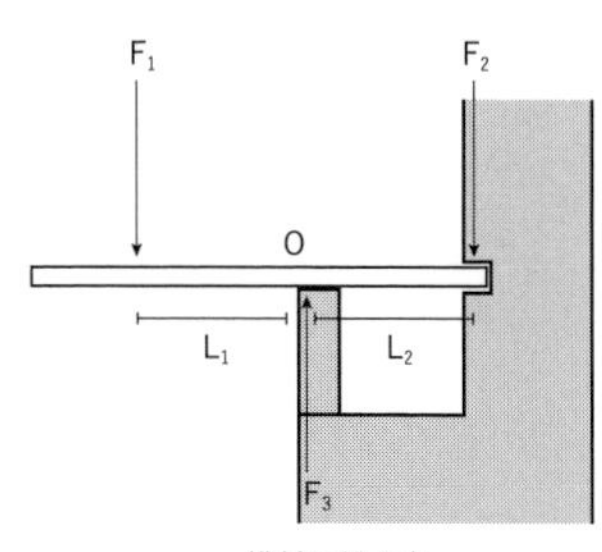

a．横材に働く力

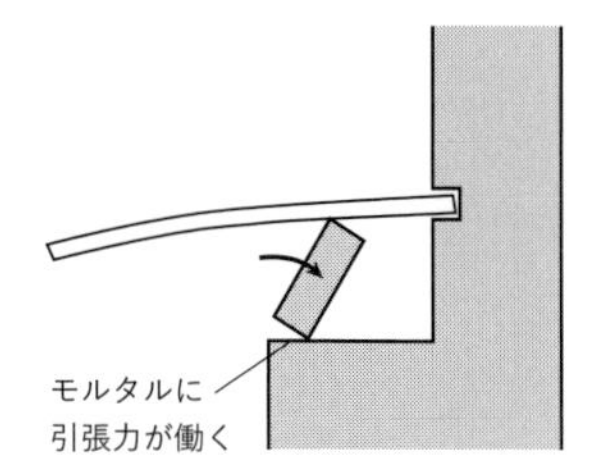

b．横材に過大な荷重がかかった場合に欄干が倒れる危険性

図4－10　欄干を支点として固定した場合

横材は組積と接着され完全に一体になっているのではなく、後で横材を取り外して再利用できるよう、穴に差し込まれているだけだからである。F_1によって横材はわずかに傾き、横材の端部が穴の内壁上面に接触することでF_2が横材に及ぼされる。Oは十分強固であると仮定されているので、F_2の値は、$F_1 \times L_1$に対応して大きくなる。その最大値F_{2Max}は上に積まれている組積の重量によって変動する。ル・バリエによれば、計算上、接触面を頂点とする逆四角錐に含まれる部分の組積が穴の上に荷重を及ぼすのに有効とされる（図4－9aの斜線部分）。例えば密度二・五トン毎立方メートルの組積が五〇センチメートルの高さにわたって穴の上に積まれている場合のF_{2Max}は約〇・七五トンである。[23] $F_1 \times L_1$が四六〇キログラム・メートル（kgm）程度[24]の場合、L_2が一メートル程度確保されていれば、つまり一メートルの厚みの壁を貫くように穴が開けられていれば、$F_1 \times L_1 < F_{2Max} \times L_2$となるので、一応安定は保たれる計算になる。以上がル・バリエの示した計算法である。

続いて、上の計算で想定したものと同等程度の荷重を、トリフォリウムの背後の壁の穴に固定された横材で支えることを考える（図4－9b）。Oはトリフォリウムの床の縁に相当するため、L_2はトリフォリウムの通路の幅（小円柱を無視した通路の幅）におおよそ一致する。背後の壁は四〇センチメートル程度の厚みしかないため、上で検討したのと同程度の$F_1 \times L_1$に耐えるためには、壁をより高く積んでおく必要がある。L_2を八〇センチメートルとすると、背後の壁に約一メートルの高さがあれば先の図4－9aのものと同程度の$F_{2Max} \times L_2$が得られる計算になる。[25] 背後の壁は側廊（ないしトリビューン）のヴォールト側から施工できるので、一メートル程度の高さなら足場や踏み台に頼らなくても十分積み上げることができたであろう。

横材が欄干の上に支持されている場合も基本的にそれに準じて考えることができる（図4－10a）。ただし、ここでは支点Oは必ずしも十分に強固とはいえない。Oすなわち欄干の上面のF_1寄りの点には、F_1とF_2を合計した荷重F_3が働き、欄干全体を回転させようとする。すると欄干とトリフォリウムの床の間のモルタルには引張力が働く。モルタルの引張強度は著しく低いため、大きな荷重がかかると欄干が倒れ、足場が崩れる危険性が高まる（図4－10b）。したがって、このような足場では、F_1やL_1が小さい作業のみを行うか、横材を身廊側で適宜垂直材等によって支えることも必要だと考えられる。

3　部材の引き上げと運搬

足場を設置したら、石材を上部まで引き上げることを考えなければならない。同じ一本の円柱でも、その運搬方法は多様であっただろう。先の図4－2では滑車のついた巻き上げ機を使って地上から桶のようなものを引き上げていた。[26] 第2章で確認したようにノワイヨン大聖堂の小円柱の柱身でも五〇キログラム程度あったと思われるので、よほど小さな柱頭や迫石以外の石材は基本的に素手で持ち運ぶのは難しかったと想像される。

器械で引き上げる際は、縄に石材を固定する必要がある。ノワイヨン大聖堂の袖廊のトリフォリウムの床（図4－11）

図4－11　ノワイヨン大聖堂南袖廊，トリフォリウムの床・吊り楔の穴
写真上には金属材（フック？）を設置していたと思われる縦長の溝．

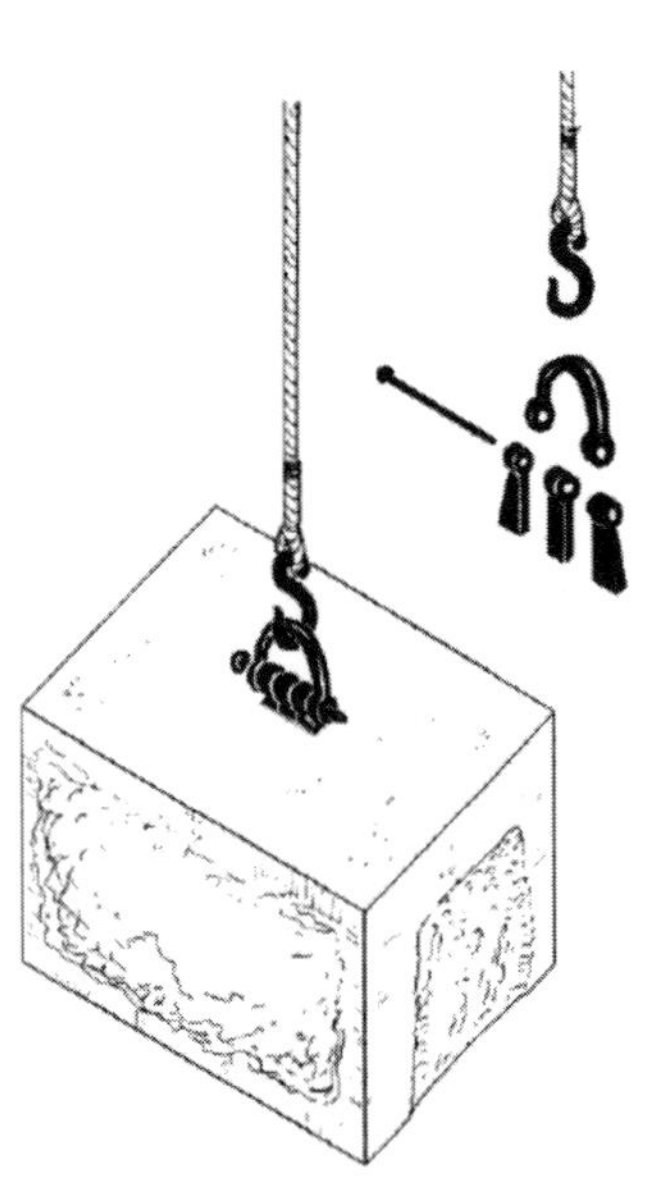

図4－12　吊り楔

には、長さ一〇センチメートルほどの楕円形の穴が散見される。楕円の向きはまちまちで、すべての石材にみられるわけではなく、いくつかは小円柱の下に隠されていると思われる。これは、「吊り楔」と呼ばれる金属の道具を使って石材を持ち上げた際の痕跡とみてほぼ間違いない。吊り楔は一般に二枚か三枚の金属片を上部で束ねたもので、石材に穿ったくぼみの中に差し込んで上から吊り上げると、金属片が開いて石材の中に引っかかる仕組みになっている（図4－12）。吊り楔は古代から使用されていた道具で、古代ローマ建築の石材には吊り楔の穴が頻繁に見受けられるが[27]、中世にも使われていた。コルマールのサン＝マルタン聖堂の周歩廊のステンドグラス（一四世紀前半）には、吊り楔を使って石を持ち上げている様子が示されている。[28]しかし、吊り楔を描いた図像は多くなく、石をはさんで持ち上げる道具（ピンチ。図2－2に描かれている）に比べて圧倒的に少ない。[29]実際、中世以降の建築には吊り楔の痕跡が残る石材は多くない。[30]

吊り楔を使わない場合、石材はピンチに固定するか、筵（むしろ）や籠に載せるかして、器械で持ち上げられたのであろう。一四、一五世紀には吊り楔は使われず、もっぱらピンチや籠しか使われていなかったという。[31]器械を用いない場合は、足場に設けられた緩やかな斜面を人力で、あるいは動物の力を借りて上らせたと考えられ、石材を持ち運ぶのに台や籠、車輪つきの入れ物などの道具が使われたと思われる。[32]

4　工事の進行と中断

「枠」と「インフィル」

第1章でみたディジョンのサン＝ベニーニュ修道院聖堂のトリフォリウムでは、支柱（ピア）に隣接する壁面の石積みが不規則だった（図1－49参照）。これは、支柱が建設された後にその間の壁面が建てられたということを示している。

これはゴシック期、ベイを区切る支柱が付柱として取りついている壁を建設する際にしばしば採用された手法である。側廊の腰壁でも、付柱が壁部分よりある程度先行して建設され、モルタルがある程度安定した後で柱の間の壁部分が建設されることがあった。[33]「枠」となる支柱から「インフィル」へと工事が進む。前章で詳しく論じたゴシックの柱優位性にも通じる施工法といえよう。[34]

トリフォリウムにおいても、支柱の石積みと一体化しているベイ端部の小円柱は、当然支柱と同時に建て

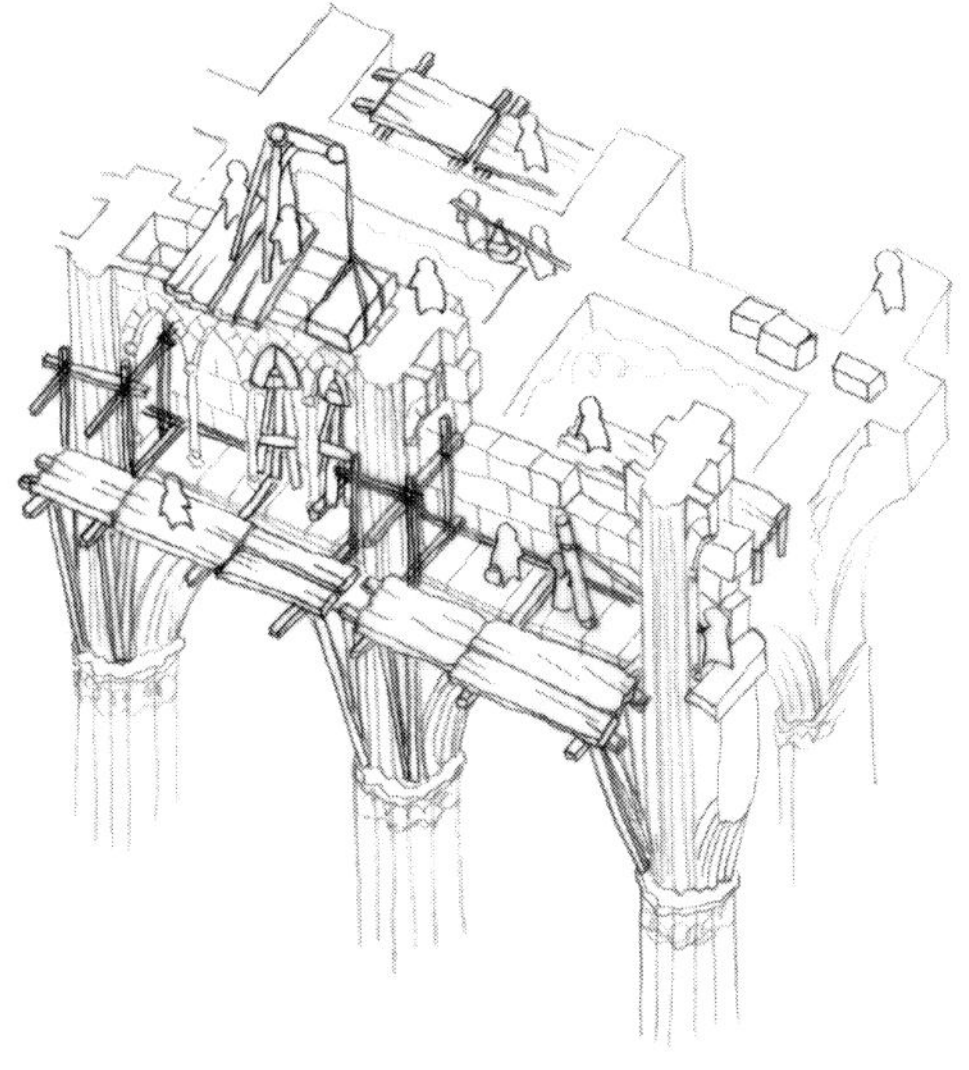

図4－13　トリフォリウムの建設
支柱部分を先行して積み上げ，背後の壁，アーケード，天井部へと工事が進む．

られた（図4－13）。「インフィル」である薄い二枚の壁の建設作業は煩雑であったと思われるが、仮枠やずれ防止の金属材などの助けも借りつつ、身廊側に組んだ足場や側廊のヴォールトの上（屋根裏になる部分）から石を運び上げて施工したのだろう。

アーケードのアーチが通常の迫石ではなくパネル状の板石でできていれば、アーチ建設のための仮枠を省くことができる。もちろん、迫石のないアーチでも施工時に何らかの支えを必要とした可能性はあるが、アーチ形の仮枠より簡易な（おそらくアーチのスパンに依存しない形状の）支えで済んだはずである。

トレーサリーのアーケードも「枠」と「インフィル」で施工できることがあった。サン＝ドニ修道院聖堂（一二三一年改築。図1－37参照）のトリフォリウムに関してM・トリコワが提示したプロセスによれば[35]、まずトレーサリーの外枠である四連アーチを施工する。部材は通常の尖頭アーチを左右半分に分割した半アーチにトレーサリーの一部が一体化したもので、仮枠なしで施工できる。それから、「インフィル」つまり小円柱とトレーサリー部材が施工された。なお、最後のトレーサリー部材はすでに施工された石同士の隙間に滑り込ませるようにはめ込まれるため、「引き出し式の建設」[36]と呼ばれる。アミアン大聖堂のトリフォリウムのタンパンも引き出し式に建設されたと思われる[37]（図4－14）。とくに袖廊の一部のベイではトレーサリーの外枠が上部のアーチの尖頭形と合致しておらず、曲線が不器用にずれている[38]（図4－15）。この現象は、トレーサリーが引き出し式に後からはめ込まれたことを示唆している。

クリアストーリー等の窓面のトレーサリーが周辺の壁体より後の段階ではめ込まれたとする主張は、ヴィオレ＝ル＝デュク以来繰り返されてきた[39]。利点として、構造体から「インフィル」たるトレーサリーを分離することによって修繕や交換が容易になること、構造体の施工中にトレーサリーを破損する危険性を避けられることが挙げられる。実際には、トレーサリーの外枠の外輪が凸状断面をもつ場合等、同時建設されるトレーサリーもあったということが指摘されているが[40]、その場合も、サン＝ドニのトリフォリウムのように外枠のみ同時建設し、内側を後から施工する可能性は残されている。

図 4－14　アミアン大聖堂外陣，トリフォリウムの引き出し式の建設
外側の「枠」を組んでから内側の「インフィル」をはめ込んだと思われる．

図 4－15　アミアン大聖堂南袖廊，東側のトリフォリウム
トレーサリーの外枠とアーチの曲線のずれ．

図 4－16　モー大聖堂内陣，トリフォリウムの施工
四角いトレーサリーのアーケードができあがるまで，天井の板石は設置できない．

一方で、あらゆるトレーサリーが後で施工されたとはいえない。モー大聖堂の内陣（一二五三年着工。図4-16）やクレシー=ラ=シャペル参事会聖堂の外陣（一四二八年献堂）、アブヴィルのサン=ヴルフラン参事会聖堂の外陣（一四八八年着工）のようにトリフォリウムのアーケード全面がトレーサリーの場合（つまりアーチの外枠がない四角いトレーサリーの場合）、トレーサリー全体を組まなければトリフォリウムの天井が支持できず、クリアストーリーの施工ができないように思われる。たしかにトレーサリーは周囲の組積から独立した部材でできており、部材の加工は周辺の壁体と別に（プレファブリケーションで）なされた可能性が考えられるが、施工は同時であっただろう。[41]

未完の聖堂たち

中世の聖堂は長い時間をかけて建てられた、というとき決まって思い浮かべられるのは一三世紀に着工して一九世紀に完成したドイツのケルン大聖堂であるが、もちろん六〇〇年もの期間この大聖堂に職人たちが居座り続けて細々と作業を続けていたわけではなく、工事中断の期間があまりに長期に及んだためにそれほどの時間がかかったのだった。フランスでも、ナントやクレルモン=フェランの大聖堂がケルン同様一九世紀に完成されている。中断期間の長短はあれど、中世の聖堂は建設の中断と再開を繰り返しながら徐々にできあがっていくのが常であった。その「できあがり」も曖昧で、献堂式というひとつの目安はあるがそれも建物の一部ができた段階で行われることもある。本書の冒頭に掲げた、セイマーによるノワイヨン大聖堂の平面図にも示されているように、献堂後も増改築はやむことがなかった。

ケルン大聖堂は内陣が一三二二年の献堂後に仮の壁で閉じられ、続いて西正面側の低層部が建設されたが、一六世紀に中断され、以後三〇〇年以上工事の再開を待つことになった（図4-17）。

四八メートルのそびえ立つような天井高で知られるボーヴェ大聖堂も、内陣と袖廊まで建設されたところで工事が進まなくなった。[42]西側にはカロリング期のバス=ウーヴルと呼ばれる古い聖堂が一部残されたまま今日に至っている

（図4－18）。

ケルンやボーヴェは完成した内陣の全体を仮の壁で閉じる「垂直の」中断事例であるが、低層部だけがつくられたあと仮の屋根をかける「水平の」中断もある。

トリフォリウムの平らな床は「万年足場」として好都合なだけでなく、立面の中間地点に確固とした水平面を設けることで上層部の建設の基準となる区切りを提供できた。地上から上層部まで一挙に建設することができないような場合、しばしばトリフォリウムの床レヴェル（つまり大アーケードの上端）でいったん工事が中断されるのもこのような理由によるのだろう。

図4－17　ケルン大聖堂，1820年頃の様子（Theodor Verhas の絵に基づく Henry Winkles の版画）

図4－18　ボーヴェ大聖堂，ゴシック期の建設部分を閉じる壁とバス＝ウーヴル（手前）

図4－19　メッス大聖堂，建設途中の様子を示す復元図（A. ヴィルによる）

大アーケードの建設後しばしの中断をはさみ、工期を改めてトリフォリウムとクリアストーリーを建設したケースは多数知られている。地上階が一一〇〇年頃着工し、上層階が中断をはさんで一三世紀後半に建てられたシャルトルのサン＝ピエール聖堂の内陣（図1－33左側参照）では、様式的にみても地上階とその上のレヴェルで建設年代の違いが感じられる。リヨン大聖堂[43]、オーセールのサン＝ジェルマン修道院聖堂の内陣[44]、メッス大聖堂の外陣[45]（図4－19）では、トリフォリウムの足元で仮設の屋根がかけられたと目されている。

ランス大聖堂外陣（一二二一年以降）の西側五ベイのトリフォリウムでは、支柱の組積の背後に各一—三か所、長方形のくぼみ（いくつかはその周りに六本の線が放射している）の奇妙な痕跡がある（図4－20）。長方形の部分には木材が埋め込まれており、放射状の線には鉛が流し込まれているようにみえる。B・ドゥクロックは、これはこの箇所にかつて仮設の屋根が設置されていたことを示す痕跡なのではないかと述べている[46]。たしかに、くぼみは原則として複数の石材にまたがっていないことから、石材同士の結合の役割を果たしていないことは明らかである。逆に、いくつかは複数の石材にまたがっているので、石材を地上から持ち上げるために使われたものでもない。さらに、支柱の組積の下に一部隠れているものもあることから、トリフォリウム階の支柱が建設される前に役割を果たしていたと考えられる。そして、南北でくぼみの位置や向きが対称に配置される傾向にあることから（図4－21）、南北の壁をつなぐ何らかの架構の固定に使われたと考えるのが自然である。もちろんそれが仮設の屋根である確証はない。西側ベイの建設中、一二世紀のファサードが壊されないまま残されていたはずで、ファサードを取り壊すために必要な足場を設置するのに使われたという可能性も否定できない。

ソワッソン大聖堂の南袖廊（一一七六年頃着工）においても、トリフォリウムの床の縁に近い位置に、木片が埋まった穴が散見される（図4-22）。いくつかはモルタルのようなもので埋められている。床の石材の重心から遠く、時にモルタル接合部にかなり近い位置にもあることから、石材を運び上げるための穴ではなさそうだ。やはり確証はないが、仮設屋根の痕跡である可能性が考えられる。やや遅れて建設された、外陣と内陣に隣接するベイにもあることから、もし仮設の屋根がかけられたとすればこれらのベイの地上階（南袖廊のトリビューンのレヴェル）が完成した後のことであっただろう。

このような仮設屋根に由来すると思われる痕跡がトリフォリウムの床に見つかることは稀で、何らかの痕跡が見つかっても、屋根由来と断定するのは難しいのが実情だ。仮設の屋根に関する推論の多くは様式的断絶や状況証拠、現場の利便性の考慮等に基づくものである。また、トリフォリウムの床よりわずかでも下のレヴェルで工事が中断した場合は当然、床に屋根の痕跡が残ることはない[47]。

トリフォリウムの足元で工事が中断される理由は、トリフォリウムの床の水平面が屋根の固定に適しているという点に加え、ある程度の高さをもつ大アーケードさえ建ててあれば一応建物として使用可能なため、儀式や典礼の都合で早めに使用を開始したい場合や資金が少なくなってきた場合に中断しやすい切りのいい場所だったということも考えられる。リヨン大聖堂では一二四五年、外陣で大規模な式典が開かれた際にトリフォリウムの高さで仮の屋根がかけられたとみられている[48]。

それに対して、トリフォリウムの上（トリフォリウムの天井レヴェル）で工事が中断した例は皆無ではないが少ない。J・アンシャンの観察によるとソワッソン大聖堂の内陣は一二一二年の使用開始時点でトリフォリウムまで建設されており、そこで仮設の屋根がかけられた[49]。またゴネスのサン＝ピエール聖堂の外陣（一二三五年頃）は現状でクリアストーリーを欠くが、これはクリアストーリーの建設がやむなく断念されたためであり、計画的な中断ではなかった[50]。

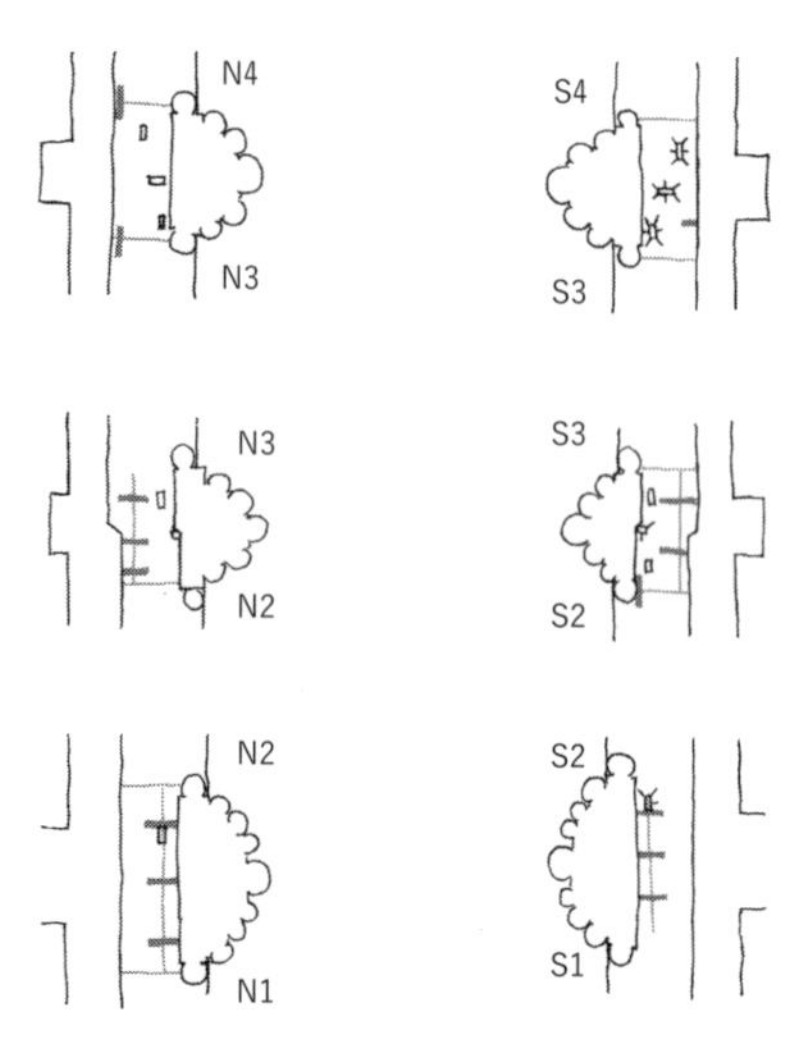

図 4 - 21　支柱と通路の取り合い部分にある長方形のくぼみ，鎹，モルタル接合部

図 4 - 20　ランス大聖堂南側トリフォリウムの床
ベイ 3・ベイ 4 の間にある痕跡.

図 4 - 22　ソワッソン大聖堂南袖廊，トリフォリウムの床に埋まった木材

一方でナルボンヌ大聖堂内陣（一二七二年着工）ではトリフォリウムの上に工期の切れ目があり、クリアストーリーからは石の質が変化している。[51]階の途中で工事が中断することもあり、例えばラニーのノートル＝ダム＝デ＝ザルダン＝エ＝サン＝ピエール旧修道院聖堂[52]（一二〇五年着工）やポン＝トードゥメールのサン＝トゥアン聖堂（一四八六年着工）では、クリアストーリーの半ばの高さまで屋根がかけられ、その後工事が再開することはなかった。

5　新旧の接合――一三世紀のサン＝ドニを例に

スクラップ・アンド・ビルドの建築文化が根強い現代からみれば中世聖堂建築の建設ははるかに複合的な現象であった。ゴシックの時代に建設された聖堂はその多くが先行する時代に建てられた聖堂の改築工事であったし、例えば古い外陣を残して内陣だけを建て直すなど、建物の一部のみ新しくするとき、古い部分に新しい部分をうまく接合しなければならないことも多かった。また古い聖堂の地上階のみ保存し上層部を改築した事例もいくつか知られている。シャロン＝シュル＝ソーヌ大聖堂の内陣（地上階は一二世紀、上層部は一二二〇年頃改築）と外陣[53]（上層部は一三一〇年頃改築。図1－44参照）やヴィエンヌ大聖堂の外陣（地上階は一二世紀、上層階は一四世紀半ばから段階的に改築[54]）などである。こうした新旧の接合は時として舌を巻くほど巧妙になされていることもあるものだ。

「最初のゴシック建築」として知られるサン＝ドニ修道院聖堂の西ファサードブロックと内陣（一一三〇年代着工、一一四四年献堂）も、カロリング期の古い聖堂の一部に注意深く接続させる工事であった。ただ、古い聖堂は現存しないためその工事に関する大部分の情報は修道院長シュジェールの著作を通じてしか知ることはできない。

ここではその一〇〇年後、サン＝ドニのレイヨナン・ゴシック期の改築（一二三一年着工、一二八一年献堂）に焦点を当ててみたい（図4－23・図4－24・図4－25）。この工事ではカロリング期の外陣をほぼ完全に建て直す一方でシュジェール時代の工事のうち内陣周歩廊とファサードブロックを保存し、内陣は上層階だけが新しくされた。設計者につ

図 4－24　サン＝ドニ修道院聖堂，13 世紀に建てられた外陣（写真手前）と内陣（12 世紀の周歩廊が保存されている）

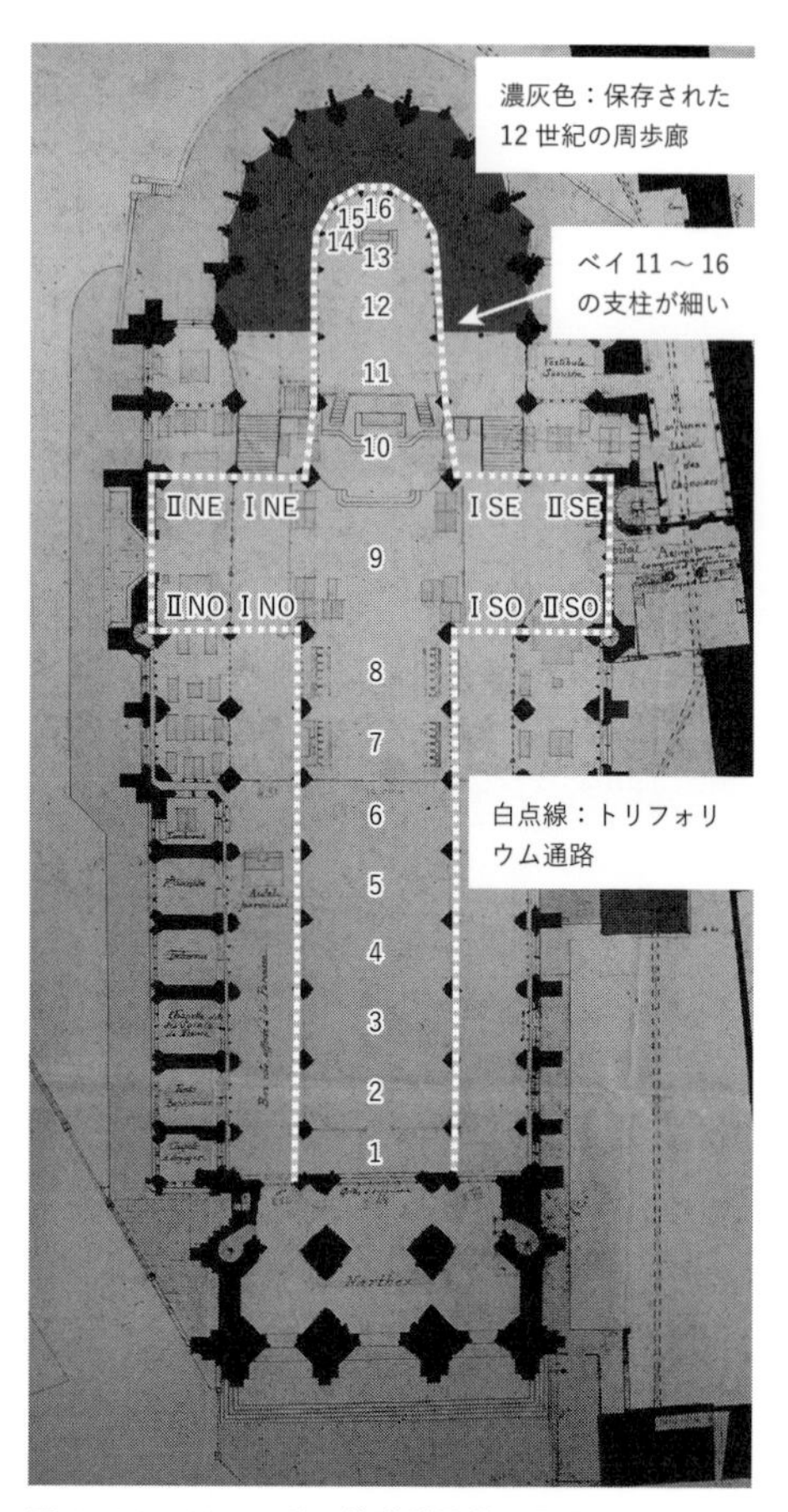

図 4－23　サン＝ドニ修道院聖堂平面図

図 4－25　サン＝ドニの改築工事，1254 年頃の状態の推定図（C. A. ブリュゼリウスによる）

いては不明な点も多いが、パリのサン＝ジェルマン＝デ＝プレ修道院の食堂などを手がけ、墓碑に「石学博士」という名誉ある称号を刻まれたレイヨナン・ゴシックの代表的建築家ピエール・ド・モントルイユ（一二〇〇年頃―一二六七年）が設計の一部に関わったらしいことが、年代記の記述から確実視されている。[55] 大アーケードのアーチと支柱も建て直されたが、周歩廊のヴォールトは一二世紀のものを保存しているため、壁厚と支柱の太さには制限がある。また、地上階の高さが規定されていることから、全体の立面の高さや身廊の幅にも限界がある。それにもかかわらず内陣と外陣は様式的に一貫しており、差異はほとんど感じられない。一三世紀のサン＝ドニを研究したC・A・ブリュゼリウスは、制約の多い内陣から自由度の高い外陣に移動するに従ってディテールが戦略的に変化している点、とりわけ交差部の柱での「切り替わり」に注意を促している。[56] ディテールの変化はトリフォリウムにも見てとれ、そこには外陣と内陣を一貫させようという意志が見てとれる。

一二世紀の内陣は現状の内陣よりも天井高が低かったであろう。大アーケードも、その低い立面に見合う高さしかなかった。新しく建てられた外陣では大アーケードが高く

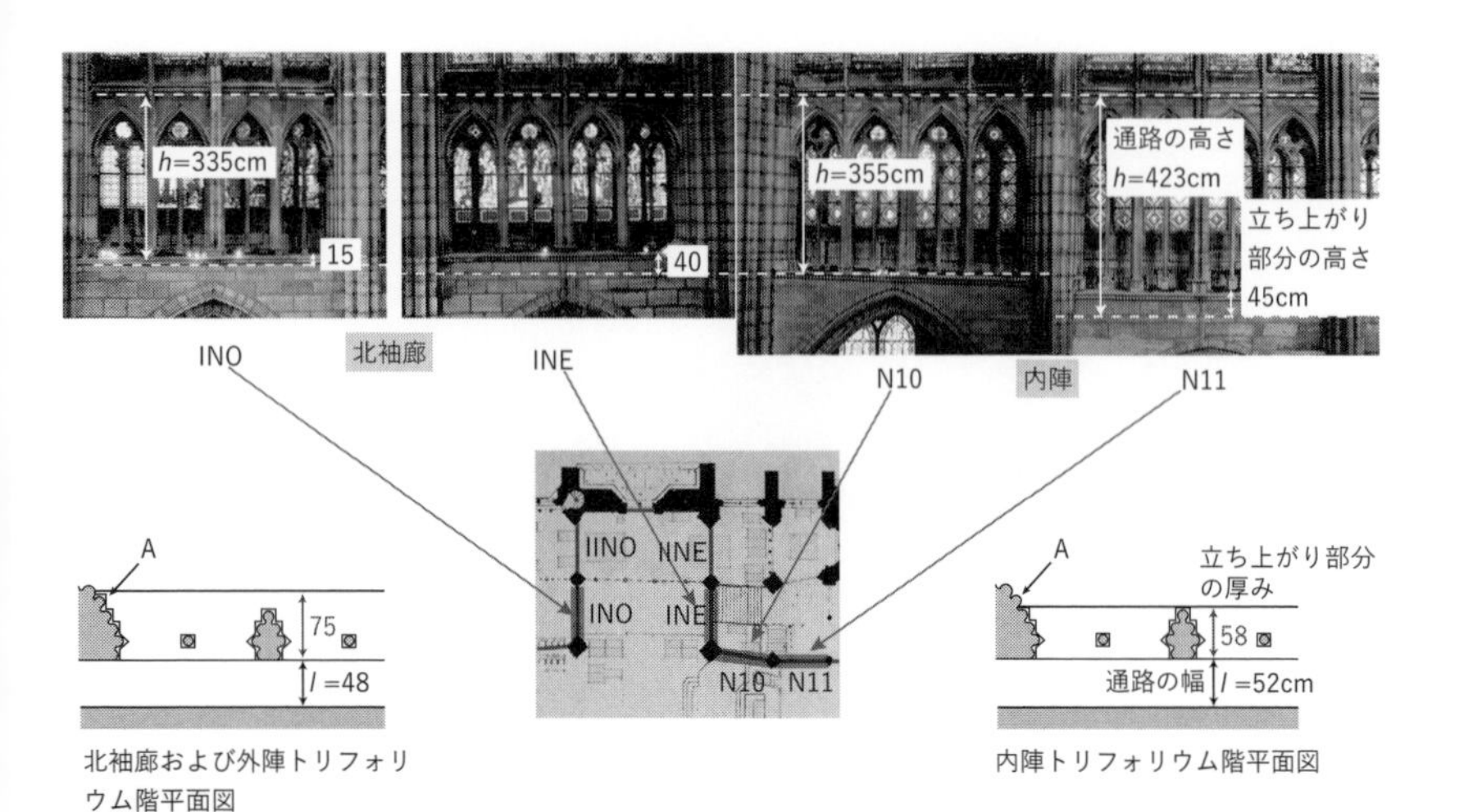

北袖廊トリフォリウム床

内陣トリフォリウム（S13）

図4－26　サン＝ドニ内陣と北袖廊における通路の各寸法の変化

設計されているが、周歩廊を保存した内陣では大アーケードをあまり高くできなかったので、そのぶんトリフォリウムが高くなっている（図4－26、ベイN11）。内陣西端（ベイN10）で大アーケードが高くなるのに伴い、通路の高さは低くされる（四二三センチメートル→三五五センチメートル）。北袖廊の東（ベイINE）から西（ベイINO）へ行くとさらに低くなる（三五七センチメートル→三三五センチメートル）。

とはいえ、立面上でトリフォリウムの高さが急激に変化する印象を与えないよう、工夫がなされている。ベイN11・N10間では立ち上がり部分をなくす（四五センチメートル→○センチメートル）ことで、立面上での高さの変化（トリフォリウムの下のコーニスの位置の変化）を最小限に抑えている。逆にN10・INE間では、通路の高さがほとんど変わらないにもかかわらず、立ち上がり部分を設ける（〇センチメートル→四〇センチメートル）ことで立面が低くされる。この変化は交差部の柱をはさんでいるためほとんど気にならない。そして、INOで立ち上がり部分の高さをINEより低くする（四〇センチメートル→一五センチメートル）ことによって、通路の高さの変化は吸収され、上下のコーニスに規定された立面上のトリフォリウムの高さはほぼ一定に保たれている。

一二世紀の古い周歩廊を保存したことに伴う困難は、他にもあった。大アーケードの壁厚や支柱の太さが限定されているため、トリフォリウム全体の厚みを制限する必要があったのである。それはトリフォリウムの立ち上がり部分の厚みに表れている（内陣では約五八センチメートル、地上階から新築された袖廊および外陣では約七五センチメートル。図4-26下）。ヴォールトの壁付アーチを受ける小円柱（図4-26A）は、袖廊および外陣ではトリフォリウムの足元で止まっているのに対して、内陣では地上レヴェルまで降ろすことで、トリフォリウム全体の厚みを抑えているのである。さらに背後の壁下部にアルク・ド・デシャルジュを埋め込むことで、限られた厚みの大アーケードの上にトリフォリウムを設置することができた。

以上のように、一三世紀のサン＝ドニの改築工事にあたり、一二世紀の周歩廊を保存したことに伴う技術的な工夫が二点確認できた。まず、トリフォリウムの通路の高さが大きく変化しているにもかかわらず、立ち上がり部分の高さを操作することによって、立面上ではあまり変化がないように工夫されている点。そして、薄い壁厚の上にトリフォリウムを建設するため、ヴォールトの壁付アーチを受ける小円柱を地上まで降ろすとともに、アルク・ド・デシャルジュをトリフォリウム下部に設置した点である。

レイヨナン・ゴシックの初期事例に位置づけられるサン＝ドニの一三世紀の改築工事は、古い部分を慎重に保存しつつ全体の統一性を巧みに実現している。新旧をうまく接合させるにはデザインだけでなく技術的なセンスも必要とされたということを、この事例は物語っている。

複数の工事期間にわたって建物が建設された場合、その順序は色分けした平面図によって図示されることが多い。一枚の図面で明快かつ効率的に建設順序を示すことができるという点で便利ではあるが、基本的に地上階の年代しか表現することができないという限界がある。まるである部分の地上階・上層部・ヴォールト天井が一挙に建設され、それから初めて次の部分が着工されたかのような誤解を与えてしまうこともある。現実の建設過程はもっと複雑で、例えばある部分の地上階が建設されたら仮の屋根をかけてひとまず使用可能な状態にし、それから既存の古い建築を壊しながら次の部分の地上階の建設に着手するというようなことが行われていたはずである。あるいは工事の途中で建築家が変わったり、別の職人集団が現れたりすることもあっただろう。このようなストーリーを読み解くことで、中世における大規模建築の建設現場をより詳細にイメージすることができる。

6 階段状の建設――ノワイヨン大聖堂を例に

ここでは第1章でも取り上げたノワイヨン大聖堂（図4-27）を例に、内陣の着工から外陣の完成に至るまでの建設段階を追う。ゴシック期の建設工事の進め方の一例を示すとともに、そこで働いていた職人たちの個性を探りたい。その際、色分けした地上階平面図に代わり、建設段階ごとの立面図によって工事の進行を図示する。地上階平面図からは想像しにくい「階段状の」建設順序がみえてくるはずである。[57]

建設段階の推定は、考古学的な試みである。様式の変化が顕著には認められなくても、石積みのずれや技術的な変化をもとに、工事が中断した、あるいは建設に携わる職人たちが入れ替わった可能性を推察できることがある。とくにトリフォリウムは狭い範囲に多くの細かい部材があり、さまざまな技術が凝縮している部分なので、変化が観察しやすい。

ところで職人や労働者、彫刻家などは特定のメンバーからなる「チーム」として現場から現場へ渡り歩いていたの

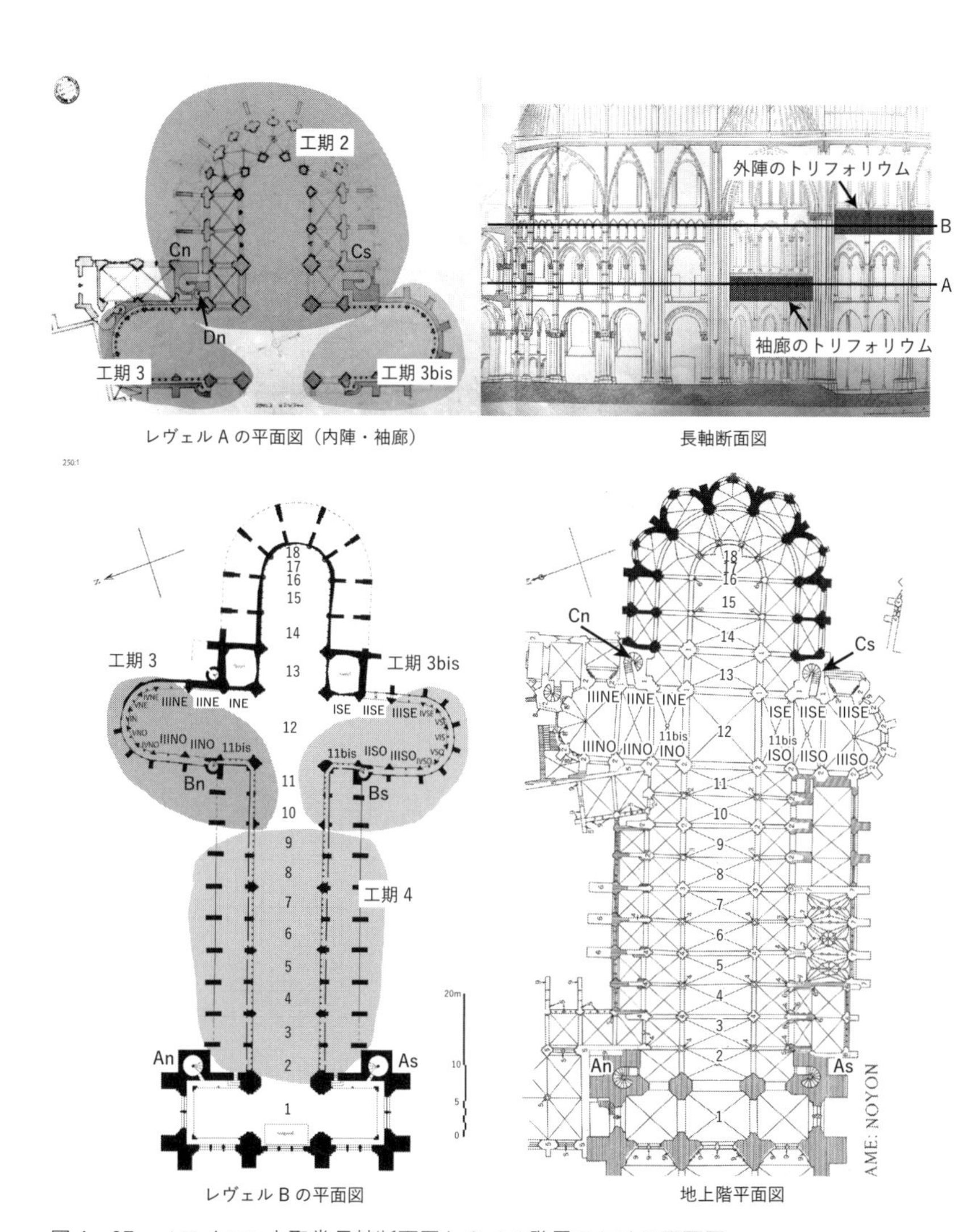

図 4 - 27　ノワイヨン大聖堂長軸断面図と 3 つの階層における平面図

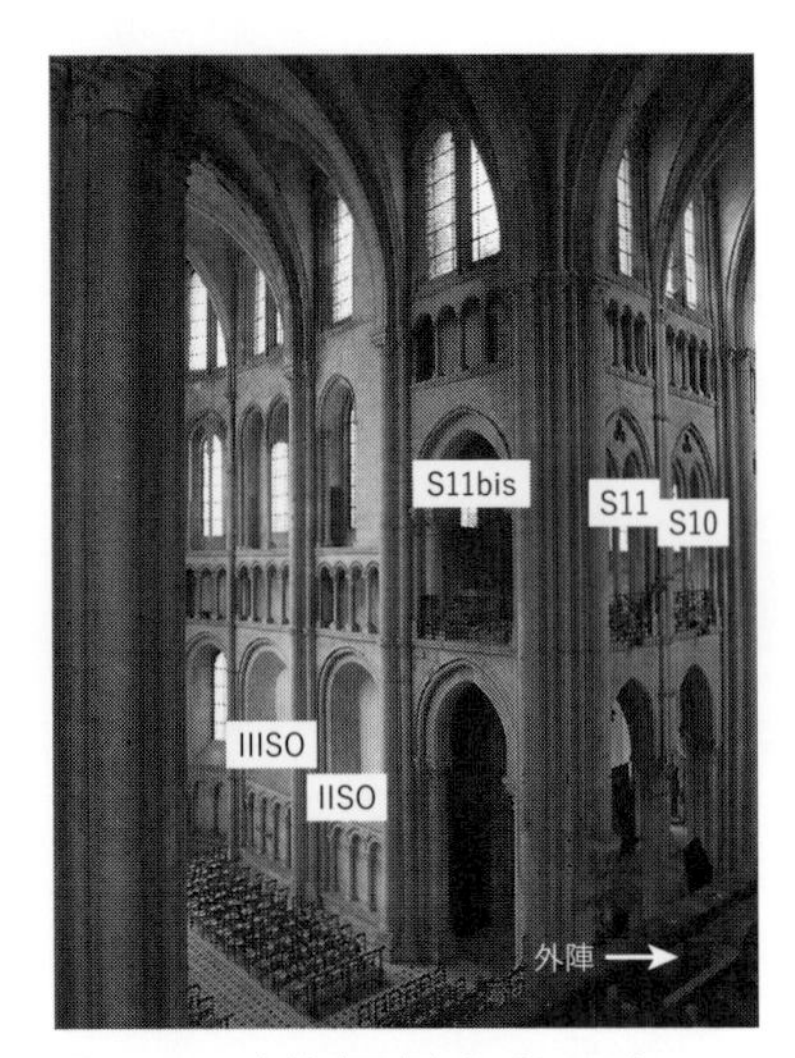

図 4－29　南袖廊西側（工期 3 bis）

図 4－28　南袖廊東側（工期 2—工期 3 bis）

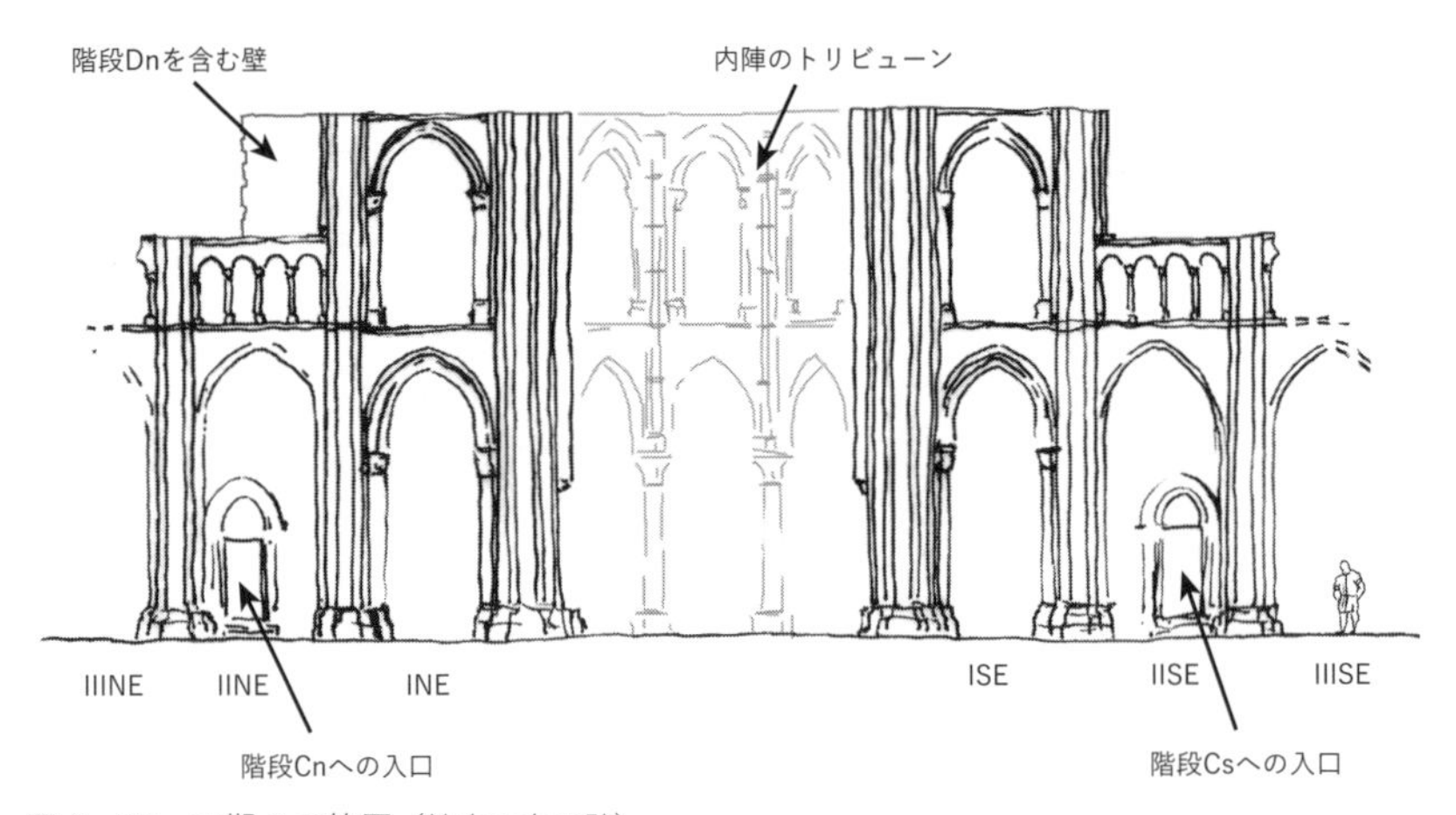

図 4－30　工期 2 の範囲（袖廊の東の壁）

だろうか。J・ジェームズがシャルトル大聖堂に関して行った研究においては、刳り型や持ち送りなどのあらゆるディテールの変化がチームの交代に帰せられた結果、シャルトルに現場全体を取り仕切るような建築家は存在せず、チームがほぼ毎年交代していたという結論が導き出され、議論の的となった[58]。チームが毎年交代したというのは極論に思われるが、石切職人や彫刻家がそれぞれ少人数のグループをなして都市間を移動した記録は実際に残っている[59]。ある場所で同時に作業を行っていた人々が結果的にチームを形成したケースもあっただろう。いずれのケースに関しても現場を取り仕切る職人頭や建築家がいたはずであり、石積みや寸法、報酬の支払い方法、作業の仕方などは各現場である程度一貫していたはずである。

本節では、技術的特徴に一貫性があり、ある程度連続して建設されたと思われる部分は同一のチーム（職人集団）に属すると解釈する。大きな技術的変化はチームの変化（職人の交代。全員が入れ替わったわけではなく現場の指揮者や方針が変更されただけであった可能性もある）と捉え、技術的に変化がなくても石積みが明確に切れている箇所は工期の切れ目と解釈することにする。

工期1

先行研究から、ゴシック期の工事はローマ時代の市壁の外に一一四〇年頃、内陣の基礎を据えたことによって始まったことが知られている[60]（工期1とする）。一一五七年に聖エロワの聖遺物を新しい建物に移動した記録があり、この時点で少なくとも放射状祭室が使える状態であったと推察される[61]。

工期2

工事は周歩廊と内陣のトリビューンへと進んだ[62]（工期2、一一五七年頃―一一六〇年頃）。南北袖廊の内陣に隣接するベイ（ベイ番号ⅡNE・ⅡSE）が建設され、袖廊の平面が定められた[63]（図4-28）。内陣には通路式トリフォリウムはない

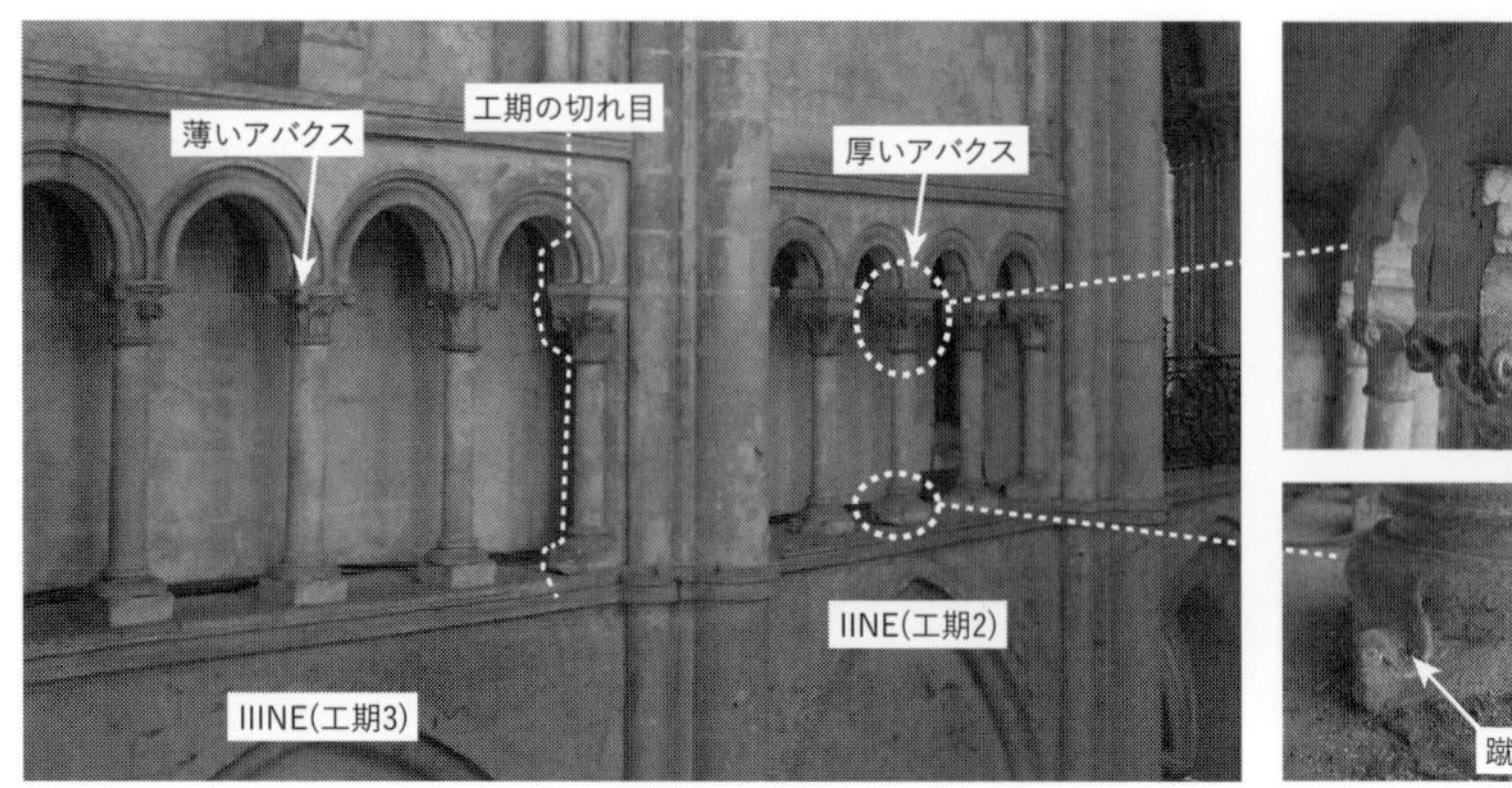

図 4－31　北袖廊（工期 2・工期 3 の切れ目）

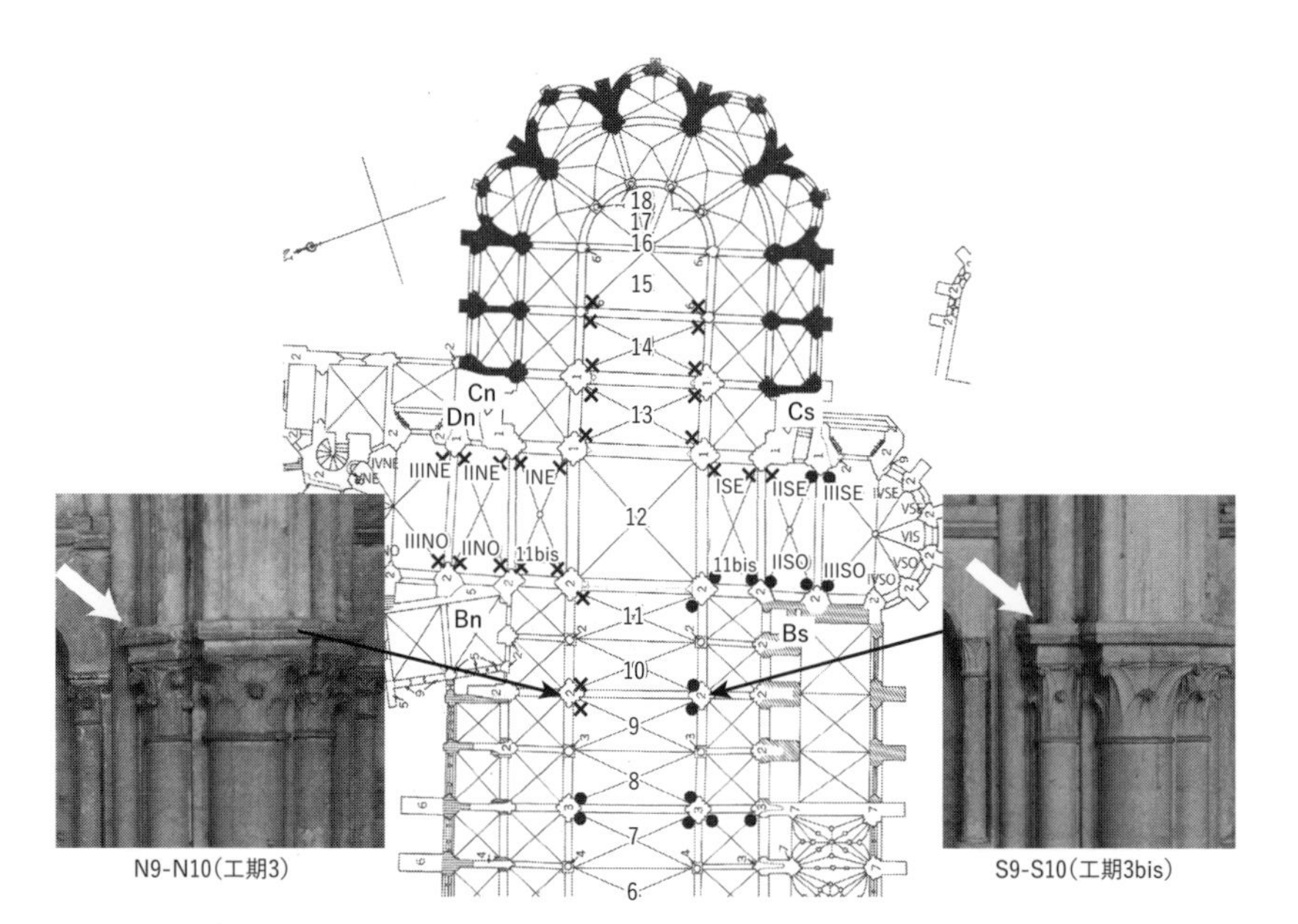

図 4－32　ヴォールトを受ける柱頭の向きを示す平面図
交差リブを受ける柱頭は，北側では斜めを向いている（図中の×）が，南側では正面を向いている（図中の●）.

が、ⅡNE・ⅡSEには内陣のトリビューンからつながるトリフォリウムがある。工期2には、袖廊のⅡNE・ⅡSE以外の部分は建設されなかった（図4-30）。

ベイⅡNEとⅡSEでは、柱礎の四隅には蹴爪がついており、柱礎本体と形態的に融合している（図4-31）。小円柱の柱頭の上には分厚いアバクスが存在するが、通路内部から観察すると、アバクスの背面は刳り型がなく滑らかに仕上げられていることがわかる。隣接するベイⅢNEとⅢSEのベイ端部の小円柱（とすぐ上のアーチ迫元）までが、同じ特徴をもっており、工期2に含まれることがわかる。

トリフォリウムより上層では、北側では階段Dnを含むベイⅡNEの中央に石積みの切れ目がある。南側での切れ目はⅠSEとⅡSEの間の柱のすぐ南に見いだされる。この柱は、トリフォリウムのすぐ上にある中間階通路のアーケードを受ける小円柱を含むため、工期2の段階で中間階通路の建設はすでに予期されていたと考えられる[64]。

工期3

袖廊の残りのベイは短い工事の中断をはさんで建設された（工期3および3bis、一一六五年頃―一一八五年頃）。建設中の構造を安定させるため、外陣東側のベイも同時に建設された（図4-29）。一方、南北の袖廊の細部に相違点があることから、北袖廊（と外陣北東部）が南袖廊（と外陣南東部）に先行して建てられたと考えられている。すなわち、W・W・クラークの指摘によれば[65]、北袖廊および外陣のベイN10・N11の「強い柱」（太い柱と細い柱を交互に並べる、いわゆる強弱交替支柱配列における太い柱）部分では、内陣と同様、身廊のヴォールトの交差リブを受ける柱頭が壁に対して斜めを向いている（図4-32）。それに対し、対応する南側の柱頭は壁に対し正面を向いている。後の工期に属する外陣の西側では南側と同じ正面向きの柱頭を使用しているため、南側が北側より新しいとみて差し支えないように思われる。したがって、北袖廊と外陣のベイN10―N11bisの建設工期を工期3とし、南袖廊と外陣のベイS10―S11bisの建設工期を工期3bis（3の次の意）とする。

次に分析するように、工期3と工期3bisの工事は異なる職人が建設に携わったと考えられる。しかし、工期3bisは工期3が終結する前に始まった可能性もあるため、完全に独立した工期とはみなさないことにする。

工期3（と3bis）ではアバクスは薄くなり、工期2の厚みのあるアバクスとは様相を異にする。小円柱の柱身の高さ（九三―九五センチメートル）は、工期2の部分（八七―八八センチメートル）より高い。工期2ではすべての小円柱が同じ直径（一六センチメートル）でつくられていたが、工期3では、ベイ中央の小円柱が他の小円柱よりも太く強化されている（一五―一六センチメートルに対して一八センチメートル。図4-33）。また、工期2ではトリフォリウムに金属材が用いられていなかったが、工期3ではベイ端部の小円柱の柱頭と柱身の間に鉄の太枘が存在する。[66]

このように、工期2と3では様式的・技術的断絶があり、工期2の後に建築家あるいは職人が交代したことは明らかである。

工期3の北袖廊では、小円柱の柱身の高さはほとんどすべて九四か九五センチメートルで、非常に規則的である（図4-35）。直径にもほとんど変動がない。これらのモノリスの柱身は、あらかじめ指定された特定の寸法に従ってシステマティックに準備されたと考えられる。

アーチは六―七個の迫石によって構成され、わずかに馬蹄形（半円より長い円弧を有する）である（図4-33）。柱礎の高さは一〇―一二センチメートルで、いくつかは蹴爪がついている。工期3の蹴爪は工期2のものより平たく、単純である（図4-34）。

北袖廊と同時期に着工した外陣北東部（ベイN10―N11bis）では、トリフォリウムは四層構成の立面の第三層に位置する。外陣に隣接する袖廊のベイINOとISOはすでに外陣と同じ立面を採用しており、外陣から連続するトリフォリウムがある（図4-29参照。便宜のためこれらのベイをN11bis、S11bisと記述する）。

トリフォリウムの半円アーチには刳り型がない（身廊側では面取りのみ。通路側では何も処理されていない）ため、袖廊のトリフォリウムより簡素な印象を与える（図4-36）。柱頭彫刻の上には多様な刳り型をもつアバクスがある。柱頭

図 4 - 34　蹴爪つきの柱礎

図 4 - 33　北袖廊 IIINO

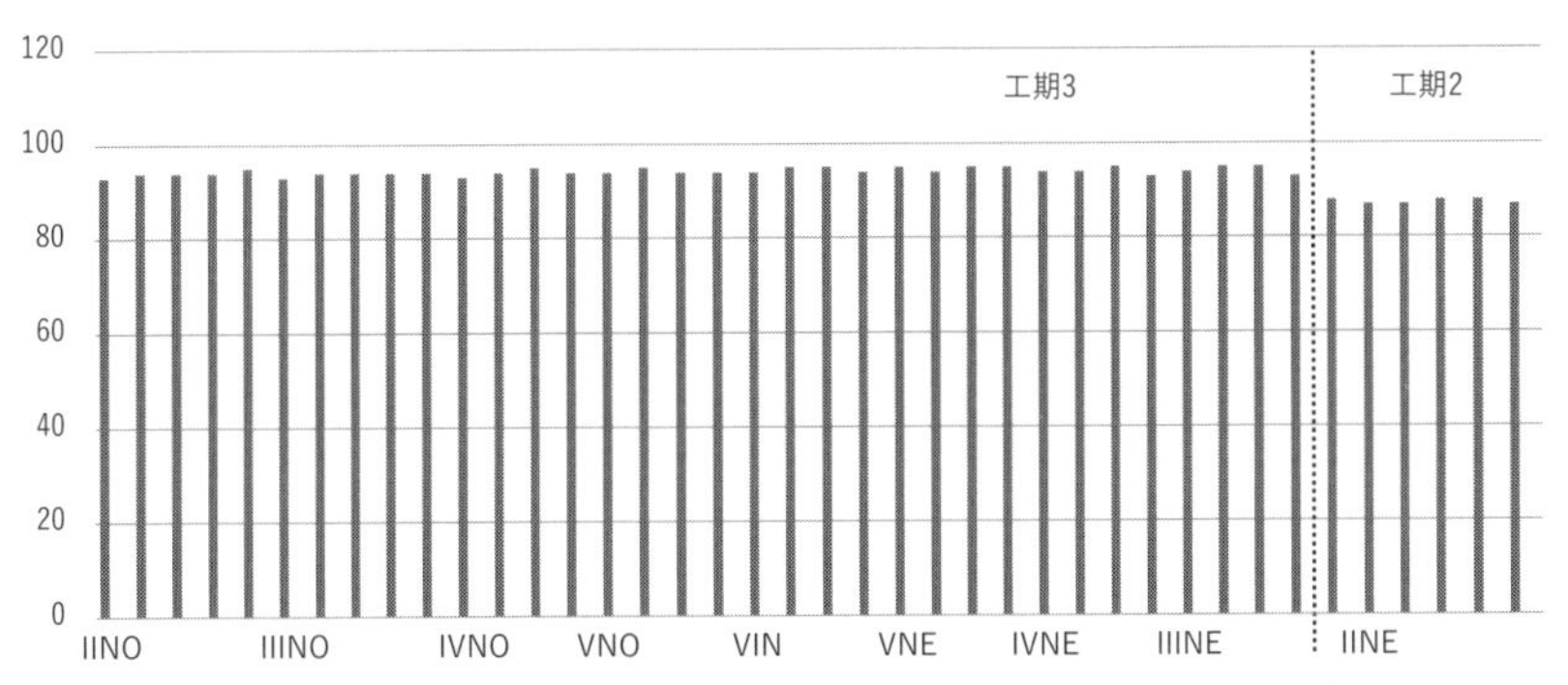

図 4 - 35　ノワイヨン大聖堂北袖廊，トリフォリウム小円柱の柱身の高さ（cm）

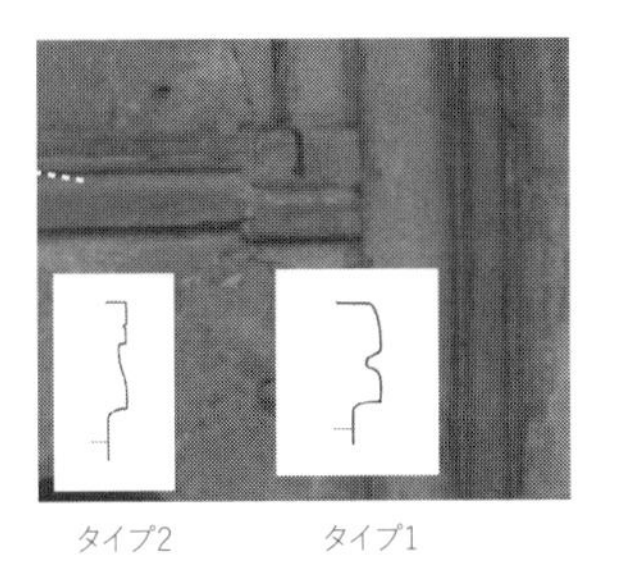

図 4 - 36　ベイ N9（工期 4 と工期 3 bis の切れ目）

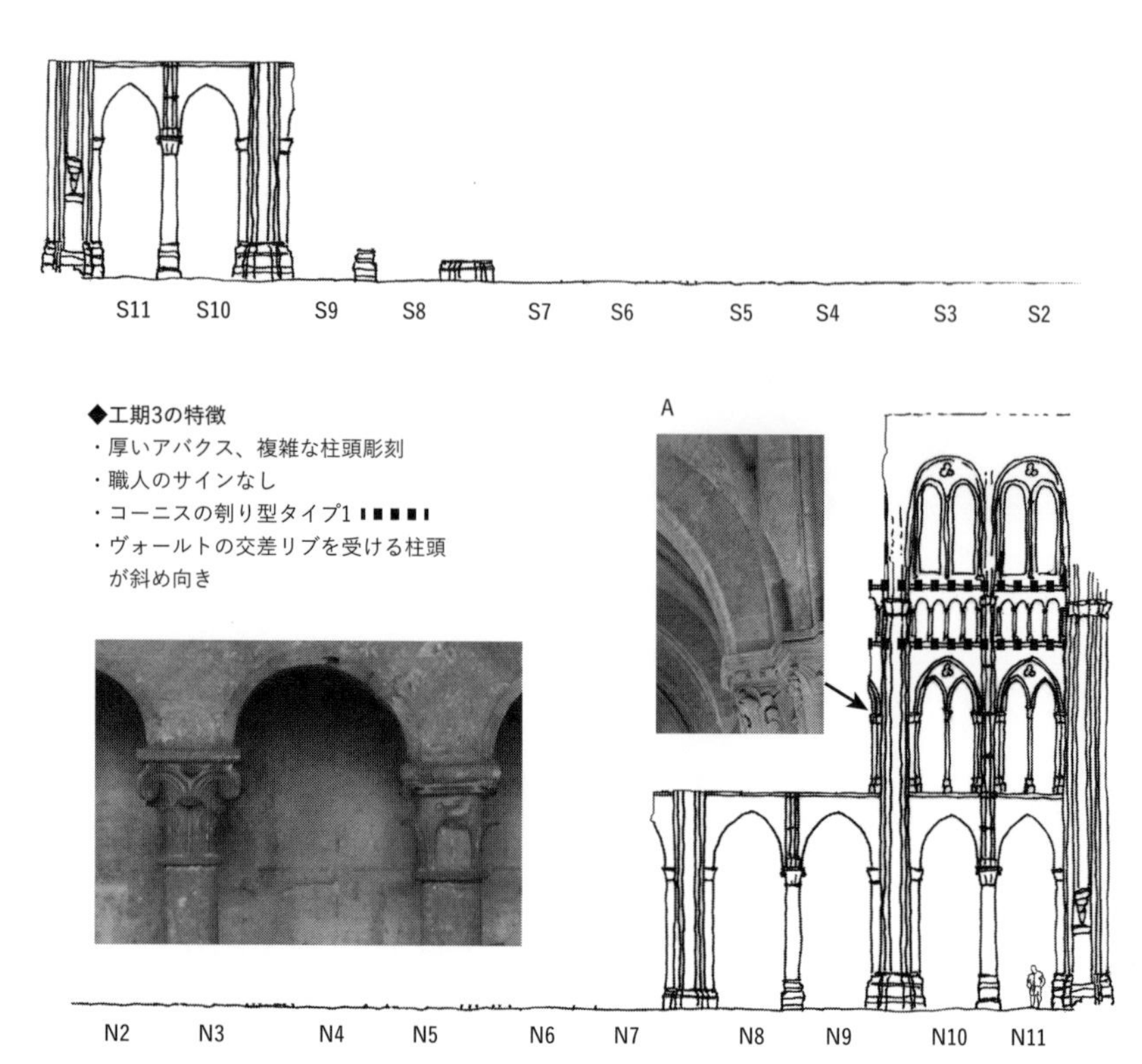

図4－37　外陣における工期3の範囲（南側（上）と北側（下））

彫刻は多数の葉脈のある葉彫刻や、先端の丸まった葉彫刻からなる。同時期に建設された北袖廊のトリフォリウムとの相違点は、アーチや柱頭彫刻、床の石の規則性などにある。しかし、柱身の寸法の規則性の高さは両部分で共通している。

ベイN9の東端の小円柱までが工期3に属する。この小円柱の柱身はアン・デリのモノリスで、支柱と一体の石積みではないが、同時に設置されたことは疑いない。この小円柱の上では、トリフォリウムの上に走るコーニスの刳り型が突然切り替わっている（図4－36。古い刳り型をタイプ1、新しい刳り型をタイプ2としておく）。刳り型の急激な変化は、ここで工事の中断があったことを示している。

一方で、トリフォリウムの下に走るコーニスの刳り型は、ベイN7までタイプ1のまま変化しない。このことは、トリビューン階の工事がより西まで進んでいたことを示している。とはいえ、ベイN8のトリビューンは工期4になってから建設されたことが、ベイN9・N10間の支柱におけるトリビューンのヴォールトの起点の不器用な接合部（図4－37A）や、トリビューンのヴォールトを受ける柱頭の向きの変化によってわかる。したがって、トリビューン階ではベイN9・N10間の支柱の大部分まで建設した所で工期3が終了したと考えられる。

加えて、ベイN9以西の背後の壁には職人のサインがあるが、ベイN10－N11bisにはほとんどみられない（図2－25参照）。

地上階では、ベイN10・N11の側廊と大アーケードは工期2で建設されていた。[67]工期3では、前の工期の時点で残されていたローマ時代の市壁を取り壊し、側廊がさらに二ベイ延長された。これと同時期に南側の側廊の東側四ベイが建設されたということが、石材加工の道具の痕跡から判明している。[68]

工期3bis

工期3bisにおける南袖廊と、工期3の北袖廊の様式的な違いは、すでに述べたようにヴォールト・リブを受ける柱頭が正面を向いており、柱頭彫刻もよりシンプルになっている点である。また、トリフォリウムの直上にある中間階通路の柱頭のアバクスが薄くされている。クリアストーリー外部通路のアーケードのアーチに刳り型がついている点や、北側にはあったタンパンの三葉の刳り抜きがなくなっている点も異なる。[69]トリフォリウムのアーチの形状は、北袖廊では馬蹄形であったが、南袖廊では半円である（図4－38）。

技術的な点においても、両袖廊の違いは明らかである。南袖廊の小円柱の柱身の高さは平均九九センチメートルであるが、寸法の変動が大きく非常に不規則である。というのも、工期3の北袖廊ではほぼすべての柱身が九四か九五センチメートルだったのに対し、工期3bisの南袖廊では九二―一〇五センチメートルの間でヴァリエーションがある[70]（図4－39）。柱礎の高さも変動が大きい。北袖廊では一〇―一三センチメートルであったが、南袖廊では一四―

図4－40　ベイS11（工期3 bis）

図4－38　南袖廊IIISE（工期2と工期3 bisの間の切れ目）

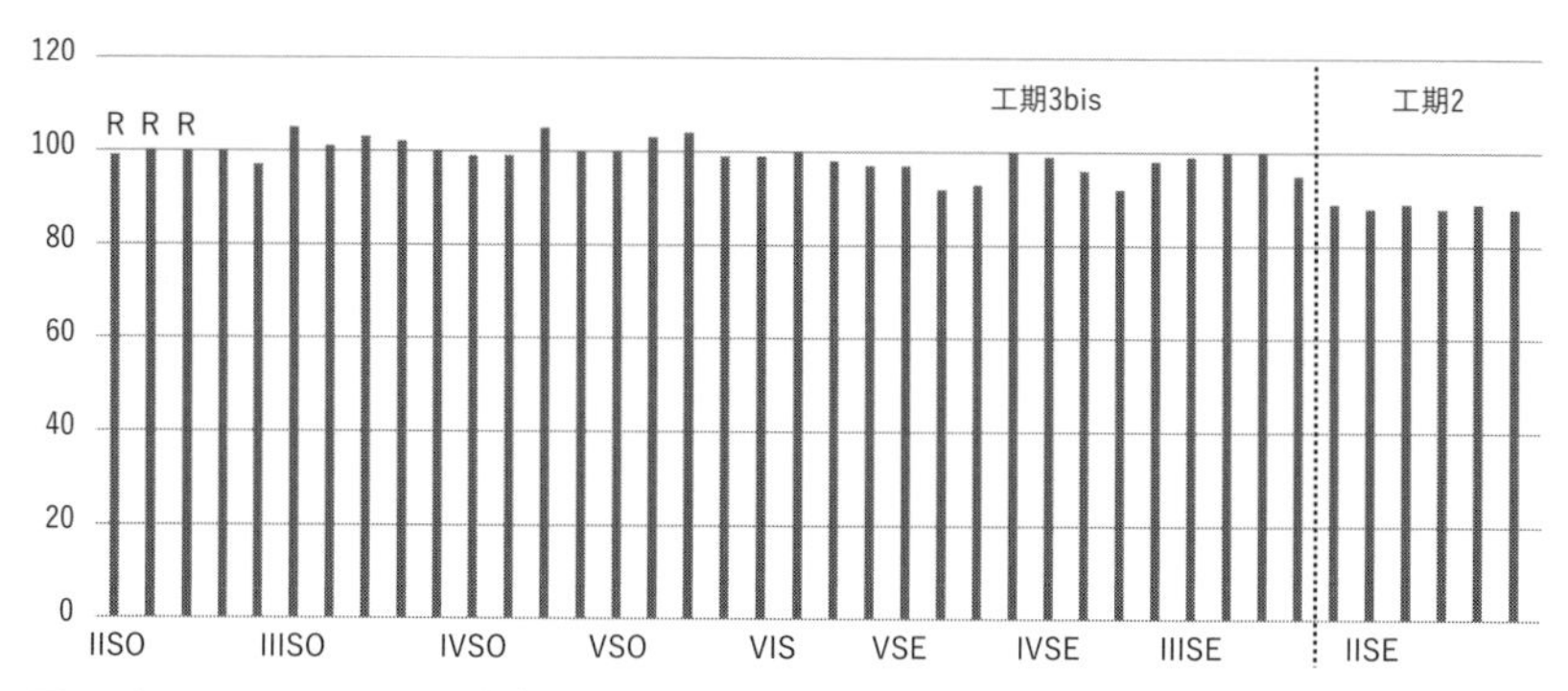

図4－39　ノワイヨン大聖堂南袖廊，トリフォリウム小円柱の柱身の高さ（cm）
Rは修復された部位を示す．

二二センチメートルの幅がある。二段、三段からなる柱礎もある。

南袖廊は不規則性が非常に高いので、北袖廊とは異なる方針のもと、異なる職人の手によって建てられたのではないかと思わせる。工期3が完結する前に工期3bisが開始された可能性もあるが、同じ職人たちが両方の現場を担当していたということにはならない。むしろ、北側のチームは北側の建設に専念していたので、南側を建てるために別の職人が雇われたということもありうる。工期3bisの現場では、工期3の現場と異なりさほど厳密な部材の標準化が行われていなかったのであろう。同時期の職人であっても所有する技術やノウハウは同じではなかったのだ。中世の職人たちがそれぞれの個性をもっていたことを示す興味深い一例である。

同時期に建設された外陣南東部分（ベイS10―S11bis）でも、ほぼ同様の観察ができる。向かい合う北側のベイに比べ、小円柱の柱身はやや高く、不規則である（ベイ端部で著しく低く（八六―九二センチメートル）、ベイ端部以外は九六―九七センチメートル。図4-40）。アバクスは薄く、柱頭彫刻はいたってシンプルである（図4-41）。

工期3bisと工期4の間の切れ目は、工期3と工期4の間の切れ目よりも不明瞭である。小円柱の柱身の高さの変化ははっきりしない。トリフォリウムの上下を走るコーニスの刳り型は、ベイS7（下のコーニス）およびS9（上のコーニス）までタイプ1のままである。

とはいえ、以下の二点は工期の切れ目がベイS9の東端にあるらしいことを証言している。つまりベイS10―S11bis（S9の東端含む）の小円柱の柱頭は滑らかで、S9以西とは異なっているという点、そしてこの範囲では職人のサインがほぼまったく見受けられないのに対し、S9以西では豊富に用いられているという点である。

トリフォリウムの上を走るコーニスはS9の東端の小円柱に対応する位置まで施工されて工期が中断したのだろう。ちょうど北側の対応する位置で刳り型がタイプ2へ急激に変更されていることからもわかる。しかし南側では工期4に属する部分でもタイプ1の刳り型を使い続けており、タイプ2の刳り型はS8になってから採用されている。工期4のチームは、ベイの途中で刳り型を変更することを避けたのであろう。同じことが下側のコーニスに関しても当てはまる。トリビューンはベイS7・S8の間のピアのすぐ西側まで建設が進んだため、S7全体がタイプ1の刳り型を採用している。

地上階では、側廊の外壁がS8まで建設されていたらしいことが、D・ルミールとA・タンベールによる石材の加工道具の調査から判明している。[71]

また、この時期、北側でベイN9のトリビューンが建設された。トリフォリウムの下側のコーニスがベイN7・N8間で切り替わっていることから、工事はベイN8の途中で中断したと考えられる。ベイN8のトリビューンの外壁全体はこの工期の間に建てられただろう。というのも、トリビューンの窓の側柱はベイN8・N9では成層積みだ

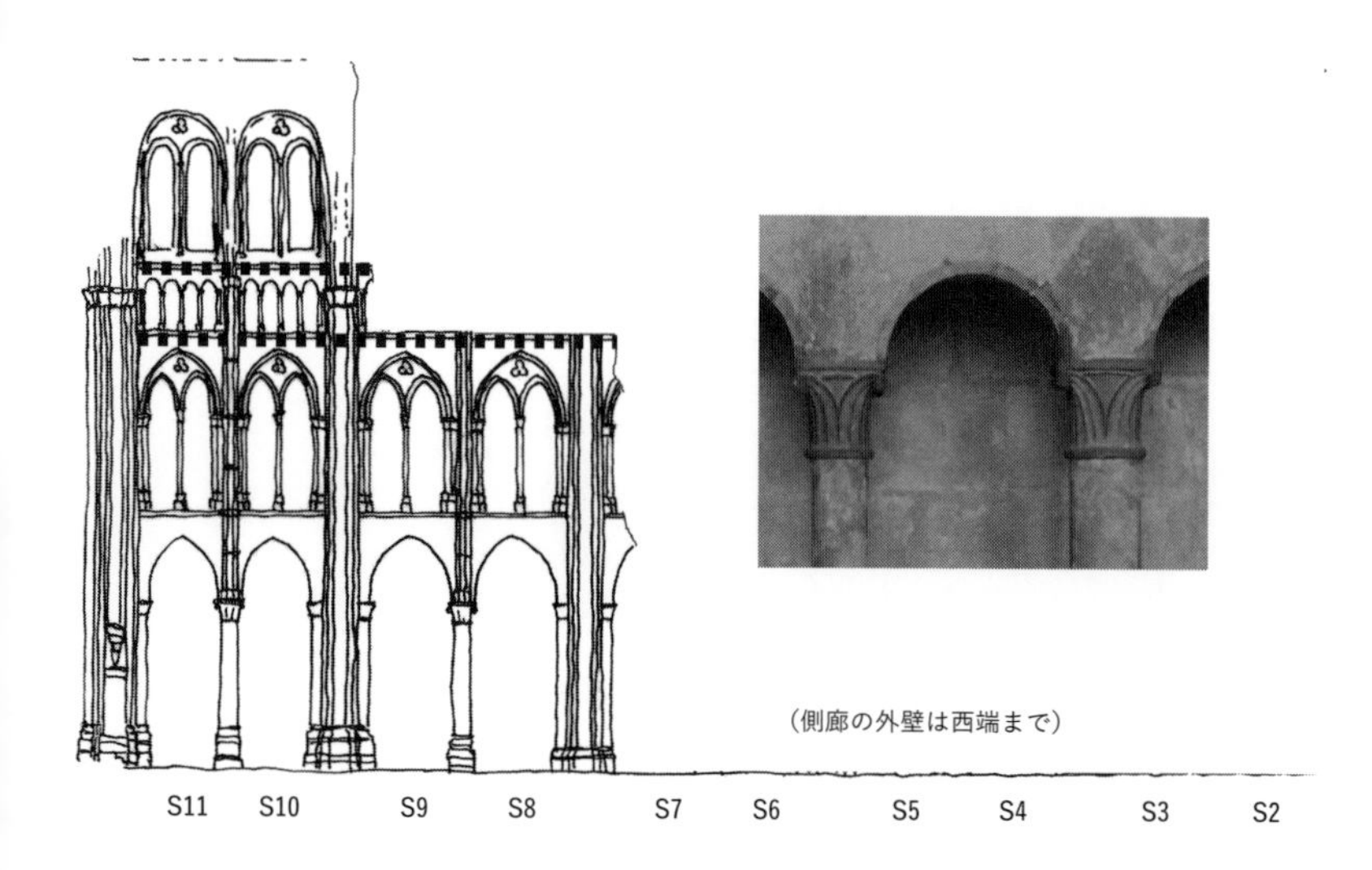

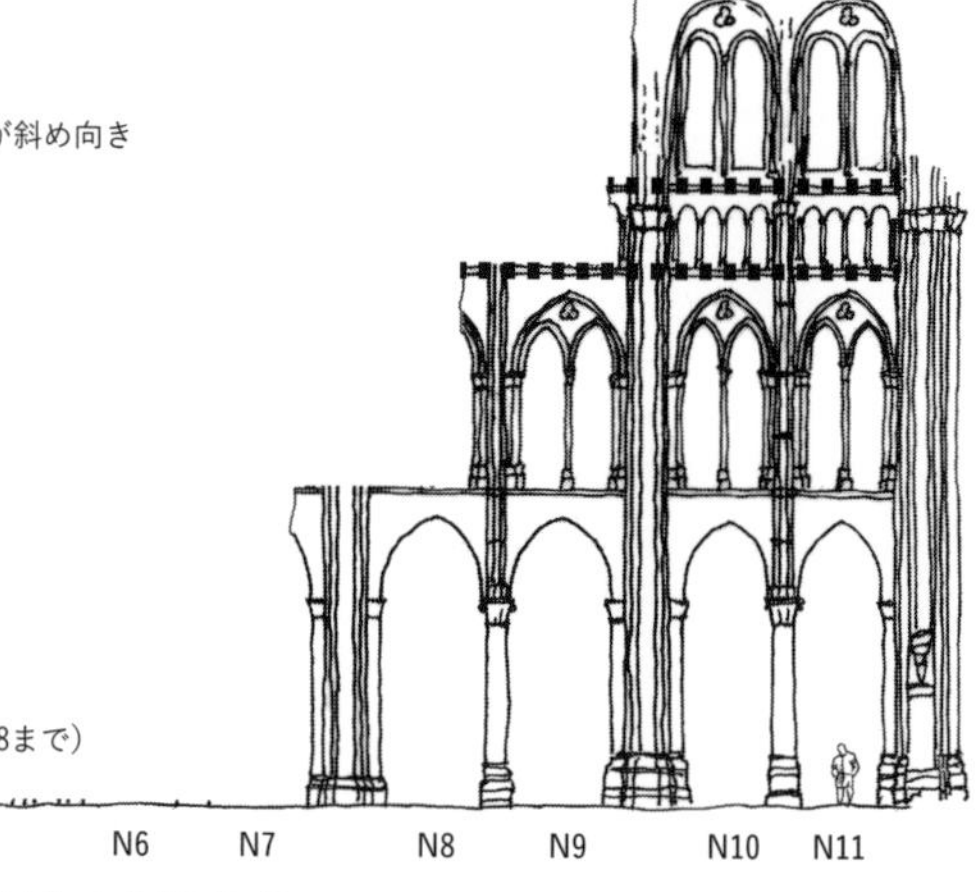

図4－41　工期3 bisの範囲（南側（上）と北側（下））

が、ベイN7以西ではアン・デリであるという違いがあるからである。

全体としてみると、あるベイを下から上まで完成させてから次のベイに進むのではなく、立面の下層部をつねに上層部よりも先行させながら工事が進められていたことがわかる。このような階段状の建設手順によって、安定した工事が可能になるのである。

工期4

続く工期4（一一八五年頃―一二世紀末）の工事は外陣西側（ベイ2―ベイ7およびベイ8・ベイ9の上層部）で進められた。これでひとまず内陣から外陣西端までのひと通りの工事が完了することになる。外陣のヴォールトはおそらく工期3bisの間に計画された四分ヴォールトによって、一二世紀末に建設された[72]。建物は一二三五年頃までに西ファサードブロック（二つの塔、三つの扉口、玄関のベイ）が立ち上げられ、ほぼ完成したとみられる。

工期4では、前の工期から多くの特徴が変化している。ベイ9以西のベイ幅は、ベイ10・ベイ11より明らかに広い。また、「弱い柱」の位置でヴォールトを受けるシャフトがベイ10・ベイ11間では多数のリングによって分節されていたのに対し、ベイ8・ベイ9間では地上階の細いリングに限定されている（図1-13参照。西側のベイではリングは完全に隠されている）。そして、クリアストーリーの上部の四葉形の刳り抜きが西側にはなく、トリビューンや身廊のヴォールトの曲面の形状も異なっている。

ベイ5・ベイ6間の支柱から西では、壁付アーチを受けるシャフトをなくすことによって「強い柱」が細くなり、軽量化された[73]（図4-42）。それに伴う安全策として、トリフォリウムの通路が、ベイ8以西では支柱の位置で中断される。ベイ8・ベイ9間の柱は先行する工期でトリビューンの高さまで建設されていたので、まだ太いままであるが、新しく建てる柱を軽量化する決定がなされるやいなや、すでに着工していた太い柱の部分でも通路が中断されたのである。この事実からは、できる限り補強を万全にしようという意図が読み取れる。実際、建設者たちは建物の脆弱性

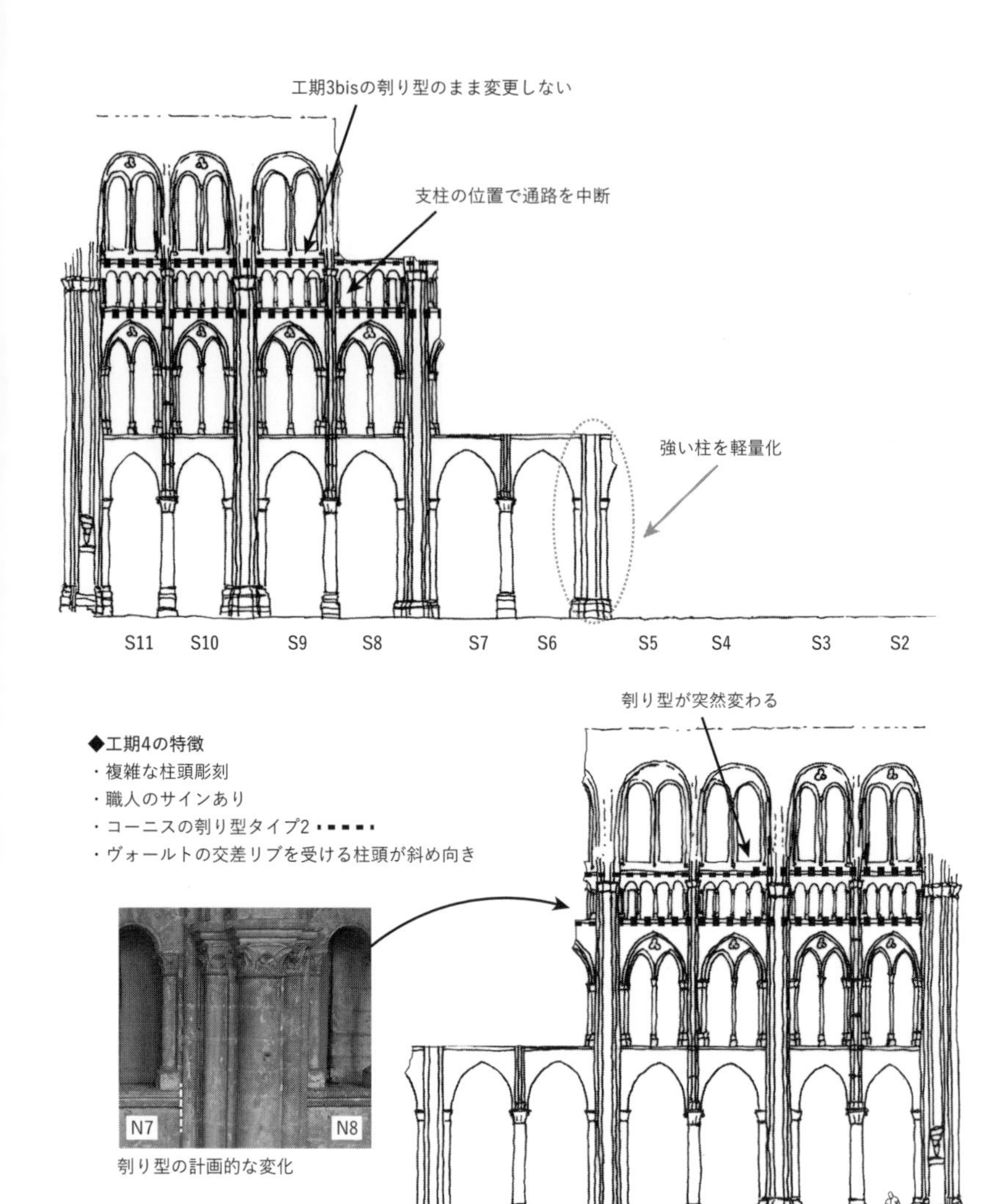

図 4－42　工期 4 の初期段階（南側（上）と北側（下））

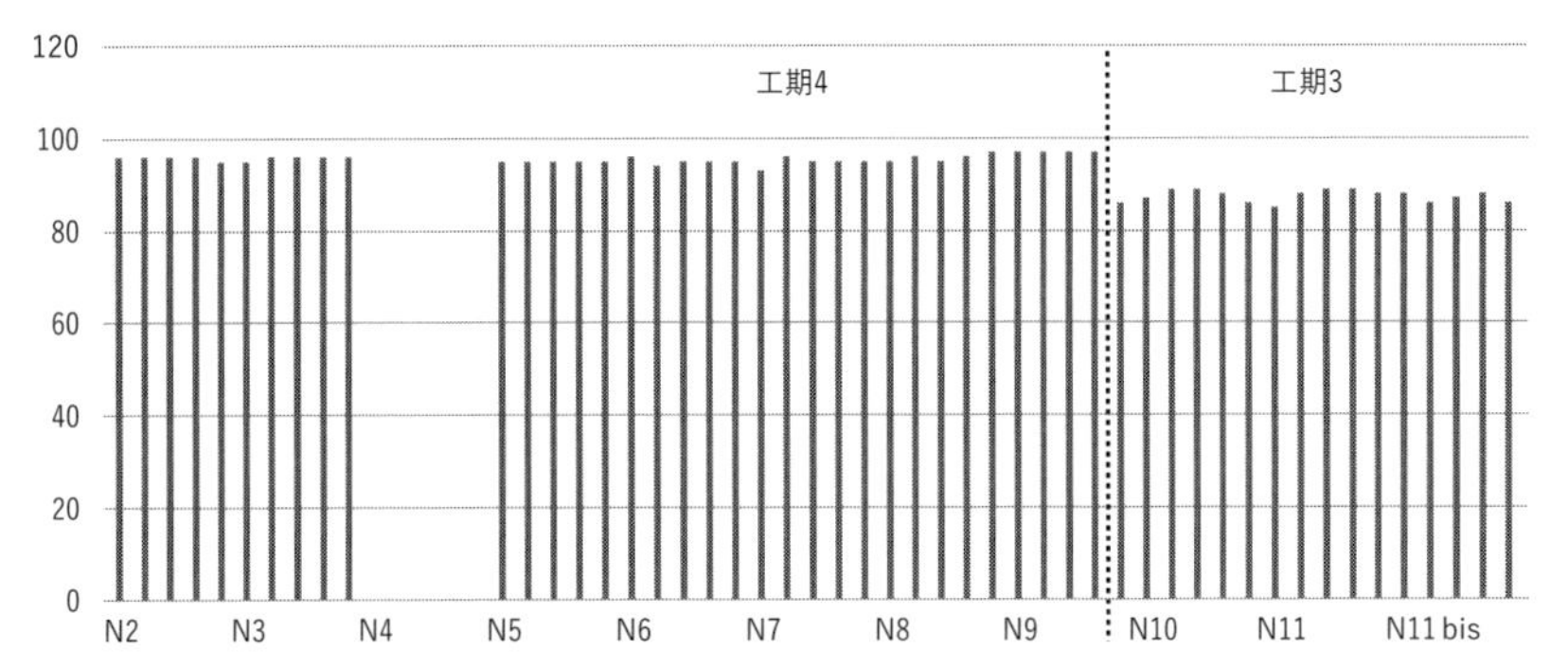

図4－43　ノワイヨン大聖堂外陣，北側トリフォリウム小円柱の柱身の高さ（cm）
ベイ4Nは背後の壁の戸口が開かず調査できなかった．

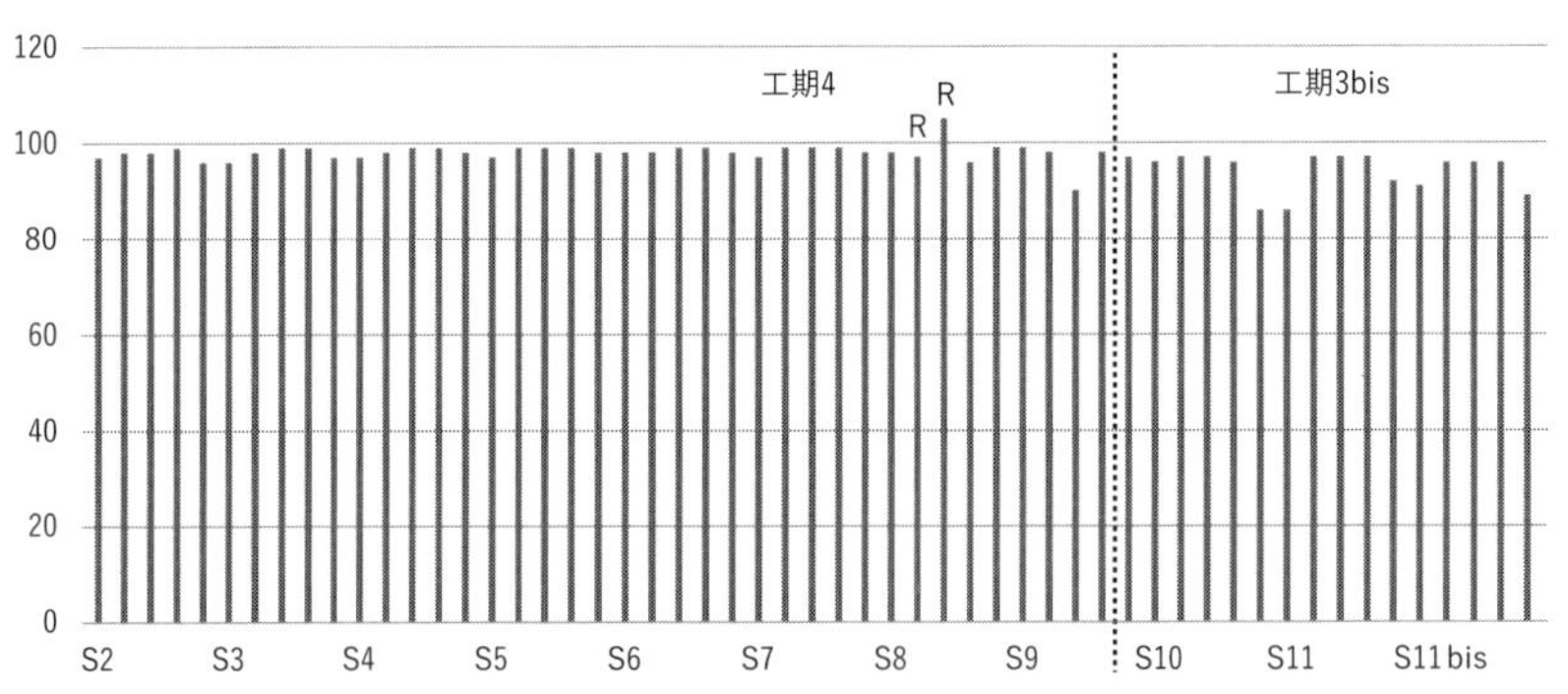

図4－44　ノワイヨン大聖堂外陣，南側トリフォリウム小円柱の柱身の高さ（cm）
Rは修復された部位を示す．

を認識していたのであろう。ノワイヨン大聖堂には当初飛梁がなかったこともあり、壁がヴォールトの高さで外側に向かってたわんでいるからである[74]。

工期4の工事は比較的スムーズに進んだと考えられ、ディテールの変動も少ない。

トリフォリウムの小円柱の柱身の高さは規則的で、南側のほうが北側よりもわずかに高い傾向が認められる（北では九三―九七センチメートル（図4－43）、南ではベイS9中央のみ九〇センチメートル、他は九六―九九センチメートル（図4－44））。

ベイ9以西のトリフォリウムの背後の壁には職人のサインが多数認められる[75]（図2－25参照）。

小円柱の柱身が規格化・標準化

図4－45　ベイN7（屋根裏からトリフォリウムの背後の壁をみる）
石積みの段の高さは，戸口の左右で切り替わっている．

されていることと、職人のサインがあることから、工期4ではこれまでと異なる職人からなるチームが携わったと考えられる。一方で、柱身の高さや職人のサインが南北でわずかに異なることから、南北で異なるチームが並行して働いていたか、同一の現場指揮者のもと、石切職人集団が南北で二グループに分かれて仕事をしていた可能性が考えられる。もし石材が石切り場で加工されていたとすれば、分担は石切り場で行われていたということになろう。

工期4のチームはコーニスの刳り型をタイプ2に変更した。しかしベイN9以外ではベイの途中での変更を避け、すでに一部が建設されているベイの内部ではタイプ1を踏襲し、次のベイに進んで初めてタイプ2を導入している。このような視覚的調和の重視は、トリフォリウムの背後の壁の石積みにも見てとれる。ベイ9以西の背後の壁は工期4のチームによって建設されたが、石積みにはほとんど切れ目がない。石積みの段の高さが変わるのはベイ7においてのみで、しかもその切れ目は通路と屋根裏を連絡する戸口の穴の両側にあるので、ほとんど認知されない（図4－45・図4－46）。つまりベイ8・9では先行する工期で定められた石積みの高さを変更せず、ベイ7で初めて新しい石積みを、しかも目につきにくい形で導入したのである。このような石積みへの配慮はノワイヨン独自のもので、近隣の都市で同時期に建てられた建築（ランやソワッソンの大聖堂）では、石積みの段の高さはより急激に、あからさまに変更されている[76]（図4－47）。

石積みの切れ目の両側で職人のサインを比べると、どちらか一方にしかないサインが見受けられる。おそらく簡便化と効率化のため、各石切職人はどちらか一方のモジュールの石材の加工を担当していたということであろう。これはつまり、多数の石切職人にそれぞれ決まった役割を割りあてることによって建設現場を組織していたということで

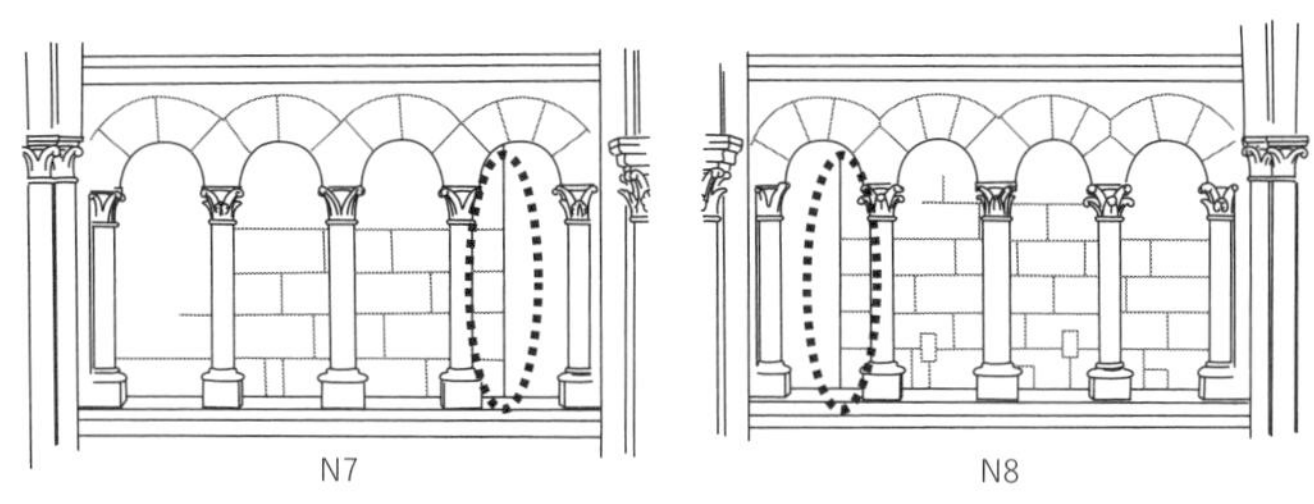

図 4 - 46　トリフォリウムの背後の壁の石積みの切れ目

図 4 - 47　ソワッソン大聖堂内陣に隣接する南袖廊のトリフォリウム
矢印の箇所に石積みの切れ目がある.

あり、中世の建設現場の組織を研究するうえで興味深い。

＊　＊　＊

ゴシック期の建設現場の様子は、絵画などの図像史料や文書史料に加えて、遺構そのものからも推察することができる。壁に残された穴から足場のかけ方を推定したり、石積みや寸法のわずかな違いといった一目見ただけではわからない変化を頼りにして建設段階を推論したりすることには、想像をふくらませる楽しみがある。

ノワイヨン大聖堂ではトリフォリウムの詳細な観察により、建設段階を解明するだけでなく、工期ごとにそれぞれの特徴をもった職人たちの存在をうかがうことができた。強烈な個性を備えたルネサンスの芸術家と比較して、中世芸術の担い手は無名の集団であったというイメージで語られることがあるが、「無名の集団」のイメージがもつ画一性とは裏腹に、ひとつとして同じ現場はなく、各々のやり方があり、職人たちが経験と感性と技術力に基づき主体的に工事を執り行っていたということが確認できるのである。

（1） 例えば、Tardieu et al. 1996. 中世の建設現場を描いた図像は、G・ビンディングが集成している（Binding, 2004）。

（2） Fitchen, 1961, p. 20; Reveyron, 2005, p. 85, 106.

（3） Tardieu et al., 1996, p. 22, 110. ラ・シェーズ＝デューのサン＝ロベール修道院で足場が崩落し工匠と二〇人の職人が負傷した事故や、パレ・ル・モニアルで一人の修道士が死亡した事故が言及されている。

（4） 床にはモルタルが敷かれ、アーチの刳り型などを作図した痕跡が残されている（Épaud, 2007, p. 429）。

（5） Tardieu et al., 1996, p. 26–27.

（6） Viollet-le-Duc, 1854–1868, t. 5, «Échafaud», p. 108; Kimpel et Suckale, 1990, p. 40.

（7） Fitchen, 1961, p. 21. 儀式が一時でも中断されることは避けねばならない。町にある他の聖堂を使ったり、古い建物を完全には壊さず使い続けながら新しい部分を建設したりすることが行われた。古い建物を大きく囲むように新しい建物の建設を進めることも一般的であった。例えばリヨン大聖堂（Reveyron, 2005, p. 106）。

（8） Tardieu et al., 1996, p. 20.

（9） Tardieu et al., 1996, p. 29, fig. 14.

（10） ガレの考察によれば、シャフト等の垂直分節を欠くカンペール大聖堂の外陣では、大アーケードの上に仮設の水平足場板が設置されたままトリフォリウムが施工されたので、大アーケードとトリフォリウムの立面がずれている（Gallet, 2014b, p. 65–95, p. 83）。

（11） 詳細は嶋﨑（二〇二四a）を参照。

（12） 例えばナント大聖堂（Vincent, Léon (ACMH), 1914, MPP cote 0082/044/1007, no. 041278）。

（13） ランス大聖堂の横材用の穴に関しては、嶋﨑（二〇二〇c）を参照。

（14） ランス大聖堂では、腰壁の上の通路にも同様の穴が観察される。ただし、これは側廊の窓の下にしかないため、窓の建設と関係していた可能性が考えられる。

（15） そのような穴はリヨン大聖堂等に知られているが、少ない（Reveyron, 1994b, p. 84–86）。なお、ブロックの中央にある穴は壁が建設された後につくられたとみなされる（Reveyron, 1994b, p. 80, n. 4）。

（16） Reveyron, 2005, p. 335–337; Hanquiez, 2008, p. 330, 333.

(17) ルヴェロンの指摘するように、たとえ通路の内部に梯子を設置することができたとしても、安全性や作業性の点で困難が生じる。というのも、通路の限られた幅に梯子を設置すると、梯子の上で作業するのに安全な勾配を確保することが難しくなるからである（Reveyron, 2005, p. 337）。また、欄干と梯子の間の隙間が著しく狭くなるため、通路と梯子の間の移動に支障をきたすと考えられる。

(18) Violot, 1930, p. 93.

(19) Y・ガレによればシャロン＝シュル＝ソーヌ大聖堂の内陣のヴォールトは十分な控えを欠いており、着工当初の計画にはなかった。R・ブランナーは一四世紀の外陣の工事の際に内陣のヴォールトが改変された可能性に言及している。内陣の横材用の穴は、ヴォールト改変のための足場や型枠の設置のために設けられたのかもしれない（Gallet, 2010, p. 97; Branner, 1960b, p. 125, n. 2）。

(20) 前者のような穴はフランス語で trou façonné、後者は trou maçonné と呼ばれる（Tardieu et al., 1996, p. 47）。

(21) 嶋﨑、二〇二四 a、三九六頁。

(22) Le Barrier, 1996.

(23) 厳密には、横材と穴の内壁が接触する部分にどの程度の大きさの石があるかによって、値は変動する。ここでは二〇センチメートル四方の板石が設置されていると仮定している。

(24) ル・バリエは、l＝0.5 m に位置する静止した人八〇キログラム、石材五〇〇キログラム、その他木材やモルタル一〇〇キログラムに加え、l＝0.4 m の位置で跳躍する人の及ぼす荷重三〇〇キログラムを想定している。

(25) 穴の上に荷重を及ぼすことのできる組積は、高さ四〇センチメートルの四角錘の部分と、厚み四〇センチメートルの台形柱部分に分けて考えられる。そのおよその合計体積は $0.4\times0.8\times0\times4/3+(0.8+2.0)/2\times0.4\approx0.38\ m^3$ である。すると $F_{2Max}\times L2=0.38\times2.5\times0.8=0.76$ tm となり、図4－9aでの値とほぼ同等になる。実際には横材と穴の接触面にある程度の面積があるので、値はこれよりやや大きくなると予想される。

(26) 中世に使用された器械の実例に関しては、Binding（2004）および Bechmann（1981, p. 272ff）を参照。ケルン大聖堂の工事中断期間中ファサードブロックの上には中世の器械が残されており、絵画に描かれている（図4－17）。ストラスブール大聖堂の屋根裏には一六世紀の巻き上げ機の車輪が残っている（Bengel et al., 2014, p. 212ff）。

(27) Adam, 1995, p. 50–53.

(28) Binding, 2004, p. 53, n. 148. なおラティスボン大聖堂の階段にも吊り楔の穴があるものがある（Papajanni, 2002, bild-band 1, Abb. 291）。

(29) Binding（2004）には、ピンチは八〇例程度示されているが、吊り楔は二、三例にとどまる。

(30) 他には、ノワイヨン大聖堂の袖廊の中間階通路やリヨン大聖堂の外陣のクリアストーリー通路の床に確認された。

(31) Du Colombier, 1973, p. 26; Bernardi, 2011, p. 97.

(32) Bechmann, 1981.

(33) Heyman, 2008, p. 59.

（34） Kimpel, 1977, p. 210.

（35） Tricoit, 2009, p. 155–156.

（36） フランス語で construction en tiroir と呼ばれる。

（37） キンペルによればアミアンの外陣のトリフォリウムの柱頭は様式的なヴァリエーションが少なく、まとめて加工・ストックされていた可能性が高い。タンパンと小円柱を引き出し式に建設するために、建築の大枠が完成するまで別所で保管されていたのだろうか（Kimpel, 1977, n. 35）。

（38） Cf. Bouilleret et al., 2012, p. 147.

（39） Viollet-le-Duc, 1854–1868, t. 5, «fenêtre», p. 400; Branner, 1965, p. 16. ブランナーはランスのサン＝ニケーズ聖堂、ラニーの聖堂などを描いた図を引き合いに出しているが、ここで参照されている *Monasticon Gallicanum* の版画（folio 14, 18）では未完部分にもすでにトレーサリーが入っているように、筆者にはみえる。ただこの図は建設中の様子を描いたものではない。

（40） Kayser, 2012, p. 88–91.

（41） 実際、アブヴィルのサン＝ヴルフラン参事会聖堂の未完のままの袖廊（西側の壁のみ建てられている）では、クリアストーリーのトレーサリーがはめられないまま残されているのに対し、トリフォリウムのトレーサリーはすでにはめられている（Base Mémoire, Référence no. AP80L05427 を参照）。

（42） 正確には一ベイのみ建設された外陣を閉じるように仮設のファサードがある。ボーヴェ大聖堂でも一九世紀に外陣の増築計画を試みた修復家がいたものの認可されず、以来仮設のファサードは恒久的な壁となった。Bideault et Lautier, 1987, p. 92–93.

（43） Reveyron, 2005, p. 99.

（44） Tillet, 1907, p. 641–642. 地上階は一三世紀末から一四世紀初頭、トリフォリウムより上は一五世紀。

（45） Villes, 2004, p. 247, 265. A・ヴィルは、トリフォリウムの足元で中断されたとの物的証拠はないものの、建設の順序や技術的観点からしてここに切れ目があっただろうと推測する。

（46） Decrock, 2009, p. 136. ただしドゥクロックは五番目のベイにこの痕跡があると指摘するにとどめておりその他のベイについては言及していない。

（47） A・ヴィルの見解によればメッスでは大アーケード頂部の三葉形フリーズの下までで工事が中断した（Villes, 2004）。

（48） Reveyron, 2005, p. 99.

（49） Ancien, 1984, p. 29–30, pl. 9. ただしD・サンドロンはこの説に懐疑的である（Sandron, 1998, p. 102）。

（50） Bontemps, 1981, p. 214.

（51） Sigal, 1921, p. 94; Freigang, 1991, p. 288 に引用。なおナルボンヌ大聖堂の未完成の袖廊と外陣は、トリフォリウムの上まで（場所によってはクリアストーリーの足元の方立まで）建設されている。

（52） Vallery-Radot, 1948, p. 105–106.

（53） Gallet, 2010, p. 99–103.

（54） ただし西側四ベイは地上階含め新たな増築部分である。

（55） ただし、全体の設計において彼が中心的役割を担ったとの説は現在否定的にみられている（Branner, 1965, p. 143; Kimpel et Suckale, 1990, p. 385–386; Prache, 2000, p. 34; Bruzelius, 1985, p. 47）。

（56） Bruzelius, 1985, p. 44.

（57） «construction en palier». 階段状の建設段階の図示は、例えばK・ブロックハウスによるフェカン修道院聖堂の研究でも試みられている（Brockhaus, 2003; Brockhaus, 2009）。

（58） James, 1977. ジェームズのシャルトル研究に対し、R・マーク、S・マレー、L・シェルビーが*Gesta, JSAH, Speculum, Art Bulletin* 各誌に書評を寄せた。シャルトル大聖堂が階段状の建設よりむしろ水平の層で建設された（つまり低い壁を徐々に高くしていくことにより広範囲の建設が同時に進められた）という点や、複数の建設チームが携わったという点に関してはおおむね賛同されているが、建築家がおらず毎年建設チームが入れ替わったという主張については留保する見方が多いようだ。

（59） Bernardi, 2011, p. 33–34. ジェームズは、異なる建築に同じようなディテールが見いだされる場合、それを「チーム」の同一性に帰した（James, 1977, p. 92ff）。

（60） Prache, 1989, p. 73.

（61） とはいえセイマーは、このとき行われた聖遺物の公開顕示は建設費用の寄付を募ることを目的としていた可能性もあると述べている（Seymour, 1975, p. 33）。

（62） Prache, 1989, p. 75.

（63） Seymour, 1975, p. 37. 袖廊の半円アプス形平面を内陣と同じ工期と考えるセイマーの見解にはA・エルランド＝ブランダンビュールやプラーシュから異論が出されている。プラーシュは袖廊の平面は南袖廊を横断するローマ時代の市壁の存在によって定められたと考えた（Prache, 1989, p. 76）。

（64） とはいえ、工期３ｂｉｓでは明らかに設計の変更が行われている。工期２中に建設された柱では小円柱が三本だったのに対し、次の工期に建てられた部分では二本になっているからである。ベイⅢSE以降は、ヴォールトの壁付アーチは中間階通路の足元まで降りてこない。

（65） Clark, 1977, p. 30–33.

（66） Lefebvre, 2011, fig. 5. 工期２でもトリビューンと放射状祭室の小円柱には太枘が用いられていた。

（67） Prache, 1989, p. 75; Seymour, 1975, p. 39.

（68） Lemire et Timbert, 2011, p. 107, fig. 1.

（69） Seymour, 1975, p. 40, n. 10.

（70） 標準偏差は三・一で、北袖廊の〇・七より著しく大きい。

（71） ベイS８―S11の側廊の外壁下部の石材は同じ種類の道具を用いて加工されている（Lemire et Timbert, 2011）。

（72） ヴォールトに残る彩色も、一二世紀末の建設を裏づける（Victoir, 2005, p. 251）。

（73） Seymour,（1975, Pl. XL）の図92にはそれぞれの柱の平面図が示されている。「弱い柱」（ドラム状の石材による円柱）の太さは変わらず、六三センチメートルである（筆者測定）。

（74） Tallon et Timbert, 2011. この論文によれば外陣の飛梁が設置されたのは一二九三年の火災より後である。

(75) 身廊側の表面は下塗りや彩色で覆われていて観察困難のため、調査は屋根裏側のみ行った。背後の壁の石材は約九〇〇個あるはずだが、見つけたサインは合計で一六〇個程度である（約一八パーセント）。サインは石材の一面にしか施されなかったことから、この数は妥当であろう。壁表面の砂や塵は観察を困難にする。あまりに判読困難なサインや一個しか見つからなかったサインは除外した。

(76) ラン大聖堂での石積みの切れ目については、嶋﨑（二〇二〇c）を参照。

第5章　通路としての実用性

本章では建設工事終了後のトリフォリウムが通路として有する実用性に焦点を当てる。ゴシック聖堂を訪れ、階段の存在を気に留める人はそう多くないだろう。儀式のために信徒が会するのはもっぱら地上階であるという事情もあり、聖堂建築における階段は目立たないものが多い[1]。それでも、階段は高いところをめぐるトリフォリウムやトリビューンといった水平通路と結びつき、複雑なネットワークを形成した。さらに図像史料やトリフォリウム内に残る痕跡は、トリフォリウムが実際に通路としてどのように使われていたかを推定するのに役立つ。

1　階段と水平通路のネットワーク

階段の位置と種類

たとえ単層の建築であっても屋根や窓の営繕、鐘楼へのアクセスのためには何らかの垂直移動の手段がなければならない。物的証拠はほとんど失われているにせよ、小規模な建築では木造の階段や簡素な仮設の梯子で済まされることも多かったと思われる[2]。一方で、たとえ小規模な建築であっても石造の恒久的な階段が備えつけられることもあった。É・ヴェルニョールによれば、カロリング期には鐘楼や西構え（ヴェストヴェルク）の小塔に螺旋階段が建設され、トリビューンや鐘楼へのアクセスを提供していたらしい。一一世紀頃になって、屋根裏にまで通じる階段が一般化したようである。[3]

　フランスの中世聖堂建築の内部に建設される石造階段はほとんどが螺旋階段である。[4] 階段は小塔として建物外部に顕在化することもあるとはいえ（図5-1）、しばしば人目につかない位置（壁や控え壁の組積の内部など）[5] に巧みに隠されているので、意識的に探したとしてもその存在を把握するのは容易ではない。とくに建物内部からはほとんど知覚されないことが多く、袖廊やファサードの塔などの隅角部で控え壁の厚い組積の内部に設けられているものはもちろんのこと、壁に接しているような場合でもそれは開口部の欠如などによってそれと知られるにすぎない（図5-2）。

　階段は多かれ少なかれ高所での水平移動（壁内通路やトリビューンに加え、建物外部の軒沿いやクリアストーリーの足元、側廊や身廊の屋根裏、塔の上階など）の動線と結びつき、時として組織化された複雑なネットワークに発展したが、階段の数は時代よりも建物の種別や規模に左右される。トリビューンやトリフォリウムがあれば階段があるのかという

図5-1　シャルトルのサン=ピエール聖堂外観
階段の小塔（図中央）.

図5-2　シャルトルのサン=ピエール聖堂内陣
図中央のベイに窓が欠如しているのは，壁に沿って階段（図5-1）が設けられているため.

と必ずしもそうではなく、石造の階段がない代わりに木製の螺旋階段が常設されている聖堂もある[6]。ある程度の規模の建築では、複数の石造階段を有するのが常であるが、その場合でも適宜木造の通路や階段が補助的に設置されることはある（図5-3・図5-4）。

中世の螺旋階段の建設手法は二種に大別される。E・E・ヴィオレ＝ル＝デュクによると一一―一二世紀には螺旋形ヴォールトの上に踏板が載る方式（図5-5A）が一般的であり、一二世紀後半以降には踏板と親柱が一体の方式（鍵穴状の形に加工された石材が踏板と親柱を兼ねる）（図5-5B）が主流になった[7]。

前者の方式の場合、螺旋形ヴォールトは切石で構成されることもあれば（通称「サン＝ジルの階段」[8]）、モルタルと割石による粗い建材でつくられることもある[9]。螺旋形ヴォールトを切石でつくる際には一部が二次曲面の複雑な形状となるため、高度な作図・加工技術が求められる。施工の際にも狭い空間に曲面の型枠を設置し、その上に石を積むと

図5-3　シャロン＝シュル＝ソーヌ大聖堂外陣のクリアストーリー
左手に，交差部の通路からクリアストーリー通路へ下る階段．窓の下に並ぶ正方形の穴は横材用の穴（第4章参照）．

図5-4　シャロン＝シュル＝ソーヌ大聖堂外陣のクリアストーリー
階段を見下ろす．

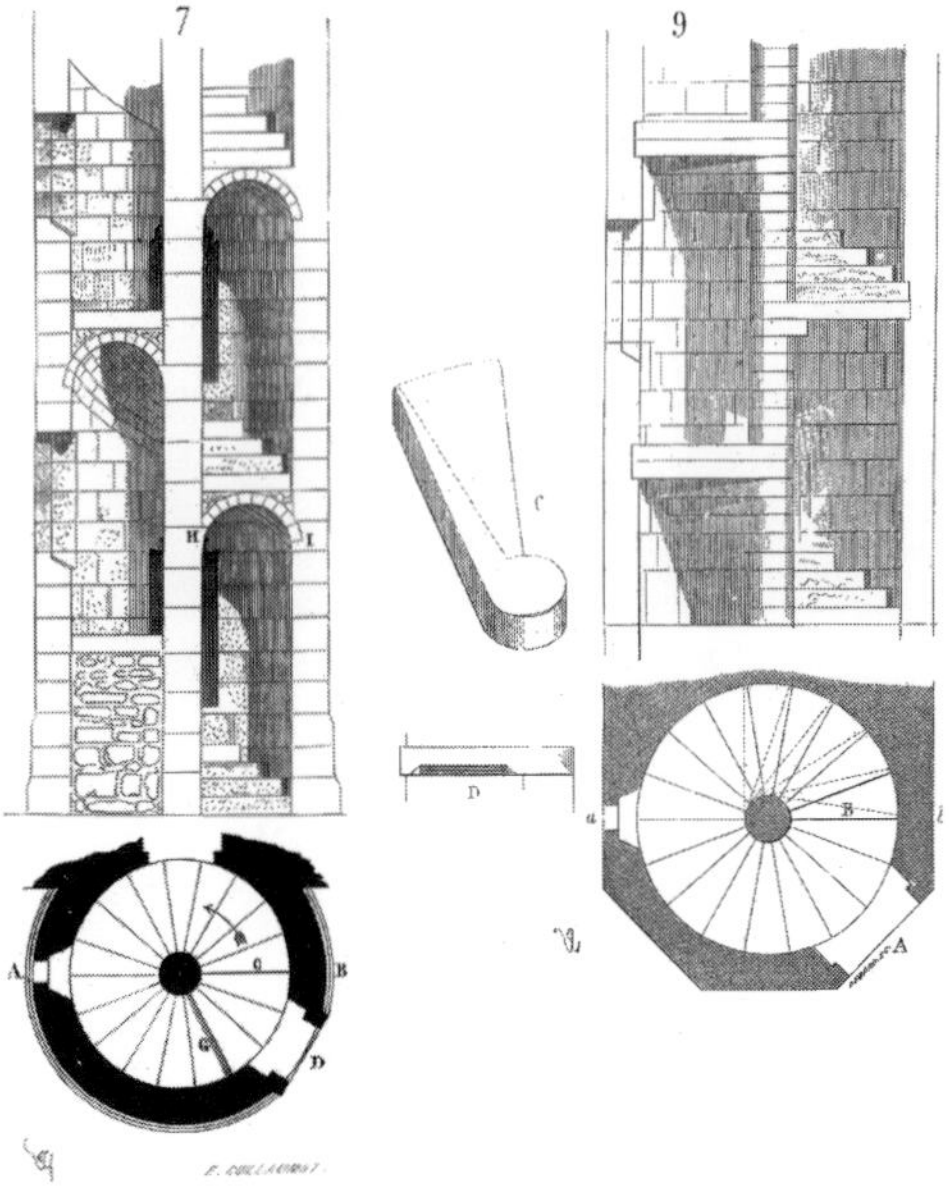

A. 螺旋形ヴォールトに踏板が載る方式

B. 踏板と親柱が一体の方式

図5-5 フランス中世聖堂の階段の建設方法(E. E. ヴィオレ=ル=デュクによる)

いう煩雑な作業を必要とする。

一方で、踏板と親柱が一体の方式では、踏板のブロックの端部に親柱の一部があらかじめ付属している。踏板の縁をわずかに重ね、少しずつずらしながら積み上げていくことで施工される[10]。ゴシック期の階段の一般的な建設方法であり[11]、筆者の調査した建築の階段のほとんどはこの方式によっていた。石材の標準化が容易であることから、一三世紀以降顕著になった標準化とプレファブリケーションの傾向と親和性があったのだろう。ブロックを積み上げていくそばから使用することができるため、施工が容易で実用性にも優れたという指摘もある[12]。

一部の螺旋階段は南北対称に配置されることがある。ノワイヨン大聖堂(図4-27参照。地上階平面図のAn/AsやCn/Cs)やソワッソン大聖堂(図5-10参照。地上階平面図のCn/Cs)でそうであるように、回転方向は逆になることが多い。螺旋階段は特定の方向からアクセスできる位置が限定されているため、周辺の構造が反転していれば回転を逆転したほうが好都合だったのかもしれない[13]。

階段の配置計画

すべての階段が同じように使われていたわけではない。踏板の幅が一メートル以上もある広く歩きやすい階段もあれば、幅五〇センチメートル程度の狭い階段もあり、それらは異なった目的で存在したと考えられる。径の狭い階段はそれだけ踏板の親柱に近い位置を歩かざるを得ないので、足の踏み場の確保のために踏板の奥行きは比較的大きくなる。それは一回の旋回中に含まれる段数の減少、すなわち歩く部分の天井高が低くなることを意味する。なぜなら、踏板が同時に天井である螺旋階段では、踏板の蹴上高さを一旋回分合計した値が天井高だからである。つまり、狭い階段はそれだけ天井高も低くなってよけいに歩きづらくなるので、日常的な使用にはあまり向かないと考えられるのだ。

ノワイヨン大聖堂の内陣西端（一一五七年頃）、袖廊との接合部分に設置された二つの螺旋階段（図5-6、図4-27参照。地上階平面図のCn／Cs）は、踏板の幅一一六センチメートル、高さ一八センチメートルの歩きやすい階段で、丁寧な切石の螺旋形ヴォールトで覆われ、彩色の痕跡（白の擬似石積み）も認められる。この階段は内陣のトリビューンに通じているが、内陣のトリビューンは柱頭彫刻やヴォールト要石の装飾が豊かであり、祭壇があったとの記録もあることから、地上とトリビューンを接続する階段として、頻繁に使用されていたのであろう[14]。それに対し、交差部の西側に配置された、トリビューン階からトリフォリウム階に上るための螺旋階段（図5-7、図4-27参照。レヴェルB平面図のBn／Bs）は径が小さく、踏板の幅は六七センチメートル程度である。トリフォリウムやクリアストーリー階の通路が使われる頻度は高くなかったので、多少足元の悪い階段でもよしとされたのではないかと思われる[15]。

ソワッソン大聖堂のファサード[16]（塔以外は一二四〇年頃完成）でも、儀式で使用される可能性のあるトリビューンへ上がる階段は大人数を容易に通行させることができるよう幅広につくられ、それより上のレヴェル（トリフォリウム以上）に通じる階段はより狭いものが別個に用意されている（図5-8）。階段は実際の使用を想定して計画されていたという自明の事実が確認できる。

図 5－7　ノワイヨン大聖堂，階段 Bn

図 5－6　ノワイヨン大聖堂，階段 Cn

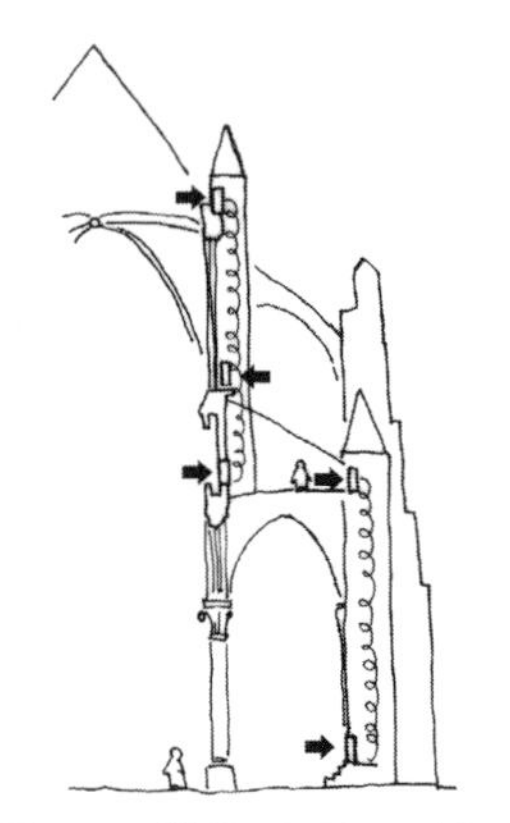

図 5－9　階段の配置の一例
クリアストーリーや身廊の屋根へアクセスするために，しばしば階段が 2 基以上設けられる．

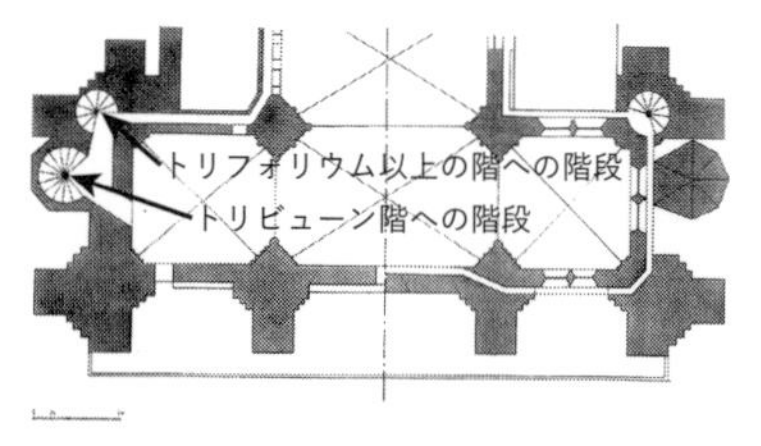

図 5－8　ソワッソン大聖堂ファサード上階平面図（左：トリフォリウム階，右：クリアストーリー階）

ノワイヨンの階段がそうであるように、地上階から始まる階段は、屋根の上まで一貫して続いているとは限らず、途中の階までしか通じていないこともある。それと同様に、地上階からではなくトリビューンから始まる階段[17]や、トリフォリウム通路から始まりクリアストーリーや身廊の屋根などの上層部へ通じる階段も多い[18]（図5-9）。ソワッソン大聖堂の南袖廊（一一七六年頃着工）の地上から始まる階段（図5-10A）は、トリフォリウム階（つまりトリビューンの屋根裏）に達し、トリビューンの屋根の上まで通じているが、クリアストーリー階に上るには、トリフォリウム階から始まる階段（図5-10B）に移動する必要がある。

これらの階段は、必ずしも気まぐれな理由で上階から始まっているわけではない。トリフォリウム階から始まる螺旋階段の多くは身廊の壁に沿って設けられているが、これらの階段を地上階まで下ろすことは難しい。なぜなら地上階は大アーケードと側廊によって占められており、階段を埋め込むことができるような壁や組積がないからである。一方、側廊の外壁に階段を設置することはできるが、側廊は地上階しかないので、それ以上のレヴェルにアクセスすることはできない。

このように、通行システムの複雑さの一因は、建物の一番低い部分から一番高い部分まで立ち上がるような垂直面が少ないために階段をあちこちにつくらなければならないという点にあるのだ。

なお、ブールジュ大聖堂（一一九五年着工）では、南側の側廊外壁の階段を高く立ち上げ（「サン＝ギヨームの塔」）、そこから空中の水平通路によって主立面のトリフォリウム背後の屋根裏へ、また上位の飛梁の勾配を利用した直線階段によって身廊の屋根裏へ[19]とアクセスを提供している[20]（図5-11）。

建設中の階段の使用

設計者にとって建物の最終的な通行システムの決定も重要だが、建物の建設中の上階へのアクセス手段の確保もそ

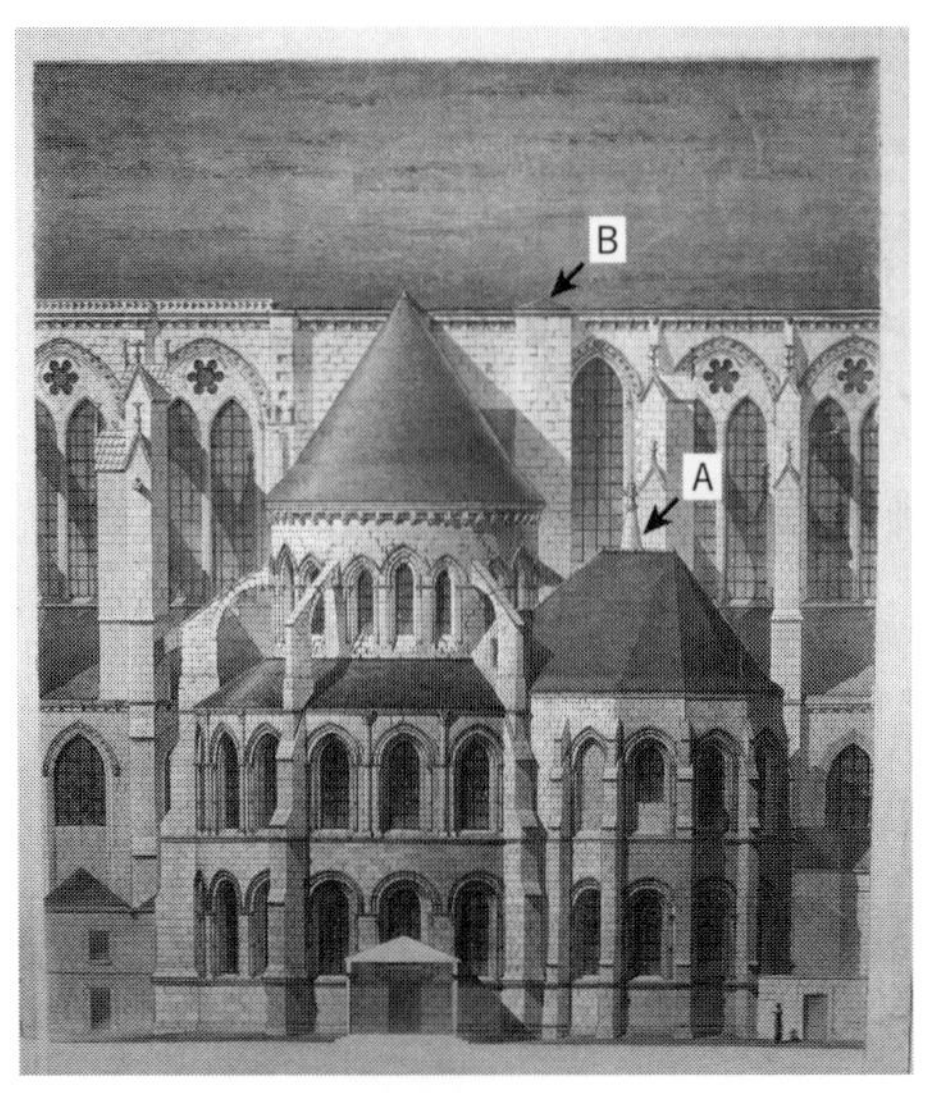

南袖廊外部立面図

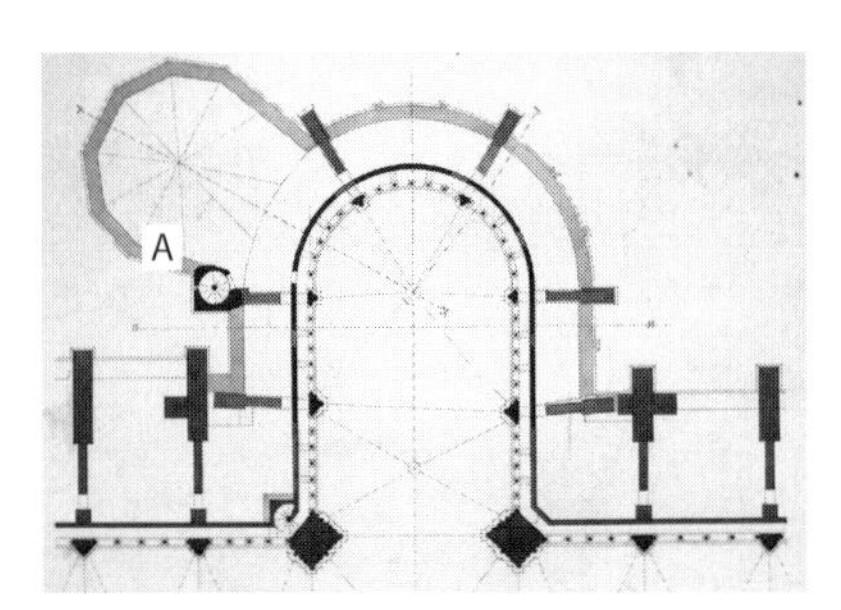

トリフォリウム階平面図

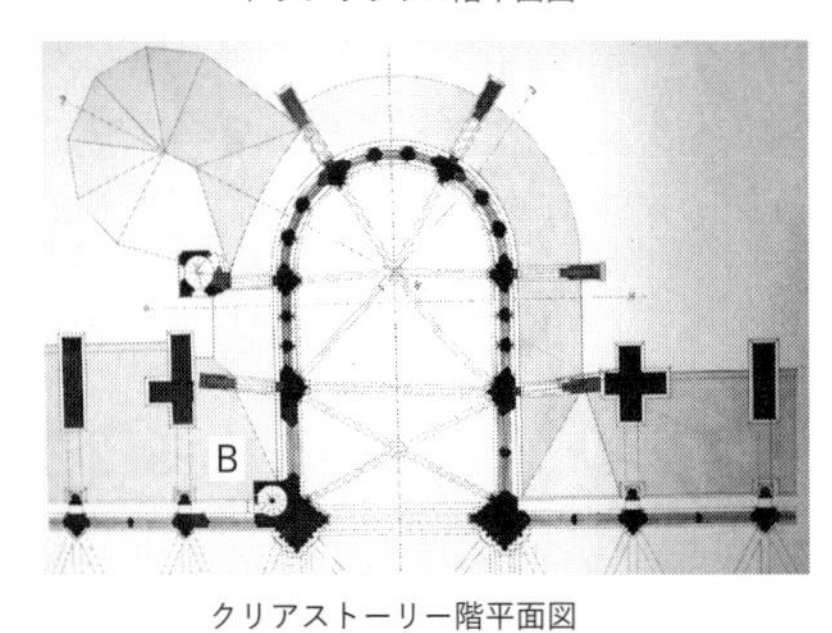

クリアストーリー階平面図

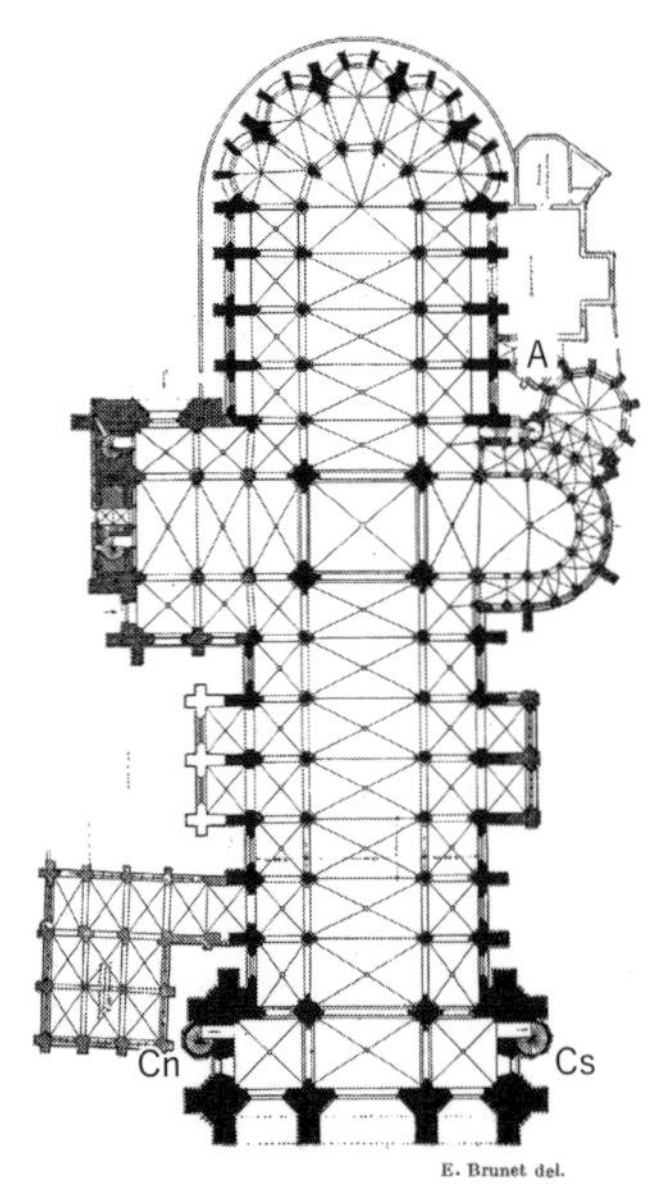

地上階平面図

図5－10　ソワッソン大聖堂南袖廊の階段

れに劣らず重要だったはずである。更地から工事が始められたのではなく、既存の建物に接続するように、あるいは既存の建物を取り巻くように着工した場合、既存部分の階段を使ってアクセスできた可能性も考えられる。着工時に古い塔が残っており、塔の階段からトリフォリウム階へアクセスできるケースは多い。シャルトルのサン＝ピエール聖堂（塔は一〇世紀か一一世紀、外陣は一二〇〇年頃着工）やサン＝ドニ修道院聖堂（西ファサードは一一四〇年完成、外陣は一二七〇年頃完成）では塔の上階を介してトリフォリウムへ接続している。[21]

階段は建設中も適宜使用されたと思われるが、職人が移動するだけでなく建材の引き上げ等にも使われたのかどうかは定かでない。大きな石材を引き上げるのに螺旋階段は不向きであろう。[22]

図 5－11　ブールジュ大聖堂，サン＝ギヨームの塔と空中の水平通路

2　通路へのアクセスの可否

通路の寸法

トリフォリウムはどの程度「使いやすい」通路だったのだろうか。

まず通路の寸法を確認してみよう（図5－12）。通路の高さ（h）は、人が入れるぎりぎりの高さ（二メートル）から七メートルに及ぶものまで、建物の規模や内部立面の層数、プロポーションによって大きく異なる。ただし高さのある通路であっても、支柱との取り合い部分では内部控え壁と呼ばれる組積によってやや高さを減じていることが多い（図1－35中央部参照）。幅（l：小円柱の柱礎からトリフォリウムの背後の壁までの距離）に目を転じると、かろうじて通行が可能な五〇―七〇センチメートル程度しかないものがほとんどで、通路の高さ（h）に比べて変動は小さい。

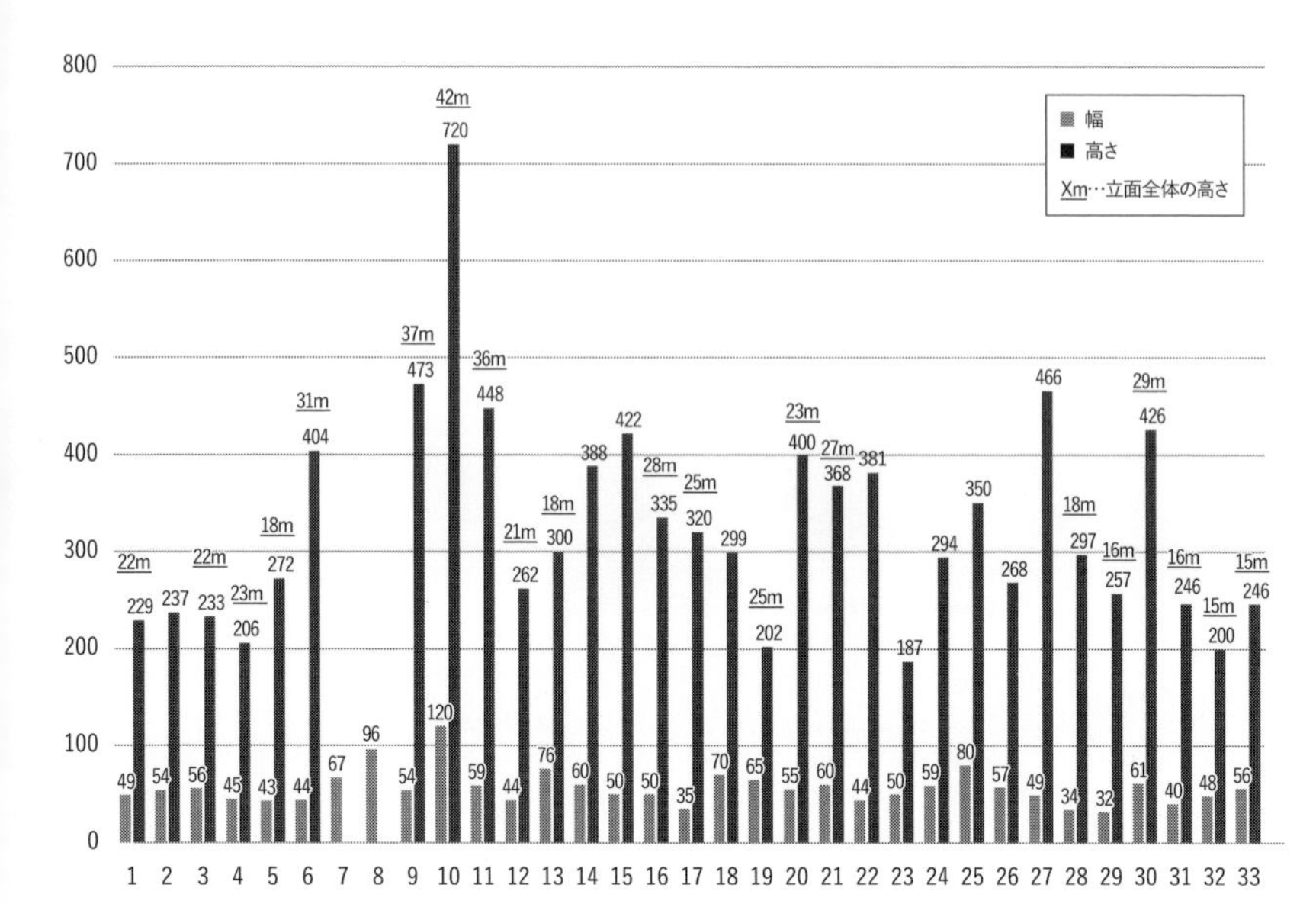

1. ラン大聖堂
2. ジュジエ, サン＝ミシェル聖堂
3. ソワッソン大聖堂（南袖廊）
4. ノワイヨン大聖堂（外陣）
5. ブレーヌ, サン＝チヴェ修道院聖堂
6. ソワッソン大聖堂（内陣）
7. サン＝ルー＝デスラン修道院聖堂（外陣）
8. サン＝ルー＝デスラン修道院聖堂（内陣）
9. ランス大聖堂
10. アミアン大聖堂（外陣）＊
11. サン＝カンタン参事会聖堂（13世紀の部分）
12. シャルトル, サン＝ピエール聖堂（外陣）
13. ディジョン, ノートル＝ダム聖堂
14. シャロン＝シュル＝ソーヌ大聖堂（内陣）
15. サン＝ドニ修道院聖堂（内陣）
16. サン＝ドニ修道院聖堂（外陣）
17. シャロン＝アン＝シャンパーニュ大聖堂＊
18. クレシー＝ラ＝シャペル参事会聖堂（内陣）
19. ヴィエンヌ大聖堂（内陣）
20. シャルトル, サン＝ピエール聖堂（内陣）
21. ディジョン, サン＝ベニーニュ修道院聖堂
22. ボルドー大聖堂（内陣）
23. マルマンド, ノートル＝ダム聖堂
24. シャロン＝シュル＝ソーヌ大聖堂（外陣）
25. ヴィエンヌ大聖堂（外陣）
26. クレシー＝ラ＝シャペル参事会聖堂（外陣）
27. サン＝カンタン参事会聖堂（15世紀の部分）
28. アルジャンタン, サン＝ジェルマン聖堂
29. アルジャンタン, サン＝マルタン聖堂
30. トゥール大聖堂（外陣）
31. レ・ザンドリ, ノートル＝ダム聖堂（南袖廊）
32. ショーモン, サン＝ジャン＝バティスト聖堂（袖廊西側）
33. ショーモン, サン＝ジャン＝バティスト聖堂（内陣）

＊*h*は断面図上での計測

図 5－12　トリフォリウムの通路の幅（*l*）と高さ（*h*）

1160 年頃-16 世紀までのトリフォリウムをおよそ時系列順に並べている.

通路の幅（l）は下階でトリフォリウムを支える大アーケードないしトリビューンの壁厚によって制限されているためである。アミアン大聖堂ではトリフォリウム全体をアルク・ド・デシャルジュ（第3章第1節参照）によって下から支えることで局所的に壁厚を増加させ、例外的に幅広（一二〇センチメートル）の通路を実現させている。アミアンのトリフォリウムには欄干として機能する高い立ち上がり部分もあり、通路としての実用性を見込んだのではないかと想像させる。一方で、シャロン＝アン＝シャンパーニュ大聖堂やアルジャンタンの二件の聖堂では三〇センチメートルそこそこと、横歩きで通行するのがやっとの幅しかなく、実用性は劣る。

構造的問題と通路の中断

続いて通路へのアクセスの容易性を検討する。トリフォリウムを通路として使用するには、いうまでもなく通路に入ることができなければならない。筆者の調査した中では、アクセスが困難なトリフォリウムは多くなかった。トリフォリウムの通路には原則として何らかのアクセスの道筋が用意されている。しかし建設後に階段が封鎖される・通路が中断されるなどした場合には、入れない通路もできてしまう。

水平の空隙として支柱を貫き、断面積を損失させるトリフォリウムの存在は、重大な構造的欠陥の一因となる恐れがある。実際に、トリフォリウムの足元で壁が座屈するように曲がってしまった建物も知られている[23]。支柱の弱体化を防ぐ最も単純な方法は、通路を支柱の位置でふさいでしまうことだろう。

通路が支柱の位置で中断されて通行ができなくなっている場合、それは建設終了後のどこかのタイミングで通路をふさいだか、建設当初からそのように施工されているかのいずれかである。

オーセール大聖堂の内陣（一二一五年頃着工、通路の中断は一四世紀頃。図5-13）では、建設中の設計変更がたたってか、支柱が過大な荷重を受けたために通路との取り合い部分がふさがれた[24]。

サン＝カンタンの参事会聖堂の中袖廊（一三世紀前半。図5-14、図3-5参照）では、構造補強のため通路を中断す

図 5－13　オーセール大聖堂内陣と南袖廊
柱 8 と柱 9 での通路中断．クリアストーリー階通路もふさがれている．

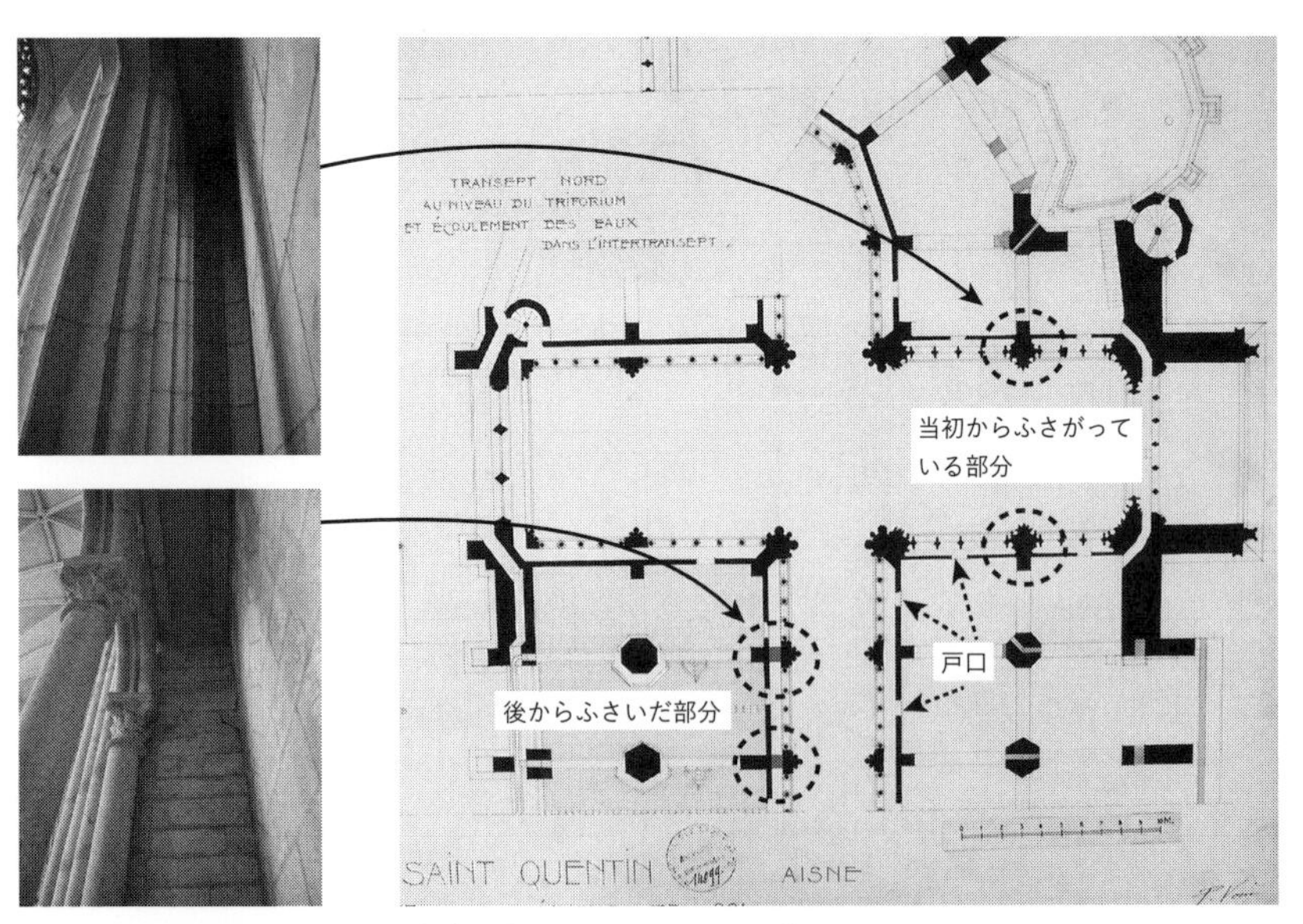

図 5－14　サン＝カンタン参事会聖堂，トリフォリウム階平面図
13 世紀の通路はふさがれ，後に建設された部分では当初から通路をふさいだ．

るとともに（P・エリオによれば一四世紀か一五世紀）、支柱の強化や金属材の設置などを行っている。[25] 南小袖廊では、部分的な構造強化では解決できなかったのか、一四七七年より再建工事が行われ、[26] トラブルを未然に防ぐためか、建設当初から通路をふさいでいる。

ノワイヨン大聖堂においても、外陣東側のベイではトリフォリウム通路が柱を貫通するように設計されていたのに、支柱を細くした西側では通路がふさがれてしまったことは、第4章でもみたとおりである。

トロワ大聖堂の外陣（一五世紀）でも、東端の柱が当初は貫かれていたが、建設後にふさがれ、その後建てられた西側の柱はすべて当初から通路との取り合い部分が埋められている。[27]

事後的な通路の中断処置は他にも、ボーヴェ大聖堂の内陣多角形部の主立面のトリフォリウム、エヴルー大聖堂の内陣[28]などで行われた。補強は近代以降の修復中に行われることもあり、例えばラン大聖堂の袖廊やファサードでは、一九世紀の修復の際にトリフォリウムやその他の通路が多数ふさがれた。[29]

当初から中断されている通路としては他に、サン＝トメール大聖堂の内陣と外陣[30]（一一九一年頃着工）、マルリー＝ラ＝ヴィルの聖堂[31]（一三世紀前半）などが挙げられる。

事後的な中断は構造的問題が顕在化した際に行われ、建設当初からの中断は、一概にはいえないが先行して建てられた部分で問題が起きた際（サン＝カンタン、トロワ）や、先行した建てた部分より軽快な構造を採用する際（ノワイヨン）に行われるケースが目につく。通路の中断の処置は経験に基づいて実行されたということだろう。

アクセス困難な通路

支柱の位置で通路がふさがれていても、背後の壁に開けられた扉を通じて通路にアクセスできるなら、大きな不都合はない。

当初から通路が中断されているベイでは、原則として、屋根裏からトリフォリウム通路へ出るための戸口が背後の

図5－15　ボーヴェ大聖堂内陣の身廊のトリフォリウム
背後の壁のガラスを一部外すと，梯子を使ってトリフォリウムの通路にアクセスできる．しかし通路が狭いため安全の確保が困難．

壁に設けられている。サン＝カンタンの南小袖廊（図5－14平面図参照）や、ノワイヨン大聖堂の外陣西側のベイ、アルジャンタンのサン＝ジェルマンとサン＝マルタン両聖堂などが該当する。

　中断なしに周回する通路では各ベイに戸口がついていることは稀だが、ランス大聖堂のようにすべてのベイに戸口がついているものもあり、もし事後的に通路を中断しなければならなくなった場合でもアクセスが妨げられない。サン＝カンタンの中袖廊の戸口も、中断の際につくられたのではなく、建設当初から設けられているもののようだ。一方で、オーセール大聖堂の中断箇所の背後の壁にある戸口は、中断によって通路に入れなくなってしまわないよう、後から開けられたもののようにみえる（図5－13参照）。該当ベイの上にあるクリアストーリー階通路は、もしステンドグラスの一部を取り外しできないとすれば「入れない通路」になってしまっていることだろう。

　ところで、採光されたトリフォリウムはその性質上、外側に接する屋根裏空間がない、あるいはほとんどない。そのため、屋根裏から背後の壁の戸口を介してアクセスすることは原則としてできず、トリフォリウム内の移動に際しては通路内部を歩く必要がある。したがって、通路が支柱を貫かず、ベイ間の移動のできない採光されたトリフォリウムはアクセス困難となる。筆者がボーヴェ大聖堂の調査を行った際は、トリフォリウム内部に入ることはできなかった。背後の壁のステンドグラスのパネルの一部を取り外すことでかろうじて人が通れる程度の隙間ができるが、トリフォリウムの床はそれよりかなり下のレヴェルにあり、梯子を使って降りるのは危険が伴うため断念した（図5－15）。トロワ大聖堂の外陣においても、ステンドグラスの一部を取り外すことによってしか通路に入れないうえ、欄干や手すりがないためにアクセスに危険が伴うことが指摘されている[32]。エヴルー大聖堂の内陣（図1－51参照）では、窓の下に残された低い壁面に小さな戸口が設けられており、各ベイの通路にアクセスするには身をかがめなければならない。

アルジャンタンのサン＝マルタン聖堂（一四八〇年頃着工）の内陣のトリフォリウムには側廊の屋根裏経由でアクセスするが、側廊外壁側にある螺旋階段の出口よりも側廊のヴォールトがやや上の位置にあり、ヴォールトの外輪をよじ登るようにしてトリフォリウムの戸口にたどり着く必要がある。しかもトリフォリウムの通路は当初から支柱の位置でふさがれ、ベイごとに独立しているうえ、幅三〇センチメートル強とかなり狭い。アクセスの不便さもあいまって、使用を想定していなかったのではないかと考えさせられる。

回り込む通路

通路を中断させたくないが支柱を貫くことに構造上の不安があるときの解決法として、通路を支柱の組積の背後に回り込ませることが行われた（図5－16）。第1章で分析したボーヴェ大聖堂の周歩廊のトリフォリウムでもそのようにつくられていた（図1－29参照）。

E・E・ヴィオレ＝ル＝デュクがすでに、ナルボンヌとリモージュの両大聖堂のトリフォリウムについて、通路を回り込ませる利点を指摘している[33]。

このような構造は、古くはイギリスのセント・オールバンズ修道院聖堂（一〇七七年着工）で採用されたことが知られている[34]。ランスのサン＝レミ修道院聖堂の内陣（一一七四年着工）直線ベイも、回り込む通路の早期の例のひとつである[35]。

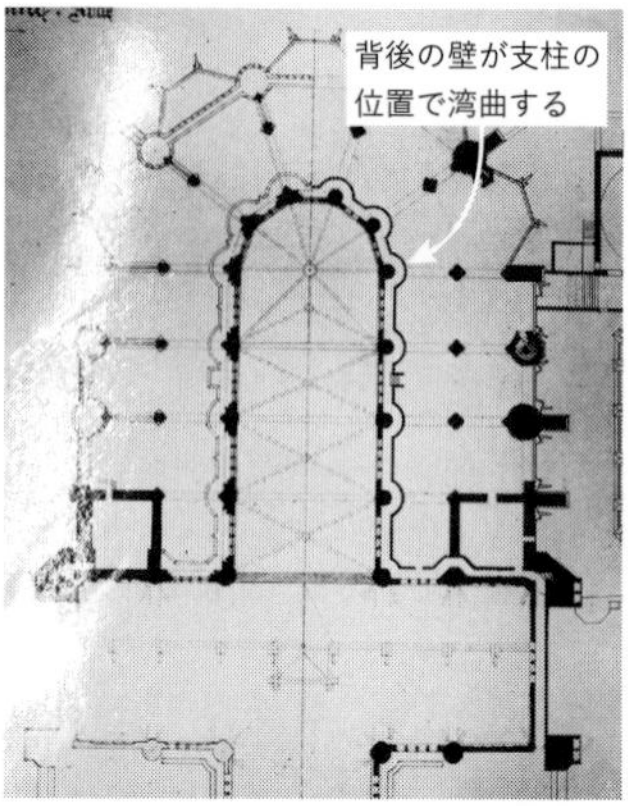

図5－16　ナルボンヌ大聖堂トリフォリウム階平面図（右側）

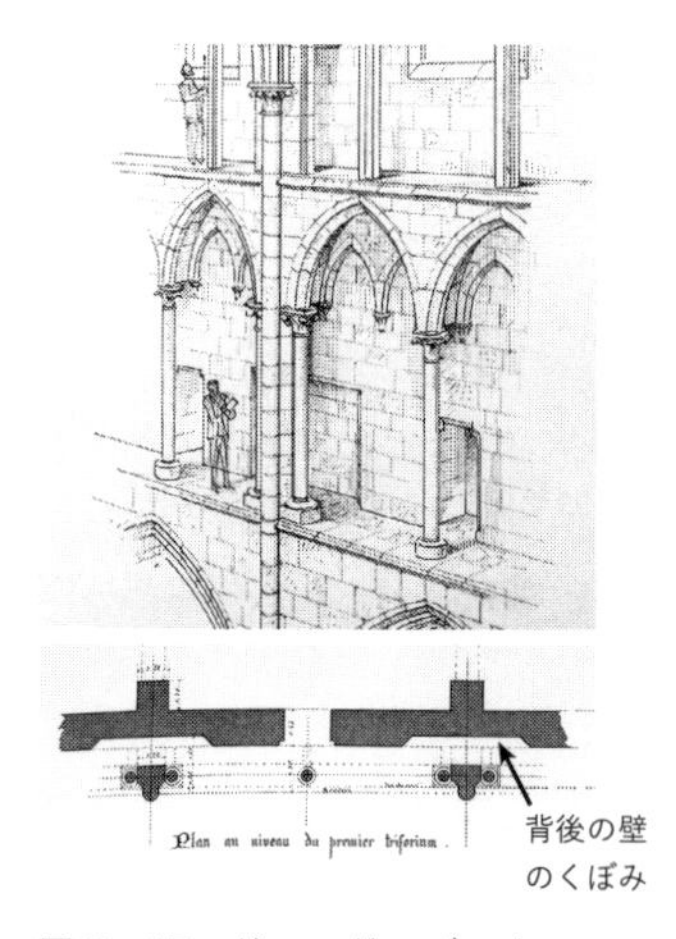

図5－17　ドル＝ド＝ブルターニュ大聖堂外陣のトリフォリウム
ピアの位置で背後の壁にくぼみが設けられている.

ナルボンヌのトリフォリウムに関する研究を行ったV・ポールによれば、通路を回り込ませる手法はボルドー大聖堂の内陣の西端部[36]（一三三〇年以降）、ロデ大聖堂（一二七七年）等でもみられるし、彼女の観察によるとトゥールーズ大聖堂でも計画されていた。[37] 他に、モン＝サン＝ミシェル修道院聖堂の内陣[38]（一四五〇年着工。図5－19）、マルマンドのノートル＝ダム聖堂[39]（一四世紀）、オーセール大聖堂の外陣[40]（一四世紀。図5－18）、オーセールのサン＝ジェルマン修道院聖堂の外陣[41]（一三六二年以降）が同様の構造を有する。

ドル＝ド＝ブルターニュ大聖堂の外陣（一二〇三―一二二三年頃。図5－17）やセー大聖堂の外陣（一二三五年頃着工）でみられる、背後の壁の浅いくぼみも、柱の断面積を保持しつつ通行を容易にしようという意図を感じさせる。[42]

これらの建築は散在しており、すべての例において影響関係を読みとることはできない。ただし、セント・オールバンズとランスのサン＝レミを除けば一三世紀半ば以降の建築が多く、ナルボンヌ、トゥールーズ、リモージュ、ボルドーの各大聖堂とマルマンドの聖堂がフランス中南部で地理的に集中し、様式的にも近いということも注目に値する。[43]

側廊の屋根がテラス状になった建築や、トリフォリウムが採光されている建築も多い(44)。前述のように、これらの建築では、通路を中断してしまうとトリフォリウムへのアクセスが困難になる。そのため支柱の断面欠損を回避するために通路を回り込ませたという可能性がある。

これらの事例において、もし通路が回り込まず支柱を貫通していたとしても、実際には構造の安定性が損なわれなかったという可能性はある。この時代の設計全般がそうであるように、その是非の判断は経験に頼っていたと思われる。H・ティトゥスの見解によれば、オーセール大聖堂では外陣に先立って一三世紀に建設された内陣の構造的不安定が、外陣で通路を回り込ませる処置につながった(45)。内陣では細い支柱からなる軽快な構造の中にトリフォリウムとクリアストーリーの二層にわたって壁内通路を採用したことが不安定の元凶となったと考えられ、外陣建設と同時期の一四世紀に支柱の位置で通路を埋める補強工事が行われているのである。外陣建設にあたった建築家は通路による柱の弱体化を未然に防ぐことを意図したのだろう。

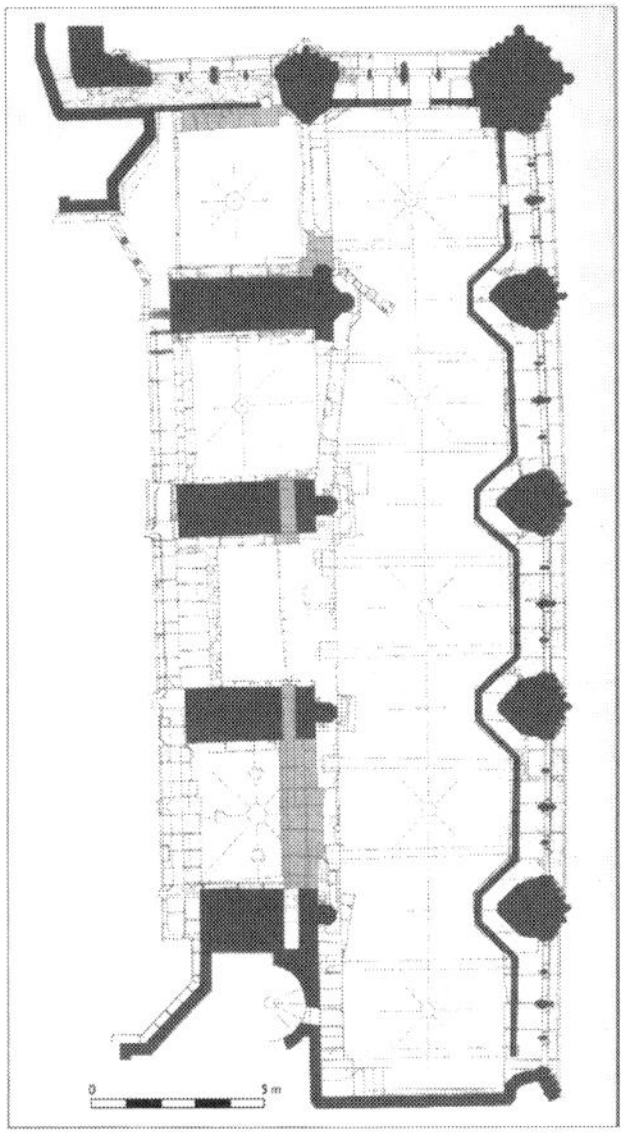

図5－18　オーセール大聖堂外陣，トリフォリウム階平面図

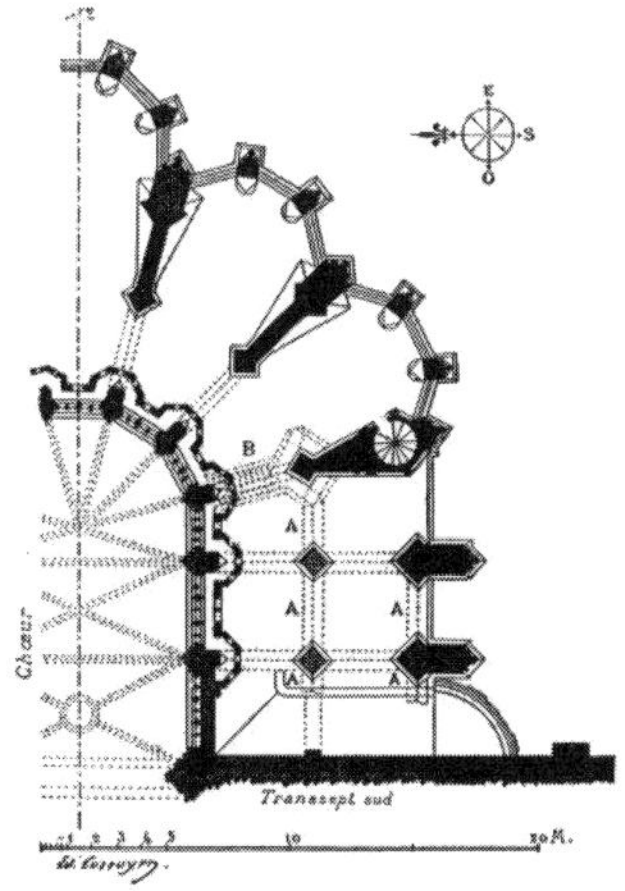

図5－19　モン＝サン＝ミシェル修道院聖堂内陣，トリフォリウム階平面図

3　トリフォリウムの使用法

本節では、今日トリフォリウム内に残されている痕跡や数点の絵画等の記録に基づき、建設工事の終了後にトリフォリウムがどのように使用されていたかをイメージする手がかりをつかむことを試みる。

聖歌隊や信者が立ち入ることのあったトリビューンとは異なり[46]、トリフォリウムが典礼上で積極的な役割を果たしていた可能性は低い。建設後は主に、ガラス窓の維持管理や、壁面への布やタペストリーの設置、ヴォールト天井の点検視察などの実用的な目的で活用されたと考えられる[47]。トリフォリウム以外の壁内通路についても同様だったろう。しかし、通路の使用法に関する具体的な記録は非常に少ない。以下で参照する記録は中世より後の時代に残されたものであるかもしれないが、中世の文書史料が十分に見つからない以上、近現代の使用法をみることにも意義はあるだろう。

布やタペストリーの設置

まず、堂内の荘厳さなどの目的で壁面に布・タペストリーを吊るすためにトリフォリウムが役立った可能性が考えられる。一一七五年以降のカンタベリ大聖堂再建に臨席した修道士ジャーヴァスは『年代記』の中で、先行して建っていた大司教ランフランクス（在位一〇七〇―一〇八九年）時代の建物のクリアストーリー階の通路に関して、「高いアーチ〔ヴォールト〕の辺りには、そこから布やカーテンを吊るすことができる道がある」という記述を残している[48]。

壁面を飾るのは彫刻や彩色などの恒久的な装飾に限られない。聖堂の壁面と布との密接な関係は、布を模した彫刻の存在によってもうかがい知ることができる。メッス大聖堂の外陣のトリフォリウムとクリアストーリーの間のフリーズには、フックに吊るされた一連の布の意匠が施されている[49]（図5-29上部参照）。彩色の一環として同様の布の絵が描かれることもあった。[50] これらは壁に布がかけられることの重要性を示しているといえよう。
一五〇〇年頃サン＝ドニ修道院聖堂の内陣をモデルにして描かれたとされる絵画《聖ジルのミサ》では、大アーケードの壁面が色布で飾られている（図5－20）。

布やタペストリーはどのように壁面に固定されたのだろうか。聖堂の壁面や柱には、時折一見して意図不明の鉤状の金属材が見受けられる（図5－21）。ブールジュ大聖堂の大アーケード支柱の上で身廊の方向に設置されているフックは、構造的な意義（例えば身廊の反対側の支柱とリンクするバーを支持するなど）を有するものとしては小さいため、何らかの装飾を支持するためにつけられたと考えられている。[51] トリフォリウム付近にみられる同様のフックも、タペストリーの設置に役立てられた可能性がある。ランス、アミアン、ボーヴェ、トロワの各大聖堂、シャルトルのサン＝ピエール聖堂、ジュジエのサン＝ミシェル聖堂において、トリフォリウムの下側のコーニス付近に、フックが狭い間隔でいくつも並んでいる。[52] トリフォリウムの通路は布を運び込むにも好都合であっただろう。

図5－20　《聖ジルのミサ》（部分，1500年頃，ロンドン・ナショナル・ギャラリー所蔵）
各ベイのトリフォリウムのすぐ下に四角い布が描かれている．

図5－21　アミアン大聖堂
葉模様のフリーズの下に，タペストリーを吊るすのに用いられたと思われるフックが並んでいる．

図5-22　ブリ＝コント＝ロベールのサン＝テティエンヌ聖堂，トリフォリウム下のコーニスに布を吊るした紐の痕跡

図5-23　ルーアン大聖堂外陣東側の欄干，紐の痕跡
欄干の上面には作図の痕跡（第2章参照）.

トロワではマグダラのマリアの生涯を描いたタペストリーを吊るすために、八八個のフックが金具職人に注文されたとの記録が残っている。[53] ランスとアミアンでは内陣にのみフックがあることも注目に値する。多くの場合タペストリーは外陣には飾られず、もっぱら内陣の南北の壁と内陣障壁（ジュベ）を覆うように設置されたからである。[54] なお、ノワイヨン大聖堂の袖廊やディジョンのノートル＝ダム聖堂の外陣（**図5-25**参照）[55]、ドイツのレーゲンスブルク大聖堂の外陣のトリフォリウムの床には、タペストリー等を吊り下げられるフックが固定されていたと思われる溝がある。

タペストリーはとくに祭日に設置されたと思われるが、近代以降、今日でもトリフォリウムを布で飾る、あるいはトリフォリウムから大アーケードの壁面に布や旗を垂らすことが行われている。フックに吊り下げる以外に、紐をトリフォリウム内に固定することも行われた[56]。ブリ＝コント＝ロベールのサン＝テティエンヌ聖堂[57]（図5－22）やサン＝カンタン参事会聖堂外陣、ルーアン大聖堂の外陣（図5－23）、そしてシャロン＝シュル＝ソーヌ大聖堂の内陣では、コーニスや欄干に紐との摩擦でえぐれた痕跡が残されている。

照明の設置

照明器具もトリフォリウムに設置されることがある。例えばナント大聖堂のトリフォリウムの欄干からは腕木が身廊側に突き出ており、そこからランプが吊り下げられている[58]。今日、トリフォリウムの内部にはほぼ必ず電気照明が

図5－24　ルーアン大聖堂袖廊，トリフォリウムの床・蠟燭設置用の金属

図5－25　ディジョンのノートル＝ダム聖堂外陣，南側のトリフォリウムの床
燭台，あるいはフックを固定していた痕跡か．灰色の染みに見えるものは蠟．

配置されているといっても過言ではなく、通路の床にびっしりと配線がめぐっていることも多々あるように、トリフォリウムは内部空間の照明に重要な役割を果たしている。

筆者の調査では、シャロン＝シュル＝ソーヌ、ルーアン（図5-24）、シャロン＝アン＝シャンパーニュの各大聖堂、ディジョンのノートル＝ダム聖堂（図5-25）、同サン＝ベニーニュ修道院聖堂、ショーモンのサン＝ジャン＝バティスト聖堂のトリフォリウムに、蠟燭やその痕跡、蠟燭設置用の金属の針などが認められた。文書記録は見つかっていないものの[59]、中世にもトリフォリウムに蠟燭が置かれていた可能性は高い。

見物席として

中世の聖堂では日々の典礼や宗教的儀式に加え集会や世俗的な興行も催されており、それらは時として非常な混雑を招いた[60]。トリフォリウムは日常的な通行場所にこそならなかったものの、観客や参列者を収容するため、特別な機会に開放された可能性はある。例えば一三一一年にヴィエンヌ公会議が行われた際、ヴィエンヌ大聖堂の外陣の偽トリフォリウムの屋根裏に参加者を収容していたのではないかとの仮説が提出されている[61]。

また一六世紀以降、ゴシック建築での催しや式典の模様を記録した絵画の中には、トリフォリウムの内部に見物人が描かれているものがいくつか残っている。

ラン大聖堂で一六世紀半ばに行われた悪魔祓いの様子を描いた絵[62]（図5-26）では、建築の形がかなりデフォルメされてしまっているものの、トリフォリウムとトリビューンの両方に人の姿が認められる。

ランス大聖堂でのルイ一四世（在位一六四三—一七一五年）の戴冠式（一六五四年）の場面を描いたJ・ルポートルの版画（図5-27）には、トリフォリウムの内部に見物人らしき人たちが入っている様子が示されている[63]。その中には小円柱にしがみついているようにみえる人もいる。トリフォリウムの上のクリアストーリーのガラスは一部取り払われ、ここにも見物人がいる。ルイ一五世（在位一七一五—一七七四年）の戴冠式を描いたP・デュランの絵画にも同様

図 5－27　ランス大聖堂，ルイ 14 世の戴冠式を描いた 1655 年頃の版画（部分）

図 5－26　ラン大聖堂，16 世紀半ばの絵（部分）
トリフォリウムから悪魔祓いを見物する人々．

の場面がある[64]。プラハ大聖堂でのボヘミア王フェルディナンド五世の戴冠式（一八三六年）を描いたE・ギュルクの絵画では、見物人は布で飾った欄干越しに戴冠を見下ろしている。また、ウェストミンスター修道院聖堂の中間階はトリフォリウムではなく偽トリフォリウムだが、ここでのジョージ四世の戴冠式（一八二一年）やヴィクトリア女王即位五〇年記念式典（一八八七年）を描いた絵画でも、仮設の欄干らしきものが偽トリフォリウムのアーケードに設置され、その後ろに人影がみえる。

これらはトリフォリウムの見物席としての使用を証言する絵画として興味深い。

一方で、とくにランス大聖堂の絵画では、トリフォリウムが実際よりも大きく（あるいは人物が小さく）描かれていたり[65]、トリフォリウムのアーケードの数が実際と異なっていたりと[66]、現実の建築と相違する点も多いことから、絵の信憑性には疑問が残る。ランやランスのトリフォリウムには欄干もないため、見物人の安全が保たれるとも言いがたい。本当にこのような使い方がされたのだろうか。しかし、もし実際には見物席として使われなかったならば、何かしら他の使い方がされるか、別の装飾が施されてそれが描かれただろう（例えばシャルル一〇世（在位一八二四―一八三

図5-28　ストラスブール大聖堂（1617年 Isaac Brunnにより出版された版画，部分）
トリフォリウムのオルガン（1324年頃設置）．その隣には聖歌隊ギャラリーのようなもの．

図5-29　メッス大聖堂，トリフォリウムのオルガン（1537年設置）
トリフォリウムの上には布を模した彫刻．

〇年）の戴冠式を描いたL・デュプレやL・ラフィットの絵画ではトリフォリウムに彫像が置かれている[67]。現代ほど安全管理が徹底されていなかった時代、大人数を収容する必要に迫られてアーケード状のトリフォリウムが活用された可能性は十分考えられる。

オルガンの設置

シャルトル[68]、ストラスブール[69]、メッス[70]、ケルン[71]、ブリュッセル[72]の各大聖堂では、身廊の壁にオルガンがあたかもツバメの巣のように設置され、トリフォリウムからオルガンへアクセスするようになっている（図5－28・図5－29）。この位置にオルガンを設けると優れた音響効果が得られるという[73]。またイングランドでは、エクセター大聖堂のトリフォリウムに、一四世紀半ばに聖歌隊ギャラリーが設置された[74]。一六一七年から一八二七年にかけてストラスブール大聖堂の内部を描いた複数の絵画にも、オルガンの東隣のベイのトリフォリウムに、それと同様の箱状のギャラリーのようなものが設置されている様子が記されている（図5－28）。

＊　＊　＊

以上のように、トリフォリウムは日常的に使用されることはなかったとしても、装飾や照明の設置、臨時に人を収容するギャラリーとして重要な役割を果たしていた。

「柱優位」であるゴシック建築において水平通路のトリフォリウムは構造を弱体化しかねない。安定性を確保するため、支柱の位置で通路を回り込ませたり、通路をふさぎ、その代わりに背後の壁に戸口を設けたりといった工夫をこらしていた。それらは近隣の事例や先行して建てられていた部分の挙動に基づき、経験的な判断のもとになされていたと考えられる。

（1） 対して城館や宮殿建築では、階段はしばしば豪奢に飾りたてられ、内部空間を豊かにしたりファサードのアクセントになったりしている。例えば螺旋階段をファサードにバルコニー状に露出させた早期の世俗建築として、パリのルーヴル宮殿（大階段、一三六四年、現存せず）やソミュール城（一三六七—一三七六年）が知られる（Whiteley, 1985）。

（2） Vergnolle, 1989, p. 43.

（3） ヴェルニョールはカロリング期の例としてサン＝リキエ修道院やアーヘン宮廷礼拝堂、一一世紀以降の例としてジュミエージュ修道院を挙げている（Vergnolle, 1989, p. 45）。

（4） 直線階段の例として、クリュニー第三聖堂の袖廊（一一〇〇年頃）、モンレアルの参事会聖堂の西ファサード（一二世紀後半）、クリュニーのノートル＝ダム聖堂（一三世紀）などが挙げられる。

（5） 階段を埋め込まれた控え壁や柱は、構造的に脆弱になる恐れがある。そのためか、建設後のある時点で埋められてしまい、使用できなくなった階段もある。例えばジュジエのサン＝ミシェル聖堂の北側の階段や、ラン大聖堂の西ファサードの階段（一九世紀の大々的な修復により使える状態に回復された。Saint-Denis et al., 2002, p. 122）。オーヴェール＝シュル＝オワーズの聖堂では西ファサードの階段が封鎖された（Leca, 1989, p. 67）。カーンのラ・トリニテ女子修道院聖堂の交差部の柱の階段は一二世紀に南袖廊にヴォールトをかける際埋められたとみられる（Baylé, 1974, p. 32）。バイユー大聖堂の交差部の柱にあった階段はゴシック期に新しい柱の内部に統合されて以来使用不可。ゴシックの柱には階段はない（Brockhaus, 2016）。

（6） 筆者の調査した中では、アルクイユのサン＝ドニ聖堂。現状の木製螺旋階段は一九世紀のもの。

（7） Viollet-le-Duc, 1854–1868, t. 5, «escaliers», p. 295–297.

（8） ラングドック地方サン＝ジルの修道院聖堂（一二世紀末）の北袖廊に残された螺旋階段をその呼称の由来としている。サン＝ジル修道院聖堂の螺旋形ヴォールトはきわめて厳密に加工された一様な厚みの切石でつくられ、フランス・ロマネスクの螺旋階段の傑作とみなされている。年代については以下を参照（Pérouse de Montclos, 1985, p. 83; Hartmann-Virnich, 2002, p. 295）。筆者の調査した事例では、サン＝ドニ修道院聖堂のファサード（一一四〇年以降。Cf. Delannoy et al., 2015, p. 65）、ノワイヨン大聖堂（後述）、ボーヴェ大聖堂の南袖廊東側（一三世紀半ば頃）が「サン＝ジルの階段」を有した。

（9） 筆者の調査した事例の中では、リジユー大聖堂の北袖廊やジュジエの聖堂、ブリ＝コント＝ロベール聖堂の各階段の下方（一二世紀半ば—後半頃）がこの方式によっていた。

（10） 踏板同士の間に隙間が空いていることもある。また、レーゲンスブルク大聖堂の内陣北側の階段は、踏板が楔形ではないので外壁側に隙間がある（Papajanni, 2002, Abb. 293）。

（11） 一六世紀のリヨンにある螺旋階段のうち八〇パーセントはこのタイプだったという（Boudon et Blecon, 1985, note

こ)。なお、ゴシック期に一般化したとはいえ中世に生まれた技術ではなく、シチリアを中心とした地域の古代ギリシア建築にも確認されている(Miles, 1998)。ただし多くの事例は地面に散乱した石材や基礎を根拠としているにすぎないため、建設当初から階段が存在したか否かについては議論の余地があるようだ。

(12) Fitchen, 1961, p. 24.

(13) 一方で、理由は定かではないがヴィエンヌ大聖堂のトリフォリウム階から始まる螺旋階段は南北とも右回りである。北側の階段には側廊の屋根裏から、南側にはトリフォリウム通路からアクセスされる(Base Mémoire, Référence no. AP08R00801)。

(14) Seymour, 1975, p. 68; Kimpel et Suckale, 1990, p. 125–126.

(15) 階段にはしばしばハトが入り込んで巣をつくるほか、蜘蛛の巣も発達しやすい。交差部の西の階段は、筆者が調査を行った二〇一六年の時点で使用頻度があまり高くないことをうかがわせた。

(16) Sandron, 1998, p. 114–116. なお、ファサードのトリビューンと外陣のトリフォリウムはほぼ同一のレヴェルにあるが、D・サンドロンによれば当初は直接連絡しておらず、トリビューンでの儀式に干渉することなくトリフォリウムにアクセスできるよう、トリビューンを回り込む壁内通路が設けられた。現在トリビューンからトリフォリウムに直接出る戸口は、儀式が行われなくなってから開けられたものと考えられる(Sandron, 1998, p. 127)。

(17) 筆者が調査した中ではラン大聖堂の東端部、ノワイヨン大聖堂の外陣と袖廊の接合部。

(18) シャルトルのサン=ピエール聖堂内陣(一三世紀後半)、クレシー=ラ=シャペル参事会聖堂内陣(一三世紀半ば)、シャロン=シュル=ソーヌ大聖堂の内陣北側(一二二〇年頃着工)、ディジョンのノートル=ダム聖堂の袖廊隅角部(一二二〇年頃着工)、ソワッソン大聖堂の内陣と袖廊の接合部(一一九〇年頃)、ヴィエンヌ大聖堂の外陣(一四—一五世紀)、ショーモンのサン=ジャン=バティスト聖堂の北袖廊隅角部(一六世紀)。なおショーモンの階段は聖堂内部から旋回がみえるようにつくられており意匠的にも手が込んでいる(Michaut, 2018, p. 24–26)。

(19) Branner, 1989, p. 37, 146.

(20) 空中に設けられた水平通路は他にも、カーンのサン=ティエンヌ男子修道院聖堂の内陣(一二〇〇年頃)、ボーヴェ大聖堂の周歩廊(一二三八年頃着工)に確認されている。飛梁の上面が階段状になったものは、ヌヴェール大聖堂の内陣(一三三一年献堂。Base Mémoire, Référence no. AP44L09039)やモン=サン=ミシェル修道院聖堂の内陣(一四五〇年着工。Corroyer, 1877, p. 106)にもあるようだ。

(21) 他にランピヨンのサン=テリフ聖堂(一三世紀後半)、クレシー=ラ=シャペル参事会聖堂の外陣(一四二八年献堂)、サン=ルー=デスラン修道院聖堂の外陣(一一九〇年頃着工)も該当する。

(22) 参考までに述べておくと、ドイツのヴォルムス大聖堂やレーゲンスブルク大聖堂には踏板のない螺旋状のスロープがある(ヴォルムスでは南西の階段塔。レーゲンスブルクでは北袖廊の壁に接して立つ、通称エーゼルストゥルム（Papajanni, 2002, Textband p. 12ff および Bildband 2 を参照））。踏板をつけるとすればヴォールトと同時並行で施工するのが自然と考えられるため、ヴォールトのみの状態で放置されているとすれば当初から踏板を省略する計画だったのではなかろうか。このようなスロープの用途に関してデヒーオは、建材の引き上げのためとの憶測を述べている（Dehio, 1972, p. 492）。なお Eselsturm という通称は Esel（ロバ）が荷を引くためのスロープというイメージに由来するようだ（Cf. Roswitha Beyer, Eselstreppe, in: Reallexikon zur Deutschen Kunstgeschichte, Bd. VI (1968), S. 21–22)。

（23）いずれも飛梁などの控えが不十分であったためにヴォールトが身廊の壁を外側に押し広げ、強固でないトリフォリウムの足元が屈曲してしまったのだろう。シャロン＝シュル＝ソーヌ大聖堂の内陣（一二世紀の大アーケードを保存し一二二〇年頃着工）には当初飛梁がなく、壁が傾いてから付け加えられた（Gallet, 2010, p. 97）。クラムシのサン＝マルタン聖堂（一三世紀前半）では大きく傾いている北側の飛梁がより強固なものにされた（Cf. MPP cote 0082/058/1003, no. 2059）。サン＝カンタン参事会聖堂の内陣（一三世紀前半）も、控えが不十分だったため後に柱やヴォールトが強化された。他にも、トリールのサン＝マルタン聖堂（一三世紀）ではベイ幅が広い割にトリフォリウムの背を高くしすぎたために大アーケードの上で壁が座屈している（Lefèvre-Pontalis, 1886, p. 26）。ヴァルジの聖堂（一三世紀）でも、ブランナーによれば、トリフォリウムが当初の予定より高くされたために通路を支柱の背後で中断せざるを得なかった（Branner, 1960b, p. 96）。

（24）トリフォリウムおよびクリアストーリーの通路では、支柱の組積が数度にわたって強化された模様である。ヴォールトや付柱の組積の観察に基づく分析（Sapin (dir.), 2011, p. 166–170）によれば以下のような経緯をたどる。内陣再建が着手されたとされる一二一五年頃の段階では現状よりも低い立面が予定されていたが、建設の進行に伴いトリフォリウムとクリアストーリーを拡大した高い立面へと変更されたので、柱の強化のため一二三五年頃の内陣完成までに、支柱の位置で通路が狭くされた（完全にはふさがれなかった）。完成後まもなく、おそらく直線ベイの中央の柱（柱9）が被害を受けたので、荷重を各支柱に均等に分配させることを狙って、直線ベイの六分ヴォールトは四分ヴォールトで再建された。それに伴い、これまで「弱い柱」であった二本の支柱（柱8と柱10）が強化されたが、そのうち西側の柱（柱8）は強化が不十分であったため、一四世紀に地上からトリフォリウムの足元まで再建された。それとほぼ同時に数か所の通路（柱8と柱9）が完全にふさがれた。なお、この分析では四分ヴォールトが六分ヴォールト建設後の改築とされているが、R・ブランナーやH・ティトゥスは建設中の設計変更とみなしている（Branner, 1960b, p. 45; Titus, 1988, p. 50）。とはいえ当初立面が低く設計されていたために計画変更後の構造的な脆弱性を招いたことや、柱8が一四世紀に再建されるに伴い柱8・柱9の通路がふさがれたことについては見解が一致している。

(25) Héliot, 1959c, p. 39.

(26) Thiébaut, 2006, p. 390–405, p. 403.

(27) Murray, 1987, p. 228, n. 14, p. 235, n. 43.

(28) Bottineau-Fuchs, 2001a, p. 178. ここではトリフォリウムのトレーサリーも再建されている。

(29) 修復の計画を示す図面がＭＰＰに多数収められている。一部の計画は実行されていない。

(30) Thiébaut, 2006, p. 380, 385.

(31) Huet, 2008.

(32) L'Héritier, 2007, p. 441. n. 614.

(33) 「建設者たちはこれらの通路〔トリフォリウムなど〕がしばしば建物の安定性を損なっていることに気がつき、柱を完全に立ち上げ、トリフォリウムとその上の通路〔トリフォリウムの天井が床の役割を果たしているクリアストーリーの足元の通路〕を柱の後ろに回り込ませた」（Viollet-le-Duc, 1854–1868, t. 1, «architecture religieuse», p. 206）。〔　〕は引用者の補足。

(34) Thurlby, 2001, p. 86; Hoey, 1989, n. 29.

(35) Prache, 1978a, p. 68. 内陣半円部ではトリフォリウム通路が柱を貫くため、通路はまっすぐ通っている。A・プラーシュはこの点を指摘し、半円部では構造が改良されているため、直線部は半円部に先行して建設されたと解釈している。

(36) ボルドーの内陣では、内陣直線部の第一ベイ・第二ベイを隔てる支柱の位置では通路が回り込むが、それ以東では通路が各ベイ独立となり、筆者の調査によると通路の幅も狭くなる（七五センチメートルから四五センチメートルへ）。背後の壁は東側でも一貫して支柱の位置で屈曲していることから、J・ガーデルは当初内陣全体で通路が回り込む予定だったとみている（Gardelles, 1963, p. 210–212）。またRicard（2017, p. 95–99）ではクリアストーリー階建設中に補強のため事後的に通路をふさいだとの見解が示されているが、通路の幅の急激な変化は、トリフォリウム建設の段階での意図的な変更を思わせる。

(37) Paul, 1991, p. 30–31.

(38) Corroyer, 1883, p. 79–80; Corroyer, 1877, p. 102.

(39) MPP archives cote E/81/47/16–261; Base Mémoire, Référence no. AP80N00177 のトリフォリウム階平面図を参照。このトリフォリウムでは五ベイのうち東側二ベイで石造の背後の壁が存在せず、現状では木造の壁が配置されている。マルマンドの聖堂はボルドー大聖堂との地理的・歴史的関連が指摘されている。Gardelles, 1992, p. 200.

(40) Titus, 1988, p. 55.

(41) Porée, 1907, p. 187; Tillet, 1907, p. 637.

(42) Rhein, 1910, p. 378; Couffon, 1968, p. 44. なお、背後の壁のくぼみは二〇センチメートル程度の深さで、くぼみがなくても三〇センチメートル程度の通路は確保される（MPP cote 0082/035/1001 no. 012084, Vincent, Léon, 1899）。また当初は通路式トリフォリウムの建設を予定していなかったため大アーケードの厚みが薄く、十分な幅の通路を確保できなかったことが関係しているとの見方もある（Bonnet et Rioult, 2010, p. 142）。

（43） ただし、この地域に北フランスのゴシック様式が持ち込まれた最初期の事例であるクレルモン＝フェラン大聖堂では、通路は回り込まない。

（44） ナルボンヌ、リモージュ、ロデ、トゥールーズの各大聖堂、モン＝サン＝ミシェル修道院聖堂。

（45） Titus, 1988, p. 55.

（46） Héliot, 1966a, p. 8–10; Lheure, 2012, p. 30–31. トリビューンは、トゥールのサン＝マルタンやトゥールーズのサン＝セルナン、サンティアゴ・デ・コンポステラといった一一世紀のいわゆる「巡礼路聖堂」で積極的に建設され、巡礼者を受け容れたといわれている。これらの聖堂では広大なトリビューンを有し、袖廊にまでそれがめぐらされている。P・エリオによると、そこにはしばしば東向祭室があり、礼拝上の役割を担っていたことが遺構や文書から明らかになっている。ゴシック期では、ラン大聖堂の袖廊のトリビューンに同様の東向祭室があり、祭壇も設置されていた（Saint-Denis et al., 2002, p. 200）。またノワイヨン大聖堂においても、内陣のトリビューン内部に豊かな柱頭彫刻があり、祭壇があったことが知られている（Seymour, 1975, p. 73; Kimpel et Suckale, 1990, p. 125–126）。典礼の変化が一二世紀末—一三世紀初頭のゴシック建築の立面におけるトリビューンの廃止と関係しているとみる向きもある（Kimpel et Suckale, 1990, p. 250–251）。

（47） Viollet-le-Duc, 1854–1868, t. 4, «construction», p. 133, t. 9, «triforium», p. 303.

（48） “In circuitu vero, ad altitudinem fornicis praedictae, via quaedam facta est qua pallia et cortinae possint suspendi.” Mortet et Deschamps, 1995, p. 215 (301). トリフォリウムを含む壁内通路への中世の言及例については、補遺を参照。

（49） ここでは吊るすためのフックも彫刻で表現されている。Brachmann, 1991, p. 475, n. 55. ランス大聖堂の西ファサードの裏側下部にある装飾もこれとよく似ている。

（50） Viollet-le-Duc, 1854–1868, t. 7, «peinture», p. 96–97; Thirion, 1990, p. 54. なお、パリのサント＝シャペルで一九世紀に復元された彩色では、上層礼拝堂と下層礼拝堂の腰壁のアーケードの背景に、布の絵が描かれた。

（51） L'Héritier, 2016, p. 448.

（52） なお、ピカルディー地方の金属材を研究したÉ・ルフェーブルによれば、アミアンとボーヴェのフックは一三世紀の建設当初のものである。また、これらの大聖堂では中世以来タペストリーを所有していたとの記録も残っている（Lefebvre, 2014, p. 124–125）。

（53） Weigert, 2004, p. 24.

（54） Weigert, 2004, p. 22.

（55） Papajanni, 2002, Bildband 1, p. 46, Abb. 73. 同じ図に、蠟燭設置用の針が刺さっていた痕跡も示されている。

（56） 二〇一六年に筆者がストラスブール大聖堂を訪れた際には、トリフォリウムの小柱に金属の腕木を取りつけ、そこからワイヤーを垂らしてタペストリーを吊っていた。

（57） ブリ＝コント＝ロベールの紐の痕跡に関しては、Les Amis du Vieux Château de Brie-Comte-Robert のM・ピシャシク氏に示唆をいただいた。

(58) ナント大聖堂のトリフォリウムの腕木は一四三四年着工の外陣と一九世紀建造の内陣いずれにもあるが、詳細は確認できなかった。腕木のないベイもあることから、近代以降につけられた可能性もある。なお、ドル＝ド＝ブルターニュ大聖堂の内陣では、トリフォリウムの床に置かれた腕木がシャンデリアを吊り下げている。
(59) ルーアン大聖堂の外陣（一一八〇年頃着工）の「偽トリビューン」（立面上はトリビューンだが側廊の二階としての床をもたない、見せかけのトリビューン）の狭い通路（つまり大アーケードの厚みの上）には、一七世紀に蠟燭が置かれていたとの記録が残っている。トリフォリウム以上にアクセス困難な偽トリビューンの通路にさえ蠟燭が置かれていたとすれば、トリフォリウムにも置かれていたと考えない理由はないように思われる（Descubes et Sentilhes (ed.), 2012, p. 206）。
(60) ジャンペル、一九六九、六一頁。
(61) 屋根裏の装飾やその他のディテールに基づく（Bouticourt et Parron, 2014）。
(62) 一五六六年、ラン大聖堂において悪魔祓いの儀式が行われた。見物のために詰めかけた群集は二万人ともいわれ、そのために仮設の足場も組まれたという（Ferber, 2004, p. 30）。当時ランでこの出来事を目撃した人物の著作によりこの話が広く知られるようになった。ここに引用した絵はその著作に付録していたものである（Saint-Denis et al., 2002）。
(63) Bibliothèque numérique de l'INHA, Identifiant numérique NUM OC 4; NUM OC 5.
(64) Base Joconde, numéro d'inventaire INV 26312, recto
(65) ランス大聖堂のトリフォリウムの高さは約四七三センチメートル（筆者測定）なので、人間の背丈の三倍程度のはずである。しかしルポートルやデュランの絵では明らかに人間の小ささが誇張されている。建物をより大きく見せかける、あるいはより多くの見物人がいたように見せかけるための画家の意図的な工作とも考えられる。
(66) ルポートルの絵ではランス大聖堂のアプスのトリフォリウムが二連ではなく四連になっている。
(67) Base Joconde, numéro d'inventaire INV 26478, recto; INV 27418, recto.
(68) 現在、大聖堂の主オルガンは外陣南側の壁上部に設置され、トリフォリウムからアクセスされる。シャルトル大聖堂公式サイトによればオルガンを支える木製のトリビューンは一四世紀からこの場所にあった。https://www.cathedrale-chartres.org/le-grand-orgue/（二〇二四年六月七日閲覧）
(69) ストラスブール大聖堂で現在の位置（外陣北側第二ベイのトリフォリウム）にオルガンが置かれたのは一三二四年頃で、台（tribune）はこの時代に属する。フランボワイヤン様式の外装箱（buffet）は一四八九年頃のもの（Doré (ed.), 2007, p. 281）。
(70) 外陣南東側のトリフォリウムに設置されたオルガンはストラスブールやシャルトルのものよりずっと小さい。最初のものは一五三七年にさかのぼり、再建や修復を経て現在に至っている。ルネサンス様式のレリーフの施された台には当初の材が多く残る（ASSECARM, 1995）。

（71）ケルン大聖堂の外陣北側の壁にオルガンが設置されたのは一九九八年。ケルン大聖堂公式サイト、https://www.koelner-dommusik.de/orgeln/domorgeln（二〇二四年六月七日閲覧）

（72）三つの外装箱からなる大規模なオルガン。二〇〇〇年に外陣北側の壁に設置された。ブリュッセル市オルガン協会（ＢＳＯ）サイト、https://www.brusselscityoforgans.org/ORGUES/Cath%C3%A9drale（二〇二四年六月七日閲覧）

（73）前掲ＢＳＯサイト; ASSECARM, 1995, p. 1167.

（74）Byng, 2014.

第6章　色彩と彫刻における可視性と不可視性

これまで本書で論じてきたのは、主として「建物」そのものに関する問題であった。石であり、構造であり、建設であり、使用されるものとしてのゴシック建築であった。近代的な建築観からすれば色彩や彫刻は副次的なものであり、建築の特徴が最も色濃く表れる構造形式や立面構成こそ重要なのかもしれない。しかしながら中世の聖堂にとって、色彩や彫刻は建築本体と切っても切れない位置づけにあった。それらはとくに「どう見えるか」を意識したという点で装飾であるが、「見えない」ところにも施されたという点で、たんなる装飾に還元されるものでもない。

本章ではトリフォリウムを手がかりに、色彩や彫刻の種類と具体例を概観する。

1　伽藍は〝白く〟なかった――色彩と擬似石積み

近代建築の巨匠ル・コルビュジエは著作『伽藍が白かったとき』[1]（一九三七年）の冒頭で、今は古色蒼然としてみえる中世の大聖堂がかつて真新しいものとして建っていた頃のことに思いを馳せている。タイトルに含まれる「白」は新しさの象徴であり、モダニストたる彼がこの頃、自身の作品に多用していた色でもある。ゴシックを「中世のモダニズム」[2]として解釈したM・トラクテンバーグとはまた違った観点で、彼はゴシックに「摩天楼」的な新しさをみていたのかもしれない。A・エルランド＝ブランダンビュールは間違いなくそれを意識したうえで『伽藍に色がついていたとき[3]』（一九九三年）を書いているが、この著作の冒頭に掲げられたストラスブール大聖堂の古い図面が示すように、中世の大聖堂には「色がついていた」のだった。

ゴシック建築の色彩の問題

ゴシック建築内部の家具調度が建設後何度も入れ替わっているのと同様に、今日みられる壁面の表層も中世のものとは異なっている。今日壁の色として思い浮かべられるのは、ランス大聖堂にみられるような石本来の色（とはいってもしばしば黒ずんでしまっているが）か、パリのサント＝シャペルの内部のように、贅を尽くして一九世紀に復元されたきらびやかな極彩色であろう[4]。だが、むき出しの石の色の壁面は中世の聖堂建築の様相を再現しているとはいい難く、一方で復元の試みに歴史的裏づけを与えることも容易ではない。中世の彩色や上塗り[5]は、現在では多くが失われたり、経年劣化したり、塗り重ねによって隠されたりしている。

今日のゴシック聖堂建築から中世の内部空間を思い描くことはきわめて困難だ。彩色の有無に加え、電気照明のないステンドグラスと蠟燭の暗い光に照らされた内部では、内陣と外陣を内陣障壁（ジュベ）が区切っていた[6]。壁面に施された彩色に限らず、ステンドグラスもある意味では色のついた壁の一部であった。さらに前章でみたとおり、祭日等特別な機会には内陣の壁にタペストリー等の布が吊るされることもあった。

初期中世から一二世紀頃に至るまでの聖堂建築は、彩色まで完了して初めて竣工とみなされた[7]。彩色は広大な壁面がもつ重々しさや物質性を軽減するだけでなく、アーチや付柱等の建築要素を強調するようにも施された。彩色がとくに不規則な石積みの壁を隠すことを目的とした可能性はある[8]。しかし、比較的規則的な切石の石積みからなる壁にも着色や擬似石積み（線で描いた石積み）が施されることがあったという事実は注目に値する。

これは、彩色がたんなる壁面装飾としてだけでなく、象徴的な意味合いも有していたということを示唆する。

建築の壁面やヴォールト、彫刻などがかつて豊かに彩色されていたという事実は今日では広く認知されている。中世建築の彩色（ポリクロミー）に関する議論は一九世紀前半に高まる。折しも、A・C・カトルメール・ド・カンシー、P・I・イットルフらを中心に古代ギリシアの建築と彫刻のポリクロミーに関する論争が過熱しており、中世の彩色の議論もそれに影響を受けて活気づいたようだ。[9] 彫刻の彩色は概して否定的にみられたのに対し、[10] 建築の彩色に関しては一八三〇年に歴史的記念物視察官に任命されたL・ヴィテがその重要性を指摘している。[11] E・E・ヴィオレ=ル=デュクも『中世建築事典』第七巻（一八六四年）の「絵画」の項目を中世建築のポリクロミーの分析に割き、[12] さらにパリのノートル=ダム大聖堂の祭室群に彼が施した一連の壁画についてもその図版を前書きとともに出版している。[13]

フランス各地で中世建築の修復が推進された一九世紀には、彩色も再現しようという機運が高まった。一方で、古い聖堂を新しくみせるために白い上塗りが施されることもあった。これらの運動は、一八三六年から行われたサント=シャペルの彩色の復元のように、文化財行政の一環をなすこともあったが、建物を使用する聖職者の意向により無断で行われることもしばしばあったという。[14]

一九世紀の彩色の多くは想像に基づく再現でしかなく、白い上塗りも歴史的記念物委員会のP・メリメらによって批難され、真正性を欠くとして二〇世紀初頭には早々に取り除かれ始めた。純粋な形を追求するモダニズム的な関心やモノクロ写真の普及、材料を色で隠すことを不誠実として忌避するこの時代の風潮なども、二〇世紀における歴史的建造物内の彩色の排除に一役買ったといわれる。[15]

建物に残る彩色の痕跡が考古学的なレヴェルで調査され始めるのは、二〇世紀後半、とくに一九七〇年代以降のことであった。M・オーベールが一九五七年に寄稿した短い考察は、モルタルや漆喰による壁の上塗り仕上げに加え、当時肉眼で観察することのできた中世の擬似石積みに関しても報告している。[16] 一九八〇年頃のジュネーヴ大聖堂の修復に伴う一連の彩色の発見は、彩色の時代変遷を明らかにしたという点でとくに貴重である（図6-1）。[17] それによると、重なった塗料の層の分析により、ジュネーヴ大聖堂では一二世紀から一七世紀にかけて約五段階にわたって内部

図6-1　ジュネーヴ大聖堂，調査に基づき復元された彩色の変遷，後半部の抜粋

図6-2　シャルトル大聖堂内陣，復元された彩色
大アーケードは近代に改変された．

立面の色が塗りなおされたことが判明した。それは石の上に直接描かれた白い擬似石積みに始まり、その後全体が白い塗料で覆われ、続いて黄褐色の地の上に白い擬似石積みが描かれ、一五世紀後半にはリブや小円柱を赤で強調した多彩色になり、さらにその後、白を基調とし灰色でリブや小円柱を強調したモノトーンへと変化した。

この報告の中で示されている彩色の復元図は、石の地の色がみえている現在のジュネーヴ大聖堂の様子からは想像することの難しい内部立面を提示している。フランスでは一九七〇年頃からランピヨンのサン＝テリフ聖堂（口絵2）やプロヴァンのサン＝キリアス聖堂で近代の彩色を取り除き、その下に隠されていた中世の彩色を再発見する作業が始まった。一九七七年にはJ・ミシュラーによってそれらの成果がまとめられている(18)。一九九〇年には建築の彩色に関するシンポジウムがアミアンで開かれ(19)、中世に留まらず古代から近代に至るまでの彩色に関する報告や問題提起がなされている。今世紀に入って研究の数は増加し、シャルトルでは新たに行われた調査に基づき二〇〇八年から二〇一〇年代にかけて、彩色の復元も行われた(20)（図6-2）。さらにでっち上げと批難されてきた一九世紀のネオゴシックの彩色の再評価も近年では進められている(21)。

彩色の年代決定は困難である。同じような特徴をもつ彩色が長い期間にわたって採用されたため、彩色の編年分類は難しい。厳密な調査には、建築家、美術史家、建築や彩色の保存を専門とする修復家に加え、必要に応じて塗料の一部を採取し分析を行う科学者など、学際的な研究が不可欠である。[22] しかしながら建築の初期工事の部分にのみみられる彩色や、増築された部分に隠れた彩色などは、建築の年代と比較することによってその年代を推定することもできる。また、長い時間をかけて彩色の表面が黒ずんだり、油分や膠（にかわ）が酸化するなどして茶色く変化したりすることが知られており、そうした黒ずみを彩色と区別することが観察の前提となる。[23]

ゴシック建築の内部壁面の彩色は時代的にも地域的にも一貫した規則には従っておらず、その性質も多様である。部位によって、アーチの刳り型や小円柱などの建築要素に従属したものと、部位にかかわらず施されるものとに大別される。前者は刳り型等を特定の色で際立たせることで壁面のアーティキュレーションを強調し、より軽快な構造にみせる効果を生むのに対し、擬似石積みや壁画など後者に含まれる彩色はそうした意図とは無関係のように思われる。[24] もちろん中世には両者はとくに区別されていなかったと思われるし、小円柱に描かれた模様などどちらに分類することもできない彩色もあるため、安易な対比はできないが、以下ではトリフォリウムを例に、「アーティキュレーションの強調」「擬似石積み」「壁画」の三種に分けて彩色を整理したい。

アーティキュレーションの強調──彩色(1)

アーケードやコーニスの刳り型を彩色で際立たせること、とくに奥まった溝の部分を赤色などの深い色でなぞって強調するものが多く見受けられる。[25] ノワイヨン大聖堂の一四世紀の彩色、ボーヴェ大聖堂の周歩廊のトリフォリウム[26]（一二三八年頃着工。**口絵3**）などが当てはまる。

一三世紀初頭のブリ＝コント＝ロベールのサン＝テティエンヌ聖堂では、壁面全体に明るい黄褐色の彩色が施された。アーチの刳り型や小円柱には彩色の痕跡がないが、石の白い地が黄褐色の部分とコントラストをなし、これらを

図6-3　ブリ＝コント＝ロベールのサン＝テティエンヌ聖堂，アーケードと背後の壁の擬似石積み，スパンドレルの絵

図6-4　ローザンヌ大聖堂外陣，トリフォリウムのアーケードの白い擬似刳り型

強調する役割を果たしている[27]（図6-3）。

同じく一三世紀のランピヨンのサン＝テリフ聖堂（口絵2）には中世の彩色がとくによく保存されているが[28]、トリフォリウムの柱頭や柱身は異なる数種類の色で塗り分けられている。柱頭も単一の色で塗りつぶされるのではなく、アバクスは赤と黄、柱頭の葉彫刻は緑や黄で、黒い地と対比させられている。柱身の色は一定していない。一本の中にも複数の色の痕跡が認められることから、何らかの模様が描かれていた可能性もある。

小円柱やアーチに模様が描かれることもあった。シャルトルのサン＝ピエール聖堂の外陣（一二〇〇年頃着工）のトリフォリウムでは、アーチの内輪の溝が赤い縁取りのついた黄褐色で彩色されているが、その上に赤い花模様が描かれている[29]（口絵7）。ノワイヨン大聖堂の袖廊のトリフォリウムのうち、内陣のトリビューンと同時期の建設にあたる部分（一一五七年頃）では、アバクスに施された赤い彩色に、ステンシルで刳り抜いたような白い花模様がついている[30]。また、ボーヴェ大聖堂の周歩廊ではトリフォリウムの上のコーニスにぎざぎざの模様がみられる（口絵3）。

ヴィエンヌ大聖堂の外陣東側のトリフォリウム（一四世紀）のアーケードには、刳り型を模した白い彩色（擬似刳り型）がある。当該ベイではアーチに刳り型がないため、擬似刳り型はそれを補完する役割を付与されていたと思われる。擬似刳り型の大きさや位置が実際の刳り型のものに近いため、一種のだまし絵的効果を生んでいる。それに対して、ローザンヌ大聖堂の外陣（一二七五年献堂）のトリフォリウムにみられる擬似刳り型[31]（図6-4）はより抽象的で平面的であるが、実際の刳り型を強調するために使われているのと同じ白色を用いているため、遠目には実際の刳り型と親和して知覚される。

ただし、中世の彩色がつねにこのようにアーティキュレーションを強調していたとは限らない。ノワイヨン大聖堂の初期の彩色（一二世紀）や、プロヴァンのサン＝キリアス聖堂の内陣の最初の彩色（一一八〇年以降）では、円柱や刳り型にも壁から連続して擬似石積みが描かれていた[32]。ジュネーヴ大聖堂の彩色も一二世紀から一五世紀まではほぼ単色であった。加えて、ロマン＝シュル＝イゼールのサン＝バルナール聖堂の内陣[33]（一三世紀半ば）のように、壁面全体に複雑な模様が施された場合、彩色によるアーティキュレーションの強調の効果は薄れるように思われる。

擬似石積み——彩色(2)

擬似石積みは壁やアーチに石積みのような線を描いたものである。線には濃淡や影などの三次元的な立体性はなく、平面的な一本線や二重線であることが多いようだ。色は白地に赤、黄褐色の地に白、灰色の地に白などさまざまで、同じ地域、あるいは同じ建物の中でも時代や部位によってかなりのヴァリエーションがあるため、地域ごとに多少の独自性が見いだせるとしても、それは年代を同定する決定的な手がかりとはなりえないというのが通説である[34]。

トリフォリウムにおいても、背後の壁やアーケードに加え、天井部や内部控え壁にも擬似石積みの彩色が施された。アーケードのアーチに迫石を描く擬似石積み（擬似迫石）もある。

例えばランピヨンのサン゠テリフ聖堂の内部の壁面には、数種類の擬似石積みが観察される（口絵2）。まず白地に赤い二重線を引いた擬似石積みがあり、横線と縦線の交差する部分では横線が勝つようになっている。ただしところによって線同士が交差したり、曲がっていたりと、試行錯誤の痕跡が認められる。その下には別の擬似石積みの層があり、それは黄褐色の地に、赤い縁取りつきの白い線が描かれたものである。そして、建物の西側には、やや明るい黄褐色の地に縁取りのない白い擬似石積みがある。これらの擬似石積みはいずれも、大アーケード、トリフォリウムの背後の壁、クリアストーリー、ヴォールトの表面に一様に施されている。トリフォリウムのアーケード上には擬似迫石の彩色があるが、それは実際の迫石の石積みとは無関係のようだ。スパンドレルの上には擬似石積みはなく、代わりに壺や植物などの絵が描かれている。

ブリ゠コント゠ロベールのサン゠テティエンヌ聖堂の中世の彩色は、明るい黄褐色の地と白い擬似石積みからなる[35]（図6-3参照）。トリフォリウムのアーケードのうち、アーチには擬似迫石が、四葉の開口部があるタンパンには放射状の擬似石積みが描かれている。これらは必ずしも実際の目地の上をなぞっているわけではないようだが、迫石の大きさや、タンパンで放射状になるといった特徴は、現実の石積みに倣っている。スパンドレルには擬似石積みがない代わりに、全体像は不鮮明だが怪物のようなものが描かれている。背後の壁にも黄褐色の地に白の擬似石積みの彩色が施されている[36]。上の二例ではアーケードのスパンドレルには石積みではなく絵が描かれているが、シャルトル大聖堂ではスパンドレルにも長方形の擬似石積みの彩色が施されている（図6-1参照）。

以上のように、擬似石積みは迫石の部分と通常の石積みの部分を区別するなど実際の石積みと似通うこともあったが、必ずしも実際の石積みをなぞってはいない。たしかに、ノワイヨン大聖堂の最初の彩色[37]（建設と同時期。図6-5）やルーアン大聖堂の外陣（口絵8）では、トリフォリウムの背後の壁の擬似石積みが実際の石積みの目地をかなり正確になぞっている。しかしノワイヨンの二番目の彩色（一三世紀半ば。図6－6）では実際よりもかなり小さなモジュールの擬似石積みが採用された。逆にランピヨンでは擬似迫石が実際の迫石より大きくなっている[38]。

そもそも擬似石積みは不規則な石積みだけでなく、切石でできた規則的な石積みの上にも描かれ、実際の石積みと必ずしも関係づけて採用されたわけではなかった[39]。クレルモン＝フェラン大聖堂の内陣（一二四八年着工）では、実際の石積みに何ら隠すべき粗雑な点がないにもかかわらず、壁全体に白い擬似石積みが描かれている[40]（トリフォリウムの背後の壁は赤く彩色されている、口絵1）。プロヴァンのサン＝キリアス聖堂の内陣では、擬似石積みはたしかに実際の石積みより規則的に描かれているが、石積みの審美性とは関係の薄いように思われる横材用の穴までもが二重線でなぞられている[41]。これらの事例は擬似石積みがたんなる不規則な石積みのカムフラージュ以上の意味をもっていたことを示唆している。

図6－5　ノワイヨン大聖堂北袖廊，トリフォリウム背後の壁の擬似石積み

図6－6　ノワイヨン大聖堂外陣，トリフォリウム背後の壁の擬似石積み

ゴシック建築の内部壁面には二次元的な絵も描かれた。大アーケードのスパンドレルには、ヴィエンヌ大聖堂の内陣[42]（一二五一年献堂。**口絵5**）やカンブロンヌ＝レ＝クレルモンの聖堂[43]（一二三九年完成）で、キリストや天使の図像が描かれた。トリフォリウムのアーケードのスパンドレルにも時折壁画が見受けられるが、トリフォリウムのスパンドレルは狭いため、植物や壺（ランピヨンのサン＝テリフ聖堂。**口絵2**）、怪物（ブリ＝コント＝ロベールのサン＝テティエンヌ聖堂。**図6-7**）、動物（プロヴァンのサン＝キリアス聖堂[44]）、紋章（ヴィエンヌ大聖堂外陣西側）、四葉模様（ブロワのサン＝ロメール聖堂[45]）など、比較的小さく個々に独立した絵に限られる。なお、ヴィエンヌ大聖堂の内陣のトリフォリウム上部にみられるフリーズ装飾は大理石に赤く着色したモルタルを流し込んで得られたもので、他の部分の彩色とは技術的に異なる[46]。

一方、トリフォリウムの背後の壁に壁画が描かれることは稀である。レ・ザンドリのサン＝ソヴール聖堂の内陣のトリフォリウムはその数少ない例のひとつである（**図6-8**）。建物は一三世紀初頭の建設だが、壁画は一五世紀か一六世紀とみられ、建設より後である[47]。内陣中央のベイでは磔刑像が立面上でトリフォリウムの小円柱と重なる位置にあり、視認性に疑問がある。ただ十字架の両脇に立つ人物は二連アーケードの開口部にちょうど収まる位置にあり、別のベイでも三連アーケードに三人の人物が対応するようになっている[48]。

破壊されたサン＝トメールのサン＝ベルタン修道院聖堂の内陣のトリフォリウムの背後の壁にも、アーケードの形状に対応する人物像が描かれていたとの記録が残っている（トリフォリウムの建設は一五世紀初頭、壁画の年代は不詳[49]）。また、プロヴァンのサン＝キリアス聖堂の内陣では、屋根裏に開く偽トリフォリウムのアーケードの背後が壁で埋められ（年代は不明）、そこに使徒が描かれていたという[50]。

背後の壁の図像は、採光されたトリフォリウムのステンドグラスを思わせる[51]。ちなみにこれらはいずれも内陣にのみ施されている。内陣は典礼上外陣より重要であったためにとくに入念な彩色を施されたという可能性も考えられよう[52]。レ・ザンドリもプロヴァンも、比較的小規模な建築で、かつ背後の壁に壁画が描かれた部分が内陣のトリフォリウムであることは注目に値する。つまりここではトリフォリウムが比較的低い位置にあり、しかも内陣は外陣の壁に比べ遠くから眺められるためにパースペクティヴの影響を受けにくく、背後の壁の壁画の視認性が高まるからだ。

トリフォリウムには他の部位と比較してとりわけ変わった彩色が施されていたわけではない。しかし刳り型や小円柱がしばしば彩色で強調されたことを思えば、これらを多く含むトリフォリウムは無彩色の壁面におけるよりも彩色された壁面においていっそう引き立てられたことだろう。

図6-7　ブリ＝コント＝ロベールのサン＝テティエンヌ聖堂，トリフォリウムのアーチのスパンドレル
修復前の壁画．ユリの花（上部）と怪物（下部）が描かれている．

図6-8　レ・ザンドリのサン＝ソヴール聖堂，トリフォリウムの彩色と壁画を記録した図面

2　植物、顔、動物――個性的な建築彫刻

本節でみていくのは、独立性の高い丸彫りの彫刻ではなく、柱頭や壁面といった構造体に組み込まれている彫刻（建築彫刻）である。

ゴシックにおける建築彫刻の装飾性

ナラティヴな（物語性のある）柱頭を数多く擁するロマネスク建築と比べ、ゴシック建築の内部にはじっくりと読み解くことができるような彫刻が少ない。建物外部とりわけ扉口付近には彫像をはじめとする彫刻があふれている一方で、内部の彫刻にはさほど注意が払われないようだ。H・フォシヨンいわくゴシック建築において柱頭は「ほとんど完全に装飾的なものへと」転じた。その理由は、ナラティヴな柱頭によって「支柱としての機能の純粋な連続性が中断されてしまう」こと、柱頭が「人間の形姿像に関する新しい実験には全く向かない」ことなのだという。[53] ましてトリフォリウムという、小さく、高い部分にあるためにいっそう見えにくい部分に施された彫刻となればなおさら、それ自体として観察対象になるものというよりは建築にアクセントを与える〝脇役〟の彫刻という印象を受ける。

トリフォリウムの上下に走るコーニスやフリーズ装飾は時として豊かな表情をみせるけれども（例えばアミアン大聖堂―図5-20参照、メッス大聖堂―図5-29参照）、形の変化は乏しい。これらのフリーズは独立した石の段からなり、通常の成層積みのための石とは別個に、同じものを大量生産方式で加工していたらしいことを示している。ルーアン大聖堂では意図的にか、意図せずしてか、三葉の向きが逆さに施工されているところもある（図6-9）。

ゴシック建築でナラティヴな要素を担ったのは彫刻よりもステンドグラスであるというのは真理であるが、ゴシックの建築彫刻には〝脇役〟以上のものが隠されている。彫刻家たちが発揮した創造力は、きわめて観察しづらい部位にもしばしば見てとることができる。

柱頭彫刻

ゴシックの柱頭彫刻はアカンサス、サンザシ、イチジク、アザミなどの植物の葉をかたどったものが多くを占め、トリフォリウムに関しても例外ではない。

リヨン大聖堂の内陣（一一六五年頃着工）のトリフォリウムを飾る柱頭彫刻にはロマネスク彫刻で親しみのある怪物やコリント式オーダーを思わせるモチーフがみられる（図6－27参照）。北フランスの一二世紀半ばから後半にかけてのトリフォリウムの柱頭彫刻には、玉飾りつきの葉脈をもつ葉装飾や、組紐模様などの複雑な形態が観察されるが（図6－11・図6－12）、平面的な彫刻もある（図6－10）。シンプルな彫刻の場合、幾筋かの並行の葉脈をもつ葉が一列あるいは上下二列にわたって並び、その先端にクロシェ（こぶし花）が突き出すデザインがしばしばみられる（図6－13・図6－14・図6－15）。一三世紀半ば以降は自然主義的傾向が強くなり[54]、リアルに葉をかたどったもの（図6－16e・図6－18）、太くはっきりした茎をもつもの（図6－16f・図6－17b）や、葉がしなやかに柱頭を包み込むようなデザイン（図6－16e）、クロシェが固いボール状ではなく繊細な花のようになったデザイン（図6－16c・図6－16d・図6－17a）などが散見される。さらに、一三世紀末には柱頭の地の形状が漏斗状ではなく柱身から連続する円柱状であることも多くなる[55]（図6－16e・図6－17a）。

図6－9　ルーアン大聖堂外陣，トリフォリウムの下のフリーズ，逆さになったモチーフ

柱頭にはほとんど同じ形状の彫刻ばかりが並ぶこともあるが（ルーアン大聖堂の袖廊と内陣、シャルトル大聖堂（図6－15）、いずれも一二二〇年頃には完成）、同一の工期に建てられたにもかかわらず豊かなヴァリエーションが認められ

図6－10　サン＝ルー＝デスラン修道院聖堂内陣，トリフォリウム柱頭

図6－11　ノワイヨン大聖堂南袖廊（工期3 bis），トリフォリウム柱頭

図6－12　ラン大聖堂南袖廊，トリフォリウム柱頭

図6－13　ノワイヨン大聖堂外陣西側（工期4），トリフォリウム柱頭

図6－14　ラン大聖堂外陣，トリフォリウムの柱頭

図6－15　シャルトル大聖堂内陣，トリフォリウムの柱頭

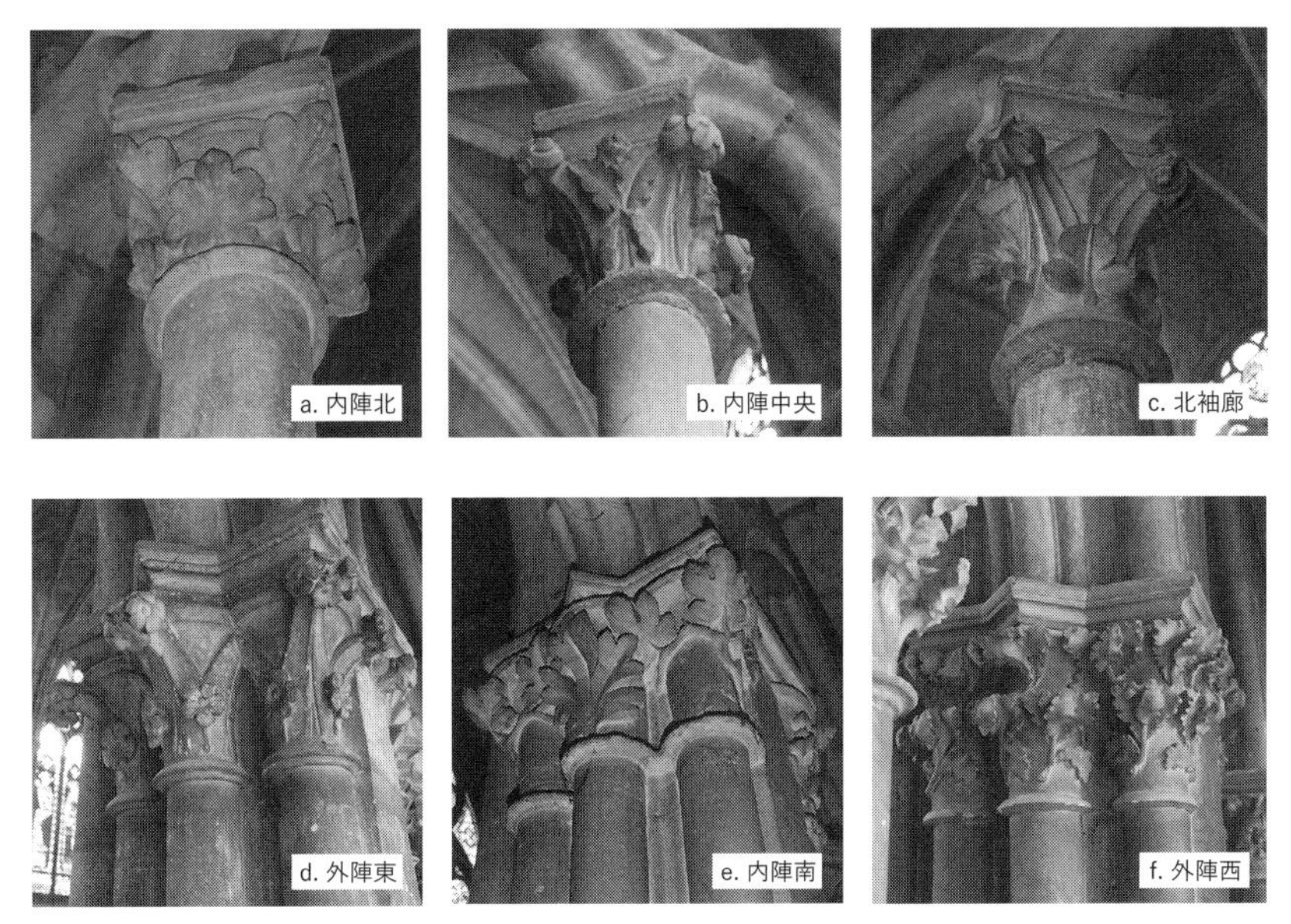

図 6－16　サン＝ドニ修道院聖堂トリフォリウムの柱頭
a が最も古く f が最も新しい年代に属する．

図 6－17　ヴィエンヌ大聖堂内陣，トリフォリウム（13 世紀後半）

ることも多い（複数の彫刻家が同時に作業にあたっていた可能性が考えられる。もちろん同じデザインが複数の彫刻家によって共有されることも十分ありえる）。一方で工期の切れ目を如実に示すこともあり、ラン大聖堂では初期工事に相当する部分でとりわけ複雑な柱頭彫刻が実現されていた（図6－12参照）。反対に、ランス大聖堂の外陣では初期工事部分（一二二一年頃）の柱頭が単調である一方で、後の部分（一三世紀半ば）の柱頭は動きや変化に富んでいる。アミアン大聖堂の外陣南北の壁（いずれも一二二〇―一二三六年頃。長い中断はないが南がやや先行した）にも変化が認められる（図6－19・図6－20）。サン＝ドニ修道院聖堂（一二三一―一二八一年改築）の彫刻は同じベイの内部でみても変化に富んでいるが、C・A・ブリュゼリウスはこれらの彫刻に建設順序を見てとっている[56]（図6－16）。

ブルゴーニュ地方では、トリフォリウムの柱頭彫刻の上（アーチ起点）に、さりげなくも特徴的な頭部の装飾が施されることがある（図6－21）。その肖像は、キリスト、司教冠を被った男、世俗の男や女などさまざまである。柱頭やコーニスに動物や人の頭部をかたどった彫刻を施していたロマネスク期以来の伝統を受け継ぐものとの見方もある[57]。

スパンドレルの彫刻

トリフォリウムのアーケードのスパンドレルには、彩色だけでなく彫刻も稀に見受けられる[58]。ヌヴェール大聖堂の外陣（一二一一年以降）では、イギリスのリンカーン大聖堂のエンジェル・クワイアと呼ばれる奥内陣（一二七〇年頃）同様、天使が座を占めている[59]（図6－22）。ヌヴェールでは柱基にもさまざまな像（ギリシア神話由来のアトラス像や世俗的な人物像）が付属している[60]。ストラスブール大聖堂の外陣（一二四五年頃着工。図6－23）やサン＝タントワン＝ラベイの修道院聖堂の外陣[61]（一四世紀前半）、カンペール大聖堂の外陣西側[62]（一四二四年着工）では天使や動物が、ランスのサン＝ジャック聖堂の内陣やラ・フェルテ＝ベルナールのノートル＝ダム＝デ＝マレ聖堂などの一六世紀のトリフォリウムでは花が、スパンドレルを飾っている。

ブルターニュ地方やノルマンディー地方のゴシック聖堂、あるいはそれらの影響を被ったとされる建築ではしばし

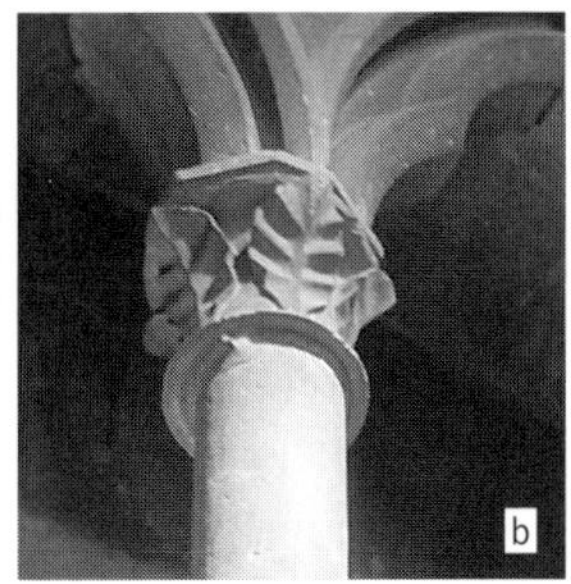

図 6 - 18　ランスのサン＝ジャック聖堂外陣，西側のトリフォリウム柱頭（1250 年以降）

図 6 - 19　アミアン大聖堂外陣，南側（1220 年頃―）のトリフォリウム

図 6 - 20　アミアン大聖堂外陣，北側のトリフォリウム
柱頭彫刻は南側よりシンプルな傾向にあるが，三葉の刳り抜きの先端部にはより複雑な彫刻が施されている．

図 6 - 21　ディジョンのノートル＝ダム聖堂，トリフォリウムの顔の彫刻（1220 年頃着工）

図 6 - 22　ヌヴェール大聖堂外陣（13 世紀初頭），トリフォリウムのスパンドレルや柱基の彫刻

ば、スパンドレルに円形や四葉形のレリーフが見受けられる。バイユー大聖堂の内陣（一二三〇年頃着工。図6－24）、ル・マン大聖堂の周歩廊（一二一七年頃着工）、サン＝マロ大聖堂の内陣（一三世紀後半）などである。

スパンドレルの彫刻は比較的稀だが、彩色は（遺構が少ないので確証はないものの）より多数の建築で施されていた可能性がある。彩色と彫刻は、装飾の役割としてどの程度区別されていたのだろうか。ヴィエンヌ大聖堂の外陣のトリフォリウム（一四－一五世紀）の上のフリーズ装飾は、七番目のベイのみロマネスク期のレリーフの再利用で、他のベイでは彩色（口絵6）であった。ベイ7が特別なベイだったのでレリーフを採用したという可能性も考えられなくはないが、レリーフと彩色の違いは当時、そこまで重要なものだったのだろうか。なお、内陣では同じ位置に大理石と

図6－23　ストラスブール大聖堂外陣，トリフォリウムとスパンドレルの彫刻

図6－24　バイユー大聖堂，内陣，トリフォリウム（1230年頃着工）の彫刻

モルタルを組み合わせた板をはめ込んでいた（口絵5）。彫刻と絵画は別々の職人によって実現されたにせよ、それらを完全に異系統のものとみなすのは安易であるように感じられる。

3　見えない部分の装飾を省くか施すか

トリフォリウムは身廊からの「見え方」を意識してデザインされたように思われるところがある。アミアン大聖堂の外陣では、トリフォリウムの柱頭のアバクスや柱基が、おそらく下から見上げられることを想定して、垂直方向に引き伸ばされている[63]（図6-25）。ボーヴェ大聖堂でも、トリフォリウムの柱礎はその平面上の小ささに比べて極端に背が高い（図6-26）。また、採光されたトリフォリウムのステンドグラスの図像は、トリフォリウムのアーケードの背後に隠れて視認性が損なわれるため、クリアストーリーのそれよりも単純で見やすくされているという指摘もある[64]。

身廊から見えにくい部分で簡略化される装飾

「見え方」の工夫は、「見えない」部分の簡略化と表裏一体である。人目に触れることの少ないトリフォリウム内部は、装飾が省略されることがあった。

まず、トリフォリウムのアーケードの通路側の表面では、柱頭彫刻が省略されうる。リヨン大聖堂の袖廊と内陣（図6-27）では、通路側の面で彫刻が省略されている。とくに柱が小円柱ではなく、円柱と角柱を組み合わせたデザインであったり（エヴルー大聖堂の外陣（一二三〇年頃着工。図2-5参照）など）、トレーサリーの一部であったり（シャルトルのサン＝ピエール聖堂の内陣（一三世紀後半。図1-35参照）、トゥール大聖堂の内陣（一二四五年頃）など）する場合には、通路側は装飾を欠く傾向が認められる。通路側には円柱の丸みもなく、一切の装飾を欠いた平たい面になっており、この面が人目にさらされることを想定していなかったことを示している。これらのトリフォリウムにおいては、

図 6－26　ボーヴェ大聖堂，再建前の内陣のトリフォリウム，柱礎
平面の小ささに比べ背が高い．

図 6－25　アミアン大聖堂外陣のトリフォリウム
柱頭と柱基が垂直方向に引き伸ばされている．

図 6－27　リヨン大聖堂内陣のトリフォリウム
通路側の面で柱頭や角柱の柱基刳り型が省略されている．

柱頭は外陣側だけの「舞台装置[65]」に過ぎない。

粗削りの状態のままにされることもあった。例えばアルクイユのサン＝ドニ聖堂（一三世紀。図6－28）やアミアン大聖堂の一部の柱頭（図6－29）である[66]。ランスのサン＝ジャック聖堂（一二五〇年以降）では身廊から見える側の柱頭が一部未完のままにされているが、これも内陣を向いて立つ者からは見えにくい位置にある[67]。また、ソワッソン大聖堂の内陣（一一九〇年以降）では、柱基刳り型が通路側で省略されているという指摘がある[68]。

それと関連して、アーチやトレーサリーの刳り型の省略、簡略化もしばしば認められる。アーチの刳り型の簡略化は広く一般的にみられる（例えばソワッソン大聖堂の南袖廊、ノワイヨン大聖堂の袖廊（図1－15参照）、リヨンのサン＝ニジエ聖堂など）。トレーサリーの刳り型の省略はモー大聖堂の内陣（一二五三年着工）や、すでに挙げたトゥール大聖堂の内陣、シャルトルのサン＝ピエール聖堂の内陣（図1－35参照）などにみられる。

採光されたトリフォリウムにおいては、背後の壁の窓のトレーサリーの簡略化も頻繁に行われる。サン＝ドニ修道院聖堂やトロワ大聖堂の内陣では、アーケード側で三葉形だったタンパンのトレーサリーは背後の壁側で円形に、三葉形アーチだった部分は単純な尖頭アーチのランセット窓にされている[69]。シャロン＝アン＝シャンパーニュ大聖堂の外陣、ストラスブール大聖堂（図6－23参照）、メッス大聖堂などでも同様である。

こうした簡略化は加工の単純化[70]（経済性の追求）がその背景にあると思われ、通路の内側は訪問者には見えないという事情によって説明されうる[71]。

また加工中に破損したものあるいは別の部位に使われる予定だったものの再利用と思われる石材がトリフォリウム内部に見つかることもある（図6－30・図6－31）。

身廊から見えにくい部分に施される装飾

一方で、通路の内部に時折興味深い彫刻が見受けられることも事実である。例えばアミアン大聖堂の内陣のトリフ

図 6－29　アミアン大聖堂内陣南側のトリフォリウム，通路側が粗削りのままの柱頭

図 6－28　アルクイユのサン＝ドニ聖堂外陣のトリフォリウム

柱頭彫刻は通路側が粗削りのままにつくられている．

図 6－30　ラン大聖堂内陣のトリフォリウムの床

小円柱の作図後，再利用されたと思われる石材．

図6－31　ショーモンのサン＝ジャン＝バティスト聖堂内陣，トリフォリウムのアーケード背面
格子模様が刻まれた石材．

図6－32　アミアン大聖堂内陣，トリフォリウムの背後の壁の窓の側柱を支えるアトラスの彫刻

オリウム背後の壁には、窓の側柱を支えるアトラスの彫刻がある（図6-32）。同じ大聖堂の北袖廊のトリフォリウムの窓には、動物や人をかたどった興味深い彫刻もある。[72]

同様に、リヨン大聖堂の外陣（一三世紀）のリブ・ヴォールトつきトリフォリウム（図6-33）において、リブを受ける持ち送りや、クリアストーリー通路の方立の持ち送りなどの彫刻は、身廊からはほとんど見えない（図6-34・図6-35）。トゥール大聖堂の外陣西側（一五世紀半ば）のトリフォリウムで柱頭代わりに彫刻された動物の頭（図6-36）や、スミュール＝アン＝ノソワのノートル＝ダム参事会聖堂内陣のトリフォリウムの柱頭のアーチ起点（通路側）にある葉の彫刻も、[73]身廊から確認することは不可能である。

セー大聖堂の内陣[74]（一二七〇年頃着工）のトリフォリウムでは、通路内部の控え壁の下に怪物のような彫刻が施されている。[75]身廊から見えないわけではないが、見えにくいことに変わりはない。

身廊から見上げたときに死角になる部分の彩色も、同様の問題をはらんでいる。例えばトリフォリウムの平天井の天井面は、壁の真下に近い位置から注視しない限り地上からは感知されにくい部分で、現在よりも暗かった中世の内部空間ではなおさら目につきにくかったと思われる。しかしここにも何らかの彩色の処理が施されていることが多い。シャルトル大聖堂では、背後の壁と同じように黄褐色の地に白の擬似石積みが描かれている。[76]ルーアン大聖堂の内陣でも、天井に赤色の擬似石積みが確認された（口絵9）。ノワイヨン大聖堂やシャロン＝アン＝シャンパーニュ大聖堂、ランピヨンのサン＝テリフ聖堂などでも黄褐色や赤色の下塗りの痕跡が認められる。アミアンの内陣では立ち上がり部分の裏側にも彩色が確認される。下塗りと彩色には壁表面の保護としての役割もあったため、人目につかない部分であっても省略されなかったという事情があったと考えられる。

その一方で、壁面の保護という観点だけでは解釈することができない彩色もある。アミアン大聖堂の南袖廊のファサード裏にあるトリフォリウムの天井部には、パズルのような格子模様の、手の込んだ赤い彩色が施されている[77]（一五世紀。口絵10）。このような特殊な紋様は建物の他の場所にはみられない。また、サン＝カンタン参事会聖堂の南袖

図 6－34　リヨン大聖堂外陣，東側のトリフォリウムのヴォールト・リブを受ける顔型の持ち送りの彫刻

図 6－33　リヨン大聖堂外陣，東側のトリフォリウム
天井に交差リブ・ヴォールト．

図 6－36　トゥール大聖堂外陣，トリフォリウムの柱頭の位置に施された彫刻

図 6－35　リヨン大聖堂外陣，クリアストーリー階の通路，窓の方立を受ける持ち送りの彫刻

廊のファサード裏のトリフォリウムは、身廊側のアーケードに彩色がない（あるいは残っていない）にもかかわらず、内部全体が赤く塗られている（年代不明）。これらは身廊からは見えない部分の装飾として興味深い。トリフォリウム全体ではなく、一部分に限定されたこれらの彩色は、この部位のトリフォリウムが実用に供されていた可能性も示唆している。

＊　＊　＊

「見えない」部分が簡略化される一方で時に豊かな装飾を施されることもあったということは、どういうことなのか。現場によってトリフォリウム内部の装飾方針が異なったということだろうか。たしかに、アミアン大聖堂のトリフォリウムは他の建築のものよりずっと幅も広く、それゆえ比較的頻繁に使用されていてもおかしくはなく、その内部が彫刻や彩色によって豊かに装飾されることは自然なようにも感じられる。しかしそのアミアンでは、通路側の一部の柱頭が粗削りのまま残されていた。実際、トリフォリウム内部の装飾の例として挙げた建築は、先に「見えない」部分の簡略化の例として挙げた建築とかなり重複している。

トリフォリウムの内部はたしかに装飾の優先度が低かったかもしれないし、身廊からの「見え方」を重視することがあったかもしれない。一方で、塔の上部など人目に触れにくい部分に装飾を施す習慣もたしかにあったのであり、「人の目を楽しませるための装飾」といった現代的な感覚とはやや異なる心性が存在したようにも思われる[78]。機能主義的価値観からすれば装飾は「見られる」ものであるはずだが、それだけでは理解できない彩色や彫刻が多々ある。そして、トリフォリウムという建築要素それ自体も、壁面の装飾、補強鎖の設置場所、実用的な通路といったさまざまな顔をもっており、部位と機能が一対一で対応するような機能主義的価値観では捉えきれないものなのである。

（1） ル・コルビュジエ、一九五七（フランス語初版一九三七年）。

（2） 「中世後期の建築に、「ゴシック」より誤った情報の含意が少なく、より描写の正確な名称を与えられるとしたら……それは「中世のモダニズム」であろう」（Trachtenberg, 2000, p. 184）。序章註73も参照。

（3） Erlande-Brandenburg, 1993（エルランド＝ブランダンビュール、二〇〇八）。

（4） サント＝シャペルの修復はE・E・ヴィオレ＝ル＝デュク、J－B・ラシュスらの主導で行われ、壁面の装飾には彩色だけでなく、擬似宝石やパート・ド・ヴェール（ガラス）などもふんだんに使用された。Leniaud et Perrot（1991）を参照。なお、M－C・ユベールによれば、白い上塗りのみで彩色が施されなかった壁も確かにあった。だが白色も、洗礼や、異教の闇に対するキリスト教的輝きなど、精神的・象徴的意味合いを有していた（Hubert, 1990）。

（5） 上塗りはフランス語でenduitやbadigeonと表現されるが、前者は漆喰やモルタル、セメント、スタッコによる外装をいい、後者は一般に染料を混ぜたlait de chaux（消石灰を水に溶かしたもの）による外装である（Pérouse de Montclos, 2011, p. 124）。

（6） 外陣との境界に設置されたジュベだけでなく、周歩廊との境（大アーケードの支柱の間）に建てられた囲い壁も、内陣身廊部を孤立化させた。中世における内陣の家具配置やジュベに関しては、以下を参照（Erlande-Brandenburg, 2001; Kimpel et Suckale, 1990, p. 18–22）。

（7） Thirion, 1990, p. 54.

（8） Aubert, 1957, p. 112.

（9） Vuillemard, 2001, p. 220.

（10） Sauerländer, 2002, p. 27ff.

（11） Vuillemard, 2001, p. 219.

（12） Viollet-le-Duc, 1854–1868, t. 7, «peinture», p. 56–109.

（13） Viollet-le-Duc et Ouradou, 1870.

（14） Vuillemard, 2003, p. 32–33.

（15） Vuillemard, 2003, p. 48–50; Foucart, 1990. ここでB・フカールは、しばしば著名な画家も動員して行われた一九世紀の彩色に芸術的価値を認める見方を提出している。

（16） Aubert, 1957.

（17） Emond et al., 1982.

（18） Michler, 1977; Michler, 1989.

（19） Entretiens du Patrimoine, 1990.

（20） Bouttier, 2014; Calvel, 2011.

（21） パリのノートル＝ダム大聖堂の祭室群にE・E・ヴィオレ＝ル＝デュクが施した彩色は、一九六〇年代に内陣のものを残し完全に取り除かれてしまった。翻って二〇一九年の火災後の修復時には、内陣祭室の彩色もその他の部位と同じように注意深く修復された。Cf. Dillmann et al., 2022, p. 120–129.

（22） 彩色に用いられる顔料や染料に関しては、Pallot-Frossard（2002）を参照。

（23） Vergès-Belmin, 2002, p. 161.
（24） Victoir, 2012, p. 127.
（25） ノワイヨンの彩色を研究したG・ヴィクトワールによれば、この彩色は建設から約一世紀半後の一三二〇年代に施されたとみられる（Victoir, 2011, p. 148）。
（26） ボーヴェ大聖堂の彩色に関しては、案内していただいた建築家のJ-L・ゲノン氏に示唆をいただいた。
（27） なお、大アーケードには彩色の痕跡は残っておらず、当初存在したかどうかも定かでない（MPP, rapport cote ETU/0162）。
（28） Michler, 1977, p. 33ff.; Förstel, 2015, p. 353.
（29） Michler, 1977, p. 43.
（30） Victoir, 2011, p. 148. 外陣の支柱の一部の柱頭にも同様の彩色がみられる。
（31） Vuillemard, 2003, p. 213.
（32） Vuillemard, 2006, p. 273.
（33） 一九七〇年の修復工事で明らかにされたロマン＝シュル＝イゼールの彩色は中世のものだとされているが、詳細は明らかになっていない（Thirion, 1972, p. 372）。
（34） ヴィクトワールは、ピカルディー地方においては一二世紀後半から一三世紀初頭にかけて彩色のコントラストが増し、その後装飾的モチーフが増えていったと分析している（Victoir, 2012, p. 124–125）。ただしヴイユマールは同じ彩色が複数の地域や時代にまたがって存在する事実を指摘する（Vuillemard, 2003, p. 158–160）。
（35） ブリ＝コント＝ロベールでは一九九二年頃から彩色の調査と復元が行われた。西側のベイでは一部を除きルネサンス期の黄褐色の彩色を、東側のベイでは中世の彩色を復元している（MPP, rapport cote 2009/001/0034, «Étude préalable à la finition de la restauration intérieure et à l'aménagement de l'église», p. 92, 107–114）。
（36） 復元では、背後の壁の擬似石積みはアルク・ド・デシャルジュの下の部分にしか施されていない。だが、元の彩色がこの部分にしかなかったという調査結果を示す記述は、筆者が確認した記録にはなかった（MPP, rapport cote 2009/001/0034, cote ETU/0162, no. 1499; LAUTIER, 2015, p. 45）。
（37） Victoir, 2011, p. 144.
（38） オーヴェール＝シュル＝オワーズの聖堂やクレシー＝ラ＝シャペル参事会聖堂の内陣のトリフォリウム、ノワイヨンの内陣の第三層を占めるブラインド・アーケードでは、迫石のないアーチに擬似迫石が描かれたり、逆に迫石からなるアーチに迫石以外の擬似石積みが描かれたりしている。
（39） Aubert, 1957, p. 116. 中世の擬似石積みは濃淡もなく二次元的であることから、不規則な石積みを隠して規則的に石が積んであるように見せる、いわゆるだまし絵的効果を意図していなかったようだとA・ヴイユマールは指摘している。なお、彼女によれば、擬似石積みの彩色は古代ローマですでに採用されていたが、そこではだまし絵的効果が意図されていたという（Vuillemard, 2003, p. 156–158）。
（40） Simon (dir.), 2014. クレルモンの彩色に関してはA・タンベール氏とB・ファリプ氏に情報提供をいただいた。
（41） Vuillemard, 2006, p. 273.

(42) Bégule, 1914, p. 84.

(43) この聖堂の壁面やヴォールトには赤い二重線の擬似石積みも施されている。Lefèvre-Pontalis, 1905a, p. 46.

(44) プロヴァンのサン＝キリアス聖堂の中間層は、内陣では偽トリフォリウムであるが、袖廊では通路式トリフォリウムである。彩色は北袖廊のファサード裏のトリフォリウムの四つのスパンドレルにある（Michler, 1977, p. 38; Vuillemard, 2006, p. 278, fig. 7）。

(45) Ponsot, 2007.

(46) Bégule, 1914, p. 77ff.

(47) Bottineau-Fuchs（2001a, p. 73）では一六世紀とされているが、base Mémoire, Référence no. APMH00251286 のキャプションでは一五世紀とされている。なお、トゥールのサン＝ジュリアン聖堂の西ファサード裏のトリフォリウムの背後の壁にも、モーセの生涯を描いた壁画があるが、これは一一世紀末にロマネスク期の外陣全体にわたって描かれたものが一三世紀の外陣再建時に残り、トリフォリウムの背後に隠れただけであって、当初からトリフォリウムの背後の壁の壁画として描かれたものではない（Wettstein 1971, p. 38–39; Galembert, 1862）。トリフォリウム建設後に壁画が壁画としての役割を果たした可能性は疑わしい。

(48) これに関連して、パリのノートル＝ダム大聖堂やランス、アミアン両大聖堂の西ファサードにあるような「王のギャラリー」が連想されなくもない。そこでは彫像がアーケードの開口部に一体ずつ設置されている。トリフォリウムに関しては、現状で像が置かれているものは確認していない。ただ、ランス大聖堂でのシャルル一〇世の戴冠式（一八二五年）の際、トリフォリウムに像が並べられた様子が記録されている。

(49) Thiébaut, 2006, p. 103. 破壊されつつあった期間に描かれた同書一〇五頁掲載の図も参照。

(50) Vuillemard, 2006, p. 276.

(51) ヴイユマールは、プロヴァンの埋められた偽トリフォリウムの彩色は採光されたトリフォリウムのように見せる効果があると指摘している（Vuillemard, 2006, p. 276.）。

(52) 建築内部空間の役割や秩序によって彩色を使い分けた例として、サン＝ルー＝デスランの修道院聖堂の外陣が挙げられる。側廊の一部が教区聖堂として使用されており、その部分だけ豊かに彩色されていた（Victoir, 2012, p. 128）。

(53) フォシヨン、一九七六、一三一―一三二頁。

(54) Viollet-le-Duc, 1854–1868, t. 2, «chapiteau», p. 535.

(55) Cf. Viollet-le-Duc, 1854–1868, t. 2, «chapiteau», p. 535–538.

(56) Bruzelius, 1985, p. 59–72.

(57) Quarré, 1966. なお Borlée（2012）はスミュール＝アン＝ノソワのノートル＝ダム参事会聖堂やディジョンのノートル＝ダム聖堂について、彫刻の様式や技法、建物内の他の彫刻との関係を分析している。

(58) イングランドの聖堂では、ウスター大聖堂やウェストミンスター修道院聖堂（一二五五年頃）でもスパンドレルに彫刻がある。Cf. Gardner, 1951, P. 95–127.

(59) 天使像の様式にはヴァリエーションが見受けられ、いくつかの年代のアトリエで制作されたことをうかがわせる。

Cf. Beaulieu et Baron, 1966.

(60) トゥール大聖堂外陣のトリフォリウム（主として南西側）の束ね柱を支持する持ち送りにも、アクロバティックな姿勢をとる人物や動物が彫刻されている。

(61) 楽奏天使など（Quarré, 1974, p. 418）。

(62) 動物。Cf. Gallet, 2009, p. 281–282; Gallet, 2014b, p. 83.

(63) Viollet-le-Duc, 1854–1868, t. 9, «triforium», p. 292, t. 7, «profil», p. 529; Durand, 1901, t. 1, p. 235–236.

(64) Lillich, 1980. もちろん、トリフォリウムの窓は小さいため複雑な図像を描くのに適していないという事情もあるだろう。

(65) Andrault-Schmitt, 2003, p. 286.

(66) Durand, 1901, t. 1, p. 293.

(67) 二番目の支柱の東側に付属する小円柱。

(68) Sandron, 1998, p. 96.

(69) Cf. Courcel, 1955, p. 22.

(70) キンペルはアミアン外陣のトリフォリウムの柱頭の通路側の面が簡略化して彫られていることに言及して述べている（Kimpel, 1977, n. 35）。

(71) Kayser（2012, p. 85–86）も、採光されたトリフォリウムの背後の壁に関して同様の意見を述べている。ここでは、ストラスブール大聖堂において背後の壁が開口部を刳り抜いたようなシンプルなプレート・トレーサリーであることに言及している。

(72) Durand, 1901, t. 1, p. 293, fig. 97.

(73) Quarré, 1966, p. 10–11.

(74) セー大聖堂の内陣は一九世紀後半に解体されリュプリシュ＝ロベールの手で元どおりに再建された（Gobillot, 1953, p. 44）。

(75) Base Mémoire, Référence no. AP53P01349.

(76) Calvel, 2011, p. 19.

(77) Bouilleret et al., 2012, p. 160–161.

(78) プラハ大聖堂の内陣では、クリアストーリーの外部通路の上に配置されたキリストや聖人の胸像と、トリフォリウムの内部控え壁に配置された王家の胸像が厳密に垂直に重なるよう、クリアストーリーの両端部がやや内部に向かって折れ曲がる特殊な形式で設計された。クリアストーリーの胸像は建物内部からも外部の地上からもほとんど観察不可能であり、彫刻が装飾以外の役割を担うことがあったということを物語っている（Benešovská et al., 1999, p. 73）。

終　章　書斎のゴシックから現場のゴシックへ

二〇二四年一二月八日、カトリック教会における無原罪の御宿りの祝日、パリ・ノートル゠ダム大聖堂は火災後五年八か月の修復を経て再び信徒や訪問者を堂内に迎え入れることになっている。国内外で広く報道され、多数の関連書籍や映像作品を生み、修復費用をすべて賄えるほどの寄付金を集めるなど、「ノートル゠ダムの火災」は一種の社会現象ともなった。マクロン仏大統領の「五年で再建する」発言やネット上に乱立した突飛なデザインの再建案も注目を集めた。この出来事をきっかけに、一九世紀のヴィオレ゠ル゠デュクらによる修復の功罪、伝統的技術の継承、国家と文化財の関係性など、これまで必ずしも一般に共有されてはいなかった諸問題にも注目が集まった。また木材の伐採、周辺環境の整備、現代的な調度品やステンドグラスの導入などをめぐりこれまでに複数のオンライン署名運動が展開され、活発な議論を呼んでいる。

一方で、火災後のノートル゠ダムの考古学的調査は粛々と進められており、総勢二〇〇名を超す国内外の研究者が九つの調査チームに分かれて結集し、それぞれの専門分野から詳細な分析を行っている。対象は木片や金属片であったり、落下したヴォールトを構成していた石材であったり、修復のための大規模な足場をかけて初めて確認できた彫刻であったり、職人のサインであったりする。方法も伝統的な野帳を使うものからデジタルイメージングテクノロジーを駆使するもの、化学分析に至るまで多様であるが、サイン一個、釘一本に至るまで事細かく記録されることで、現場では膨大なデータが蓄積されつつある。単一のモニュメントをめぐる調査としては空前絶後の規模といえよう。

当然ながら、そのように専門化された調査現場で一人の人間がかかわれる範囲には限界がある。その点、本書は一人の日本人若手研究者が一〇年あまりの間に遂行できた調査の成果であり、多少粗削りではあるが、ゴシックという「森」を成り立たせている建設技術のさまざまな側面に幅広く目を向けることができたのではないかと思う。ゴシックの「森」の中で、パリのノートル＝ダムという「木」はいかに存在感があろうとも一本の木に過ぎない。数百年の歴史をもち、これからも育っていくであろう木である。特定の木を窓にするのもひとつの方法ではあるが、本書ではトリフォリウムという「葉」を窓にすることで、よく知られたものから比較的知名度の低いものまで、多彩な「木」を扱うことができた。


トリフォリウムは当時の最新技術を駆使して建設された、ゴシック建築ならではの建築要素である。一二〇〇年前後に大アーケードの支柱、クリアストーリーの窓面、屋根裏など建物の各所で増加した金属材はトリフォリウム内部においても増加した。四メートル近いトリフォリウムの規模を維持しつつトレーサリーを用いた繊細な構造を実現することができたのは、金属材あってこそのことだったといえよう。また、部材のシステマティックな規格化・標準化とプレファブリケーションの実践はゴシック期の建設現場の特徴として従来から指摘されてきたが、トリフォリウムは部材が多様でその数も多いため、規格化なしでは実現できなかった。

ロマネスク期にはノルマンディーやイングランドのいくつかの建物で部分的に用いられるに過ぎなかったトリフォリウムは、一二世紀半ば以降急速にフランス各地に広まり、美的要素として重要な位置を占めるようになる。古典主義の息吹が建築界にしみわたるにつれ、トリフォリウムは消失した。もちろんあらゆるゴシック建築にトリフォリウムがあるわけではないが、トリフォリウムがゴシック様式においてのみ特別に好まれたという事実は興味深い。あの小さな隙間にゴシックを特徴づける何らかの手がかりが隠されているのではないか、と考えさせられる。

壁の厚みの内部に通路ができる、というのは、木造軸組と薄い壁をもつ繊細な建築が根づいた国にいると、いささか奇異に聞こえるかもしれない。そのような通路があるとすれば何か明確で特別な目的があってのことに違いないと思うことだろう。だがそれこそは機能主義的思考の罠であって、何のためにあるのかわからない通路が中世にはたくさんつくられた。

「トリフォリウムは何のためにあるのか？」、その問いはごく自然に生じるものだ。トリフォリウムは部材の加工に手間がかかり、施工も煩雑で、構造体たる支柱を空洞で貫き、薄い大アーケードの厚みの上にかろうじて載っているように見える。トリフォリウムをつぶさに観察すればするほど、これらはいったい何のために建設されたのか、という疑問が浮かぶのはもっともなことである。

トリフォリウムは立面の中央を走るアーケードとして意匠的に絶大な意義を有し、それは他のすべての役割を差し置いて第一義的なものであるケースが多かったと思われる。デザインとして魅力的でなければ、トリフォリウムがこれほど多く建てられることはなかったに違いない。しかし、立面を生気づけることにしか利点がなかったとしたら、やはり、トリフォリウムは普及しなかったのではないか。その役割はたんなる装飾的な舞台装置に終始するのではなかったように思われる。建物の建設や修復時に足場を固定できる便利な場所として、あるいは足場そのものとしても有用であったし、金属材の設置場所として間接的に建物の構造補強に寄与することもあれば、タペストリーや照明の設置場所、見物席などとしての役割も期待されたようだ。そうした役割の比重は建物によって、あるいは同じ建物でも時代によって、さまざまであっただろう。ある時期のある建物ではもっぱら装飾的なものとみなされ、また別のところでは実用的なものとして、トリフォリウムは働いたかもしれない。

トリフォリウムは「あらゆる部材はそれ自体で明確な役割を担っている」という機能主義的観点からも、「建築は無駄のない的確な形式や構造でできている」という合理主義的観点からも説明することができない。トリフォリウムはその構造や機能、名称において多様で曖昧なものであった。したがって、その機能に関する問いに満足のいく答えを与えることはできない。その存在意義は不明瞭で、どんな解釈を与えることも可能だが、いずれもそれだけでは不完全なものである。

ゴシック建築は線的でシャープである。極限まで追求された光。鈍重なものは容赦なく削ぎ落とされ、そこに余計なものは何もないようにみえる。

ところが今や私たちはゴシック建築のうちに、そのような繊細さと並んで、一見それに相反するもうひとつの特徴を認める。それはある種の冗長性と言っていいかもしれない。

ゴシックの構造は工夫を凝らして成り立っている。しかし、ヴィオレ＝ル＝デュクが記号つきの分解図を用いて述べ立てたような、あらゆる点において理路整然とした、無駄のない合理的な構造ではなかった。

そもそも壁に空洞をつくるなど、構造的な余裕（冗長性）がなければ不可能であろう。もちろん空洞があらかじめ設計の中に組み込まれた上で、空洞を含めた壁全体の絶妙な均衡が実現されていると考えることはできる。しかし構造計算がなされず経験に基づく設計がなされていた中世において、そのようなリスキーなことができただろうか。構造にはある程度の余裕が見込まれていたはずである。トリフォリウムはたしかに構造体の断面を損ない、実際にトリフォリウムによって安定性を損なわれてしまったと思われる建築もあったけれども、問題なく現存しているトリフォリウムつきゴシック建築も多い。

構造的な余裕に加えて機能の面でも、トリフォリウムにはゴシック建築の冗長性を見てとることができる。何度も述べているように、トリフォリウムは明確な機能や役割を与えられているわけではない。しかしそれは裏を返せばいかようにも使えるということである。壁が傾きそうなときは通路に補強鎖を設置することもできるし、日常では使わないとしても、大人数を収容する必要に迫られたときは臨時のギャラリーとして開放することができる。機能的な余裕がもたせてあると言えるかもしれない。将来的なニーズの変化を見越して可変性をもたせた現代の設計にも通じている、というのはさすがに言いすぎだろうか。

デザインの面ではどうだろう。やや唐突だが、ここでは音楽の比喩を用いてみたい。というのもゴシック建築の内部立面や内部空間を描写する際、「リズム」や「ハーモニー」といった音楽用語がしばしば使われるからだ（例えばラン大聖堂の立面においてアーケードの数が地上階から順に一・二・三・一と重なる「リズム」、それに外陣と内陣の「ハーモニー」などである）。どんなゴシック建築もそれ自体で固有の音楽を響かせている。トリフォリウムのない二層構成の立面は、簡潔で明快かもしれないが、例えるなら内声を欠いたハーモニーのように平板に感じられなくもない。浮遊するクリアストーリー（ソプラノ）と、それを支える重々しい地上階（バス）は互いによそよそしく分離しており、それらの間を取り持つべき中間部が失われている。トリフォリウムは背も低く、多くの場合暗いためか、輝かしいクリアストーリーの神秘的な光に引きつけられる目には見過ごされがちだけれども、ゴシックの空間には絶大な寄与をしているのだ。

図終－1　ヴィオレ＝ル＝デュクによる通称「理想的大聖堂」の図

ところで、本書の冒頭でデヒーオとベツォルトの図面の「冷たさ」を批判したが、それに負けず劣らず著者が「冷たい」と思うのは、ヴィオレ＝ル＝デュクによる通称「理想的大聖堂」の図だ（図終－1）。この図は彼の『事典』の項目「大聖堂」中に掲げられたもので、ランス大聖堂のタイプに従って設計された一三世紀の大聖堂の完成形を、あたかも模型のように、斜めから見下ろす視点で示している。七基の塔（すべてに尖塔が付属する）

をもつ左右対称のシルエットは美しい。しかしあまりに完璧すぎる。中世にこんな大聖堂は存在しない。何かが足りないとか、過剰だというわけではなく、ただあまりに完全で、完結しているのだ。何も付け足すことはできないし、取り去ることもできない。人の手垢を寄せつけない冷たさがある。ヴィオレ＝ル＝デュクによればこれは当初設計されたとおりに全体が完成していたらこうだったに違いないという大聖堂の姿だが、そこには設計者の構想こそがオリジナルであり現実の建物はそれを物質化したに過ぎないという近代的な発想が垣間見える。あれほど多くの中世建築を自らの目で見、触れ、修復を担ったヴィオレ＝ル＝デュクにとってさえ、その理想は「書斎のゴシック」だったのだ。

しかし、私たちは残された遺構から遡及的にゴシック像を結んでいくしかない。図面や模型もほとんど現存しないゴシック建築において、結果的に実現され、今日まで壊れずに残された、生の物質としてのこの「森」がすべてである。設計者が当初何を考えていたにせよ、ヴィオレ＝ル＝デュクの考えるような大聖堂は実現されなかったのだ。現実にあるほとんどのゴシック聖堂は、中断や付け足し、改造を経て成り立っている。そこには不足や無駄もあるし、ゴシック建築はそれを受け容れるだけの冗長性を備えている。

パリのノートル＝ダム大聖堂の火災後、当初五年では難しいといわれていた復興活動は驚くほど順調に進んでいる。小屋組や尖塔は火災前とほぼ同一の形式で再建された。本当にそれでよかったのか、火災前のノートル＝ダムは誰かにとっての「理想的大聖堂」に過ぎなかったのではないかという疑問は残る。ただ、火災前と再建後のノートル＝ダムはどんなに似ていようと同じではない。数十年後、数百年後のノートル＝ダムでは、新しい小屋組や尖塔が二〇一九年の火災という歴史的出来事を語るものとして受け継がれているだろう。

尖塔が炎に包まれて崩れ落ちる光景は、どんな有名文化財も結局は物質であるという現実を改めて実感させた。しかし物質であるからこそ、そこには時代のリアルな刻印が残り、歴史が積層する。ノートル＝ダムの調査チームによる地道な研究活動は、物質としての大聖堂がいかに中世の建設活動について生き生きと語りうるかを実証している。

ゴシックを抽象化された理念や理想を用いて「書斎から」語るのではなく、ありのままの物質として「現場から」伝えることが必要ではないか。

中世は「古典」との対比のもとで理解されてきた。中世(古代とその復興としてのいわゆるルネサンス期にはさまれた中間の時代)という呼称にしてすでにそうだ。序章でも述べたとおり、中世とりわけゴシックに関する解釈はきわめて多様である。ゴシックは民族性や国民性、宗教性などの諸概念、あるいは古典的な秩序や原理に囚われない表現の奔放さなど、古典主義と相容れないほとんどあらゆる価値観をその手に請け負ってきた。ある者はゴシックにキリスト教精神の発露を見いだす一方で、ある者は修道院(=聖職者)の時代であるロマネスク期に大聖堂(=民衆)の時代としてのゴシック期を対置させた。奔放な表現として評価されたかと思えば、無駄のない合理的な構造として論じられる。

いずれもゴシックに対する興味深い解釈を提示してはいる(そうした解釈のうちのいくつかは現代なお通用する)が、それらは時として相互矛盾的であり、絵を描くために視点を定めねばならないのと同様、特定の視点からのみ真実を語っている。そして、想定された一貫性から零れ落ちた幾多の作品を拾い上げていくうちに、様式としての全体像はぼやけてしまう。

しかし、こうした評価の多様性そのものがゴシックの魅力をなしているともいえる。

ゴシック建築は高さや軽さを追求する一方で曖昧な領域、グレーゾーンが残されており、それは独特の豊かさを実現すると同時に、ある種の逃げ場として働きうるのである。シャープで洗練されているが同時に冗長でもあるというパラドキシカルな事態は、ゴシックの多義性や曖昧性をよく表している。論じる主体によっていかようにもその様相を変化させるしなやかさ、どんな解釈も受け容れる懐の深さがあるからこそ、私たちはゴシックの「森」に惹かれるのかもしれない。

補遺　「トリフォリウム」、由来不明の言葉

カンタベリ大聖堂に関する語としての使用

「トリフォリウム（triforium［英］［仏］）」は専門用語である。しばしばヴォールトのついた、側廊や周歩廊の二階部分は「トリビューン（tribune［英］［仏］）」と呼ばれるが、こちらはもう少し一般的な語といえるかもしれない。語源も比較的はっきりしていて、おそらくは古代ローマの役職「トリブヌス」から派生して行政官や司法官の座る高台をトリビューン（あるいはトリビュナル）と呼び始め、高いところにあるギャラリーを指し示すようになったのだろうと考えられる(1)。

対して「トリフォリウム」という語の出自は不明である。現存の文書史料におけるこの語の初出はカンタベリ大聖堂の『年代記』（修道士ジャーヴァスによる、一二世紀末頃の記録(2)）であり、通路を示す語として四回使用されている。そのうちの三回はそれぞれ異なる部位を示しているが、いずれも、本書で論じてきたトリフォリウムを示してはいない。一度目の«triforium»は焼失した先行する建物の部分を指しており、「その〈柱の〉上にはソリッドな壁が、小さい盲窓とともにある。その壁の上にあるのは壁の通路（murum via）、トリフォリウムと呼ばれるもの（quae *triforium* appellatur）で、上の窓である」とある。これはおそらくクリアストーリーに走る通路（図補-1A）のことであろう。二度目は「多くの大理石の円柱を用いた下のトリフォリウム」であるが、建設段階からしてこれは側廊の窓の前にある通路を示

すと考えられる（図補－1B・図補－2B）。三度目は「その上に他のトリフォリウムを別の素材で、それと高窓を備えつけた」である。「その上（super quod）」が二度目の《triforium》を示すことなどから、こちらは偽トリフォリウム（図補－1C・図補－2C）のことであると判断できる。一方で、大司教ランフランクス時代（一一世紀後半）の建物に関する記述にも壁内通路への言及があるが、そこでは《triforium》ではなく《via》という単語が使われている。

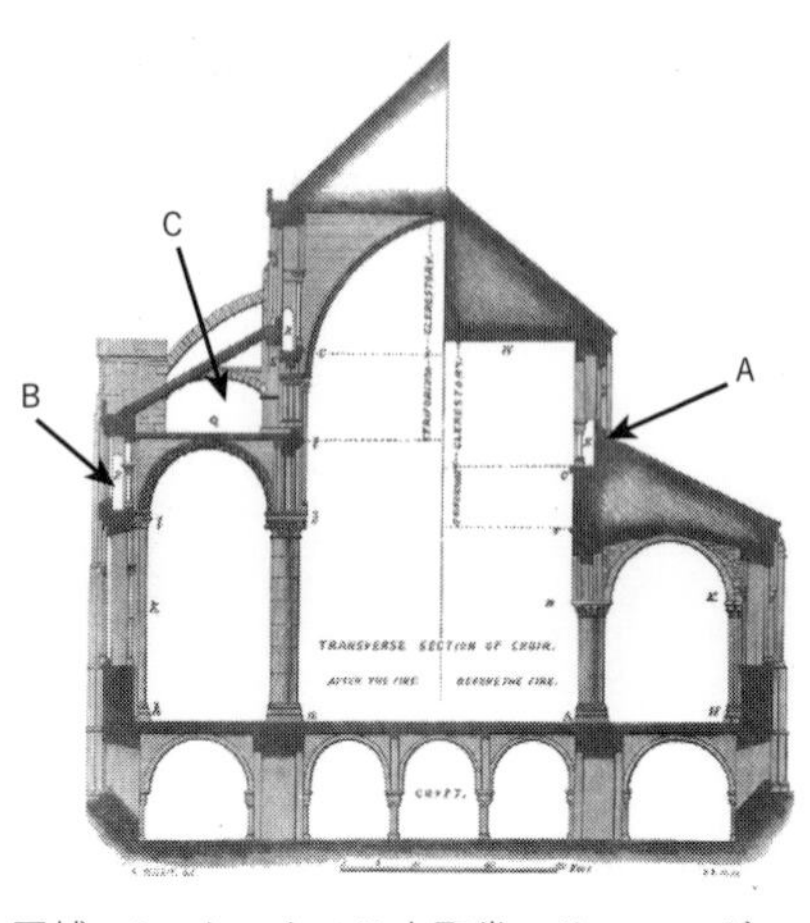

図補－1　カンタベリ大聖堂，サンスのギヨームによる建物（左側）と，大司教アンセルムス時代の建物（復元，右側）

図補－2　カンタベリ大聖堂，サンスのギヨームが改築した部分

壁内通路を示す「トリフォリウム」以外の語

一三世紀までの文書で壁内通路に言及していると思われる史料としては、カンタベリの『年代記』のほかに、ディジョンのサン＝ベニーニュ修道院の年代記（一一世紀半ば）、ヴィラール・ド・オヌクールの『画帖』（一三世紀）があるが、いずれも《triforium》という語は用いられていない。

まずディジョンのサン＝ベニーニュの年代記で言及されている通路は、一一世紀に建設されたロトンダ（円堂）の上階からバシリカ式聖堂へ続くもので、一二─一八世紀末にかけて段階的に破壊・再建されたため詳細は不明であるが、《deambulatoria》という語で記述されている。具体的に建築のどの部位を示しているのかについては議論があるものの、クリアストーリー階か、側廊の窓レヴェルに壁内通路があったのだろうと考えられている。

ヴィラール・ド・オヌクールの『画帖』では、ランス大聖堂の放射状祭室の内部立面図および外陣の立面図（folio 60, 62、**図補－3**）の説明文において、《voie》という語で壁内通路に言及している。外陣立面図の説明によると「側廊の屋根の前で、軒蛇腹の上に通路がつくはずだ。側廊の屋根の上にも、窓の手前で通路がつくはずだ。……大屋根の手前で、通路と歯型飾りが蛇腹の上にあり、火事の危険の際に巡れるようになっている」。またトリフォリウム通路については、「これらの通路にアーチがつけられ（volses）、覆いがつけられると（entaulees）、窓の台枠の前を通れる外通路（voies dehors）が、またひとつ得られる」と述べている。「覆い」とは壁内通路の天井のことであろう。トリフォリウムやクリアストーリーの通路に加え、たんに軒の上で人が通行できる部分も《voie》とされている。

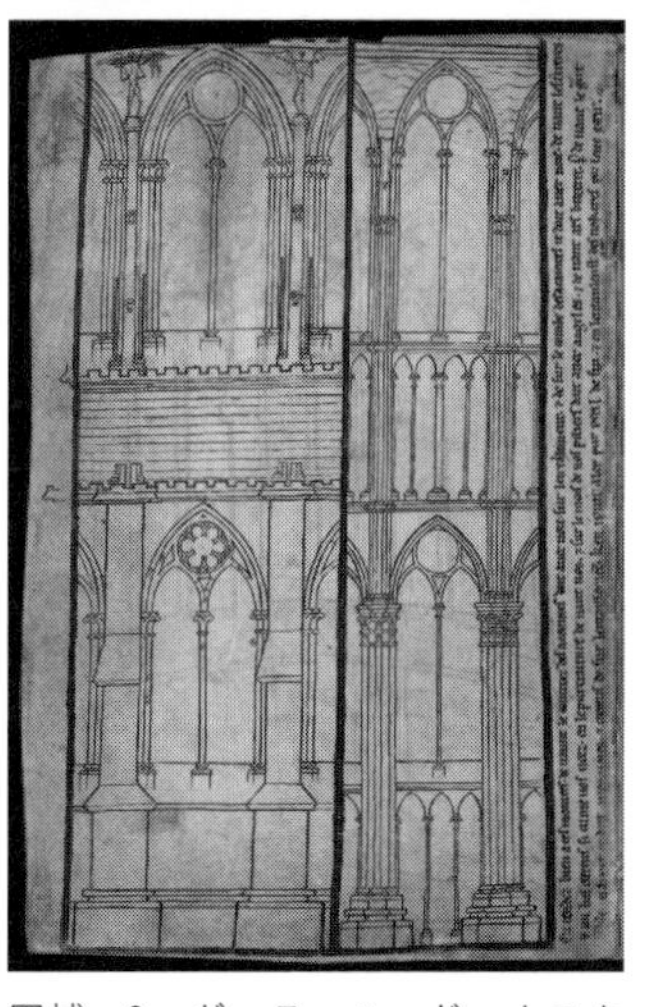

図補－3　ヴィラール・ド・オヌクール『画帖』より，ランス大聖堂の放射状祭室内部立面図（上）と外陣内外立面図（下）

なお、やや時代は下るものの、オルレアン大聖堂の再建時（一六〇一年—）[9]に執筆された議決書等では建設の過程をかなり詳しく追うことができるが、トリフォリウムは«galleryes»または«corridor»（現代フランス語ではいずれも通行場所を意味する）と表現されている。[10]

「トリフォリウム」の語源の問題

カンタベリの『年代記』では、「トリフォリウムと呼ばれるもの」という記述の仕方から、この単語が一般の聖職者にはさほどなじみのない専門用語であったことがうかがわれる。[11]

この語の起源は定かではない。中世ラテン語の語彙にあったもので、一説によれば「三」を意味する*tri-*と「戸口」を意味する*for*、それに名詞語尾の*-ium*を加えたことに由来する。[12]この説に従うならば、この語はもともと三つの戸口を示していたということになるが、三連アーチの開口をもつトリフォリウムはあまり多くない。むしろ«transforare»というラテン語から古フランス語の«trifoire»や«tréfoire»（透かし彫り細工、穴を穿ったもの）へと変化したと考える向きもある。[13]«trifoire»は、例えば一一六〇—一二〇〇年頃に古フランス語で歌われイングランドで英語に直されて広く普及したロマンス『フロワールとブランシュフロール』中で«trifoire Salemon»という表現で用いられ、金銀細工や象嵌細工を意味していた。[14]たしかにゴシック期、建築図面が一般化したのに伴って建築とそれ以外の分野（ステンドグラス、彫刻、金銀細工等）のアトリエの間に相互の影響関係が強まったという指摘はあり、それは飛梁やトレーサリー、ヴォールトといった建築言語がステンドグラスや聖堂の扉口彫刻などに現れ始めるという点に見てとれる。[15]トリフォリウムのような中空構造が一三世紀以降、彫刻や聖遺物箱に散見されるようになることも興味深い。[16]しかしながら、«triforium»という語が一二世紀末カンタベリ大聖堂の再建工事に関連して用いられた時点で、金銀細工とトリフォリウムの間に顕著な相関関係があったかどうかはわからない。しかも前述のように、そのカンタベリ大聖堂の年代記の記述では壁内通路如何にかかわらず「通行できる場所」といった意味合いでこの語が使われていた。これは「三つの戸口」や「穴を開ける」「金銀細工」などの語源（といわれるもの）からはかなり隔たった用法である。カンタベリ大聖堂の研究で知られるR・ウィリスは、この語は《thoroughfare》（往来、道路を表す古英語）のラテン語化ではないかとの憶測を述べているが[17]、英語起源説を唱える研究者は他に確認されていない。結局のところ、語源は正確にはわからないようだ。

近代における名詞としての一般化

カンタベリ大聖堂の『年代記』は《triforium》という語の孤立した使用例である。『オックスフォード英語辞典（OED）』によると、それ以後五世紀以上もの期間、この語の使用例は確認されていない[18]。再び使用されるのは一七〇三年、ビークスボーン牧師のN・バテリが『カンタベリの遺物』の第二部において、一二世紀のカンタベリ大聖堂についてジャーヴァスの『年代記』を参照しながら述べている部分である[19]。その後もカンタベリ大聖堂に関する記述での使用が相次ぎ、他の建物に関して《triforium》という語が使われるのは一九世紀に入ってからのことであった[20]。つまりこの語は、その語義をわきまえた専門家によって古来使われていた言葉というよりは、カンタベリを出発点に徐々に一般名詞として応用されていった特殊な言葉なのである。

一九世紀前半にはフランスの美術史研究の中でも《triforium》という語が使われるようになり、いくつかの文献において《triforium》がイギリスからの外来語として導入されている。例えばA・ド・コモンの『モニュメンタルな遺物に関する講義』（一八三一年）の「ギャラリー」という項目では、「ここでいうギャラリーとは……イギリスの考古学者たちによってトリフォリウムと呼ばれたもの」といわれているし[21]、L・ヴィテの『ノワイヨンのノートル＝ダム聖堂のモノグラフ』（一八四五年）では、「側廊の上階（イギリス発祥の語を用いるならトリフォリウム）」（傍点は原文斜体）という書き方をしている[22]。ただしここで注意しなければならないのは、ヴィテはここでは現在トリビューンと呼称する部位を示してトリフォリウムと記述していることである。E・E・ヴィオレ＝ル＝デュクの『中世建築事典』第九巻

（一八六八年）「トリフォリウム」の項でも、トリフォリウムだけでなくトリビューンやクリアストーリーの通路まで扱われている。[23] 一八四五年のA・ベルティの『中世建築辞典』[24]や一八九〇年のブサンによるラン大聖堂の記述[25]でも同様である。時には「トリビューンのトリフォリウム」や「トリフォリウムのトリビューン」などという混乱した表現も見受けられる。[26] E・ルフェーヴル＝ポンタリは考古学用語に関する一九〇七年の記事でこのような状況に苦言を呈し、両者の混同を避けるためにも区別は必要だと述べている。[27] 用語における明確な区別が一般化するのは、このルフェーヴル＝ポンタリの記事が書かれた二〇世紀初頭以降のようである。今日のフランスではトリビューンとトリフォリウムの用語の錯綜はない。

ただし、現在でも研究者によって《triforium》という語の使い方には多少の振れ幅がある。とくに、イギリスのゴシック建築研究の文脈では屋根裏に開く偽トリフォリウムも《triforium》と表現される印象がある。[28]

このように、トリフォリウムを含む壁内通路は、同時代に明確な名称を与えられていなかったし、《triforium》という語も時代と地域によって多様かつ曖昧に用いられてきた。語の歴史は古く一二世紀までさかのぼれるとしても、一八世紀に至るまでその使用例は一度しか確認されていない。そして現在のような狭い定義で使われるようになったのはかなり最近のことなのである。近代的な分析の明確さと厳格さの追求によってこの語の定義が定められるまでは、現在トリフォリウムと呼称している部分に名前はなく、二〇世紀初頭までトリフォリウムではなかったとさえいえるかもしれない。この曖昧さは、「トリフォリウム」などというものが確固たる概念として存在しないということも示唆している。

実際、トリフォリウムの様式的なヴァリエーションの豊かさを前にすると、これらを一貫した「トリフォリウム」として十把ひとからげに論じることは無理があるような気さえしてくる。例えば、あるモニュメントでトリフォリウムが頻繁に実用に供されていたからといって、他のモニュメントでもそうだとは必ずしもいえないのである。

中世の建設者たちは「トリフォリウム」をつくるという自覚なしにトリフォリウムを建設していたのかもしれない。もちろん「アーケードの上にあるあの狭い通路の部分」といった共通認識は少なからずあったかもしれないが、それがどのような意義をもち、どのように機能するか、建物にどのような価値を付与するかといった点に関する共通の理解はなかったという可能性さえある。

現代の目で測ると、一九世紀における「トリフォリウム」と「トリビューン」の用語の錯綜は議論の厳密さを欠き、研究の未熟さを露呈しているようにもみえかねないが、むしろトリフォリウムの曖昧性をよく表していたといってもよいのかもしれない。

（1）CNRTL (Centre National de Ressources Textuelles et Lexicales), «tribunal». https://www.cnrtl.fr/definition/tribunal（二〇二二年八月一九日閲覧）

（2）テキストは以下に収録されている。Mortet et Deschamps, 1995, p. 216–217 (302–303).

（3）ディジョンの市立図書館所蔵。Bibliothèque municipale de Dijon, ms. 591. Martindale, 1962 に活字化されている。

（4）deambulatoria は現代フランス語の「周歩廊」に相当するが、中世にはたんに歩き回れる場所全般を示したとされる。Centre National de Ressources Textuelles et Lexicales, «déambulatoire», https://www.cnrtl.fr/etymologie/deambulatoire（二〇二四年九月二六日閲覧）を参照。

（5）K・J・コナントはクリアストーリーの壁内通路、C・M・マロンは側廊の腰壁の上の通路を復元している（Conant, 1959, p. 85; Malone, 1980, fig. 20）。

（6）ヴィラールはフランス北部カンブレー近郊出身の人物とされ、Carnet と呼ばれる一冊のスケッチブックの著者である。一八四九年、J-É・キシュラによって初めて紹介され（Quicherat, 1849）、現在フランス国立図書館が所蔵する。一三世紀前半の建築技術や設計法等を図とコメントによって伝えている。このスケッチブックはヴィラールの後他の人物の手に渡り、おそらく一三世紀後半、記述が補足された。

（7）藤本、一九七二。

（8）藤本（一九七二）の訳をもとに筆者訳。

（9）オルレアン大聖堂は一六世紀半ばにプロテスタントによって荒らされ、ゴシック期の建物は一部の外壁を残して倒壊したので、以前のデザインを参照しながら再建された。

工事は一六〇一年、内陣から始まり、西ファサードまで含めた完成は一八二九年。

(10) Chenesseau, 1921, p. 48, 140.

(11) pilarii（柱）や alae（袖廊）という語についても同様の書き方がされている。「聖堂の円柱、通常 pilarii と呼ばれる（Columnae enim ecclesiae, quae vulgo *pilarii dicuntur*...）」。「袖廊と呼ばれるものが聖堂本体を分断する（corpus ecclesiae a suis lateribus quae *alae* vocantur dividebat）」（Mortet et Deschamps, 1995, p. 210 (296), 217 (303)）。

(12) "triforium (n.)". OED Online. July 2023. Oxford University Press（二〇二四年九月二六日閲覧）。なおこの語をラテン語と捉えれば複数形は triforia になるはずであるが、語尾に複数形を表す *-s* をつけた形も現在一般的にみられる。

(13) Brutails, 1908, p. 301; Quicherat, 1886, p. 458. また、Du Cange のラテン語辞典の triforium の項にも trifoire との関連が述べられている（Du Cange, *Glossarium mediae et infimae latinitatis*, Graz, 1954, «triforium»）。

(14) Du Méril, 1856, p. 23, 311–312. 解説者のデュ・メリルは「trifoire は金銀細工師の見事な作品のこと。ちょうど聖堂で建築家がつくる三つの戸のトリフォリウムのようなものであって、これらには同じ名前が与えられている」と述べている。

(15) この点に関しては、以下を参照。Bucher, 1976; Bugslag, 2008.

(16) 一二七二年以降に製作されたニヴェルの聖ゲルトルードの聖遺物箱は、そのレイヨナン・ゴシック聖堂風の外観で知られる。軒下には四葉のタンパンと三葉形アーチを備えたトレーサリー状の中空のアーケードが連なり、P・クールマンによればトゥール大聖堂の内陣のトリフォリウムを思わせる（Kurmann, 1996, p. 140）。扉口彫刻（とくにアーキヴォルトの縁取りや側柱部分の彫像の頭上）にもしばしば中空のアーケードがみられる。こうしたミニチュア建築のような造形物は micro-architecture と呼ばれ、独立した研究分野を形成している。Cf. Bucher, 1976; Cloart-Pavlak, 2011; Guillouët et Vilain (dir.), 2018; 木俣、二〇二二、二四二頁以降。

(17) Willis, 1845, p. 43.

(18) Cf. "triforium, n.". OED Online. June 2022. Oxford University Press.（二〇二二年八月一九日閲覧）

(19) Somner and Battely, 1703, second part, p. 16.

(20) 前掲のOED記事では一八一五年のT・リックマンによる使用が言及されている。ノルマン式、初期イギリス式、装飾式、垂直式というイギリス・ゴシックの発展段階を提示したことで有名な彼の主著（Rickman, 1817）中でも建築の部分を指し示す一般的な語として使用されている。

(21) Caumont, 1831, p. 253.

(22) Vitet et Vitet, 1845, p. 198.

(23) Viollet-le-Duc, 1854–1868, t. 9, «triforium», p. 272–307.

(24) Berty, 1845, p. 303–304. ここではいわゆる「小人ギャラリー」も「外部のトリフォリウム」として言及されている。

(25) 「側廊の上にはトリフォリウムの二つの重ねられたギャラリーが広がっている」。壁内通路のトリフォリウムは

「トリフォリウムの上段のギャラリー」（Bouxin, 1890, p. 143–144）。

（26） 前者の例は、Lasteyrie,（1926, vol. 1, p. 300）。ここで彼は立面要素としてのアーケード状の部分をトリフォリウムと表現し、構造物としての側廊の二階部分のことをトリビューンと表現しているようだ。後者の例はBrutails（1908, p. 189）で、ノワイヨン大聖堂のトリビューンに関しての記述。

（27） Lefèvre-Pontalis, 1907a, p. 543–546.

（28） 例えば以下の論文。Jansen, 1979; Kusaba, 1989.

あとがき

もし中世の大聖堂を訪れることがあれば、許可されている限り、石肌に素手で触れてみてほしい。内部空間を見渡すだけなら、動画や高解像度のパノラマ写真、ヴァーチャル・リアリティでもある程度、代替できる。けれど石に直接触れることは、実際にその場に足を運ばなければできないことだ。

同じ「石」でもその色彩、テクスチャ、触れたときの温度がさまざまであることに驚くだろう。ある石は白くごつごつとして、ところどころ巻貝が埋まっているのが見えるかもしれない。またあるところでは黄色味を帯びた石が比較的つるつるとして感じられるかもしれない。

石をつぶさに観察していると、建設にあたった建築家や石工、石切職人たちの息遣いが聞こえてくるようだ。西洋の建築物というとどうしても全体像を捉えた写真のような抽象的なイメージばかりで、細部までリアリティをもって想像することが難しくなる。私は二年間のパリ滞在中フランス各地の建築を調査する機会に恵まれ、悠久の時を超えて現代まで建ち続けてきた建築の生々しい存在感を肌で味わうことができた。建築史学は工学系学部の中でも人文学に近い分野であって特殊だといわれることがあるけれども、重みをもった物質としてのゴシック建築の面白さを明らかにすることが、工学系で歴史研究をする意義は何か、という問いへのひとつの答えではないかと思っている。

本書は二〇一九年に東京大学に提出した学位請求論文「ゴシック期フランスにおけるトリフォリウムの建設技術に関する基礎的研究」をベースに加筆再編したものである。

研究遂行にあたっては、日本でもフランスでも親切な先生に恵まれ、非常によい環境に身をおくことができた。東京大学の加藤耕一先生にはとくにお世話になり、感謝の言葉もない。同じゴシック建築を研究する加藤先生には多大な影響を受けたが、先生はご自分の価値観を押しつけることなく、私が主体的に研究の道を歩めるように配慮してくださった。行き詰まったときや進路に思い悩んだときも、親身になって相談に応じてくださった。またピカルディー・ジュール・ヴェルヌ大学のアルノー・タンベール先生は、二〇一五年から二年間のフランス留学中のみならず帰国後もたびたび連絡をくださり、同じく研究者でいらっしゃる奥様のディアン先生とともに、教授と学生の間の垣根を取り払ったざっくばらんなお付き合いをしていただいた。パリ・ナンテール大学ではパナヨタ・ヴォルティ先生に論文指導を担当していただき、論文の内容や構成からフランス語の文法チェックに至るまでお世話になった。

直接的な指導を仰いだ先生方のほかにも、数多くの先生や先輩・後輩、友人たちの計り知れない支えがあって私の研究は成り立っている。伊藤毅先生と藤井恵介先生には、東京大学を退職されるまでの間、研究会などでご意見を仰ぐことができた。その専門外とは思えぬほど鋭いご指摘に感服させられるとともに、視野を広げることの大切さに気づかせていただいた。また京都工芸繊維大学の西田雅嗣先生には、二〇一二年にブルゴーニュのブラノの聖堂実測調査に参加させていただき、その後も学会や研究会などでたびたびお世話になった。博士論文の審査委員を務めていただいた東京大学の安原幹先生と権藤智之先生にもお礼申し上げたい。そして一九世紀における中世建築の修復や小屋組をご専門とする元トゥール大学客員研究員の川瀬さゆりさんからは、忌憚ないご意見やご指摘をいただく一方で、研究の方向性や調査のノウハウから生活の知恵に至るまでの多種多様なアドヴァイス、快活な励ましのお言葉を多数いただき、非常に勇気づけられた。

フランスで調査の許可をくださった当局の方々、当日安全管理のため付き添ってくださった聖堂管理者や修復建築家、保存協会、市役所の方々にも、この場をお借りしてお礼申し上げたい。どの聖堂でも、議論をしたり資料をいただいたり、はたまた昼食をごちそうになったりと、お世話になった思い出は尽きない。

博士論文の提出後、大同大学の佐藤達生先生や、名城大学の武藤厚先生、米澤貴紀先生が興味をもってくださり、ご意見や励ましのお言葉を頂戴した。九州大学芸術工学部の先生方、とりわけ井上朝雄先生と岩元真明先生からも研究会や討論で多くの示唆に富むご意見をいただいた。

また二〇二一年には公益財団法人前田記念工学振興財団による第二八回前田工学賞という栄誉ある賞に選出していただいた。建築史は工学系に位置づけられるにもかかわらず歴史を扱っている異質な分野と捉えられがちだが、このような賞に選ばれたことにたいへん大きな意義を感じている。選定に携わってくださった先生方に深くお礼申し上げたい。

出版に際しては、東京大学出版会の神部政文さんにたいへんお世話になった。ご意見やご助言をくださるだけでなく、研究成果を社会に還元する喜びを教えていただいたことは、今後の私の研究生活にとっても有意義なことだったと思う。

本研究には日本学術振興会科学研究費JP14J10678、20K14937、22J40044の研究成果が含まれている。また本書は二〇二四年度東京大学学術成果刊行助成により刊行された。これらの助成のおかげで短期間に多数の調査を実施することができたし、博士論文提出後もコロナ禍や出産・育児で滞っていた研究を再始動させ、こうして一冊の本を上梓することができた。記して感謝申し上げる。

最後に、いつも私を見守り支えてくれた両親と、あたたかいよりどころでいてくれた夫と娘に、ありがとうの気持ちを伝えたい。

二〇二四年一〇月

嶋﨑　礼

初出一覧

◎第1章

第1節—第6節（石組み分解図）

"Construction of the Triforium in Gothic Architecture", *Environmental Design Global Hub Annual Report*, vol. 4, Faculty of Design, Kyushu University, March 2021, p. 27–33.

第5節　レイヨナン様式のトレーサリー（一部）

「フランス・ゴシック教会堂におけるトリフォリウムのトレーサリーの石組み——通時的比較の試み」『美史研ジャーナル』第一九号、二〇二四年三月、六八—七八頁。

◎第2章

第5節　サインや落書き（一部）

«Les signes lapidaires dans le triforium de la cathédrale Notre-Dame de Noyon», *Cahier multiculturel de la Maison du Japon*, n° 11, 2017, p. 61–68.

◎第4章

第2節　トリフォリウムに残る足場固定の痕跡

「ゴシック教会堂の壁内通路への木製足場の固定——近代の修復資料と遺構に現存する横材用の穴から」『日本建築学会計画系論文集』第八九巻第八一六号、二〇二四年二月、三九〇—三九九頁。

◎第5章

第2節　通路へのアクセスの可否

「ゴシック建築のトリフォリウム通路とピアの関係性」『日本建築学会計画系論文集』第八五巻第七七一号、二〇二〇年五月、一一一三—一一一九頁。

第3節　トリフォリウムの使用法

「ゴシック教会堂建築におけるトリフォリウムの建設工事終了後の使用法——フランスを中心とした事例の痕跡調査と図像史料分析からの推定」『日本建築学会計画系論文集』第八五巻第七七一号、二〇二〇年五月、一一〇五—一一一一頁。

◎補遺

「中世における壁内通路への言及について」『二〇一四年度日本建築学会大会学術講演会梗概集』二〇一四年九月、八〇七—八〇八頁。

索　引

あ 行

か　行

さ　行

た　行

な　行

は　行

ま　行

や　行

ら　行

参考文献一覧

Aceto et al., 1996 — Aceto Francesco, Andaloro Maria et Cassanelli Roberto, *Chantiers médiévaux*, Saint-Léger-Vauban/Paris, Zodiaque, 1996.

Adam, 1995 — Adam Jean-Pierre, *La construction romaine: matériaux et techniques*, 3e éd., Paris, Picard, 1995.

Ancien, 1984 — Ancien Jean, *Contribution à l'étude archéologique: architecture de la Cathédrale de Soissons*, Soissons, J. Ancien, 1984.

Andrault-Schmitt, 2003 — Andrault-Schmitt Claude, «La cathédrale de Tours. Le chevet du XIIIe siècle», *CAF*, 2003, vol. 155 (1997), p. 281-299.

Andrault-Schmitt, 2010 — Andrault-Schmitt Claude, *La cathédrale de Tours*, La Crèche, Geste Editions, 2010.

Andrault-Schmitt et al., 2019 — Andrault-Schmitt Claude, Aubanton Frédéric, Bienvenut Delphine, Blieck Gilles, Jourd'heuil Irène et Marchant Sylvie, *Cathédrale de Tours*, Tours, Presses universitaires François-Rabelais, 2019.

Anfray, 1939 — Anfray Marcel, *L'Architecture normande, son influence dans le nord de la France aux XIe et XIIe siècles*, Paris, Picard, 1939.

ASSECARM, 1995 — Association d'étude pour la coordination des activités régionales musicales, «Metz, cathédrale Saint-Étienne (orgue du triforium)», in *Orgues de Lorraine, Moselle H à Mi*, Metz, Éd. Serpenoise (coll. «Orgues de Lorraine»), 1995, p. 1167-1185.

Auber, 1871 — Auber Charles-Auguste, *Mémoire sur la chronologie des signes lapidaires du moyen âge et sur leurs formes générales, lu au Congrès scientifique de Chartres, le 9 septembre 1869*, Chartres, impr. de Garnier, 1871.

Aubert, 1928 — Aubert Marcel, «Église Saint-Bénigne», *CAF*, 1928, vol. 91, p. 16-38.

Aubert, 1935 — Aubert Marcel, «Les églises de Marly-la-Ville, Fosses, Plailly, Othis, Dammartin, Saint-Pathus», *BM*, 1935, vol. 94, p. 315-328.

Aubert, 1936 — Aubert Marcel, «Lyon, cathédrale», *CAF*, 1936, vol. 98 (1935), p. 54-90.

Aubert, 1957 — Aubert Marcel, «Les enduits dans les constructions du Moyen Âge», *BM*, 1957, vol. 115, n° 2, p. 111-117.

Aubert, 1960a — Aubert Marcel, «La construction au Moyen Age», *BM*, 1960, vol. 118, n° 4, p. 241-259.

Aubert, 1960b — Aubert Marcel, «La construction au Moyen Age (Suite)», *BM*, 1960, vol. 119, p. 7-42, 81-120, 181-209, 297-329.

Aumard, 2007 — Aumard Sylvain, «Les travaux du laboratoire d'archéologie du bâti: la cathédrale Saint-Etienne d'Auxerre, le prieuré Saint-Eusèbe d'Auxerre et l'église Notre-Dame de Vermenton», *Bulletin du centre d'études médiévales d'Auxerre*, 2007, vol. 11, p. 35-46.

Aumard, 2009 — Aumard Sylvain, «Le métal dans la construction de la cathédrale Saint-Étienne d'Auxerre», in Timbert (dir.), 2009, p. 159-172.

Aumard et al., 2011 — Aumard Sylvain, Dillmann Philippe et L'Héritier Maxime, «Le métal selon l'archéologue et l'archéomètre», in Sapin (dir.), 2011, p. 353-376.

Balthasar, 1854 — Balthasar Abbé, «L'église Saint-Eustache de Paris», *Revue archéologique*, 1854, vol. 11, p. 705-728.

Barbarin (dir.), 2011 — Barbarin Philippe (dir.), *Lyon: primatiale des Gaules*, Strasbourg, la Nuée bleue

(coll. «La grâce d'une cathédrale»), 2011.

Bardon, 1980 — Bardon Nicole et Bardon Louis, «Saint-Martin-aux-Bois (Oise). Esquisse d'une chronique de l'abbaye», *Revue archéologique de l'Oise*, 1980, vol. 18, n° 1, p. 19-29.

Barnes, 1963 — Barnes Carl F., «The Cathedral of Chartres and the Architect of Soissons», *JSAH*, 1963, vol. 22, n° 2, p. 63-74.

Barnes, 1969 — Barnes Carl F., «The Twelfth-Century Transept of Soissons: The Missing Source for Chartres?», *JSAH*, 1969, vol. 28, n° 1, p. 9-25.

Barnes, 1972 — Barnes Carl F., «The Gothic Architectural Engravings in the Cathedral of Soissons», *Speculum*, 1972, vol. 47, n° 1, p. 60-64.

Barnes, 1989 — Barnes Carl F., «Le "problème" Villard de Honnecourt», in Recht (dir.), 1989, p. 209-223.

Barrault, 1961 — Barrault André, *L'église de La Chapelle-sur-Crécy*, Crécy-en-Brie, éd. Gruat et Bonne, 1961.

Baylé, 1974 — Baylé Maylis, «La Trinité de Caen», *CAF*, 1974, vol. 132, p. 22-58.

Baylé, 1980 — Baylé Maylis, «Ancienne abbatiale Notre-Dame de Bernay», *CAF*, 1980, vol. 138, p. 119-162.

Baylé, 2001 — Baylé Maylis, «Argentan : église Saint-Martin», in Baylé (dir.), 2001, vol. 2, p. 227-229.

Baylé (dir.), 2001 — Baylé Maylis (dir.), *L'architecture normande au Moyen âge*, 2e ed., Condé-sur-Noireau/Caen, C. Corlet/Presses universitaires de Caen, 2001, 2 vol.

Bazelaire, 2004 — Bazelaire Hugues de, Mouton Benjamin et Wyss Michaël, «Données nouvelles sur les roses du transept de Saint-Denis», *Dossiers d'Archéologie*, 2004, vol. 297, p. 82-83.

Beaulieu et Baron, 1966 — Beaulieu Michèle et Baron Françoise, «Les «cariatides» de la cathédrale de Nevers», *BM*, 1966, vol. 124, n° 4, p. 363-379.

Bechmann, 1981 — Bechmann Roland, *Les Racines des cathédrales: l'architecture gothique, expression des conditions du milieu*, Paris, Payot, 1981.

Bégule, 1913 — Bégule Lucien, *La cathédrale de Lyon*, Paris, H. Laurens (coll. «Petites monographies des grands édifices de la France»), 1913.

Bégule, 1914 — Bégule Lucien, *L'Église de Saint-Maurice, ancienne cathédrale de Vienne en Dauphiné, son architecture, sa décoration*, Lyon, H. Lardanchet, 1914.

Behling, 1944 — Behling Lottlisa, *Gestalt und Geschichte des Masswerks*, Halle, Max Niemeyer, 1944.

Belhoste, 1996 — Belhoste Jean-François, «Fabrication et mise en œuvre du fer dans la construction. Grandes étapes d'évolution (XIIIe-XIXe siècles)», *Monumental*, 1996, vol. 13, p. 9-17.

Benešovská et al., 1999 — Benešovská Klára, Hlobil Ivo, Bravermanová Milena, Chotěbor Petr et Kostílková Marie, *Peter Parler & St Vitus's Cathedral 1356-1399*, Prague, Prague Castle Administration, 1999.

Bengel et al., 2014 — Bengel Sabine, Nohlen Marie-José et Potier Stéphane, *Bâtisseurs de cathédrales: Strasbourg, mille ans de chantiers*, Strasbourg/Paris, la Nuée bleue/Place des Victoires (coll. «La grâce d'une cathédrale»), 2014.

Benoit, 1985 — Benoit Paul, «Le plomb dans le bâtiment en France à la fin du Moyen Âge: l'apport des comptes de construction et de réparation», in Chapelot et Benoit (ed.), 1985, p. 339-355.

Benoit, 2009a — Benoit Paul, «Fer et plomb dans la construction des cathédrales gothiques», in Timbert (dir.), 2009, p. 51-59.

Benoit, 2009b — Benoit Paul, «La production de fer au temps des cathédrales», in Timbert (dir.), 2009, p.

77–82.

BENOIT, 2014 — BENOIT Paul, «Le plomb dans la cathédrale de Chartres», in TIMBERT (dir.), 2014, p. 321–333,

BERNARDI, 2011 — BERNARDI Philippe, *Bâtir au Moyen Age, XIIIe-milieu XVIe siècle*, Paris, CNRS, 2011.

BERTY, 1845 — BERTY Adolphe, *Dictionnaire de l'architecture du Moyen Age, contenant tous les termes techniques dont l'intelligence est nécessaire pour faire ou comprendre les descriptions des monuments religieux, civils et militaires, avec des explications détaillées et de nombreux renseignements archéologiques*, A. Derache, 1845.

BESSAC, 2004 — BESSAC Jean-Claude, «Pierres de taille : archeologie et technique», in BESSAC et al., 2004, p. 7–49.

BESSAC, 2005 — BESSAC Jean-Claude, «Anthropologie de la construction: de la trace d'outil au chantier», in PARRON-KONTIS et REVEYRON (ed.), 2005, p. 53–61.

BESSAC et al., 2004 — BESSAC, Jean-Claude, DE FILIPPO Raffaël, SEIGNE Jacques, PRIGENT Daniel, SAPIN Christian, CHAPELOT Odette, JOURNOT Florence et FERDIÈRE Alain, *La Construction: Les matériaux durs: pierre et terre cuite*, Arles, Errance, 2004.

BIAUDET et al., 1975 — BIAUDET Jean-Charles, MEYLAN Henri, STÖCKLI Werner Ernst et BORNAND Claude, *La Cathédrale de Lausanne*, Berne, Société d'histoire de l'art en Suisse, 1975.

BIDEAULT et LAUTIER, 1977 — BIDEAULT Maryse et LAUTIER Claudine, «Saint-Nicaise de Reims. Chronologie et nouvelles remarques sur l'architecture», *BM*, 1977, vol. 135, n° 4, p. 295–330.

BIDEAULT et LAUTIER, 1987 — BIDEAULT Maryse et LAUTIER Claudine, *Île-de-France gothique. 1, Les Eglises de la vallée de l'Oise et du Beauvaisis*, Paris, Picard (coll. «Les Monuments de la France gothique»), 1987.

BINDING, 1989 — BINDING Günther, *Maßwerk*, Darmstadt, Darmstadt Wissenschaftliche Buchgesellschaft, 1989.

BINDING, 2004 — BINDING Günther, *Medieval building techniques*, Stroud, Tempus, 2004.

BLARY et GÉLY, 2021 — BLARY François et GÉLY Jean-Pierre, *Pierres de construction*, Aubervilliers, Comité des travaux historiques et scientifiques (coll. «CTHS Orientations et méthodes»), 2021.

BLONDEL, 1952 — BLONDEL Louis, «Saint-Pierre-ès-Liens, cathédrale de Genève et ses origines», *CAF*, 1952, vol. 110, p. 151–166.

BONNAULT D'HOUËT, 1905 — BONNAULT D'HOUËT Xavier, «Compiègne, église Saint-Jacques», *CAF*, 1905, vol. 72, p. 131–135.

BONNET et RIOULT, 2010 — BONNET Philippe et RIOULT Jean-Jacques, *Bretagne gothique: l'architecture religieuse*, Paris, Picard (coll. «Les monuments de la France gothique»), 2010.

BONTEMPS, 1981 — BONTEMPS Daniel, «La nef de l'église Saint-Pierre de Gonesse et ses rapports avec l'abbatiale de Saint-Denis», *BM*, 1981, vol. 139, n° 4, p. 209–228.

BONY, 1937 — BONY Jean, «Tewkesbury et Pershore: Deux élévations à quatre étages de la fin du XIe siècle», *BM*, vol. 96, 1937, p. 281–290.

BONY, 1939 — BONY Jean, «La technique normande du mur épais à l'époque romane», *BM*, 1939, vol. 98, p. 153–188.

BONY, 1957 — BONY Jean, «The Resistance to Chartres in Early Thirteenth-Century Architecture», *Journal of the British Archaeological Association, 3rd Series*, 1957–1958, vol. 20–21, p. 35–52.

BONY, 1967 — BONY Jean, *French Cathedrals*, London, Thames & Hudson, 1967.

BONY, 1976 — BONY Jean, «Diagonality and Centrality in Early Rib-Vaulted Architectures», *Gesta*, 1976, vol. 15, p. 15–25.

Bony, 1983 — Bony Jean, *French Gothic Architecture of the 12th and 13th Centuries*, Berkeley, University of California Press, 1983.

Bork et al., 1997 — Bork Robert, Mark Robert and Murray Stephen, «The Openwork Flying Buttresses of Amiens Cathedral: "Postmodern Gothic" and the Limits of Structural Rationalism», *JSAH*, 1997, vol. 56, n° 4, p. 478–493.

Borlée, 2012 — Borlée Denise, *La sculpture figurée du XIIIe siècle en Bourgogne. La sculpture figurée du XIIIe siècle en Bourgogne*, Strasbourg, Presses universitaires de Strasbourg, 2012.

Bos, 2003 — Bos Agnès, *Les églises flamboyantes de Paris: XVe–XVIe siècles*, Paris, Picard, 2003.

Bottineau-Fuchs, 2001a — Bottineau-Fuchs Yves, *Haute-Normandie gothique: architecture religieuse*, Paris, Picard (coll. «Les monuments de la France gothique»), 2001.

Bottineau-Fuchs, 2001b — Bottineau-Fuchs Yves, «Argentan : église Saint-Germain», in Baylé (dir.), 2001, vol. 2, p. 218–226.

Boudon et Blécon, 1985 — Boudon François et Blécon Jean, «Le vis, la marche et le noyau: leurs relations au début du XVIe siècle», in Chastel et Guillaume (ed.), 1985, p. 75–82.

Bouet, 1868 — Bouet Georges, *Analyse architecturale de l'abbaye de Saint-Etienne de Caen*, Caen, Impr. de Le Blanc-Hardel, 1868.

Bouilleret et al., 2012 — Bouilleret Jean-Luc, Andre Aurélien et Boniface Xavier, *Amiens*, Strasbourg, La Nuée Bleue (coll. «La grâce d'une cathédrale»), 2012.

Bouticourt et Parron, 2014 — Bouticourt Émilien et Parron Isabelle, «Saint-Maurice de Vienne, une cathédrale en chantier au début du XIVe siècle», in Lauxerois Roger (dir.), *Vienne au crépuscule des templiers*, Grenoble, PUG, 2014, p. 41–57.

Bouttier, 2014 — Bouttier Michel, «Les enduits et les décors peints», in Timbert (dir.), 2014, p. 259–286.

Bouxin, 1890 — Bouxin Auguste, *La Cathédrale Notre-Dame de Laon, historique et description*, Laon, impr. de A. Cortilliot, 1890.

Brachmann, 1991 — Brachmann Christoph, «La construction de la cathédrale de Metz et de l'église collégiale Notre-Dame-la-Ronde pendant le deuxième tiers du XIIIe siècle», *CAF*, 1991, vol. 149, p. 447–475.

Branner, 1960a — Branner Robert, «Les débuts de la cathédrale de Troyes», *BM*, 1960, vol. 118, p. 111–122.

Branner, 1960b — Branner Robert, *Burgundian Gothic Architecture*, London, A. Zwemmer, 1960.

Branner, 1961 — Branner Robert, «The North Transept and the First West Facades of Reims Cathedral», *Zeitschrift für Kunstgeschichte*, 1961, vol. 24, p. 220–241.

Branner, 1962 — Branner Robert, «Paris and the Origins of Rayonnant Gothic Architecture down to 1240», *The Art Bulletin*, 1962, vol. 44, n° 1, p. 39.

Branner, 1963a — Branner Robert, «Gothic Architecture 1160-1180 and Its Romanesque Sources», *Studies in Western Art, Acts of the Twentieth International Congress of the History of Art*, 1963, vol. 1, p. 92–104.

Branner, 1963b — Branner Robert, «Villard de Honnecourt, Reims and the Origin of Gothic Architectural Drawing», *Gazette des Beaux-Arts*, 1963, 6e pér. 61, p. 129–146.

Branner, 1965 — Branner Robert, *St. Louis and the court style in Gothic architecture*, London, A. Zwemmer, 1965.

Branner, 1987 — Branner Robert, «An Unknown Gothic (?) Drawing from Saint-Quentin», *Gesta*, 1987, vol. 26, n° 2, p. 151–152.

BRANNER, 1989 — BRANNER Robert, *The Cathedral of Bourges and Its Place in Gothic Architecture*, Cambridge (USA)/London, The MIT Press, 1989.

BROCKHAUS, 2003 — BROCKHAUS Katrin, «Fécamp, ancienne abbatiale de la Trinité: Les campagnes des XIIe-XIIIe siècles», *CAF*, 2003, vol. 161, p. 57-64.

BROCKHAUS, 2009 — BROCKHAUS Katrin, *L'abbatiale de la Trinité de Fécamp et l'architecture normande au Moyen âge*, Caen, Société des antiquaires de Normandie (coll. «Mémoires de la Société des antiquaires de Normandie»), 2009.

BROCKHAUS, 2016 — BROCKHAUS Katrin, «Les parties romanes», in BOULANGER, Jean-Claude (dir.), *Bayeux, Joyau du gothique normand*, Strasbourg/Paris, la Nuée bleue (coll. «La grâce d'une cathédrale»), 2016, p. 147ff.

BRUNET, 1928 — BRUNET Émile, «La restauration de la cathédrale de Soissons», *BM*, 1928, vol. 57, p. 65-99.

BRUTAILS, 1908 — BRUTAILS Jean-Auguste, *Précis d'archéologie du moyen-âge*, 1er éd., Toulouse, E. Privat, 1908.

BRUZELIUS, 1985 — BRUZELIUS Caroline Astrid, *The 13th Century Church at St Denis*, New Haven/London, Yale University Press (coll. «Yale Publications in the History of Art»), 1985.

BRUZELIUS, 2001 — BRUZELIUS Caroline Astrid, «L'achèvement de la basilique au XIIIe siècle», *Dossiers d'Archéologie*, 2001, vol. 261, p. 38-49.

BUCHER, 1968 — BUCHER François, «Design in Gothic Architecture: A Preliminary Assessment», *JSAH*, 1968, vol. 27, n° 1, p. 49-71.

BUCHER, 1976 — BUCHER François, «Micro-Architecture as the "Idea" of Gothic Theory and Style», *Gesta*, 1976, vol. 15, p. 71-89.

BUCHER, 1977 — BUCHER François, «A Rediscovered Tracing by Villard de Honnecourt», *The Art Bulletin*, 1977, vol. 59, n° 3, p. 315-319.

BUGSLAG, 2008 — BUGSLAG James, «Architectural Drafting and the "Gothicization" of the Gothic Cathedral», in REEVE Matthew M. (ed.), *Reading Gothic Architecture: Conference, International Study Centre of Queen's University, Herstmonceux Castle, Sussex, England, June 2005*, Turnhout, Brepols, 2008, p. 57-74.

BYNG, 2014 — BYNG Gabriel, «The Function and Iconography of the Minstrels' Gallery at Exeter Cathedral», *Journal of the British Archaeological Association*, 2014, vol. 167, n° 1, p. 133-153.

CALVEL, 2011 — CALVEL Patrice, «La restauration du décor polychrome du chœur de la cathédrale de Chartres», *BM*, 2011, vol. 169, n° 1, p. 13-22.

CARLIER, 1930 — CARLIER, A., *L'église de Rampillon*, Paris, chez Auteur, 1930.

CAUMONT, 1825 — CAUMONT Arcisse de, *Essai sur l'architecture religieuse du Moyen Age, principalement en Normandie*, Caen, Chalopin fils, 1825.

CAUMONT, 1831 — CAUMONT Arcisse de, *Cours d'antiquités monumentales professé à Caen*, Paris, Lange, 1831.

CAVARD, 1978 — CAVARD Pierre, *La Cathédrale Saint-Maurice de Vienne*, Vienne, Blanchard frères, 1978.

CHAPELOT et BENOIT (ed.), 1985 — CHAPELOT Odette et BENOIT Paul (ed.), *Pierre et métal dans le bâtiment au Moyen âge. Colloque organisé par l'Équipe Mines, carrières et métallurgie dans la France médiévale de l'École des hautes études en sciences sociales, Paris, 9-14 juin 1982*, Paris, École des hautes études en sciences sociales, 1985.

CHASTEL et GUILLAUME (ed.), 1985 — CHASTEL André et GUILLAUME Jean (ed.), *L'escalier dans l'architecture de la Renaissance. Actes du colloque 22 ou 26 mai 1979*, Paris, Picard, 1985.

CHENESSEAU, 1921 — CHENESSEAU Georges Louis, *Sainte-Croix d'Orléans. Histoire d'une cathédrale gothique*

réédifiée par les Bourbons, 1599–1829, Paris, E. Champion, 1921.
CHOISY, 1899 — CHOISY Auguste, *Histoire de l'architecture*, Paris, Gauthier-Villars, 1899, 2 vol.
CLARK, 1977 — CLARK William W., «The Nave Vaults of Noyon Cathedral», *JSAH*, 1977, vol. 36, n° 1, p. 30–33.
CLARK, 2001 — CLARK William W., «Lisieux : cathédrale Saint-Pierre», in BAYLÉ (dir.), 2001, p. 168–172.
CLARK and KING, 1983 — CLARK William W. and KING Richard, *Laon Cathedral, Architecture*, 2 vol., Courtauld Institute Illustration Archives, Companion Text 1 et 2, London, Harvey Miller Publishers, 1983–1987.
CLAVAL, 1984 — CLAVAL, Florence, «Les épures de la Cathedrale de Clermont-Ferrand», *Bulletin Archéologique du Comité des travaux historiques et scientifiques*, nouvelle série 20–21, 1984–1985, p. 185–224.
CLOART-PAVLAK, 2011 — CLOART-PAVLAK Sophie, *Au seuil de l'église: la micro-architecture sculptée des portails gothiques au nord de la Loire XIIe–XIIIe siècles*, thèse doc., Université Lille 3, 2011.
COLLECTIF, 1966 — COLLECTIF, *Dictionnaire des églises de France*, 5 vol., Paris, Robert Laffont, 1966.
COLLECTIF, 2023 — COLLECTIF, *Chimie et Notre-Dame de Paris*, Paris, Fondation de la Maison de la Chimie, 2023.
COLLOMB et al., 2023 — COLLOMB Camille, AUDEBRAND Fabienne et JOURD'HEUIL Irène, «Chartres. Cathédrale Notre-Dame: restauration du bras sud; premières observations sur les tirants en bois des voûtes», *BM*, 2023, vol. 181, p. 159–162.
CONANT, 1959 — CONANT Kenneth John, *Carolingien and Romanesque Architecture 800 to 1200*, Harmondsworth, Penguin Books (coll. Pelican History of Art), 1959.
COPPOLA et MARIN, 1990 — COPPOLA Giovanni et MARIN Jean-Yves, «Les signes lapidaires sur les monuments de Caen (XIe–XIIes.)», *Revue archéologique de l'ouest*, 1990, vol. 7, p. 101–109.
CORROYER, 1877 — CORROYER Édouard Jules, *Description de l'abbaye du Mont Saint-Michel et de ses abords précédée d'une notice historique*, Paris, Dumoulin, 1877.
CORROYER, 1883 — CORROYER Édouard Jules, *Descriptive Guide of Mont Saint-Michel*, Paris, Ducher, 1883.
COUFFON, 1968 — COUFFON René, «La cathédrale de Dol», *CAF*, 1968, vol. 126, p. 37–59.
COURCEL, 1955 — COURCEL Valentin DE, «La cathédrale de Troyes», *CAF*, 1955, vol. 113, p. 9–28.
COURTEAULT, 1941 — COURTEAULT Paul, «Bordeaux, cathédrale Saint-André», *CAF*, 1941, vol. 102 (1939), p. 30–58.
CROSBY, 1987 — CROSBY Sumner McKnight, *The Royal Abbey of Saint-Denis from Its Beginnings to the Death of Suger, 475–1151*, New Haven, Yale University Press, 1987.
DAUSSY (dir.), 2016 — DAUSSY Stéphanie Diane (dir.), *L'église, lieu de performances: In locis competentibus*, Paris, Picard, 2016.
DAUSSY et TIMBERT (dir.), 2012 — DAUSSY Stéphanie Diane et TIMBERT Arnaud (dir.), *Architecture et sculpture gothiques: renouvellement des méthodes et des regards, actes du IIe Colloque international de Noyon, 19–20 juin 2009*, Rennes, Presses universitaires de Rennes (coll. «Art & société»), 2012.
DECROCK, 2009 — DECROCK Bruno, «Le fer dans la cathédrale Notre-Dame de Reims: état de la question», in TIMBERT (dir.), 2009, p. 131–139.
DECROCK et DEMOUY (dir.), 2008 — DECROCK Bruno et DEMOUY Patrick (dir.), *Nouveaux regards sur la cathédrale de Reims: actes du colloque international des 1er et 2 octobre 2004*, Langres, D. Guéniot, 2008.
DEHIO, 1972 — DEHIO Georg, *Rheinland-Pfalz, Saarland*, in CASPARY Hans (ed.), *Handbuch der deutschen Kunstdenkmäler*, 1972.

Dehio und Bezold, 1887 — Dehio Georg und Bezold Gustav von, *Die kirchliche Baukunst des Abendlandes*, Hildesheim, G. Olms, 1887–1901.

Delannoy et al., 2015 — Delannoy Pascal, Deremble Jean-Paul, Lainé Brigitte et Wyss Michaël, *Saint-Denis: dans l'éternité des rois et reines de France*, Strasbourg/Paris, la Nuée bleue (coll. «La grâce d'une cathédrale»), 2015.

Demaison, 1911a — Demaison L., «Reims, église Saint-Jacques», *CAF*, 1911, vol. 78, p. 106–117.

Demaison, 1911b — Demaison L., «Châlons, cathédrale Saint-Étienne», *CAF*, 1911, vol. 78, p. 447–473.

Demaison, 1911c — Demaison L., «Châlons, église Notre-Dame», *CAF*, 1911, vol. 78, p. 473–496.

Demouy (dir.), 2000 — Demouy Patrick (dir.), *Reims: la cathédrale*, Saint-Léger-Vauban/ Paris, Zodiaque, 2000.

Deneux, 1925 — Deneux Henri, «Signes lapidaires et épures du XIIIe siècle à la cathédrale de Reims», *BM*, 1925, vol. 84, p. 99–130.

Deneux, 1926 — Deneux Henri, «L'ancienne église Saint-Nicaise de Reims», *BM*, 1926, vol. 85, p. 117–142.

Deneux, 1943 — Deneux Henri, «De la construction en tas de charge et du point de buté des arcs-boutants au Moyen Âge», *BM*, 1943, vol. 102, p. 241–256.

Deneux, 1948 — Deneux Henri, «Des modifications apportées à la cathédrale de Reims au cours de sa construction du XIIIe au XVe siècle», *BM*, 1948, vol. 106, p. 121–140.

Descubes et Sentilhes (ed.), 2012 — Descubes Jean-Charles et Sentilhes Armelle (ed.), *Rouen: primatiale de Normandie*, Strasbourg, la Nuée bleue (coll. «La grâce d'une cathédrale»), 2012.

Deshoulières, 1920 — Deshoulières François, «Lagny», *CAF*, 1920, vol. 82 (1919), p. 127–137.

Deshoulières, 1925 — Deshoulières François, «Aigueperse, église Notre-Dame», *CAF*, 1925, vol. 87, p. 158–168.

Deyres, 1975 — Deyres Marcel, «Les voûtes de la cathédrale de Noyon», *BM*, 1975, vol. 133, n° 4, p. 277–284.

Dillmann, 2009 — Dillmann Philippe, «De Soissons à Beauvais: le fer des cathédrales de Picardie, une approche archéométrique», in Timbert (dir.), 2009, p. 93–111.

Dillmann et al., 2022 — Philippe Dillmann, Liévaux Pascal, Magnien Aline et Regert Martine (dir.), *Notre-Dame de Paris, la science à l'œuvre*, Paris: le cherche midi, 2022.

Diot, 2011 — Diot Martine, *Escaliers, étude de structures du XIIe au XVIIIe siècle*, Éditions du Patrimoine, 2011.

Doperé et al., 2018 — Doperé Frans, Lejeune Mathieu et Tourneur Francis, *Dater les édifices du Moyen Age par la pierre taillée*, Bruxelles, Safran (coll. «Précisions»), 2018.

Doré (ed.), 2007 — Doré Joseph (ed.), *Strasbourg*, Strasbourg, la Nuée bleue (coll. «La grâce d'une cathédrale»), 2007.

Du Colombier, 1973 — Du Colombier Pierre, *Les chantiers des cathédrales: d'après les trésoriers, les architectes, les maçons, les sculpteurs, les textes, les miniatures, les vitraux, les sculptures*, Paris, Picard, 1973.

Du Méril, 1856 — Du Méril Édélestand, *Floire et Blanceflor, poèmes du XIIIe siècle. Publiés d'après les manuscrits, avec une introd., des notes et un glossaire par Édélestand Du Méril*, Paris, P. Jannet, 1856.

Dujardin, 2008 — Dujardin Laurent, «Le commerce de la pierre de Caen (XIe–XVIIe siècles)», in Collectif, *Pierres du patrimoine européen: Economie de la pierre de l'Antiquité à la fin des temps modernes*, Aubervilliers, Éditions du CTHS, 2008, p. 322–327.

Durand, 1901 — Durand Georges, *Monographie de l'église cathédrale Notre-Dame d'Amiens*, 2 vol. de texte et 1 vol. de pl., Amiens/Paris, Picard 1901–1903.

Emond et al., 1982 — Emond Gérard, Hermanès Théo-Antoine, Meyer Evelyn et Pulga Stefano, «Les polychromies internes de la cathédrale», in *Saint-Pierre, cathédrale de Genève: un monument, une exposition*, Genève, Musée Rath, 1982, p. 42–47, 146–147.

Enlart, 1927 — Enlart Camille, *Manuel d'archéologie française: depuis les temps mérovingiens jusqu'à la Renaissance, I, Architecture religieuse*, 3e éd., vol. 2, Paris, A. Picard, 1927.

Entretiens du Patrimoine, 1990 — Entretiens Du Patrimoine, *Architecture et décors peints*, Paris, Direction du patrimoine (coll. «Actes des colloques de la Direction du patrimoine»), 1990.

Épaud, 2007 — Épaud Frédéric, *De la charpente romane à la charpente gothique en Normandie: évolution des techniques et des structures de charpenterie aux XIIe–XIIIe siècles*, Caen, Publications du CRAHM, 2007.

Erlande-Brandenburg, 1967 — Erlande-Brandenburg Alain, «Saint-Pierre de Varzy», *CAF*, 1967, vol. 125, p. 277–290.

Erlande-Brandenburg, 1974 — Erlande-Brandenburg Alain, «La cathédrale de Lisieux. Les campagnes de construction», *CAF*, 1974, vol. 132, p. 139–172.

Erlande-Brandenburg, 1977 — Erlande-Brandenburg Alain, «La Façade de la cathédrale d'Amiens», *BM*, 1977, vol. 135, p. 253–293.

Erlande-Brandenburg, 1993 — Erlande-Brandenburg Alain, *Quand les cathédrales étaient peintes*, Paris, Gallimard (coll. «Découvertes Gallimard»), 1993.

Erlande-Brandenburg, 1994 — Erlande-Brandenburg Alain, «Notre-Dame de Dijon, la paroissiale du XIIIe siècle», *CAF*, 1994, vol. 152, p. 269–275.

Erlande-Brandenburg, 2001 — Erlande-Brandenburg Alain, «Le sanctuaire des cathédrales au Moyen Âge», in Le Goff (ed.), 2001, p. 229–241.

Erlande-Brandenburg, 2009 — Erlande-Brandenburg Alain, «La pierre armée au XIIe et au XIIIe siècles», in Timbert (dir.), 2009, p. 121–130.

Esquieu, 1992a — Esquieu Yves, «Sur les traces des tailleurs de pierre au Moyen Âge: pour une lecture plus attentive des marques de tâcherons», dans Collectif *Histoire et société: mélanges offerts à Georges Duby*, Aix-en-Provence, Publ. de l'Université de Provence, 1992, vol. 4, p. 117–129.

Esquieu, 1992b — Esquieu Yves, «Taille de pierre et fonctionnement d'un chantier roman: l'exemple de Saint-André de Rosans», in Durliat Marcel *De la création à la restauration: travaux d'histoire de l'art offerts à Marcel Durliat pour son 75e anniversaire*, Toulouse, Atelier d'histoire de l'art méridional, 1992, p. 99–107.

Esquieu et al., 2007 — Esquieu Yves, Hartmann-Virnich Andreas, Baud Anne, Costantini Frédérique, Guild Rollins, Pitte Dominique, Prigent Daniel, Parron Isabelle, Reveyron Nicolas, Saint-Jean-Vitus Benjamin, Sapin Christian et Tardieu Joëlle, «Les signes lapidaires dans la construction médiévale: études de cas et problèmes de méthode», *BM*, 2007, vol. 165, n° 4, p. 331–358.

Ferauge et Mignerey, 1996 — Ferauge Marc et Mignerey Pascal, «L'utilisation du fer dans l'architecture gothique: l'exemple de la cathédrale de Bourges», *BM*, 1996, vol. 154, n° 2, p. 129–148.

Ferber, 2004 — Ferber Sarah, *Demonic Possession and Exorcism in Early Modern France*, Abingdon, Routledge, 2004.

Fernie, 1987 — Fernie Éric, «La fonction liturgique des piliers cantonnés dans la nef de la cathédrale de Laon», *BM*, 1987, vol. 145, n° 3, p. 257–266.

FERNIE, 2000 — FERNIE Éric, *The Architecture of Norman England*, Oxford, Oxford University Press, 2000.

FICHOT et AUFAUVRE, 1858 — FICHOT Charles et AUFAUVRE Amédée, «La Chapelle-sur-Crécy» dans *Les monuments de Seine-et-Marne: description historique et archéologique et reproduction des édifices religieux, militaires et civils du département*, Paris, les auteurs, 1858, p. 177–179.

FITCHEN, 1961 — FITCHEN John, *The Construction of Gothic Cathedrals: a Study of Medieval Vault Erection*, Chicago, University of Chicago Press, 1961.

FLIPO, 1928 — FLIPO Vincent, *La cathédrale de Dijon, Petites monographies des grands édifices de la France*, Paris, H. laurens, 1928.

FONT-RÉAULX, 1925a — FONT-RÉAULX M. de, «Romans. Église Saint-Barnard», *CAF*, 1925, vol. 86 (1923), p. 146–161.

FONT-RÉAULX, 1925b — FONT-RÉAULX M. de, «Saint-Antoine en Viennois», *CAF*, 1925, vol. 86 (1923), p. 164–181.

FÖRSTEL, 2015 — FÖRSTEL Judith, «Rampillon, église Saint-Éliphe», *CAF*, 2015, vol. 174, p. 349–367.

FOSSARD, 1934 — FOSSARD Albert, *Le prieuré de Saint-Leu-d'Esserent*, Paris, Imprimerie du Reveil, 1934.

FOUCART, 1990 — FOUCART Bruno, «La polychromie au XIXe et au XXe siècle», in ENTRETIENS DU PATRIMOINE, 1990, p. 184–188.

FOUCART et NOËL-BOUTON, 1968 — FOUCART Bruno et NOËL-BOUTON Véronique, «Saint-Nicolas de Nantes, bataille et triomphe du néo-gothique», *CAF*, 1968, vol. 126, p. 136–181.

FRANKL, 1957 — FRANKL Paul, «The Chronology of Chartres Cathedral», *The Art Bulletin*, 1957, vol. 39, n° 1, p. 33–47.

FREIGANG, 1989 — FREIGANG Christian, «Le chantier de Narbonne», in RECHT (dir.), 1989, p. 127–131.

FREIGANG, 1991 — FREIGANG Christian, «Jean Deschamps et le Midi», *BM*, 1991, vol. 149, n° 3, p. 265–298.

FROIDEVAUX, 1974 — FROIDEVAUX Yves-Marie, «L'église abbatiale de Lessay», *CAF*, 1974, vol. 132, p. 70–82.

FROIDEVAUX, 2001 — FROIDEVAUX Yves-Marie, *Techniques de l'architecture ancienne: Construction et restauration*, Bruxelles, Mardaga, 2001.

GAJEWSKI, 2006 — GAJEWSKI Alexandra, «Le transept et la nef de la collégiale Saint-Quiriace de Provins», *BM*, 2006, vol. 164, n° 3, p. 261–270.

GAJEWSKI, 2008 — GAJEWSKI Alexandra, «Saint-Bénigne at Dijon around 1300, "La province qui s'endort"?», in GAJEWSKI Alexandra and OPACIC Zoe (eds.), *The Year 1300 and the Creation of a new European Architecture*, Turnhout Brepols, 2008, p. 39–52.

GALEMBERT, 1862 — GALEMBERT M. de, «mémoire», *CAF*, 1862, vol. 29, p. 162–166.

GALL, 1915 — GALL Ernst, *Niederrheinische und normännische Architektur im Zeitalter der Frühgothik*, Berlin, 1915.

GALLET, 2009 — GALLET Yves, «Quimper, cathédrale Saint-Corentin. L'architecture (XIIIe–XVe siècle)», *CAF*, 2009, vol. 165, p. 261–291.

GALLET, 2010 — GALLET Yves, «Chalon-sur-Saône. Cathédrale Saint-Vincent, les campagnes de construction gothiques (XIIIe–XVe siècle)», *CAF*, 2010, vol. 166, p. 95–119.

GALLET, 2014a — GALLET Yves, *La cathédrale d'Évreux et l'architecture rayonnante, XIIIe–XIVe siècles*, Besançon, Presses universitaires de Franche-Comté, 2014.

GALLET, 2014b — GALLET Yves, «Le chantier de construction à l'époque gothique», in Mgr LE VERT (dir.), *Quimper*, Strasbourg/Paris, la Nuée bleue (coll. «La grâce d'une cathédrale»), 2014, p. 65–95.

Gardelles, 1963 — Gardelles Jacques, *La cathédrale Saint-André de Bordeaux: sa place dans l'évolution de l'architecture et de la sculpture*, Bordeaux, Delmas, 1963.

Gardelles, 1969 — Gardelles Jacques, «Note sur la construction de la cathédrale de Tournai au XIIe siècle», *Cahiers de civilisation médiévale*, 1969, vol. 12, n° 45, p. 43-46.

Gardelles, 1992 — Gardelles Jacques, *Aquitaine gothique*, Paris, Picard (coll. «Les monuments de la France gothique»), 1992.

Gardner, 1951 — Gardner Arthur, *English Medieval Sculpture*, 2nd ed., London, Cambridge University Press, 1951.

Gasser, 2006 — Gasser Stephan, «Les relations entre l'architecture gothique eu Suisse romande et en Bourgogne», *BM*, 2006, vol. 164, n° 2, p. 147-153.

Gauchery, 1916 — Gauchery P., «Riom, église Saint-Amable», *CAF*, 1916, vol. 80 (1913), p. 144-150.

Gautier-Desvaux, 1974 — Gautier-Desvaux Élisabeth, «Saint-Pierre-sur-Dives», *CAF*, 1974, vol. 132, p. 188-214.

Gilbert, 1833 — Gilbert Antoine-Pierre-Marie, *Description historique de l'église cathédrale de Notre-Dame d'Amiens*, Amiens, Caron-Vitet, 1833.

Gobillot, 1953 — Gobillot René, «Sées, la cathédrale», *CAF*, 1953, vol. 111, p. 39-54.

Gosse-Kischinewski, 2001— Gosse-Kischinewski Annick, «Évreux: cathédrale Notre-Dame», in Baylé (dir.), 2001, p. 173-178.

Grodecki, 1953 — Grodecki Louis, «Notre-Dame d'Alençon», *CAF*, 1953, vol. 111, p. 21-38.

Guillaume, 1985 — Guillaume Jean, «Le système de l'escalier, grille d'analyse et vocabulaire international», in Chastel et Guillaume (ed.), 1985, p. 207-216.

Guillouët, 2017 — Guillouët Jean-Marie, «Un art hyper-technique? L'architecture gothique flamboyante et ses savoir-faire», in Nishida Masatsugu, Cluzel Jean-Sébastien et Reveyron Nicolas (dir.), *L'idée d'architecture médiévale au Japon et en Europe*, Bruxelles: Mardaga, 2017, p. 92-104.

Guillouët et Vilain (dir.), 2018 — Guillouët Jean-Marie et Vilain Ambre (dir.), *Microarchitectures médiévales*, Paris, INHA/Picard, 2018.

Hanquiez, 2005 — Hanquiez Delphine, «La nef de l'église prieurale de Saint-Leu-d'Esserent», *Revue archéologique de Picardie*, 2005, vol. 1-2, p. 119-133.

Hanquiez, 2008 — Hanquiez Delphine, *L'église prieurale de Saint-Leu-d'Esserent (Oise): analyse architecturale et archéologique*, thèse doc., Lille 3, sous la direction de Christian Heck, 2008.

Hartmann-Virnich, 2002 — Hartmann-Virnich Andreas, «La «vis» de Saint-Gilles», *CAF*, vol. 157, 2002, p. 293-299.

Hartmann-Virnich, 2004 — Hartmann-Virnich Andreas, «Préfabrication, module et "standardisation" dans l'architecture de pierre de taille médiévale: quelques exemples du Sud-Est de la France (XIIe-XIVe siècles)», in Lorenz Jacqueline et Gély Jean-Pierre (dir.), *Carrières et constructions en France et dans les pays limitrophes*, vol. IV, Paris, Éd. du CTHS, 2004, p. 187-204.

Heber-Suffrin, 1991 — Heber-Suffrin François, «Metz, la cathédrale Saint-Étienne. Des origines à la consécration de 1040», *CAF*, 1991, vol. 149, p. 431-445.

Heber-Suffrin et Sapin, 2021 — Heber-Suffrin François et Sapin Christian, *L'architecture carolingienne en France et en Europe*, Paris, Picard, 2021.

Heinzelmann, 2003a — Heinzelmann Dorothee, «Rouen, transept et chœur de la cathédrale au XIIIe siècle», *CAF*, 2003, vol. 161, p. 163-171.

HEINZELMANN, 2003b — HEINZELMANN Dorothee, *Die Kathedrale Notre-Dame in Rouen: Untersuchungen zur Architektur der Normandie in früh- und hochgotischer Zeit*, Münster, Rhema, 2003.

HÉLIOT, 1953 — HÉLIOT Pierre, «Les anciennes cathédrales d'Arras», *Bulletin de la Commission Royale des Monuments et des Sites*, 1953, vol. 4, p. 7–110.

HÉLIOT, 1956 — HÉLIOT Pierre, «Les parties romanes de la cathédrale de Tournai: problèmes de date et de filiation», *Revue belge d'archéologie et d'histoire de l'art*, 1956, vol. 25, p. 3–76.

HÉLIOT, 1957a — HÉLIOT Pierre, «L'ordre colossal et les arcades murales dans les églises romanes», *BM*, 1957, vol. 115, n° 4, p. 241–261.

HÉLIOT, 1957b — HÉLIOT Pierre, «La fin de l'architecture gothique dans le nord de la France aux XVIIe et XVIIIe siècles», *Commission royale des monuments et des sites*, 1957, vol. 8, p. 9–159.

HÉLIOT, 1959a — HÉLIOT Pierre, «Saint-Étienne de Caen, Saint-Paul d'Issoire, la cathédrale d'Osnabruck et les arcades murales dans l'architecture du nord-ouest de l'Europe (X^e–XIIIe siècles)», *Wallraf-Richartz-Jahrbuch*, 1959, vol. 21, p. 41–74.

HÉLIOT, 1959b — HÉLIOT Pierre, «Les antécédents et les débuts des coursières anglo-normandes et rhénanes», *Cahiers de civilisation médiévale*, 1959, vol. 2, n° 8, p. 429–443.

HÉLIOT, 1959c — HÉLIOT, Pierre, «Chronologie de la basilique de Saint-Quentin», *BM*, 1959, vol. 117, p. 7–50.

HÉLIOT, 1960 — HÉLIOT Pierre, «Encore l'ordre colossal et les arcades murales dans les églises romanes», *BM*, 1960, vol. 118, n° 1, p. 31–36.

HÉLIOT, 1962 — HÉLIOT Pierre, «La cathédrale de Tournai et l'architecture du Moyen Age», *Revue belge d'archéologie et d'histoire de l'art*, 1962–1964, vol. 31–33, p. 3–139.

HÉLIOT, 1963 — HÉLIOT Pierre, «Les triforiums-grilles des anciens Pays-Bas», *Bulletin de la Commission Royale des Monuments et des Sites*, 1963, vol. 14, p. 271–287.

HÉLIOT, 1966a — HÉLIOT Pierre, «L'emplacement des choristes et les tribunes dans les églises du Moyen Age», *Revue de Musicologie*, 1966, vol. 52, n° 1, p. 7–20.

HÉLIOT, 1966b — HÉLIOT Pierre, *Du carolingien au gothique. L'évolution de la plastique murale dans l'architecture religieuse du Nord-Ouest de l'Europe (IXe–XIIIe siècles)*, Paris, Klincksieck, 1966.

HÉLIOT, 1967a — HÉLIOT Pierre, «La diversité de l'architecture gothique à ses débuts en France», *Gazette des Beaux-Arts*, 1967, vol. 69, p. 269–306.

HÉLIOT, 1967b — HÉLIOT Pierre, «Les églises de Cuis, de Rieux et les passages muraux dans l'architecture gothique de Champagne», *Mémoires de la Société d'agriculture, commerce, sciences et arts du département de la Marne*, 1967, vol. 82, p. 128–143.

HÉLIOT, 1967c — HÉLIOT, Pierre, *La Basilique de Saint-Quentin et l'architecture du Moyen âge*, Paris, Picard, 1967.

HÉLIOT, 1969 — HÉLIOT Pierre, «Triforiums et coursières dans les églises gothiques de Bretagne et de Normandie», *Annales de Normandie*, 1969, vol. 19, n° 2, p. 115–154.

HÉLIOT, 1970a — HÉLIOT Pierre, «Passages muraux et coursières dans les églises gothiques du Nord-Est de la France médiévale, de la Lorraine et des pays du Rhône moyen», *Zeitschrift für schweizerische Archäologie und Kunstgeschichte*, 1970, vol. 27, p. 21–43.

HÉLIOT, 1970b — HÉLIOT Pierre, «Coursières et passages muraux dans les églises gothiques de l'Europe centrale», *Zeitschrift für Kunstgeschichte*, 1970, vol. 33, n° 3, p. 173–210.

HÉLIOT, 1972 — HÉLIOT Pierre, «L'abbatiale de Saint-Michel en Thiérache, modèle de Saint-Yved à Braine,

et l'architecture gothique des XIIe et XIIIe siècles», *Bulletin de la Commission Royale des Monuments et des Sites*, 1972, vol. 2, p. 15-43.

HÉLIOT et JOUVEN, 1970 — HÉLIOT Pierre et JOUVEN Georges, «L'église Saint-Pierre de Chartres et l'architecture du Moyen Âge», *Bulletin archéologique du Comité des travaux historiques et scientifiques*, 1970, vol. 6, p. 117-177.

HELLMANN, 2002 — HELLMANN Marie-Christine, *L'architecture grecque, 1: Les principes de la construction*, Paris, Picard (coll. «Les manuels d'art et d'archéologie antique»), 2002.

HERMANÈS, 1990 — HERMANÈS Théo, «Les polychromies architecturales intérieures des cathédrales de Genève et de Lausanne et de l'église cistercienne de Bonmont», in ENTRETIENS DU PATRIMOINE, 1990, p. 67-69.

HERMANÈS et al., 1991 — HERMANÈS Théo Antoine et al., *Saint-Pierre, cathédrale de Genève: chantiers et décors*, Genève, Fondation des Clefs de Saint-Pierre, 1991.

HEYMAN, 1967 — HEYMAN Jacques, *Beauvais Cathedral*, London, Newcomen Society, 1967.

HEYMAN, 1997 — HEYMAN Jacques, *The Stone Skeleton. Civil and Environmental Engineering*, Cambridge (UK), Cambridge University Press, 1997.

HEYMAN, 2008 — HEYMAN Jacques, «Gothic piers and columns», dans GARGIANI Roberto (dir.), *La colonne: nouvelle histoire de la construction*, Lausanne, Presses polytechniques et universitaires romandes (coll. «Architecture»), 2008, p. 54-59.

HOEY, 1989 — HOEY Lawrence, «The Design of Romanesque Clerestories with Wall Passages in Normandy and England», *Gesta*, 1989, vol. 28, n° 1, p. 78-101.

HOMMEY, 1898 — HOMMEY Abbé L., «L'église de Saint-Martin d'Argentan», *Bulletin de la Société historique et archéologique de l'Orne*, 1898, vol. 17, p. 5-32, 145-188, 269-304.

HUBERT, 1990 — HUBERT Marie-Clotilde, «Décors et enduits dans les monuments du Moyen-Âge. Le témoignage des textes», in ENTRETIENS DU PATRIMOINE, 1990, p. 58-59.

HUET, 2008 — HUET Charles, «Marly-la-Ville, Saint-Étienne», dans *Églises du Val-d'Oise: Pays de France, vallée de Montmorency*, Gonesse, Société d'histoire et d'archéologie de Gonesse et du Pays de France, 2008, p. 182-184.

ICHER, 1998 — ICHER François, *Les ouvriers des cathédrales*, Paris, Ed. de la Martinière, 1998.

ISNARD, 2009 — ISNARD Isabelle, «Saint-Pol-de-Léon, cathédrale Saint-Paul-Aurélien. Les campagnes des XIIIe et XIVe siècles», *CAF*, 2009, vol. 165, p. 332-341.

JACQUIN, 2000 — JACQUIN Pierre-Antoine, «Les restaurations néogothiques de l'église Notre-Dame de Dijon», *Mémoires de la Commission des Antiquités de la Côte-d'Or*, 2000-2001, vol. 39, p. 253-280.

JAMES, 1977 — JAMES John, *Chartres, les constructeurs*, traduit par Dominique Maunoury, Chartres, Société archéologique d'Eure-et-Loir (coll. «Chartres, les constructeurs»), 1977-1982, 3 vol.

JAMES, 1989 — JAMES John, *The Template-makers of the Paris Basin: Toichological Techniques for Identifying the Pioneers of the Gothic Movement with an Examination of Art-historical Methodology*, Martlesham, Boydell & Brewer, 1989.

JANSEN, 1979 — JANSEN Virginia, «Superposed Wall Passages and the Triforium Elevation of St. Werburg's, Chester», *JSAH*, 1979, vol. 38, n° 3, p. 223-243.

JOIN-LAMBERT, 1944 — JOIN-LAMBERT Michel, «Jouy-le-Moutier», *CAF*, 1944, vol. 103, p. 161-174.

JORDAN (dir.), 2010 — JORDAN Thierry (dir.), DEMOUY Patrick, CHABAUD Hervé et GUERLIN Jean-Marie, *Reims*, Strasbourg, la Nuée bleue (coll. «La grâce d'une cathédrale»), 2010.

KAHL, 1939 — KAHL Günther, *Die Zwerggalerie: Herkunft, Entwicklung und Verbreitung einer architektoni-*

schen Einzelform der Romanik, Würzburg-Aumühle, University of Bonn (coll. «Beiträge zur Kunstgeschichte und Archäologie»), 1939.

KAYSER, 2012 — KAYSER Christian, *Die Baukonstruktion gotischer Fenstermaßwerke in Mitteleuropa*, Petersberg, Michael Imhof Verlag, 2012.

KIDSON, 2000 — KIDSON Peter, «Bourges after Branner», *Gesta*, 2000, vol. 39, n° 2, p. 147–156.

KIMPEL, 1977 — KIMPEL Dieter, «Le développement de la taille en série dans l'architecture médiévale et son rôle dans l'histoire économique», *BM*, 1977, vol. 135, n° 3, p. 195–222.

KIMPEL, 1980 — KIMPEL Dieter, «L'apparition des éléments de série», *Dossiers histoire et archéologie*, 1980, vol. 47, p. 40–59.

KIMPEL, 1985 — KIMPEL Dieter, «L'organisation de la taille des pierres sur les grands chantiers d'églises du XIe au XIIIe siècle», in CHAPELOT et BENOIT (ed.), 1985, p. 209–217.

KIMPEL et SUCKALE, 1990 — KIMPEL Dieter et SUCKALE Robert, *L'Architecture gothique en France: 1130–1270*, traduit par Françoise Neu, Paris, Flammarion, 1990.

KING, 1868 — KING Thomas H., *The Study-Book of Mediaeval Architecture and Art: Being a Series of Working Drawings of the Principal Monuments of the Middle Ages. Whereof the Plans, Sections, and Details Are Drawn to Uniform Scales*, vol. 3, 4. H. Sotheran and Company, 1868.

KLEIN, 1984 — KLEIN Bruno, *Saint-Yved in Brain und die Anfänge der hochgotischen Architektur in Frankreich*, Köln, 1984.

KRAUS, 1979 — KRAUS Henry, *Gold Was the Mortar: The Economics of Cathedral Building*, London, Routledge & Kegan Paul, 1979.

KRAUTHEIMER, 1965 — KRAUTHEIMER Richard, *Early Christian and Byzantine Architecture*, Harmondsworth, Penguin Books, 1965.

KUBACH, 1936 — KUBACH Hans Erich, «Das Triforium. Ein Beitrag zur kunstgeschichtlichen Raumkunde Europas im Mittelalter», *Zeitschrift für Kunstgeschichte*, 1936, vol. 5, n° 5–6, p. 275ff.

KUBACH und VERBEEK, 1976 — KUBACH Hans Erich und VERBEEK Albert, *Romanische Baukunst an Rhein und Maas: Katalog der vorromanisch und romanisch Denkmäler*, Berlin, Deutscher Verlag für Kunstwissenschaft, 1976.

KURMANN, 1977 — KURMANN Peter, «L'église Saint-Jacques de Reims: l'histoire de sa construction aux XIIe–XIIIe siècles et sa place dans l'architecture gothique», *CAF*, 1977, vol. 135, p. 134–141.

KURMANN, 1996 — KURMANN Peter, «L'architecture de la châsse», dans *Un trésor gothique, la châsse de Nivelles. Exposition. Schnütgen-Museum, Musée de Cluny, 1995–1996*, Paris, Réunion des musées nationaux, 1996, p. 135–153.

KURMANN et VILLES, 2015 — KURMANN Peter et VILLES Alain, *Cathédrale Notre-Dame, Reims*, 2e éd., revue et corrigée, Paris, Éditions du Patrimoine/Centre des monuments nationaux (coll. «Cathédrales de France»), 2015.

KUSABA, 1989 — KUSABA Yoshio, «Some Observations on the Early Flying Buttress and Choir Triforium of Canterbury Cathedral», *Gesta*, 1989, vol. 28, n° 2, p. 175–189.

L'HÉRITIER, 2007 — L'HÉRITIER Maxime, *L'utilisation du fer dans l'architecture gothique: les cas de Troyes et de Rouen*, thèse doc., Paris, Université Paris 1 Sorbonne, 2007.

L'HÉRITIER, 2009 — L'HÉRITIER Maxime, «L'emploi du fer dans la construction gothique: présentation de la méthodologie. Les exemples des cathédrales de Troyes et Rouen», in TIMBERT (dir.), 2009, p. 61–73.

L'HÉRITIER, 2012 — L'HÉRITIER Maxime, «Réflexion sur les usages du fer à la cathédrale de Coutances et

dans l'architecture gothique normande», dans *La cathédrale de Coutances: art et histoire. Actes du colloque, Centre culturel international de Cerisy du 8 au 11 octobre 2009*, Bayeux, Orep éd (coll. «Collection Colloques du département de la Manche»), 2012, p. 39–46.

L'Héritier, 2016 — L'Héritier Maxime, «Les armatures de fer de la cathédrale de Bourges: nouvelles données, nouvelles lectures», *BM*, 2016, vol. 174, p. 447–465.

L'Héritier et Timbert, 2015 — L'Héritier Maxime et Timbert Arnaud, «De la reproduction à la réinterprétation des modèles dans l'architecture: quel usage du métal à l'époque gothique?», in Collectif, *Apprendre, produire se conduire. Le modèle au Moyen Age*, Paris, Publications de la Sorbonne, 2015, p. 167–183.

L'Héritier et al., 2023 — L'Héritier Maxime, Azéma Aurélia, Syvilay Delphine, Delqué-Kolic Emmanuelle, Beck Lucile, Guillot Ivan, Bernard Mathilde et Dillmann Philippe, «Notre-Dame de Paris: The First Iron Lady? Archaeometallurgical Study and Dating of the Parisian Cathedral Iron Reinforcements», *PLOS ONE*, 2023, vol. 18, n° 3, e0280945.

Lafond, 1961 — Lafond Jean, «Notre-Dame-des-Marais et les vitraux de la Ferté-Bernard», *CAF*, 1961, vol. 119, p. 224–245.

Lambert, 1941 — Lambert Élie, «Bayonne, cathédrale et cloître», *CAF*, 1941, vol. 102 (1939), p. 522–560.

Lane, 2005 — Lane Evelyn Staudinger, «The Integration of a Twelfth-Century Tower into a Thirteenth-Century Church: The Case of Notre-Dame de Donnemarie-en-Montois», *JSAH*, 2005, vol. 64, n° 1, p. 74–99.

Laneluc, 1992 — Laneluc Diane, «Les vestiges romans de l'ancienne abbatiale de Saint-Denis de Nogent-le-Rotrou», *Annales de Normandie*, 1992, vol. 42, p. 351–364.

Lasteyrie, 1926 — Lasteyrie Robert de, *L'architecture religieuse en France à l'époque gothique*, Paris, A. Picard, 1926, vol. 2.

Lauer, 1908 — Lauer Philippe, «L'abbaye de Royaumont», *BM*, 1908, vol. 72, p. 215–268.

Lautier, 1977 — Lautier Claudine, «L'église de Saint-Amand-sur-Fion», *CAF*, 1977, vol. 135, p. 742–761.

Lautier, 2015 — Lautier Claudine, «Brie-Comte-Robert, église Saint-Étienne», *CAF*, 2015, vol. 174, p. 39–49.

Le Barrier, 1996 — Le Barrier Christian, «Charge maximum supportée par le platelage d'échafaudages encastrés», in Tardieu et al., 1996, p. 56.

Le Boulc'h, 1999 — Le Boulc'h Anne-Claude, *La cathédrale de Dol*, Rennes, Presses universitaires de Rennes, 1999.

Le Boulc'h, 2002 — Le Boulc'h Anne-Claude, «La nef de l'ancienne cathédrale de Tréguier et la formation d'une architecture gothique régionale», *Annales de Bretagne et des Pays de l'Ouest*, 2002, vol. 109, n° 2, p. 35–58.

Le Buhan, 2013 — Le Buhan Jean-Paul, *Les signes sur la pierre: les marques lapidaires des anciens tailleurs de pierre en Bretagne, enquête et bilan d'un patrimoine méconnu*, Fouesnant, Yoran embann, 2013.

Le Goff (ed.), 2001 — Le Goff Jacques (ed.), *20 siècles en cathédrales. Exposition, Reims, Palais du Tau, 29 juin-4 novembre 2001*, Paris, Édition du patrimoine/Centre des monuments nationaux, 2001.

Leca, 1989 — Leca Annick, *Étude architecturale de l'église d'Auvers sur Oise*, mémoire de maîtrise, Paris, Université Paris Sorbonne IV, 1989.

Lécureux, 1919 — Lécureux Lucien, «Saint-Pol-de-Léon, cathédrale», *CAF*, 1919, vol. 81 (1914), p. 82–93.

Lefebvre, 2009 — Lefebvre Émeline, «Le chaînage du triforium de la cathédrale Notre-Dame d'Amiens», in Timbert (dir.), 2009, p. 141–147.

Lefebvre, 2011 — Lefebvre Émeline, «L'emploi du métal dans l'architecture gothique du XIIe siècle: le cas de la cathédrale de Noyon», in Timbert et Daussy (coll.), 2011, p. 112–119.

Lefebvre, 2014 — Lefebvre Émeline, *La place et le rôle des métaux dans l'architecture gothique en Picardie*, thèse doc., Amiens, Université de Picardie-Jules Verne, 2014.

Lefebvre et L'Héritier, 2014 — Lefebvre Émeline et L'Héritier Maxime, «De l'emploi du fer dans la structure de la cathédrale de Chartres», in Timbert (dir.), 2014, p. 287–306.

Lefèvre-Pontalis, 1886 — Lefèvre-Pontalis Eugène, *Monographies des églises de Juziers, Meulan et Triel*, Versailles, impr. de Cerf et fils, 1886.

Lefèvre-Pontalis, 1900 — Lefèvre-Pontalis Eugène, *Histoire de la cathédrale de Noyon*, Nogent-le-Rotrou, impr. de Daupeley-Gouverneur, 1900.

Lefèvre-Pontalis, 1902 — Lefèvre-Pontalis Eugène, «L'architecture gothique dans la Champagne méridionale au XIIIe et au XVIe siècle», *CAF*, 1902, vol. 69, p. 273–349.

Lefèvre-Pontalis, 1905a — Lefèvre-Pontalis Eugène, «Église de Cambronne», *CAF*, 1905, vol. 72, p. 43–47.

Lefèvre-Pontalis, 1905b — Lefèvre-Pontalis Eugène, «Saint-Leu-d'Esserent, église», *CAF*, 1905, vol. 72, p. 121–128.

Lefèvre-Pontalis, 1907a — Lefèvre-Pontalis Eugène, «Le plan d'une monographie d'église et le vocabulaire archéologique», *BM*, 1907, vol. 71, p. 535–546.

Lefèvre-Pontalis, 1907b — Lefèvre-Pontalis Eugène, «Saint-Paul de Narbonne», *CAF*, 1907, vol. 73, p. 345–367.

Lefèvre-Pontalis, 1907c — Lefèvre-Pontalis Eugène, «Les caractères distinctifs des écoles gothiques de la Champagne et de la Bourgogne», *CAF*, 1907, vol. 74, p. 546–588.

Lefèvre-Pontalis, 1911 — Lefèvre-Pontalis Eugène, «Soissons, abbaye de Saint-Léger», *CAF*, 1911, vol. 78, p. 343–348.

Lefèvre-Pontalis, 1919 — Lefèvre-Pontalis Eugène, «L'origine des arcs-boutants», *CAF*, 1919, vol. 82, p. 367–396.

Lemire et Timbert, 2011 — Lemire Delphine et Timbert Arnaud, «Les outils de taille de la pierre à la cathédrale Notre-Dame de Noyon», in Timbert et Daussy (coll.), 2011, p. 105–111.

Leniaud et Perrot, 1991 — Leniaud Jean-Michel et Perrot Françoise, *La Sainte-Chapelle*, Paris, Nathan CNMHS, 1991.

Leroux et Blanc, 2008 — Leroux Lise et Blanc Annie, «La pierre de Paris sur les portails des cathédrales de Chartres, d'Auxerre et de Sens», in Collectif *Pierres du patrimoine européen: Economie de la pierre de l'Antiquité à la fin des temps modernes*, Éditions du CTHS, 2008, p. 87–95.

Leroy, 1877 — Leroy Charles-François-Antoine, *Traité de stéréotomie: comprenant les applications de la géométrie descriptive à la théorie des ombres, la perspective linéaire, la gnomonique, la coupe des pierres et la charpente*, Paris, Gauthier-Villars, 1877.

Leroy et al., 2015 — Leroy, Stéphanie, L'Héritier Maxime, Delqué-Kolic Emmanuelle, Dumoulin Jean-Pascal, Moreau Christophe et Dillmann Philippe, «Consolidation or Initial Design? Radiocarbon Dating of Ancient Iron Alloys Sheds Light on the Reinforcements of French Gothic Cathedrals», *Journal of Archaeological Science*, 2015, vol. 53, p. 190–201.

Lescuyer, 1839 — Lescuyer A., «Notice sur l'église Saint-Eusèbe d'Auxerre», dans *Annuaire Historique du Dept. de l'Yonne*, Auxerre, Reboul et Ed. Perriquet, 1839, p. 318-326.

Lheure, 2010 — Lheure Michel, *Le rayonnement de Notre-Dame de Paris dans ses paroisses, 1170-1300*, Paris, Picard, 2010.

Lheure, 2012 — Lheure Michel, *Le triforium: construction et fonctions, XIe-XVIe siècle*, Paris, Picard, 2012.

Lillich, 1980 — Lillich Meredith Parsons, «The Triforium Windows of Tours», *Gesta*, 1980, vol. 19, n° 1, p. 29-35.

Maillé, 1928 — Maillé Marquise de, «L'église de Donnemarie-en-Montois», *BM*, 1928, vol. 87, p. 5-38.

Malacrino, 2010 — Malacrino Carmelo G., *Constructing the Ancient World. Architectural Techniques of the Greeks and Romans*, Los Angeles, J. Paul Getty Museum, 2010.

Malone, 1980 — Malone C. M., «Les fouilles de Saint-Bénigne de Dijon (1976-1978) et le problème de l'église de l'an mil», *BM*, 1980, vol. 138, p. 253-292.

Martin, 1965 — Martin Roland, *Manuel d'architecture grecque*, Paris, Picard, 1965.

Martindale, 1962 — Martindale Andrew, «The Romanesque Church of S. Bénigne at Dijon and ms. 591 in the Bibliothèque municipale», *Journal of British Archaeological Association*, 3rd ser., 1962, vol. 25, p. 21-55.

Masson, 1944 — Masson Jeanne, «La Chapelle-sur-Crécy», *CAF*, 1944, vol. 103, p. 53-63.

Mcaleer, 1982 — Mcaleer J. Philip, «The Romanesque Transept and Choir Elevations of Tewkesbury and Pershore», *The Art Bulletin*, 1982, vol. 64, n° 4, p. 549.

Mérimée, 1848 — Mérimée Prosper, «Restauration de la cathédrale de Laon,» *Revue archéologique*, 5e année, 1848, vol. 1, p. 13-18.

Mérimée, 1884 — Mérimée Prosper, *Études sur les arts du Moyen âge*, Paris, Calmann Lévy, 1884.

Michaut, 2018 — Michaut Pascal, *La basilique Saint-Jean-Baptiste de Chaumont*, Chaumont, Le Pythagore, 2018.

Michler, 1977 — Michler Jürgen, «Über die Farbfassung hochgothischer Sakralräume», *Zeitschrift für Kunstgeschichte*, 1977, vol. 39, p. 29-64.

Michler, 1989 — Michler Jürgen, «La cathédrale Notre-Dame de Chartres: Reconstitution de la polychromie originale de l'intérieur», *BM*, 1989, vol. 147, n° 2, p. 117-131.

Miles, 1998 — Miles Margaret M., «Interior Staircases in Western Greek Temples», *Memoirs of the American Academy in Rome*, 1999-1998, vol. 43/44, p. 1-26.

Monnet, 1944 — Monnet Bertrand, «Nesles-la-Valée», *CAF*, 1944, vol. 103, p. 118-131.

Morganstern, 2003 — Morganstern James, «Jumièges, église Notre-Dame», *CAF*, 2003, vol. 161, p. 79-96.

Mortet, 1906 — Mortet Victor, «La maîtrise d'œuvre dans les grandes constructions du XIIIe siècle et la profession d'appareilleur», *BM*, 1906, vol. 70, p. 263-270.

Mortet et Deschamps, 1995 — Mortet Victor et Deschamps Paul, *Recueil de textes relatifs à l'histoire de l'architecture en France, au Moyen Âge XIe-XIIIe siècle*, I: 1911, II: 1929, Paris, 1995.

Müller, 1989 — Müller Werner, «Le dessin technique à l'époque gothique», in Recht (dir.), 1989, p. 236-254.

Murray, 1975 — Murray Stephen, «The Completion of the Nave of Troyes Cathedral», *JSAH*, 1975, vol. 34, n° 2, p. 121-139.

Murray, 1976 — Murray Stephen, «The Collapse of 1284 at Beauvais Cathedral», *The Thirteenth Century*

Acta, 1976, vol. 3, p. 17–44.

Murray, 1978 — Murray Stephen, «The Gothic Facade Drawings in the "Reims Palimpsest"», *Gesta*, 1978, vol. 17, n° 2, p. 51–55.

Murray, 1980a — Murray Stephen, «Master Jehancon Garnache (1485–1501) and the Construction of the High Vaults and Flying Buttresses of the Nave of Troyes Cathedral», *Gesta*, 1980, vol. 19, n° 1, p. 37–49.

Murray, 1980b — Murray Stephen, «The Choir of the Church of St. Pierre, Cathedral of Beauvais: A Study of Gothic Architectural Planning and Constructional Chronology in Its Historical Context», *The Art Bulletin*, 1980, vol. 62, n° 4, p. 533–551.

Murray, 1987 — Murray Stephen, *Building Troyes Cathedral, the Late Gothic Campaigns*, Bloomington, Indiana University Press, 1987.

Murray, 1989 — Murray Stephen, *Beauvais Cathedral: Architecture of Transcendence*, Princeton, Princeton University Press, 1989.

Murray, 1996 — Murray Stephen, *Notre-Dame, Cathedral of Amiens: The Power of Change in Gothic*, Cambridge (UK), Cambridge University Press, 1996.

Murray and Addiss, 1990 — Murray Stephen and Addiss James, «Plan and Space at Amiens Cathedral: With a New Plan Drawn by James Addiss», *JSAH*, 1990, vol. 49, n° 1, p. 44–66.

Neagley, 1988 — Neagley Linda Elaine, «The Flamboyant Architecture of St.-Maclou, Rouen, and the Development of a Style», *JSAH*, 1988, vol. 47, n° 4, p. 374–396.

Neagley, 1992 — Neagley Linda Elaine, «Elegant Simplicity: The Late Gothic Plan Design of St.-Maclou in Rouen», *The Art Bulletin*, 1992, vol. 74, n° 3, p. 395–422.

Nicolaï et Dubois, 1933 — Nicolaï Alexandre et Dubois J., «Les marques de tâcherons dans le sud-ouest de la France», *Revue scientifique*, 1933, vol. 71, p. 554–561.

Nodier et al., 1835 — Nodier Charles, Taylor Justin et Cailleux Alphonse de, *Voyages pittoresques et romantiques dans l'ancienne France, Picardie*, , vol. 3, Paris, Gide fils Thierry frères, 1835.

Olde-Choukair, 2001 — Olde-Choukair Christiane, «Sées: cathédrale Notre-Dame», in Baylé (dir.), 2001, vol. 2, p. 179–184.

Olson, 2004 — Olson Vibeke, «Colonnette Production and the Advent of the Gothic Aesthetic», *Gesta*, 2004, vol. 43, n° 1, p. 17–29.

Ottaway, 1980 — Ottaway John, «Traditions architecturales dans le nord de la France pendant le premier millénaire», *Cahiers de civilisation médiévale*, 1980, vol. 23, n° 90, p. 141–172.

Oursel, 1938 — Oursel Charles, *L'Église Notre-Dame de Dijon*, Paris, H. Laurens (coll. «Petites monographies des grands édifices de la France»), 1938.

Oursel, 1986 — Oursel Raymond, «Des signes gravés», in *Invention de l'architecture romane*, 2e éd., Saint-Léger-Vauban, Zodiaque, 1986, p. 161–192.

Palazzo-Bertholon, 2012 — Palazzo-Bertholon Bénédicte, «Traitement et apparences des surfaces murales autour de l'an mil. Joints, enduits et polychromies», in *Le premier art roman cent ans après: la construction entre Saône et Pô autour de l'an mil. Études comparatives. Actes du colloque international de Baume-les-Messieurs et Saint-Claude, 17–21 juin 2009*, Besançon, Presses universitaires de Franche-Comté, 2012, p. 205–220.

Pallot-Frossard, 2002 — Pallot-Frossard Isabelle, «Polychromies des portails sculptés médiévaux en France. Contributions et limites des analyses scientifiques», in Verret (dir.), 2002, p. 73–90.

Panofsky, 1979 — Panofsky Erwin, *Abbot Suger on the Abbey Church of St. Denis and Its Art Treasures*, 2nd ed., Princeton, N.J, Princeton University Press, 1979.

Pansard (dir.), 2013 — Pansard Michel (dir.), Delaunay François, Gaud Henri et Hébert Arnaud, *Chartres*, Strasbourg, la Nuée bleue (coll. «La grâce d'une cathédrale»), 2013.

Papajanni, 2002 — Papajanni Katarina, *Die Erschließung des Regensburger Domes durch horizontale Laufgänge und vertikale Treppenanlagen*, Dissertation, 1999, Bamberg, Otto-Friedrich-Universität Bamberg, 2002.

Parmentier, 1910 — Parmentier René, «L'église d'Agnetz», *BM*, 1910, vol. 74, p. 470–488.

Parron-Kontis et Reveyron (ed.), 2005 — Parron-Kontis Isabelle et Reveyron Nicolas (ed.), *Archéologie du bâti: pour une harmonisation des méthodes, actes de la table ronde, 9 et 10 novembre 2001, Musée archéologique de Saint-Romain-en-Gal, Rhône*, Paris, Éd. Errance (coll. «Archéologie aujourd'hui»), 2005.

Paul, 1991 — Paul Vivian, «The Projecting Triforium at Narbonne Cathedral: Meaning, Structure, or Form?», *Gesta*, 1991, vol. 30, n° 1, p. 27–40.

Peigné-Delacourt, 1871 — Peigné-Delacourt, *Monasticon Gallicanum, collection de 168 planches de vues topographiques représentant les monastères de l'ordre de Saint-Benoit*, Paris, Victor Palmé, 1871.

Pérouse de Montclos, 1985 — Pérouse de Montclos Jean-Marie, «La vis de Saint Gilles et l'escalier suspendu dans l'architecture française du XVIe siècle», in Chastel et Guillaume (ed.), 1985, p. 83–92.

Pérouse de Montclos, 2011 — Pérouse de Montclos Jean-Marie, *Architecture: description et vocabulaire méthodiques*, Nouvelle éd., Paris, Éd. du Patrimoine-Centre des monuments nationaux (coll. «Principes d'analyse scientifique»), 2011.

Piechaczyk, 2010 — Piechaczyk Martine et Michel, *L'église Saint-Étienne de Brie-Comte-Robert*, Paris, Les Amis du Vieux Château, 2010.

Plagnieux, 1989 — Plagnieux Philippe, «Le portail du XIIe siècle de Saint-Germain-des-Prés à Paris: état de la question et nouvelles recherches», *Gesta*, vol. 28, n° 1, 1989, p. 21–29.

Poirier, 2012 — Poirier Alexandre, *La cathédrale de Coutances: art et histoire. Actes du colloque, Centre culturel international de Cerisy du 8 au 11 octobre 2009*, Bayeux, Orep éd (coll. «Collection Colloques du département de la Manche»), 2012.

Ponsot, 2007 — Ponsot Patrick, «Actualité. Blois, église Saint-Laumer, découverte d'un décor peint médiéval sur les murs de la nef gothique», *BM*, 2007, vol. 165, p. 210–212.

Porée, 1906 — Porée Charles, «Le chœur de la cathédrale d'Auxerre», *BM*, 1906, vol. 70, p. 251–262.

Porée, 1907 — Porée Charles, «Auxerre», *CAF*, 1907, vol. 74, p. 167–193.

Portiglia, 1982 — Portiglia Hélène, *L'église de Crécy-la-Chapelle, son chevet et ses deux travées orientales*, mémoire de maîtrise, Paris, Université Paris IV, 1982.

Prache, 1966 — Prache Anne, *Notre-Dame-en-Vaux de Châlons-sur-Marne: campagnes de construction*, Châlons-sur-Marne, 1966.

Prache, 1976 — Prache Anne, «Les Arcs-boutants au XIIe siècle», *Gesta*, 1976, vol. 15, n° 1–2, p. 31–42.

Prache, 1977 — Prache Anne, «L'église Notre-Dame en Vaux de Châlons», *CAF*, 1977, vol. 135, p. 279–297.

Prache, 1978a — Prache Anne, *Saint-Remi de Reims: l'œuvre de Pierre de Celle et sa place dans l'architecture gothique*, Genève/Paris, Droz Arts et métiers graphiques (coll. «Bibliothèque de la Société française d'archéologie»), 1978.

Prache, 1978b — Prache Anne, «A propos des voûtes de la nef de la cathédrale de Noyon», *BM*, 1978, vol. 136, n° 1, p. 73–77.

PRACHE, 1983a — PRACHE Anne, «Juziers», in PRACHE, 1983b, p. 217–219.

PRACHE, 1983b — PRACHE Anne, *Île-de-France romane*, Saint-Léger-Vauban, Zodiaque, 1983.

PRACHE, 1989 — PRACHE Anne, «La cathédrale de Noyon, état de la question», dans *La ville de Noyon*, Ministère de la Culture et de la communication, Inventaire général des monuments et richesses artistiques de la France, région de Picardie (coll. «Cahiers de l'Inventaire»), 1989, p. 70–80.

PRACHE, 1990 — PRACHE Anne, «Saint-Yved de Braine», *CAF*, 1990, vol. 148, p. 105–118.

PRACHE, 1992 — PRACHE Anne, «Observations sur la construction de la cathédrale de Chartres au XIIIe siècle», *Bulletin de la Société nationale des Antiquaires de France*, 1992, vol. 1990, n° 1, p. 327–334.

PRACHE, 2000 — PRACHE Anne, «Les constructions gothiques de l'ancienne église abbatiale de Montier-en-Der», dans CORBET Patrick (ed.), *Les moines du Der: 673–1790, actes du colloque international d'histoire, Joinville, Montier-en-Der, 1er-3 octobre 1998*, Langres, D. Guéniot, 2000, p. 433–443.

PRACHE, 2001 — PRACHE Anne, «L'architecture de l'abbaye de Saint-Denis», *Dossiers d'Archéologie*, 2001, vol. 261, p. 24–37.

PRADALIER-SCHLUMBERGER, 2002 — PRADALIER-SCHLUMBERGER Michèle, «Cathédrale Saint-Etienne de Toulouse: La cathédrale gothique», *CAF*, 2002, vol. 154 (1996), p. 213–234.

PRIEUR, 1953a — PRIEUR Lucien, «Église Saint-Germain d'Argentan», *CAF*, 1953, vol. 111, p. 91–105.

PRIEUR, 1953b — PRIEUR Lucien, «Église Saint-Martin d'Argentan», *CAF*, 1953, vol. 111, p. 106–112.

PRIGENT, 1989 — PRIGENT Daniel, «Étude statistique d'appareils à l'intérieur de l'abbaye de Fontevraud. Aspects méthodologiques», *Revue archéologique de l'ouest*, 1989, vol. 6, p. 155–172.

PRIGENT et SAPIN, 2004 — PRIGENT Daniel et SAPIN Christian, «La construction en pierre au Moyen Âge», in BESSAC et al., 2004, p. 117–148.

PRIOUX, 1859 — PRIOUX Stanislas, *Monographie de l'ancienne abbaye royale Saint-Yved de Braine: avec la description des tombes et seignieuriales renfermées dans cette église*, Paris, V. Didron, 1859.

QUARRÉ, 1966 — QUARRÉ Pierre, «Le visage humain dans la sculpture monumentale du XIIIe siècle en Bourgogne», *Bulletin de la Société de l'histoire de l'art français*, 1966, p. 7–12.

QUARRÉ, 1974 — QUARRÉ Pierre, «L'église abbatiale de Saint-Antoine-en-Viennois», *CAF*, 1974, vol. 130, p. 411–427.

QUICHERAT, 1849 — QUICHERAT Jules-Étienne, «Notice sur l'Album de Villard de Honnecourt, architecte du XIIIe siècle», *Revue archéologique*, 1849, vol. 6, n° 1, p. 65–80, 164–188, 209–226.

QUICHERAT, 1886 — QUICHERAT Jules-Étienne, *Mélanges d'archéologie et d'histoire*, Paris, A. Picard, 1886.

RANJARD, 1940 — RANJARD Robert et Michel, «La reconstruction de l'église Saint-Julien de Tours au XIIIe siècle et ses différents aspects au cours de son achèvement», *Bulletin de la Société archéologique de Touraine*, 1940, vol. 27, p. 333–346.

RANQUET, 1912 — RANQUET H. du, «Les architectes de la cathédrale de Clermont», *BM*, 1912, vol. 76, p. 70–124.

RAVAUX, 1979 — RAVAUX Jean-Pierre, «Les campagnes de construction de la cathédrale de Reims au XIIIe siècle», *BM*, 1979, vol. 137, n° 1, p. 7–66.

RECHT (dir.), 1989 — RECHT Roland (dir.), *Les bâtisseurs de cathédrales gothiques: l'exposition «Les bâtisseurs de cathédrales» Strasbourg, du 3 septembre au 26 novembre 1989*, Strasbourg, Ed. des Musées de la Ville de Strasbourg, 1989.

RECHT, 1999 — RECHT Roland, *Le croire et le voir: l'art des cathédrales, XIIe–XVe siècle*, Paris, Gallimard (coll. «Bibliothèque des histoires»), 1999.

Recht, 2000 — Recht Roland, «Le modèle gothique à l'âge classique. Notre-Dame de Dijon revisitée par Soufflot et Viollet-Le-Duc», *Monuments et mémoires de la Fondation Eugène Piot*, 2000, vol. 78, n° 1, p. 141-168.

Régnier, 1922 — Régnier Louis, *Excursions archéologiques dans le Vexin français: Première série*, Paris, E. Dumont, 1922.

Reinhardt, 1963 — Reinhardt Hans, *La cathédrale de Reims: son histoire, son architecture, sa sculpture, ses vitraux*, Paris, Presses universitaires de France, 1963.

Reveyron, 1993 — Reveyron Nicolas, «Les structures clavées non-extradossées dans l'architecture romane et gothique (XIIe-XIIIe siècles)», *BM*, 1993, vol. 151, n° 4, p. 553-589.

Reveyron, 1994a — Reveyron Nicolas, «Les échanges artistiques entre Vienne et Lyon. Inventions et influences dans l'architecture romane des cathédrales Saint-Maurice et Saint-Jean», *Bulletin de la Société des Amis de Vienne*, 1994, numéro spécial, p. 81-97.

Reveyron, 1994b — Reveyron Nicolas, «Typologie, structure et implantation du trou de boulin dans son rapport à l'échafaudage médiéval», *Archéologie du Midi médiéval*, 1994, vol. 12, n° 1, p. 79-98.

Reveyron, 1995 — Reveyron Nicolas, «Les marques lapidaires gravées sur l'enveloppe extérieure du chevet de la cathédrale de Lyon: approche méthodologique», *Archéologie du Midi médiéval*, 1995, vol. 13, n° 1, p. 151-169.

Reveyron, 1996 — Reveyron Nicolas, «Influence de la charpenterie et rôle des charpentiers dans l'architecture de pierre à la fin du Moyen Âge à Lyon», *BM*, vol. 154, n° 2, 1996, p. 149-65.

Reveyron, 2000 — Reveyron Nicolas, «Marques lapidaires médiévales», *Dossiers d'archéologie*, 2000, vol. 251, p. 78-81.

Reveyron, 2002 — Reveyron Nicolas, «L'apport de l'archéologie du bâti dans la monographie d'architecture», *In Situ. Revue des patrimoines*, 2002, n° 2. Open access: http://journals.openedition.org/insitu/1200

Reveyron, 2005 — Reveyron Nicolas, *Chantiers lyonnais du Moyen Âge (Saint-Jean, Saint-Nizier, Saint-Paul)*, Lyon, Service régional de l'archéologie diff. Association lyonnaise pour la promotion de l'archéologie en Rhône-Alpes (coll. «Documents d'archéologie en Rhône-Alpes»), 2005.

Rey, 1929 — Rey Raymond, *La Cathédrale de Toulouse*, Paris, H. Laurens (coll. «Petites monographies des grands édifices de la France»), 1929.

Rey, 1960 — Rey Maurice, «Luxeuil médiéval, l'église abbatiale Saints-Pierre-et-Paul», *CAF*, 1960, vol. 118, p. 107-112.

Rhein, 1910 — Rhein André, «La cathédrale de Dol», *BM*, 1910, vol. 74, p. 369-433.

Ricard, 2017 — Ricard Jean-Pierre (dir.), Agostino Marc, Gallet Yves, Leulier Renée, Meunier Pierre, Schlicht Markus et Taillard Christian, *Bordeaux. Primatiale d'Aquitaine*, Strasbourg/Paris, la Nuée bleue (coll. «La grâce d'une cathédrale»), 2017.

Rickman, 1817 — Rickman Thomas, *An Attempt to Discriminate the Styles of English Architecture, from the Conquest to the Reformation; Preceded by a Sketch of the Grecian and Roman Orders, with Notices of Nearly Five Hundred English Buildings*, London, Longman, Hurst, Rees, Orme, and Brown, 1817.

Rolland, 1934 — Rolland Paul, «Chronologie de la cathédrale de Tournai», *Revue belge d'archéologie et d'histoire de l'art*, 1934, vol. 4, p. 103-137, 225-238.

Rolland, 1937 — Rolland Paul, «La cathédrale romane de Tournai et les courants architecturaux», *Revue belge d'archéologie et d'histoire de l'art*, 1937, vol. 7, p. 229-280.

Rolland, 1940 — Rolland Paul, «La technique normande du mur évidé et l'architecture scaldienne», *Revue*

belge d'archéologie et d'histoire de l'art, 1940, vol. 10, p. 169–188.

Roze, 2014 — Roze Jean-Pierre, *L'abbaye Saint-Bénigne de Dijon*, Dijon, Éditions universitaires de Dijon, 2014.

Ruville, 1863 — Ruville Brossard de, *Histoire de la ville des Andelis et de ses dépendances*, Les Andelys, Delcroix, 1863.

Ržiha et Rosamondi, 1993 — Ržiha Franz et Rosamondi Marco, *Études sur les marques de tailleurs de pierre*, traduit par Laetitia Harnagea, Paris/Dieulefit, Éd. de la Maisnie/Trédaniel la Nef de Salomon (coll. «Voies traditionnelles»), 1993.

Saint-Denis et al., 2002 — Saint-Denis Alain, Plouvier Martin et Souchon Cécile, *Laon, la cathédrale*, Paris Zodiaque, 2002.

Saint-Jouan, 2003 — Saint-Jouan Arnaud de, «Tours. Cathédrale Saint-Gatien: la restauration du décor intérieur du chœur», *CAF*, vol. 155 (1997), 2003, p. 317–324.

Saint-Vanne, 1930 — Saint-Vanne A., «La Cathédrale de Bayonne», *Bulletin trimestriel / Société des sciences, lettres, arts et d'études régionales de Bayonne*, 1930, nouv. sér. 5–6, p. 10–51.

Salamagne, 2001 — Salamagne Alain, *Construire au Moyen âge: les chantiers de fortification de Douai. Histoire et civilisations* [*en ligne*], Villeneuve-d'Ascq, Presses universitaires du Septentrion, 2001. http://books.openedition.org/septentrion/49484

Salamagne, 2005 — Salamagne Alain, «Du vocabulaire et de l'identification de la pierre dans l'architecture gothique», in Parron-Kontis et Reveyron (ed.), 2005, p. 44–52.

Salet, 1955 — Salet Francis, «Saint-Urbain de Troyes», *CAF*, 1955, vol. 113, p. 96–122.

Salet, 1959 — Salet Francis, «Peintures murales de Notre-Dame de Dijon», *BM*, 1959, vol. 117, n° 1, p. 72–73.

Salet, 1974 — Salet Francis, «L'ancienne cathédrale Saint-Maurice de Vienne», *CAF*, 1974, vol. 130, p. 508–553.

Sandron, 1998 — Sandron Dany, *La cathédrale de Soissons: architecture du pouvoir*, Paris, Picard, 1998.

Sandron, 2001 — Sandron Dany, *Picardie gothique: autour de Laon et Soissons, les édifices religieux*, Paris, Picard (coll. «Les monuments de la France gothique»), 2001.

Sandron, 2004 — Sandron Dany, *Amiens, la cathédrale*, Paris, Éditions Zodiaque, 2004.

Sanfaçon, 1971 — Sanfaçon Roland, *L'Architecture flamboyante en France*, Québec, Presses de l'Université Laval, 1971.

Sankovitch, 2015 — Sankovitch Anne-Marie, *The Church of Saint-Eustache in the Early French Renaissance*, Turnhout, Brepols, 2015.

Sapin (dir.), 2011 — Sapin Christian (dir.), *Saint-Étienne d'Auxerre: la seconde vie d'une cathédrale, 7 ans de recherches pluridisciplinaires et internationales*, Auxerre/Paris, Centre d'études médiévales Saint-Germain/Picard, 2011.

Sapin et al. (dir.), 2022 — Sapin Christian, Bully Sébastien, Bizri Mélinda et Henrion Fabrice (dir.), *Archéologie du bâti. Aujourd'hui et demain*, Dijon, ARTEHIS Éditions, 2022.

Sauerländer, 1983 — Sauerländer Willibald, «From Stilus to Style: Reflections on the Fate of a Notion», *Art History*, 1983, vol. 6, p. 253–270.

Sauerländer, 1984 — Sauerländer Willibald, «Mod Gothic, French Gothic Architecture of the 12th and 13th Centuries by Jean Bony», *The New York Review of Books*, 1984, vol. 31, p. 43–44.

Sauerländer, 2002 — Sauerländer Willibald, «Quand les statues étaient blanches», in Verret (dir.), 2002,

p. 27ff.

Schock-Werner, 1989 — Schock-Werner Barbara, «L'Œuvre Notre-Dame, histoire et organisation de la fabrique de la cathédrale de Strasbourg», in Recht (dir.), 1989, p. 132–138.

Schöller, 1989 — Schöller Wolfgang, «Le dessin d'architecture à l'époque gothique», in Recht (dir.), 1989, p. 226–235.

Schreiber, 1997 — Schreiber Rupert, *Reparatio ecclesiae nostrae: der Chor der Kathedrale in Tours*, Messkirch, Gmeiner, 1997.

Schurr, 2004 — Schurr Marc Carel, «Saint-Guy de Prague: Une cathédrale gothique "à la française"? Réflexions sur les sources de son architecture», *BM*, 2004, vol. 162, p. 273–287.

Serbat, 1909 — Serbat Louis, «Saint-Pierre-sur-Dives, église», *CAF*, 1909, vol. 75 (1908), n° 1, p. 278–298.

Serbat, 1929 — Serbat Louis, «Quelques églises anciennement détruites du nord de la France», *BM*, 1929, vol. 88, p. 365–435.

Sesmat et Billat, 2009 — Sesmat Pierre et Billat Hélène, *La basilique Saint-Jean-Baptiste de Chaumont, Parcours du patrimoine*, n° 341, Langres, Editions Dominique Guéniot, 2009.

Seymour, 1975 — Seymour Charles, *La cathédrale Notre-Dame de Noyon au XIII*e *siècle*, Paris, Arts et métiers graphiques (coll. «Bibliothèque de la Société française d'archéologie»), 1975.

Shelby, 1971 — Shelby Lon R., «Mediaeval Masons' Templates», *JSAH*, 1971, vol. 30, n° 2, p. 140–154.

Sigal, 1921 — Sigal Louis, «Contribution à l'histoire de la cathédrale Saint-Just de Narbonne», *Bulletin de la Commission archéologique de Narbonne*, 1921, vol. 15, p. 11–253.

Simon (dir.), 2014 — Simon Hippolyte (dir.), *Clermont: l'âme de l'Auvergne*, Strasbourg/Paris, la Nuée bleue (coll. «La grâce d'une cathédrale»), 2014.

Sjöberg, 1944 — Sjöberg Yves, «Saint-Sulpice-de-Favières», *CAF*, 1944, vol. 103, p. 246–264.

Somner and Battely, 1703 — Somner W. and Battely N., *The Antiquities of Canterbury: In Two Parts. The First Part. The Antiquities of Canterbury; or a Survey of that Ancient City, with the Suburbs and Cathedral, &c. The Second Part. Cantuaria Sacra: or the Antiquities*, London, R. Knaplock, 1703.

Souchal, 1967 — Souchal François, *L'abbatiale de Mouzon*, Charleville-Mézières, Société d'études Ardennaises (coll. «Cahier d'études ardennaises»), 1967.

Stratford, 2010 — Stratford Neil, «Chalon-sur-Saône. Cathédrale Saint-Vincent, les campagnes de construction romanes (XIIe siècle)», *CAF*, 2010, vol. 166, p. 75–93.

Stubbs, 1880 — Stubbs William, *The Historical Works of Gervase of Canterbury*, London, Longman, 1880.

Subes, 2008 — Subes Marie-Pasquine, «Peintures murales et polychromies médiévales. À propos de publications récentes», *BM*, 2008, vol. 166, n° 4, p. 339–345.

Tallon, 2012 — Tallon Andrew, «L'équilibre expérimental de la prieurale de Saint-Leu-d'Esserent», in HANQUIEZ Delphine and PETIT Anthony (ed.), *Saint-Leu d'Esserent et l'implantation monastique dans la basse vallée de l'Oise*, Amiens, Centre d'Archéologie et d'Histoire Médiévales des Etablissements Religieux, 2012, p. 173–193.

Tallon, 2014 — Tallon Andrew, «Divining Proportions in the Information Age», *Architectural Histories*, vol. 2, n° 1, 2014, Art. 15. https://journal.eahn.org/article/id/7474/

Tallon, 2016 — Tallon Andrew, «La cathédrale de Bourges: la perpendicularité comme perfection architecturale», *BM*, vol. 174, n° 4, 2016, p. 425–446.

Tallon et Timbert, 2011 — Tallon Andrew et Timbert Arnaud, «Le bâtiment gothique relevé par laser. Le

cas de la cathédrale Notre-Dame de Noyon et la question de son contrebutement: première approche», *Proceeding of the International Conference, Cluny, les 17-18-19 nov. 2010, coll. «Archeovision»*, vol. 5, 2011, p. 63–69.

TARALON, 1984 — TARALON J., «L'ancienne église abbatiale de Saint-Taurin d'Évreux», *CAF*, 1984, vol. 138, p. 266–299.

TARDIEU et al. (eds.), 1996 — TARDIEU Joëlle, REVEYRON Nicolas, BAUD Anne, BERNARDI Philippe, HARTMANN-VIRNICH Andreas, HUSSON Eric, LE BARRIER Christian et PARRON Isabelle (eds.), *L'échafaudage dans le chantier médiéval*, Lyon, Service régional de l'archéologie diff. Association lyonnaise pour la promotion de l'archéologie en Rhône-Alpes (coll. «Documents d'archéologie en Rhône-Alpes»), 1996.

TAUPIN, 1996 — TAUPIN Jean-Louis, «Le fer des cathédrales», *Monumental*, 1996, vol. 13, p. 18–27.

TAUPIN, 2001 — TAUPIN Jean-Louis, «Fer, bois et grandes architectures médiévales: l'exemple de Saint-Pierre de Beauvais», in ERLANDE-BRANDENBUNG Alain (dir.), *L'art gothique dans l'Oise et ses environs (XIIe–XIVe siècle), colloque international organisé à Beauvais les 10 et 11 octobre 1998*, Beauvais, GEMOB, 2001, p. 162–175.

TECHER, 2009 — TECHER Pascale, «Saint-Pol-de-Léon, cathédrale Saint-Paul-Aurélien. Les campagnes des XIIIe et XIVe siècles», *CAF*, 2009, vol. 165, p. 325–331.

TEREYGEOL, 2009 — TEREYGEOL Florian, «Aux sources des matériaux: les mines de plomb», in TIMBERT (dir.), 2009, p. 83–88.

THIBOUT, 1944a — THIBOUT Marc, «Juziers», *CAF*, 1944, vol. 103, p. 151–160.

THIBOUT, 1944b — THIBOUT Marc, «Arcueil», *CAF*, 1944, vol. 103, p. 230–235.

THIÉBAUT, 1977 — THIÉBAUT Jacques, «L'église de Cuis», *CAF*, 1977, vol. 135, p. 525–539.

THIÉBAUT, 1980 — THIÉBAUT Jacques, «Quelques observations sur l'église Notre-Dame-la-Grande de Valenciennes», *Revue du Nord*, 1980, vol. 62, n° 245, p. 331–344.

THIÉBAUT, 1992 — THIÉBAUT Jacques, «Le triforium de Saint-Vulfran d'Abbeville et ses sources monumentales», *Revue du Nord*, 1992, vol. 74, n° 297, p. 497–508.

THIÉBAUT, 2006 — THIÉBAUT Jacques, *Nord gothique: Picardie, Artois, Flandre, Hainaut. Les édifices religieux*, Paris, Picard (coll. «Les monuments de la France gothique»), 2006.

THIRION, 1972 — THIRION Jacques, «L'ancienne collégiale Saint-Barnard de Romans», *CAF*, 1972, vol. 130, p. 361–410.

THIRION, 1974 — THIRION Jacques, «La cathédrale de Bayeux», *CAF*, 1974, vol. 132, p. 240–285.

THIRION, 1990 — THIRION Jacques, «La polychromie dans les monuments du Moyen-Âge», in ENTRETIENS DU PATRIMOINE, 1990, p. 54–57.

THOLIN, 1874 — THOLIN G., *Études sur l'architecture religieuse de l'Agenais*, Agen/Paris, Librairies J. Michel et Didron, 1874.

THURLBY, 2001 — THURLBY Malcolm, «L'abbatiale romane de St. Albans», in BAYLÉ (dir.), 2001, vol. 1, p. 79–90.

TILLET, 1907 — TILLET Jules, «L'abbaye de Saint-Germain d'Auxerre», *CAF*, 1907, vol. 74, p. 628–653.

TIMBERT, 1999a — TIMBERT Arnaud, «Rampillon. Église Saint-Éliphe», POISSON Georges (dir.), *Dictionnaire des monuments d'Île-de-France*, Paris, 1999, p. 670–671.

TIMBERT, 1999b — TIMBERT Arnaud, «Emploi du marteau taillant bretté en Basse-Bourgogne avant 1200», *Bulletin de la société des fouilles archéologiques et des monuments historiques de l'Yonne*, 1999, vol. 16, p. 67–70.

Timbert, 2004 — Timbert Arnaud, «Le déambulatoire de la collégiale Saint-Quiriace de Provins», *BM*, 2004, vol. 162, n° 3, p. 163-173.

Timbert, 2005 — Timbert Arnaud, «Technique et esthétique de la bague dans l'architecture gothique du XIIe siècle au Nord de la France», *Archéologie Médiévale*, 2005, vol. 35, p. 39-50.

Timbert, 2006 — Timbert Arnaud, «Le chevet de la collégiale Saint-Quiriace de Provins: l'œuvre d'Henri Ier Le Libéral», *BM*, 2006, vol. 164, n° 3, p. 243-260.

Timbert, 2009 — Timbert Arnaud, «L'emploi du plomb et du support monolithique dans l'architecture gothique», in Timbert (dir.), 2009, p. 113-118.

Timbert (dir.), 2009 — Timbert Arnaud (dir.), *L'homme et la matière: l'emploi du plomb et du fer dans l'architecture gothique, actes du colloque, Noyon, 16-17 novembre 2006*, Paris, Picard, 2009.

Timbert (dir.), 2014 — Timbert Arnaud (dir.), *Chartres, construire et restaurer la cathédrale, XIe-XXIe siècle*, Villeneuve-d'Ascq, Presses universitaires du Septentrion (coll. «Architecture et urbanisme»), 2014.

Timbert (dir.), 2018 — Timbert Arnaud (dir.), *Qu'est-ce que l'architecture gothique?*, Villeneuve-d'Ascq, Presses Universitaires du Septentrion, 2018.

Timbert et Daussy (coll.), 2011 — Timbert Arnaud et Daussy Stéphanie (coll.), *La cathédrale Notre-Dame de Noyon: Cinq années de recherches*, Noyon, Société Historique, Archéologique et Scientifique, 2011.

Titus, 1988 — Titus Harry B., «The Auxerre Cathedral Chevet and Burgundian Gothic Architecture», *JSAH*, 1988, vol. 47, p. 45-56.

Tournier, 1960 — Tournier René, «Salins-lès-Bains», *CAF*, 1960, vol. 118, p. 229-231.

Trachtenberg, 2000 — Trachtenberg Marvin, "Suger's Miracles, Branner's Bourges: Reflections on "Gothic Architecture" as Medieval Modernism", *Gesta*, 2000, vol. 39, n° 2, p. 183-205.

Tricoit, 2009 — Tricoit Mathieu, «Le plomb dans la construction au Moyen Age. Nouvelles observations sur le triforium de l'abbatiale de Saint-Denis», in Timbert (dir.), 2009, p. 149-157.

Tricoit, 2011 — Tricoit Mathieu, «La collégiale de Saint-Quentin (Aisne) et sa place dans le paysage architectural du XIIIe siècle», thèse doc., Université Lille 3, sous la direction de Anne-Marie Legaré, 2011.

Vallery-Radot, 1922 — Vallery-Radot Jean, «L'église de Brie-Comte-Robert», *BM*, 1922, vol. 81, p. 144-164.

Vallery-Radot, 1924 — Vallery-Radot Jean, «Remarques sur le style des églises des Andelys», *BM*, 1924, vol. 83, p. 293-303.

Vallery-Radot, 1928 — Vallery-Radot Jean, «Notre-Dame de Dijon», *CAF*, 1928, vol. 91, p. 39-70.

Vallery-Radot, 1941 — Vallery-Radot Jean, «Bazas, cathédrale», *CAF*, 1941, vol. 102 (1939), p. 274-300.

Vallery-Radot, 1948 — Vallery-Radot Jean, «L'ancienne abbatiale Saint-Pierre de Lagny et ses rapports avec la cathédrale de Troyes», *BM*, 1948, vol. 106, p. 95-110.

Vallery-Radot, 1952 — Vallery-Radot Jean, «L'ancienne cathédrale Saint-Maurice de Vienne. Des origines à la consécration de 1251. Chronologie et décor des parties romanes», *BM*, 1952, vol. 110, n° 4, p. 297-362.

Vallery-Radot, 1958a — Vallery-Radot Jean, «Saint-Germain d'Auxerre, l'église haute», *CAF*, 1958, vol. 116, p. 26-39.

Vallery-Radot, 1958b — Vallery-Radot Jean, «Auxerre, la cathédrale Saint-Étienne. Les principaux textes de l'histoire de la construction», *CAF*, 1958, vol. 116, p. 40-50.

Van Belle, 1984 — Van Belle Jean-Louis, *Dictionnaire des signes lapidaires: Belgique et Nord de la France*,

Louvain-la-Neuve, Ciaco, 1984.

Van Belle, 2005 — Van Belle Jean-Louis, «Signes lapidaires et cultures: de l'utilité et de la nécessité de corpus régionaux: une approche méthodologique à partir d'un cas (Belgique, Nord de la France)», in Parron-Kontis et Reveyron (ed.), 2005, p. 62-66.

Van Belle, 2014 — Van Belle Jean-Louis, *Pour comprendre les signes lapidaires*, Bruxelles, Safran, 2014.

Van Belle et Brun, 2020 — Van Belle Jean-Louis et Brun Anne-Sophie, *Le graffiti-signature: reflet d'histoire*, Bruxelles, Safran (coll. «Précisions»), 2020.

Van Belle et al., 1994 — Van Belle Jean-Louis, Waroux R. et Peetroons R., *Signes lapidaires: nouveau dictionnaire: Belgique et nord de la France*, Louvain-la-Neuve, Artel, 1994.

Vergès-Belmin, 2002 — Vergès-Belmin Véronique, «Restauration de la pierre dans les portails aujourd'hui partiellement polychromés», in Verret (dir.), 2002, p. 151-162.

Vergnet-Ruiz et Vanuxem, 1945 — Vergnet-Ruiz Jean et Vanuxem Jean, «L'église de l'abbaye de Saint-Martin-aux-Bois», *BM*, 1945, vol. 103, p. 137-173.

Vergnolle, 1989 — Vergnolle Éliane, «Passages muraux et escaliers: premières expériences dans l'architecture du XIe s.», *Cahiers de civilisation médiévale*, 1989, vol. 32, n° 125, p. 43-60.

Vergnolle, 1994 — Vergnolle Éliane, *L'art roman en France: architecture, sculpture, peinture*, Paris, Flammarion, 1994.

Vergnolle, 1996 — Vergnolle Éliane, «La pierre de taille dans l'architecture religieuse de la première moitié du XIe siècle», *BM*, 1996, vol. 154, n° 3, p. 229-234.

Vergnolle, 2000 — Vergnolle Éliane, «Les débuts de l'art roman dans le royaume franc (ca. 980-ca. 1020)», *Cahiers de civilisation médiévale*, 2000, vol. 43, n° 170, p. 161-194.

Vergnolle, 2005 — Vergnolle Éliane, «L'Antiquité dans l'art roman. Persistance et résurgence de l'Antiquité à l'époque romane», *Revue d'Auvergne*, 2005, vol. 577, p. 73-84.

Verhaegen, 1937 — Verhaegen Pierre, «L'église Saint-Nicolas de Gand», *BM*, 1937, vol. 96, n° 2, p. 133-189.

Verret (dir.), 2002 — Verret Denis (dir.), *La couleur et la pierre: polychromie des portails gothiques. Actes du colloque, Amiens, 12-14 octobre 2000*, Paris, Picard, 2002.

Vesly, 1897 — Vesly Léon de, *Marques ou signes lapidaires relevés sur l'abbatiale de Saint-Ouen de Rouen*, Rouen, impr. de P. Leprêtre, 1897.

Victoir, 2005 — Victoir Géraldine, «La polychromie de la cathédrale de Noyon et la datation des voûtes quadripartites de la nef», *BM*, 2005, vol. 163, n° 3, p. 251-254.

Victoir, 2011 — Victoir Géraldine, «La polychromie et son commanditaire, un essai de mise en couleur dans la tribune sud de la cathédrale de Noyon», in Timbert et Daussy (coll.), 2011, p. 142-158.

Victoir, 2012 — Victoir Géraldine, «La polychromie et l'apport de son étude à la connaissance de l'architecture gothique», in Daussy et Timbert (dir.), 2012, p. 121-135.

Villes, 1977 — Villes Alain, «L'ancienne abbatiale Saint-Pierre d'Orbais», *CAF*, 1977, vol. 135, p. 549-589.

Villes, 2004 — Villes Alain, «Remarques sur les campagnes de construction de la cathédrale de Metz au XIIIe siècle», *BM*, 2004, vol. 162, p. 243-272.

Villes, 2009 — Villes Alain, *La cathédrale Notre-Dame de Reims: chronologie et campagnes de travaux. Essai de bilan des recherches antérieures à 2000 et propositions nouvelles*, Sens Joué-lès-Tours, A. Villes la Simarre, 2009.

VILLES et KURMANN, 2007 — VILLES Alain et KURMANN Peter, *La cathédrale Saint-Etienne de Châlons-en-Champagne et sa place dans l'architecture médiévale*, Langres, D. Guéniot, 2007.

VINEGAR, 1995 — VINEGAR Aron, *Architecture under the Knife: Viollet-le-Duc's Illustrations for the Dictionnaire Raisonné and the Anatomical Representation of Architectural Knowledge*, Master thesis, Montréal, McGill University, 1995.

VIOLLET-LE-DUC, 1854-1868 — VIOLLET-LE-DUC Eugène Emmanuel, *Dictionnaire raisonné de l'architecture française du XIe au XVIe siècle*, Paris, B. Bance, 9 vol., 1854-1868.

VIOLLET-LE-DUCET OURADOU, 1870 — VIOLLET-LE-DUC Eugène Emmanuel et OURADOU Maurice, *Peintures murales des chapelles de Notre- Dame de Paris*, Paris, A. Morel, 1870.

VIOLOT, 1930 — VIOLOT R., «La cathédrale Saint-Vincent de Chalon et l'école bourguignonne», *Mémoires de la Société d'histoire et d'archéologie de Chalon-sur-Saône*, 1930-1931, vol. 16, 2e série (vol. 24), p. 83-96.

VIOLOT, 1940 — VIOLOT R., «À propos des réparations exécutées à la cathédrale Saint-Vincent de Chalon au XIXe siècle», *Mémoires de la Société d'histoire et d'archéologie de Chalon-sur-Saône*, 1940, vol. 29, p. 185-186.

VIREY, 1929 — VIREY Jean, «Ancienne cathédrale Saint-Vincent de Chalon-sur-Saône», *CAF*, 1929, vol. 91, p. 426-434.

VITET et VITET, 1845 — VITET Ludovic et VITET Louis, *Monographie de l'église Notre-Dame de Noyon: plans, coupes, élévations et détails levés, mesurés et dessinés par Daniel Ramée*, Paris, Imprimerie royale (coll. «Collection de documents inédits sur l'histoire de France»), 1845.

VUILLEMARD, 2001 — VUILLEMARD Anne, «La polychromie des cathédrales gothiques», in LE GOFF (ed.), 2001, p. 219-228.

VUILLEMARD, 2003 — VUILLEMARD Anne, *La Polychromie de l'architecture gothique à travers l'exemple de l'Alsace: structure et couleur: du faux appareil médiéval aux reconstitutions du XXIe siècle*, thèse doc., Strasbourg, Université Marc Bloch, 2003.

VUILLEMARD, 2006 — VUILLEMARD Anne, «Les polychromies architecturales de la collégiale Saint-Quiriace de Provins», *BM*, 2006, vol. 164, n° 3, p. 271-280.

WAQUET, 1919 — WAQUET Henri, «Quimper, cathédrale», *CAF*, 1919, vol. 81 (1914), p. 221-250.

WEIGERT, 2004 — WEIGERT Laura, «Les tentures de chœur des églises françaises du Moyen Âge à la Renaissance», in *Saints de chœurs: tapisseries du Moyen Âge et de la Renaissance*, Milan, 5 Continents, 2004, p. 17-39.

WETTSTEIN, 1971 — WETTSTEIN Janine, *La fresque romane. La route de Saint-Jacques, de Tours à Léon*, Genève, Librairie Droz (coll. «Bibliothèque de la Société française d'archéologie»), 1971.

WHITELEY, 1985 — WHITELEY Mary, «"La grande vis": its development in France from the mid fourteenth to the mid fifteenth centuries», in CHASTEL et GUILLAUME (ed.), 1985, p. 15-20.

WILLIS, 1845 — WILLIS Robert, *The Architectural History of Canterbury Cathedral*, London, Longman, 1845.

WOLFE and MARK, 1976 — WOLFE Maury I. and MARK Robert, «The Collapse of the Vaults of Beauvais Cathedral in 1284», *Speculum*, 1976, vol. 51, n° 3, p. 462-476.

邦訳・日本語文献

ヴァザーリ，1980 — ヴァザーリ，ジョルジョ『ヴァザーリの芸術論』林達夫他編，平凡社，1980 年.

ヴォリンガー，2016 — ヴォリンガー，ヴィルヘルム『ゴシック美術形式論』中野勇訳，文

藝春秋，2016 年．
エルランド＝ブランダンビュール，2008 ― エルランド＝ブランダンビュール，アラン『大聖堂ものがたり――聖なる建築物をつくった人々』池上俊一監修，創元社，2008 年．
オナイアンズ，2004 ― オナイアンズ，ジョン『建築オーダーの意味――古代・中世・ルネサンスの古典オーダー』日高健一郎・吉沢京子・河辺泰宏・上月裕子・高原健一郎・土居義岳訳，中央公論美術出版，2004 年．
ギャンペル，1978 ― ギャンペル，ジャン『中世の産業革命』坂本賢三訳，岩波書店，1978 年．
グロデッキ，1997 ― グロデッキ，ルイ『ゴシック建築』前川道郎・黒岩俊介訳，本の友社，1997 年．
ジムソン，1985 ― ジムソン，オットー・フォン『ゴシックの大聖堂――ゴシック建築の起源と中世の秩序概念』前川道郎訳，みすず書房，1985 年．
シャピロ＆ゴンブリッチ，1997 ― シャピロ，マイヤー，ゴンブリッチ，エルンスト・ハンス『様式』細井雄介・板倉寿郎訳，中央公論美術出版，1997 年．
ジャンペル，1969 ― ジャンペル，ジャン『カテドラルを建てた人びと』飯田喜四郎訳，鹿島出版会（SD 選書），1969 年．
ショワジー，2008 ― ショワジー，オーギュスト『建築史』桐敷真次郎訳，中央公論美術出版，2008 年．
セッティス，2012 ― セッティス，サルヴァトーレ『〈古典的なるもの〉の未来』足達薫訳，ありな書房，2012 年．
ゼーデルマイヤ，1995 ― ゼーデルマイヤ，ハンス『大聖堂の生成』前川道郎・黒岩俊介訳，中央公論美術出版，1995 年．
バーク，1999 ― バーク，エドマンド『崇高と美の観念の起原』中野好之訳，みすず書房，1999 年．
パノフスキー，1971 ― パノフスキー，アーウィン「サン・ドニ修道院長シュジェール」『視覚芸術の意味』中森義宗他訳，岩崎美術社，1971 年，p. 103–151.
パノフスキー，2001 ― パノフスキー，アーウィン『ゴシック建築とスコラ学』前川道郎訳，筑摩書房，2001 年．
フォシヨン，1976 ― フォシヨン，アンリ『西欧の芸術 2 ゴシック』神沢栄三・加藤邦男・長谷川太郎・高田勇訳，鹿島出版会（SD 選書），1976 年．
フランクル，2011 ― フランクル，パウル『ゴシック建築大成』佐藤達生・辻本敬子・飯田喜四郎訳，中央公論美術出版，2011 年．
フランクル，2016 ― フランクル，パウル『ゴシックとは何か――八世紀にわたる西欧の自問』黒岩俊介訳，中央公論美術出版，2016 年．
ブルックス，2003 ― ブルックス，クリス『ゴシック・リヴァイヴァル』鈴木博之・豊口真衣子訳，岩波書店，2003 年．
マーク，1983 ― マーク，ロバート『ゴシック建築の構造』飯田喜四郎訳，鹿島出版会（SD 選書），1983 年．
ヤンツェン，1999 ― ヤンツェン，ハンス『ゴシックの芸術――大聖堂の形と空間』前川道郎訳，中央公論美術出版，1999 年．
ル・コルビュジエ，1957 ― ル・コルビュジエ『伽藍が白かったとき』生田勉・樋口清訳，岩波書店，1957 年．

飯田，1989 ― 飯田喜四郎『ゴシック建築のリブ・ヴォールト』中央公論美術出版，1989年.
泉，2013 ― 泉美知子『文化遺産としての中世――近代フランスの知・制度・感性に見る過去の保存』三元社，2013年.
加藤，2012 ― 加藤耕一『ゴシック様式成立史論』中央公論美術出版，2012年.
加藤，2017 ― 加藤耕一『時がつくる建築――リノベーションの西洋建築史』東京大学出版会，2017年.
木俣，2013 ― 木俣元一『ゴシックの視覚宇宙』名古屋大学出版会，2013年.
木俣，2022 ― 木俣元一『ゴシック新論――排除されたものの考古学』名古屋大学出版会，2022年.
坂野，2021 ― 坂野正則編『パリ・ノートル＝ダム大聖堂の伝統と再生――歴史・信仰・空間から考える』勉誠出版，2021年.
佐藤，2023 ― 佐藤達生『ゴシック空間の形成』中央公論美術出版，2023年.
嶋﨑，2014 ― 嶋﨑礼「中世における壁内通路への言及について」『日本建築学会学術講演梗概集』日本建築学会，2014年，p. 807–808.
嶋﨑，2015a ― 嶋﨑礼「ロマネスク建築におけるドワーフギャラリーの構造的側面」『日本建築学会大会学術講演梗概集』日本建築学会，2015年9月，p. 151–152.
嶋﨑，2015b ― 嶋﨑礼「中世における壁内通路とその空間性に関する研究――その天井部の構造の類型的把握から」『日本建築学会計画系論文集』第80巻第716号，2015年10月，p. 2347–2354.
嶋﨑，2020a ― 嶋﨑礼「ゴシック教会堂建築におけるトリフォリウムの建設工事終了後の使用法――フランスを中心とした事例の痕跡調査と図像史料分析からの推定」『日本建築学会計画系論文集』第85巻第771号，2020年5月，p. 1105–1111.
嶋﨑，2020b ― 嶋﨑礼「ゴシック建築のトリフォリウム通路とピアの関係性」『日本建築学会計画系論文集』第85巻第771号，2020年5月，p. 1113–1119.
嶋﨑，2020c ― 嶋﨑礼「ランのノートル＝ダム大聖堂における現場組織の変化について――トリフォリウムへの立入調査の意義と可能性」『日本建築学会計画系論文集』第85巻第775号，2020年9月，p. 2021–2027.
嶋﨑，2024a ― 嶋﨑礼「ゴシック教会堂の壁内通路への木製足場の固定――近代の修復資料と遺構に現存する横材用の穴から」『日本建築学会計画系論文集』第89巻第816号，2024年2月，p. 390–399.
嶋﨑，2024b ― 嶋﨑礼「フランス・ゴシック教会堂におけるトリフォリウムのトレーサリーの石組み――通時的比較の試み」『美史研ジャーナル』第19号，2024年3月，p. 68–78.
西田，2010 ― 西田雅嗣「学会展望　フランス中世建築史――フランスにおける中世建築研究」『建築史学』第54巻，2010年，p. 105–129.
西田，2019 ― 西田雅嗣『フランス・クリュニー地方のロマネスク教会堂建築群』中央公論美術出版，2019年.
藤本，1972 ― 藤本康雄『ヴィラール・ド・オヌクールの画帖』鹿島出版会（SD選書），1972年.
藤本，1991 ― 藤本康雄『ヴィラール・ド・オヌクールの画帖に関する研究』中央公論美術出版，1991年.
前川，1978 ― 前川道郎『ゴシックと建築空間』ナカニシヤ出版，1978年.
森，2002 ― 森洋訳・編『サン・ドニ修道院長シュジェール――ルイ六世伝，ルイ七世伝，

定め書，献堂記，統治記』中央公論美術出版，2002 年.

ウェブページ

フランス政府提供文化遺産データベース（base Mérimée（建造物）／base Mémoire（写真）／base Joconde（美術館収蔵品））：https://www.pop.culture.gouv.fr/

パリ文化遺産・写真メディアテーク（MPP）所蔵図面

アルジャンタン，サン＝ジェルマン聖堂　（所蔵番号 cote，以下同じ）0082/076/1016, 0082/61/2002

アルジャンタン，サン＝ジェルマン聖堂　0082/076/1017, 0082/61/2002

アンドレジー，サン＝ジェルマン聖堂　0082/078/1001

ヴィルヌーヴ＝ル＝コント，ノートル＝ダム＝ド＝ラ＝ナティヴィテ聖堂　0082/077/2022, 0082/077/1022

ヴォドワ＝アン＝ブリ，サン＝メダール聖堂　0082/077/2022

エヴルー，サン＝トーラン修道院聖堂　0082/027/1011, 0082/027/2007

エヴルー大聖堂　0082/027/1013, 0082/027/2009

オーヴェール＝シュル＝オワーズ，ノートル＝ダム・ド・ラソンプシオン聖堂　0082/095/1001

オーセール大聖堂　0082/089/1002

クラムシ，サン＝マルタン聖堂　0082/058/2002, 0082/058/1003

クレシー＝ラ＝シャペル参事会聖堂　0082/077/2005, 0082/077/1006

クレルモン＝フェラン大聖堂　0082/063/2017, 0082/063/1006〜1007

サン＝カンタン参事会聖堂　D.7940, D.7941, 0082/002/1050〜1051, 0082/002/2050

サン＝タマン＝シュル＝フィヨン，サン＝タマン聖堂　0082/051/1014, 0082/051/2014

サン＝ドニ修道院聖堂　0082/093/1010, 0080/110/1001

サン＝マロ大聖堂　0082/035/1010

シャルトル大聖堂　0082/028/2006, 0082/028/2008, 0082/028/1012

シャルトル，サン＝ピエール聖堂　0082/028/1015

シャロン＝アン＝シャンパーニュ大聖堂　0082/051/2019, 0082/051/1003〜1004, 0082/051/1033

シャロン＝アン＝シャンパーニュ，ノートル＝ダム聖堂　0082/051/2020, 0082/051/1005〜1006

シャロン＝シュル＝ソーヌ大聖堂　0082/071/2002

ジュイ＝ル＝ムティエ，ラ・ナティヴィテ・ド・ラ・サント＝ヴィエルジュ聖堂　0082/095/1011

ジュジエ，サン＝ミシェル聖堂　0082/078/1006, 0082/078/2004

ショーモン，サン＝ジャン＝バティスト聖堂　0082/052/1002, 0082/052/2002

ソワッソン大聖堂　0082/002/1044〜1045, 0082/002/2048

ディジョン，サン＝ベニーニュ修道院聖堂　0082/021/1018

ディジョン，ノートル＝ダム聖堂　0082/021/1021, 0082/021/2019

トゥール大聖堂　0082/037/1022, 0082/037/2028, 0082/037/2029

ドル＝ド＝ブルターニュ大聖堂　0082/035/1001, 0082/035/2008

ナント大聖堂　0082/044/1007〜1008, 0082/044/2007

ヌヴェール大聖堂　0082/058/1008〜1009, 0082/058/2004〜2007

ネル＝ラ＝ヴァレ，サン＝サンフォリアン聖堂　0082/095/1012
ブジヴァル，ノートル＝ダム・ド・ラソンプシオン聖堂　0082/078/1002, 0082/078/2001
ブリ＝コント＝ロベール，サン＝テティエンヌ聖堂　0082/077/2002, 0082/077/1001
ブレーヌ，サン＝チヴェ修道院聖堂　0082/002/2004, 0082/002/1004
ベトン＝バゾシュ，サン＝ドニ聖堂　0082/077/2002
ボーヴェ大聖堂　2011/014/1003
マルリー＝ラ＝ヴィル，サン＝テティエンヌ聖堂　0082/095/1012
ムゾン，ノートル＝ダム修道院聖堂　0082/008/2005, 0082/008/1007
メッス大聖堂　0082/057/1013, 0082/057/2006
モー大聖堂　0082/077/2017 ～ 2018, 0082/077/1014, 0080/120/1002
ランス大聖堂　D.7912, 0082/051/1026, 0082/051/2024 ～ 2025
ラン大聖堂　0082/002/2022 ～ 2024
ランピヨン，サン＝テリフ聖堂　0082/077/2020, 0082/077/1020
リジュー大聖堂　0082/014/1015, 0082/014/2016
リュソン大聖堂　0082/085/2005
リヨン，サン＝ニジエ聖堂　0082/069/2007
リヨン大聖堂　0082/069/1005, 0082/069/2004
レ・ザンドリ，サン＝ソヴール聖堂　0082/027/1002, 0082/027/2003
レ・ザンドリ，ノートル＝ダム聖堂　0082/027/1002, 0082/027/2003
ロゼ＝アン＝ブリ，ノートル＝ダム聖堂　0082/077/2020, 0082/077/1020

図版出典一覧

口絵 1	2016 年 3 月，著者撮影
口絵 2	2016 年 4 月，著者撮影
口絵 3	2016 年 11 月，著者撮影
口絵 4	2016 年 11 月，著者撮影
口絵 5	2017 年 9 月，著者撮影
口絵 6	2017 年 9 月，著者撮影
口絵 7	2017 年 9 月，著者撮影
口絵 8	2017 年 6 月，著者撮影
口絵 9	2017 年 6 月，著者撮影
口絵 10	2016 年 5 月，著者撮影
凡例	著者作成

序章

図 0 - 1	Dehio und Bezold, 1887-1901, Atlas 4 (1894), Taf. 361.
図 0 - 2	Seymour, 1975, 巻末.
図 0 - 3	Reveyron, 2002, fig. 4.
図 0 - 4	写真：2013 年 9 月，著者撮影，図面：King, 1868, 3Pl35（著者加筆）
図 0 - 5	2016 年 10 月，2015 年 3 月，2016 年 12 月，著者撮影
図 0 - 6	Viollet-le-Duc, 1854-1868, «construction», fig. 77, 80.

第 1 章

図 1 - 1	Héliot, 1959b, Fig. 1.
図 1 - 2	2012 年 9 月，著者撮影
図 1 - 3	2012 年 8 月，著者撮影
図 1 - 4	base Mémoire, no. Référence APLP 005989.
図 1 - 5	2011 年 9 月，著者撮影
図 1 - 6	2017 年 9 月，著者撮影
図 1 - 7	図面：MPP cote 0082/014/1015, no. 006745 (2) © Ministère de la Culture (France), MPP, diff. RMN-GP（著者加筆）
図 1 - 8	2017 年 9 月，著者撮影
図 1 - 9	2017 年 9 月，著者撮影
図 1 - 10	著者作図
図 1 - 11	Simon Leboucq,《ヴァランシエンヌ，ノートル＝ダム＝ラ＝グランド聖堂，内陣》ヴァランシエンヌ市立図書館，1650 年
図 1 - 12	2012 年 9 月，著者撮影
図 1 - 13	2016 年 8 月，著者撮影
図 1 - 14	著者作図
図 1 - 15	2016 年 8 月，著者撮影
図 1 - 16	2016 年 8 月，著者撮影
図 1 - 17	2017 年 8 月，著者撮影
図 1 - 18	Kimpel et Suckale, 1990, fig. 242.
図 1 - 19	2015 年 3 月，著者撮影
図 1 - 20	2013 年 9 月，著者撮影
図 1 - 21	2016 年 6 月，著者撮影
図 1 - 22	2016 年 6 月，著者撮影
図 1 - 23	著者作図
図 1 - 24	写真：2016 年 2 月，著者撮影．図面：Lefèvre-Pontalis, 1905b, p. 122（著者加筆）
図 1 - 25	2012 年 9 月，著者撮影
図 1 - 26	2013 年 6 月，© Michel Piechaczyk
図 1 - 27	2016 年 11 月，著者撮影
図 1 - 28	2016 年 11 月，著者撮影
図 1 - 29	著者作図
図 1 - 30	著者作図
図 1 - 31	Viollet-le-Duc, 1854-1868, «appareil» fig. 12.
図 1 - 32	2017 年 1 月，著者撮影
図 1 - 33	2015 年 3 月，著者撮影
図 1 - 34	2015 年 3 月，著者撮影
図 1 - 35	2017 年 9 月，著者撮影
図 1 - 36	著者作図
図 1 - 37	2017 年 2 月，著者撮影
図 1 - 38	著者作図
図 1 - 39	著者作図
図 1 - 40	2017 年 11 月，著者撮影
図 1 - 41	著者作図
図 1 - 42	2015 年 3 月，著者撮影

図 1 - 43　2017 年 6 月，著者撮影
図 1 - 44　2017 年 7 月，著者撮影
図 1 - 45　2017 年 6 月，著者撮影
図 1 - 46　2013 年 9 月，著者撮影
図 1 - 47　2017 年 9 月，著者撮影
図 1 - 48　2017 年 9 月，著者撮影
図 1 - 49　著者作図
図 1 - 50　2015 年 3 月，著者撮影
図 1 - 51　著者作図
図 1 - 52　2022 年 10 月，著者撮影
図 1 - 53　2022 年 10 月，著者撮影
図 1 - 54　2013 年 9 月，著者撮影
図 1 - 55　2013 年 9 月，著者撮影
図 1 - 56　base Mémoire, no. Référence AP58 P00537.
図 1 - 57　2022 年 10 月，著者撮影
図 1 - 58　2023 年 4 月，著者撮影

第 2 章

図 2 - 1　Relatio de innovatione ecclesie sancti Gemeniani, Modena, Chapter archives, Ms. O. II.11, c.1 v.
図 2 - 2　Linz, AT-OOeLB, Hs.-472（Linzer Weltchronik-Kompilation, Sog. 'Erweiterte Christherre-Chronik', Saec. XIV）. 1300.
図 2 - 3　ヤン・ファン・エイク《聖バルバラ》アントウェルペン王立美術館所蔵，1437 年（著者加筆）
図 2 - 4　Kimpel, 1977, fig. 12, 14.
図 2 - 5　2017 年 6 月，著者撮影
図 2 - 6　2013 年 9 月，著者撮影
図 2 - 7　2017 年 6 月，著者撮影
図 2 - 8　著者作成
図 2 - 9　2017 年 9 月，著者撮影
図 2 - 10　2023 年 4 月，著者撮影
図 2 - 11　著者作成
図 2 - 12　2017 年 7 月，著者撮影
図 2 - 13　Doperé et al., 2018, fig. 5, 9, 10.
図 2 - 14　2017 年 6 月，著者撮影
図 2 - 15　2017 年 6 月，著者撮影
図 2 - 16　2017 年 9 月，著者撮影
図 2 - 17　2023 年 5 月，著者撮影
図 2 - 18　2017 年 9 月，著者撮影
図 2 - 19　© Michel Piechaczyk
図 2 - 20　Deneux, 1925, fig. 4.
図 2 - 21　2016 年 8 月，著者撮影
図 2 - 22　2023 年 5 月，著者撮影
図 2 - 23　2016 年 12 月，湯浅茉衣撮影
図 2 - 24　2016 年 5 月，著者撮影
図 2 - 25　著者作成
図 2 - 26　2016 年 8 月，著者撮影
図 2 - 27　2016 年 6 月，著者撮影
図 2 - 28　2016 年 6 月，著者撮影
図 2 - 29　Deneux, 1925, fig. 19, 20.
図 2 - 30　2016 年 6 月，著者撮影
図 2 - 31　2017 年 6 月，著者撮影
図 2 - 32　Reveyron, 2005, fig. 34

第 3 章

図 3 - 1　Viollet-le-Duc, 1854-1868, «construction», fig. 2.
図 3 - 2　R. Davi, 1903, MPP cote 0082/077/1020, no. 12574 © Ministère de la Culture（France）, MPP, diff. RMN-GP（著者加筆）
図 3 - 3　base Mémoire, no. Référence APMH 00017117.
図 3 - 4　著者作図
図 3 - 5　2016 年 6 月，著者撮影
図 3 - 6　2017 年 7 月，著者撮影
図 3 - 7　Vergnolle, 1994, fig. 291.
図 3 - 8　Kimpel et Suckale, 1990, fig. 409.
図 3 - 9　2017 年 8 月，著者撮影
図 3 - 10　2016 年 10 月，著者撮影
図 3 - 11　著者作図
図 3 - 12　2013 年 10 月，著者撮影
図 3 - 13　Viollet-le-Duc, 1854-1868, «tas de charge», fig. 1.
図 3 - 14　Deneux, 1943, p. 245（著者加筆）
図 3 - 15　2016 年 10 月，著者撮影
図 3 - 16　Sapin（dir.）, 2014, fig. 7.
図 3 - 17　Kayser, 2012, p. 137.
図 3 - 18　2013 年 9 月，著者撮影

図 3－19　2017 年 8 月，著者撮影
図 3－20　2016 年 9 月，著者撮影
図 3－21　2017 年 6 月，著者撮影
図 3－22　2015 年 3 月，著者撮影
図 3－23　2016 年 6 月，著者撮影
図 3－24　著者作図
図 3－25　2016 年 5 月，著者撮影
図 3－26　2013 年 9 月，著者撮影
図 3－27　2017 年 2 月，著者撮影
図 3－28　2017 年 2 月，著者撮影
図 3－29　2016 年 6 月，著者撮影

第 4 章

図 4－1　Harvard Art Museums/Fogg Museum, Gift of William Gray from the collection of Francis Calley Gray.
図 4－2　Österreichische Nationalbibliothek, cod. 12883, fol. 110v.（Bernardi 2011, fig. 27）
図 4－3　base Mémoire, no. Référence APMH 00086192.
図 4－4　Suisse, Charles（ACMH）, 1903, MPP cote 0082/021/1018, no. 014400 © Ministère de la Culture（France）, MPP, diff. RMN-GP（著者加筆）
図 4－5　2016 年 6 月，著者撮影
図 4－6　著者作図
図 4－7　2017 年 8 月，著者撮影
図 4－8　2015 年 3 月，著者撮影
図 4－9　著者作図
図 4－10　著者作図
図 4－11　2016 年 9 月，著者撮影
図 4－12　Adam, 1995, p. 52
図 4－13　著者作図
図 4－14　著者作図
図 4－15　2022 年 10 月，著者撮影
図 4－16　著者作図
図 4－17　Theodor Verhas の絵に基づく Henry Winkles の版画
図 4－18　base Mémoire, no. Référence IVR22_20006000313VA.
図 4－19　Villes, 2004, fig. 34.
図 4－20　2016 年 6 月，著者撮影
図 4－21　著者作図
図 4－22　2016 年 10 月，著者撮影
図 4－23　MPP cote 0082/093/1010, no. 80097 © Ministère de la Culture（France）, MPP, diff. RMN-GP（著者加筆）
図 4－24　2013 年 9 月，著者撮影
図 4－25　Bruzelius, 1985, fig. 31.
図 4－26　著者作成
図 4－27　長軸断面図：Vitet et Vitet, 1845, planche 7（著者加筆），地上階平面図：Seymour, 1975, 巻末（著者加筆），レヴェル A の平面図：Louis Barbier, 1925 © Inventaire général, ADAGP © Ministère de la culture © Région Picardie - Inventaire général（著者加筆），レヴェル B の平面図：著者作図
図 4－28　2016 年 8 月，著者撮影
図 4－29　2015 年 3 月，著者撮影
図 4－30　著者作図
図 4－31　2016 年 12 月，著者撮影
図 4－32　図 4－27 地上階平面図，Clark, 1977 をもとに著者作成
図 4－33　2016 年 8 月，著者撮影
図 4－34　2016 年 8 月，著者撮影
図 4－35　著者作成
図 4－36　2016 年 8 月，著者撮影
図 4－37　著者作図
図 4－38　2016 年 8 月，著者撮影
図 4－39　著者作成
図 4－40　2016 年 8 月，著者撮影
図 4－41　著者作図
図 4－42　著者作図
図 4－43　著者作成
図 4－44　著者作成
図 4－45　2016 年 12 月，著者撮影
図 4－46　著者作図
図 4－47　2016 年 10 月，著者撮影

第 5 章

図 5－1　2017 年 9 月，著者撮影

図 5－2　2015 年 3 月，著者撮影
図 5－3　2017 年 7 月，著者撮影
図 5－4　2017 年 7 月，著者撮影
図 5－5　Viollet-le-Duc, 1854-1868, «escalier», fig. 7, 9.
図 5－6　2016 年 8 月，著者撮影
図 5－7　2016 年 8 月，著者撮影
図 5－8　Sandron, 1998, fig. 138（著者加筆）.
図 5－9　著者作図
図 5－10　南袖廊外部立面図・トリフォリウム階およびクリアストーリー階平面図：MPP, cote 0082/002/1045, no. 029063(2), 029063(4) © Ministère de la Culture (France), MPP, diff. RMN-GP（著者加筆），地上階平面図：Brunet, 1928, fig. 4（著者加筆）
図 5－11　2013 年 9 月，著者撮影
図 5－12　著者作成
図 5－13　2012 年 9 月，著者撮影
図 5－14　写真：2016 年 6 月，著者撮影．平面図：Vorin, Paul (ACMH), 1913 (?), MPP cote 0082/002/1050, no. 014099 © Ministère de la Culture (France), MPP, diff. RMN-GP（著者加筆）
図 5－15　2016 年 11 月，著者撮影
図 5－16　Nodet, 1899, MPP archives cote 1996/025/0108（著者加筆）
図 5－17　Vincent, Léon, 1899, MPP cote 0082/035/1001, no. 012084（著者加筆）
図 5－18　Sapin (dir.), 2011, fig. 18.
図 5－19　Corroyer, 1883, fig. 35.
図 5－20　2016 年 5 月，著者撮影
図 5－21　London, National Gallery, NG4681, https://www.nationalgallery.org.uk/
図 5－22　© Michel Piechaczyk（著者加筆）
図 5－23　2017 年 6 月，著者撮影
図 5－24　2017 年 6 月，著者撮影
図 5－25　2017 年 7 月，著者撮影
図 5－26　Saint-Denis et al., 2002, p. 155（著者加筆）
図 5－27　bibliothèque numérique de l'INHA, https://bibliotheque-numerique.inha.fr/idurl/1/26188（著者加筆）
図 5－28　The Elisha Whittelsey Collection, The Elisha Whittelsey Fund, 1960, The Metropolitan Museum of Art.
図 5－29　ASSECARM, 1995, 表紙.

第 6 章

図 6－1　Emond et al., 1982, fig. 9.
図 6－2　2015 年 3 月，著者撮影
図 6－3　2016 年 2 月，著者撮影
図 6－4　2013 年 10 月，著者撮影
図 6－5　2016 年 8 月，著者撮影
図 6－6　2016 年 8 月，著者撮影
図 6－7　© Michel Piechaczyk
図 6－8　base Mémoire, no. Référence APPM 009560.
図 6－9　2017 年 6 月，著者撮影
図 6－10　2016 年 2 月，著者撮影
図 6－11　2016 年 8 月，著者撮影
図 6－12　2016 年 5 月，著者撮影
図 6－13　2016 年 8 月，著者撮影
図 6－14　2017 年 9 月，著者撮影
図 6－15　2015 年 3 月，著者撮影
図 6－16　2017 年 2 月，著者撮影
図 6－17　2017 年 9 月，著者撮影
図 6－18　2013 年 9 月，著者撮影
図 6－19　2016 年 5 月，著者撮影
図 6－20　2016 年 5 月，著者撮影
図 6－21　2017 年 7 月，著者撮影
図 6－22　2013 年 10 月，著者撮影
図 6－23　2016 年 12 月，著者撮影
図 6－24　base Mémoire, no. Référence APMH 0181494.
図 6－25　2016 年 5 月，著者撮影
図 6－26　2016 年 11 月，著者撮影
図 6－27　2015 年 3 月，著者撮影
図 6－28　2016 年 5 月，著者撮影
図 6－29　2016 年 5 月，著者撮影
図 6－30　2016 年 5 月，著者撮影

図 6－31　2023 年 5 月，著者撮影
図 6－32　2016 年 5 月，著者撮影
図 6－33　2015 年 3 月，著者撮影
図 6－34　2015 年 3 月，著者撮影
図 6－35　2015 年 3 月，著者撮影
図 6－36　2023 年 4 月，著者撮影

終章

図終－1　Viollet-le-Duc, 1854–1868, «cathédrale», p. 323.

補遺

図補－1　Willis, 1845, fig. 14（著者加筆）
図補－2　2012 年 9 月，著者撮影
図補－3　ヴィラール・ド・オヌクール『画帖』folio 60, 62.

用語集

図　平面図：Durand, 1901（著者加筆），断面パース図：Viollet-le-Duc, 1854–1868, «Arc», fig. 35（著者加筆）

用語集

アーケード（arcade［仏・英］）
アーチとそれを支持する柱からなる単位．本書ではトリフォリウムの身廊側の壁を指す．ただし「大アーケード」は内部立面の地上階を占める柱列．

アーチ（arc［仏］／arch［英］）
中央が高くされた梁状の構造物．通常，楔形の迫石とその上部を充填するスパンドレル（三角小間）からなる．形状によって，半円形（arc en plein cintre），尖頭形（arc brisé, arc en tiers-point），三葉形（arc tréflé）などのヴァリエーションがある．アーチの厚みの下面を内輪，迫石の上面を外輪という．

足場（échafaudage［仏］）
建設・修復工事の際，高所の作業のために組み立てられる木組（近代以降は鉄製もある）．垂直部材，横材，筋交い，水平板，縄などからなるのが一般的．人がその上に乗って作業するほか，資材を一時的に保管することもあった．

アプス（abside/hémicycle［仏］／apse［英］）
身廊の内陣頭部に相当する半円形や多角形の部分．

アルク・ド・デシャルジュ（arc de décharge［仏］／relieving arch［英］）
アーチのうち，荷重をアーチ足元へ流す・垂直材同士をリンクする・上方の構造物を支持するなど，構造的役割をその主な存在理由としていると考えられるもの．

アン・デリ（en délit［仏］）
自然状態の石材には，堆積した地層に沿って石目（lit，節理ともいう）が存在する．石目を横にした自然のままの方向ではなく，石目を縦にして（délit）

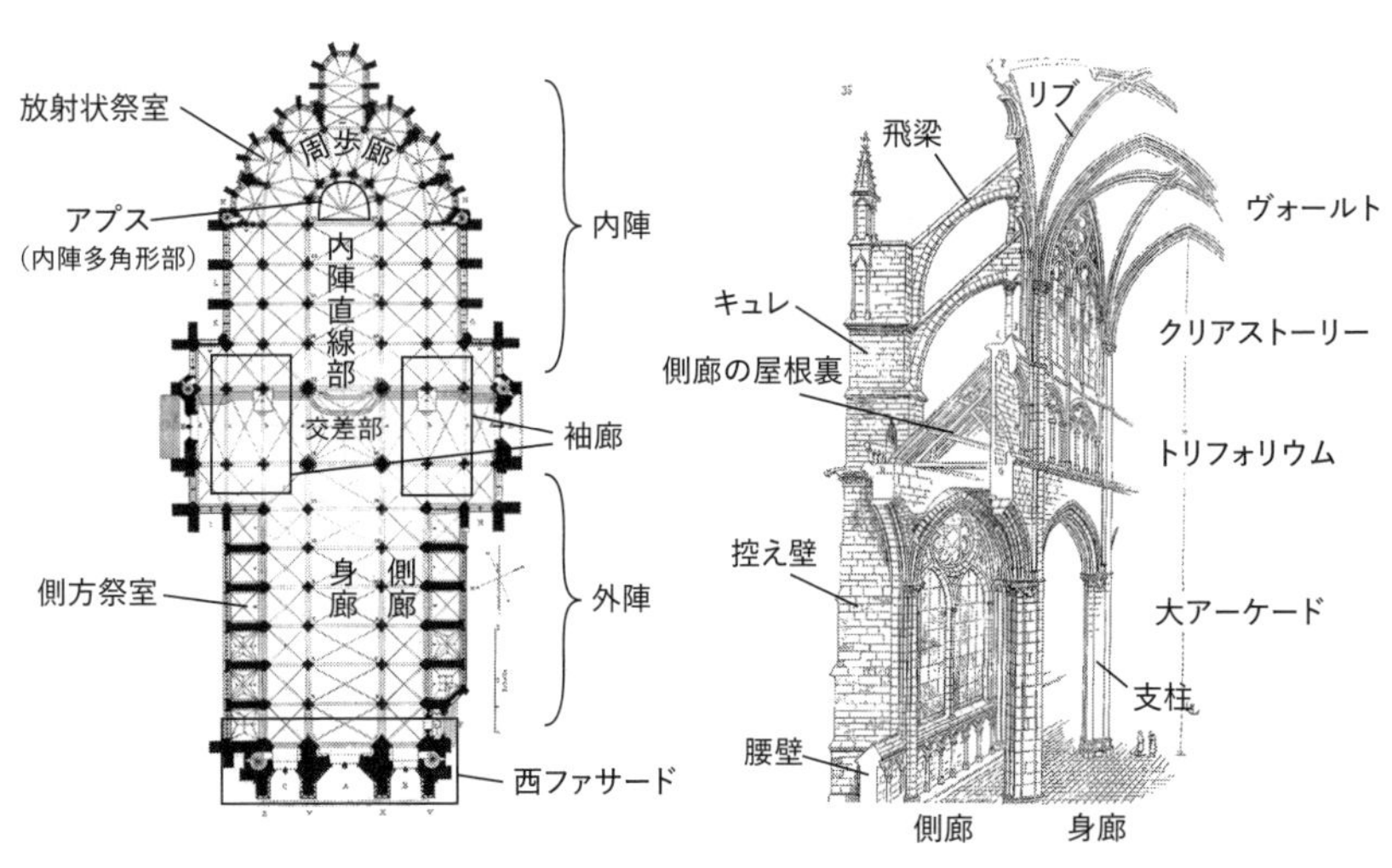

図　ゴシック聖堂各部名称（アミアン大聖堂平面図（左），断面パース図（右））

設置される石材をアン・デリという．石は石目に沿って割れやすいため，細く長い材を加工しやすいぶん，過大な荷重を受けると破損しやすい．

板石（dalle［仏］）
板状の平たい石材の通称．

内輪（うちわ）（intrados［仏・英］）→「**アーチ**」を参照．

鎹（かすがい）（agrafe/crampon［仏］／clamp［英］）
ホチキスの針のようなコの字型の金属材．隣り合う石材の分離やずれの防止に用いる．

仮枠（cintre［仏］／centering［英］）
アーチやヴォールトの迫石を並べる補助となる土台で，施工後は取り外される木材．

偽トリビューン
立面上はトリビューンのように見えるが，実際には床のないもの．ルーアン大聖堂の外陣やモー大聖堂の内陣のものが知られている．

偽トリフォリウム（faux-triforium［仏］）
背後の壁のないトリフォリウム．開口部は側廊ないしトリビューンの屋根裏に開く．サンス大聖堂やパリのサン＝セヴラン聖堂の中間層，パリ大聖堂の第3層などにみられる．

キュレ（culée［仏］）
側廊や祭室の壁から突出した控え壁が，側廊や祭室の屋根より高く立ち上がった部分（図参照）．飛梁を支持する．頂部には通常，ピナクル（小尖塔）がつく．

刳り型（くりがた）（moulure［仏］／molding［英］）
一定の断面を有する立体的な帯状の装飾，またその断面の形状．ブダン（半円形断面の突出），スコティ（径の異なる円形断面を組み合わせた溝）などがある．

外陣（げじん）（nef［仏］／nave［英］）
祭壇が置かれ，聖職者が席を占める内陣に対し，一般信徒が会する部分（図参照）．多くは聖堂の西側．

交差部（croisée［仏］／crossing［英］）
身廊と袖廊の軸が交差してできた四角形の部分．

採光されたトリフォリウム（triforium ajouré［仏］／glazed triforium［英］）
背後の壁にガラス窓がつけられたトリフォリウム．

祭室（chapelle［仏］／chapel［英］）
聖堂内の壁に沿って設けられ，聖堂内部に向かって開く小礼拝堂．側廊の壁に沿って設けられるものは側方祭室，周歩廊に沿って設けられるものは放射状祭室と呼ぶ．

支柱（pilier, pile［仏］／pillar, pier［英］）
主たる構造体として働き，ベイの区切りとなる柱．ピア．細い柱を束ねたような外観のものを複合柱（pilier composé）や束ね柱（pilier fasciculé）という．ゴシック聖堂建築ではしばしば，大アーケードより上の階にベイを区切る突出した付柱がみられるが，本書ではそうした付柱のある部分も支柱と呼称する．

周歩廊（déambulatoire［仏］／ambulatory［英］）
聖堂の内陣頭部で，アプスの外側をぐるりと囲む歩廊のこと（図参照）．さらに外側に放射状祭室が発達していることもある．多くは側廊の延長上にある．

小円柱（colonnette［仏・英］）凡例の図参照．

柱頭（chapiteau［仏］／capital［英］）

アバクス（tailloir），柱頭彫刻（sculpture de chapiteau），アストラガル（astragale）等からなる．

柱身（fût［仏］）
柱の本体．シャフトともいう．

柱基（base［仏］）
柱基刳り型（base）と柱礎（plinthe）からなる．

身廊（vaisseau central［仏］）
三廊式・五廊式のバシリカ式聖堂において，中央を占める幅広の廊（図参照）．身廊の両側面は高い壁（身廊の壁）で区切られ，側廊とは柱列（大アーケード）で隔てられている．

スパンドレル（écoinçon［仏］／spandrel［英］）→「**アーチ**」を参照．

成層積み（appareillé［仏］）
同形状の石材を多数積層することによって柱や壁面が形成されていること．

迫石（せりいし）（claveau［仏］／voussoir［英］）→「**アーチ**」を参照．

袖廊（bras du transept［仏］）
十字形平面の聖堂において，身廊に直交する廊（多くは南北方向の軸をもち，外陣と内陣を隔てる位置にある）のうち，交差部を除いた部分．

外輪（そとわ）（extrados［仏・英］）→「**アーチ**」を参照．

立ち上がり部分（bahut［仏］）
トリフォリウムのアーケードの柱基が載る，トリフォリウムの床より15 cm～1 m程度高くなった部分．プレーンな壁ではなく意匠的な透かしになったものは欄干として区別する．

タ・ド・シャルジュ（tas de charge［仏］）
アーチの起点付近で，迫石ではなく近隣の組積とともに水平に積まれた石，またその技術．

太枘（だぼ）（goujon［仏］／dowel［英］）
上下に積み重ねた石材のずれ防止のため，接合面に埋め込む棒状の部材．通常組積に隠れる．

単積み（appareil simple［仏］）
壁を建設する際，厚み方向に石材を複数並べることをせず，単一の石材の厚みで壁厚をつくる技法．

タンパン（tympan［仏］）
アーチと，その下の梁や下位のアーチの間にはさまれた部分．

付柱（つけばしら）（pilier engagé［仏］）
壁を背に建てられた柱で，壁に付着あるいは埋め込まれているように見える部分．

展性の（malléable/ductile［仏］／malleable/ductile［英］）
物質に力が加わった際すぐには破損せず，柔軟に変形する性質．厳密には引張力に対する変形力を延性（ductilité），圧縮力に対する変形力を展性（malléabilité）として区別する．

飛梁（とびばり）（arc boutant［仏］／flying buttress［英］）
建物外部に現れる斜めのアーチで，身廊の高所をつっかえ棒のように支えるもの（図参照）．フライング・バットレス．13世紀半ば以降，上面が排水の樋を兼ねるものが一般化する．

トレーサリー（réseau de remplage［仏］／tracery［英］）
組子をシステマティックに組み上げることで実現される．窓の桟として用いられるのが一般的であるが，トリフォリウムのアーケードにも適用された．

内陣（chœur［仏］／choir［英］）
広義には，外陣と対置され，祭壇が置かれる聖堂東側全体．狭義には，アプス（内陣多角形部・半円部）に先立つ直線ベイの部分（図参照）．

内部控え壁（contrefort intérieur［仏］）
壁内通路の支柱との取り合い部分において，通路の上部を補強する壁体．通路の高さを制限し，支柱を貫く空隙を減らす．

ピア　→「**支柱**」を参照.

控え壁（contrefort［仏］／buttress［英］）
壁面から突出した縦長の帯（図参照）．ヴォールトの推力に対抗する（控える）ことで壁を安定させる．

引張材（tirant［仏］／tie rod［英］）
互いに離れた2つの建築要素（ベイを隔てた柱，身廊の南北の壁など）同士の距離を一定に保つための水平な棒状の木材や金属材．

ベイ（travée［仏］／bay［英］）
柱間．原則としてゴシック建築ではベイ単位で同じ立面が繰り返される．本書では西ファサード側からベイ1，ベイ2，……と数える．

補強鎖（chaînage/armature［仏］）
壁や柱を補強する機能があると思われる金属材．一時的な役割を果たすものと，恒久的に働くものがある．

横材用の穴（trou de boulin［仏］／scaffolding hole［英］）
壁の組積に残された四角い穴．足場や型枠の横材を壁に固定するために役立ったと考えられる．使用後は石などで埋められることもあった．

欄干（balustrade［仏］）
トリフォリウムのアーケードが載る，装飾的な透かしの施された手すり状の部分．透かしのないプレーンな壁の場合は立ち上がり部分として区別する．

リブ・ヴォールト（voûte en ogive［仏］／ribbed vault［英］）
リブ（肋骨状の細いアーチ）のついたヴォールト（曲面天井）．図参照．

割石（moellon［仏］）
明確な形状に成形され，表面が平坦に処理された切石に対し，不定形に割られた石材．

調査建物一覧

建設年代はいずれも現状の建物に関するものであり，先行した建物に関する記述は割愛している．

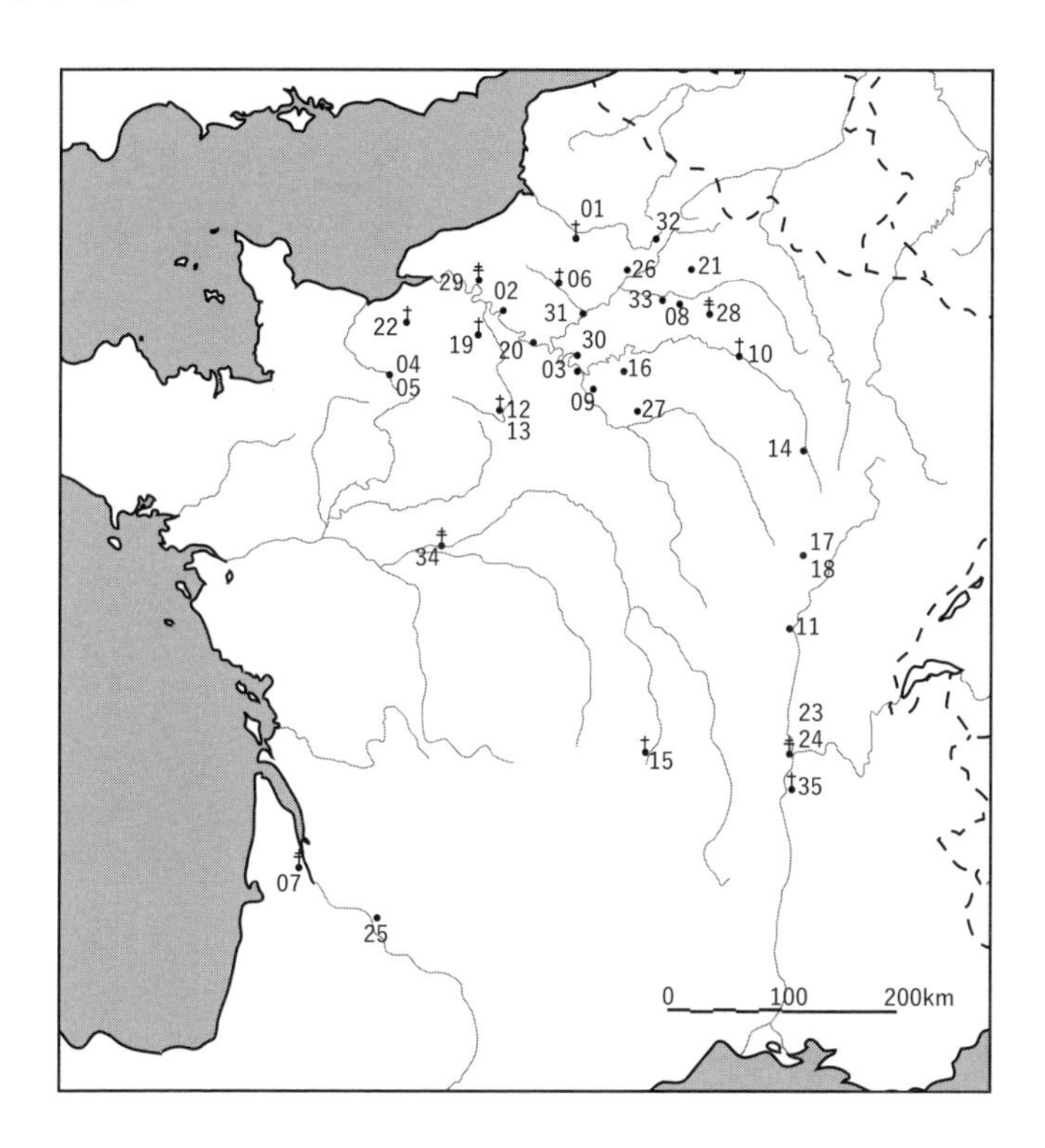

01――**アミアン（ソンム），ノートル＝ダム大聖堂**　Amiens (Somme), cathédrale Notre-Dame

1220年頃に建築家ロベール・ド・リュザルシュのもとで着工．交差部から西へと工事は進んだ．塔を除く西ファサードは遅くとも1236年には完成．まもなく放射状祭室と内陣を建設．袖廊と内陣の高所は建築家ルノー・ド・コルモンによる．（2017年5月24日調査）

主要文献：Bork et al., 1997; Bouilleret et al., 2012; Durand, 1901; Erlande-Brandenburg, 1997; Lefebvre, 2009; Murray and Addiss, 1990; Sandron, 2004; Thiébaut, 2006, p. 151–174

02――**レ・ザンドリ（ウール），ノートル＝ダム参事会聖堂**　Les Andelys (Eure), collégiale Notre-Dame

13世紀前半の建設後，15世紀末から袖廊，内陣および外陣の上層部の改造が行われた．1555年から北袖廊の改築．（2023年4月26日調査）

主要文献：Bottineau-Fuchs, 2001a, p. 71–74; Ruville, 1863; Vallery-Radot, 1924

03——**アルクイユ（ヴァル＝ド＝マルヌ），サン＝ドニ聖堂** Arcueil (Val-de-Marne), église Saint-Denys

東側2ベイは12世紀末の建設．13世紀に塔以外の残りの部分が建てられた．17世紀の落雷により西側2ベイが被害を受け，修復された．19世紀半ばにも大胆な修復を被った．（2016年5月10日調査）

主要文献：Thibourt, 1944b; MPP所蔵古文書 cotes 1999/008/0138 no. 4157, ETU/0221 no. etu02031, 1999/001/0043 no. 0244

04——**アルジャンタン（オルヌ），サン＝ジェルマン聖堂** Argentan (Orne), église Saint-Germain

1410年に外陣下部から着工．袖廊の完成をみたが，工事は遅滞．1563年には宗教戦争により荒廃．内陣は16世紀末完成し，1602年献堂．その後まもなくJ. ガブリールにより古典主義的なディテールをもつ放射状祭室が増築された．1944年8月には爆撃により大きな被害を受けた．（2023年4月24日調査）

主要文献：Bottineau-Fuchs, 2001b; Prieur, 1953a

05——**アルジャンタン（オルヌ），サン＝マルタン聖堂** Argentan (Orne), église Saint-Martin

文書記録はほとんどないが，内陣のクリアストーリーの年代などから，1480年頃に内陣および西ファサードから着工したと推定される．内陣の木製ヴォールト要石には1608年の刻印がある．1944年には同市のサン＝ジェルマン聖堂とともに被災し修復が行われた．（2023年4月24日調査）

主要文献：Baylé, 2001; Prieur, 1953b

06——**ボーヴェ（オワーズ），サン＝ピエール大聖堂** Beauvais (Oise), cathédrale Saint-Pierre

内陣は1225年の火災の後，袖廊の東側から着工したとみられ，周歩廊と隣接する支柱は1238年頃から建設．1272年までに高さ48mの主空間が完成するも，1284年に内陣直線部の天井が崩落し，支柱を増設して六分ヴォールトで再建された．1500年に袖廊が着工し，1548年までに屋根を設置．（2016年11月3日調査）

主要文献：Bideault et Lautier, 1987, p. 70–93; Heyman, 1967; Murray, 1976; Murray, 1980b; Murray, 1989; Sandron, 2001; Taupin, 2001; Wolfe and Mark, 1976

07——**ボルドー（ジロンド），サン＝タンドレ大聖堂** Bordeaux (Gironde), cathédrale Saint-André

13世紀半ばには外陣が完成し，1252年頃に内陣が着工した．1300年頃放射状祭室が完成し，トリフォリウムから上は1330年頃の着工とみられる．工匠としてジャン・デシャンやベルトラン・デシャンの名が言及されているが，クレルモン＝フェラン大聖堂で指揮を執ったジャン・デシャンとの関係は不明である．外陣は数度にわたり改変を被っている．

主要文献：Courteault, 1941; Gardelles, 1963; Gardelles, 1992; Ricard, 2017

08——ブレーヌ（エーヌ），サン＝チヴェ聖堂　Braine (Aisne), église abbatiale Saint-Yved

1185年頃着工，1208年にはほぼ完成していた．内陣，袖廊，そして外陣側廊が外陣上層部にやや先立って建設された可能性が高い．1828年から1832年にかけて西ファサードと隣接する4ベイが取り壊され，1969年からファサードの中央玄関のみ再建された．（2017年8月15日調査）

主要文献：Héliot, 1972; Klein, 1984; Prache, 1990; Prioux, 1859; Sandron, 2001, p. 110-119

09——ブリ＝コント＝ロベール（セーヌ＝エ＝マルヌ），サン＝テティエンヌ聖堂　Brie-Comte-Robert (Seine-et-Marne), église Saint-Étienne

12世紀，鐘楼から着工．東側6ベイは13世紀，西端2ベイは14世紀の建設．16世紀初頭，西側4ベイの大アーケードの柱を再建．今世紀に入ってから大規模な修繕が行われ，彩色の調査・復元もなされた．（2016年2月24日調査）

主要文献：Lautier, 2015; Piechaczyk, 2010; Vallery-Radot, 1922; MPP所蔵古文書 cotes 1998/042/0016 no.110, 2009/001/0034, ETU/0162

10——シャロン＝アン＝シャンパーニュ（マルヌ），サン＝テティエンヌ大聖堂

Châlons-en-Champagne (Marne), cathédrale Saint-Étienne

クリプトと北袖廊の塔は12世紀のものを残す．1230年の落雷後，再建工事に着手．内陣，袖廊，外陣東側は1261年までに完成．1280年から周歩廊と放射状祭室の増築．15世紀末から17世紀にかけて外陣西側およびバロック様式の西ファサードを建設．1668年の落雷後，内陣多角形部の4本の柱を再建．19世紀に復元・再建工事．（2016年6月1日調査）

主要文献：Demaison, 1911b; Villes et Kurmann, 2007

11——シャロン＝シュル＝ソーヌ（ソーヌ＝エ＝ロワール），サン＝ヴァンサン大聖堂

Chalon-sur-Saône (Saône-et-Loire), cathédrale Saint-Vincent

外陣・内陣とも12世紀の大アーケードを残し，上二層が改築された．改築工事は内陣が1220-1233年頃，外陣は1310年頃の着工．1840年代に西ファサードが再建され，1860年代には外陣の大アーケードの修復が行われた．（2017年7月26日調査）

主要文献：Branner, 1960b; Gallet, 2010; Stratford, 2010; Violot, 1930; Violot, 1940; Virey, 1929

12——シャルトル（ウール＝エ＝ロワール），ノートル＝ダム大聖堂　Chartres (Eure-et-Loir), cathédrale Notre-Dame

1194年の火災により，クリプトと西ファサードの一部を除く大部分が被災．潤沢な資金もあり，再建は短期間で行われた（内陣のほうがやや新しい）．今世紀に入って彩色の復元工事が行われた．（2015年3月27日調査）

主要文献：Calvel, 2011; Frankl, 1957; James, 1977; Michler, 1989; Pansard (dir.), 2013; Prache, 1992; Timbert (dir.), 2014

13——シャルトル（ウール＝エ＝ロワール），サン＝ピエール聖堂　Chartres (Eure-et-

Loir), église Saint-Pierre
鐘楼は10世紀か11世紀に既存の聖堂に増築するかたちで建設された．その後何度か火災に見舞われながら，内陣の地上階（1100–1170年頃），外陣（1200–1250年頃），内陣上層（1250年以降）と建設が進んだ．（2017年9月1日調査）
主要文献：Héliot et Jouven, 1970

14——ショーモン（オート＝マルヌ），サン＝ジャン＝バティスト聖堂 Chaumont (Haute-Marne), basilique Saint-Jean-Baptiste
二層構成の立面をもつ外陣は13世紀の建設．1474年に参事会聖堂へと昇格．三層構成立面の内陣および袖廊は1517–1543年に再建，1546年に献堂．19世紀に外陣が大きく修復された．（2023年5月3日調査）
主要文献：Michaut, 2018; Sesmat et Billat, 2009

15——クレルモン＝フェラン（ピュイ＝ド＝ドーム），ノートル＝ダム＝ド＝ラソンプシオン大聖堂 Clermont-Ferrand (Puy-de-Dôme), cathédrale Notre-Dame-de-l'Assomption
1248年に建築家ジャン・デシャンの設計で着工．1273年には袖廊まで工事が進む．1317年頃には外陣の途中まで進むものの，百年戦争により工事は中断．19世紀にロマネスクの建物が完全に取り壊され，西ファサードと外陣西側がE. E. ヴィオレ＝ル＝デュクらによって補完された．（2016年3月14日調査）
主要文献：Claval, 1984; Freigang, 1991; Ranquiet, 1912; Simon (dir.), 2014; MPP所蔵報告書ETU/0207

16——クレシー＝ラ＝シャペル（セーヌ＝エ＝マルヌ），ノートル＝ダム参事会聖堂
Crécy-la-Chapelle (Seine-et-Marne), collégiale Notre-Dame
もとは隣接する城の付属礼拝堂だったが，13世紀初頭，参事会および教区聖堂となる．東側8ベイは1240–1250年頃の建設で，その後建設されたであろう西側4ベイは15世紀初頭に改築，1428年に献堂．1730年頃，隣接する小川の氾濫対策として床が3 m以上高くされ，復元された後も壁にその痕跡を残す．19世紀に大規模な修復．（2017年6月13日調査）
主要文献：Barrault, 1961; Fichot et Aufauvre, 1858; Masson, 1944; Portiglia, 1982

17——ディジョン（コート＝ドール），ノートル＝ダム聖堂 Dijon (Côte-d'Or), église Notre-Dame
寄付金の記録や様式的特徴から，1220年頃着工し1240年頃完成したと推定される．比較的短い期間で建設．繊細で大胆な構造にみえるためか，小さな教区聖堂であるにもかかわらずJ. G. スフロやF. ブロンデル，E. E. ヴィオレ＝ル＝デュクら近代の（古典主義の時代においてさえ）建築家・理論家に高く評価された．（2017年7月29日調査）
主要文献：Erlande-Brandenburg, 1994; Jacquin, 2000; Oursel, 1938; Recht, 2000; Salet, 1959; Vallery-Radot, 1928

18——ディジョン（コート＝ドール），サン＝ベニーニュ修道院聖堂 Dijon (Côte-d'Or), église abbatiale Saint-Bénigne
1001年から1018年にかけて，ロトンダ（円堂）とバシリカ式聖堂を並置した，

イェルサレムの聖墳墓聖堂に近い形式の建物を建設．バシリカ部分は12世紀にすでに再建されていたが，1272年の交差部の塔の崩壊を受けて再び建て直され，1325年頃までに大部分完成．ロトンダは18世紀末に大部分が破壊され，現在は著しく修復された地下部分のみ残る．1792年に大聖堂となった．（2017年9月4日調査）

主要文献：Aubert, 1928; Flipo, 1928; Malone, 1980; Martindale, 1962; Roze, 2014

19——**エヴルー（ウール），ノートル＝ダム大聖堂**　Évreux (Eure), cathédrale Notre-Dame

外陣は1230年-1240年頃，建築家ゴーティエ・ド・ヴァランフロワのもと，12世紀の大アーケードを残しながら着工．内陣と袖廊は1264-1310年頃の建設．1356年の火災後一部再建．15世紀にヴォールトの修理，内陣のトリフォリウムの改変．西ファサードは17世紀に完成．19世紀に修復・再建工事．1940年と1944年の二度にわたり被災し，再び修復．（2022年10月18日調査）

主要文献：Bottineau-Fuchs, 2001a, p. 168-187; Gallet, 2014a; Gosse-Kischinewski, 2001

20——**ジュジエ（イヴリーン），サン＝ミシェル聖堂**　Juziers (Yvelines), église Saint-Michel

11世紀半ばに着工した建物のうち，二層構成の外陣と袖廊は現存．12世紀半ばに内陣を再建．18・19世紀に外陣身廊と袖廊の天井，交差部，ファサードが改変された．（2017年8月10日調査）

主要文献：Lefèvre-Pontalis, 1886; Prache, 1983a; Thibout, 1944a

21——**ラン（エーヌ），ノートル＝ダム大聖堂**　Laon (Aisne), cathédrale Notre-Dame

内陣と袖廊東側は1150年頃着工，1164年頃完成．1185年頃までに袖廊が，1200年頃までに全体が完成したとみられる．13世紀初頭，内陣の拡張工事．19世紀半ばから20世紀半ばにかけて大々的な修復．（2016年5月17日，2017年9月12日調査）

主要文献：Bouxin, 1890; Clark and King, 1983; Fernie, 1987; Mérimée, 1848; Saint-Denis et al., 2002; Sandron, 2001, p. 188-207

22——**リジユー（カルヴァドス），サン＝ピエール大聖堂**　Lisieux (Calvados), cathédrale Saint-Pierre

1170年頃外陣から建設，1202年までに内陣西側まで工事が進む．13世紀半ばまでに周歩廊含む内陣が完成．（2017年9月19日調査）

主要文献：Clark, 2001; Erlande-Brandenburg, 1974

23——**リヨン（ローヌ），サン＝ジャン大聖堂**　Lyon (Rhône), cathédrale Saint-Jean

内陣は1165年頃，古い建物を西側に残した状態で着工．工事の初期段階から，古い建物の反対側で西ファサードの基礎が定められたが，平面の主軸に若干のずれが生じている．工事は東から西へと進み，14世紀頃には西端ベイまで建設されたとみられる．（2015年3月30日調査）

主要文献：Aubert, 1936; Barbarin (dir.), 2011; Bégule, 1913; Reveyron, 2005

24——**リヨン（ローヌ），サン＝ニジエ聖堂**　Lyon (Rhône), église Saint-Nizier

現在の建物は14世紀末に着工し，東から西へと進められたとみられる．ヴォールトと西ファサードは16世紀以降の建設．（2015年3月30日調査）

主要文献：Reveyron, 1996; Reveyron, 2005

25——**マルマンド（ロト＝エ＝ガロンヌ），ノートル＝ダム聖堂** Marmande (Lot-et-Garonne), église Notre-Dame

1300年頃には外陣側廊の壁が3ベイほど建設されていた模様．クリアストーリーはこの地域周辺で14世紀に一般的だったものを踏襲しているが，支柱や軒など修復・改変された部位が多く詳しい年代は不明．内陣のもとの構成も定かではない．（2023年9月22日調査）

主要文献：Gardelles, 1992; Tholin, 1874

26——**ノワイヨン（オワーズ），ノートル＝ダム大聖堂** Noyon (Oise), cathédrale Notre-Dame

1140年頃周歩廊から着工し，内陣高所と袖廊東側へと進む．1185年頃から12世紀末にかけて外陣の建設．1235年頃までに西ファサードまで完成．14世紀から16世紀にかけて側方祭室を増築．15世紀に内陣直線部の柱を再建．19世紀に大々的な修復．1918年に爆撃され，修復された．（2015年3月25日，2016年8月10–12日，9月29日，12月6日調査）

主要文献：Bideault et Lautier, 1987, p. 246–270; Clark, 1977; Deyres, 1975; Lefèvre-Pontalis, 1900; Prache, 1978b; Prache, 1989; Seymour, 1975; Tallon et Timbert, 2011; Timbert et Daussy (coll.), 2011; Victoir, 2005; Vitet et Vitet, 1845

27——**ランピヨン（セーヌ＝エ＝マルヌ），サン＝テリフ聖堂** Rampillon (Seine-et-Marne), église Saint-Éliphe

12世紀後半，南側廊第6ベイ上の鐘楼から着工，13世紀後半に内陣と外陣を建設．（2016年4月6日調査）

主要文献：Carlier, 1930; Förstel, 2015; Timbert, 1999a

28——**ランス（マルヌ），ノートル＝ダム大聖堂** Reims (Marne), cathédrale Notre-Dame

1210年の火災の翌年，建築家ジャン・ドルベのもと，周歩廊と放射状祭室から着工．外陣東側は1221–1250年頃，古いファサードに接続する形で建てられ，外陣西側と西ファサードは1252年から建設された．第一次世界大戦中に被災し，修復された．（2016年6月3日調査）

主要文献：Branner, 1961; Decrock, 2009; Decrock et Demouy (dir.), 2008; Demouy (dir.), 2000; Deneux, 1925; Deneux, 1948; Jordan (dir.), 2010; Kurmann et Villes, 2015; Ravaux, 1979; Reinhardt, 1963; Villes, 2009

29——**ルーアン（セーヌ＝マリティム），ノートル＝ダム大聖堂** Rouen (Seine-Maritime), cathédrale Notre-Dame

12世紀半ば，北西のサン＝ロマン塔から着工．外陣は四層構成立面で1180年頃着手され，まもなくトリビューンの床を廃した実質三層構成に計画変更．1198年の時点で外陣はほぼ完成．内陣と袖廊は11世紀の古い建物を壊しながら建設され，1235年頃に完成．1362年から外陣のクリアストーリーの拡張工事，1430年から内陣と袖廊のクリアストーリーの改変工事．（2017年6月20日調査）

主要文献：Bottineau-Fuchs, 2001a, p. 286–322; Descubes et Sentilhes (ed.), 2012; Hein-

zelmann, 2003a; Heinzelmann, 2003b; L'Héritier, 2007

30——**サン＝ドニ（セーヌ＝サン＝ドニ），サン＝ドニ修道院聖堂** Saint-Denis (Seine-Saint-Denis), église abbatiale Saint-Denis

1130 年代，修道院長シュジェールのもとで西ファサードと内陣を建設，1144 年内陣献堂．1231 年から 1270 年頃にかけて周歩廊以外の内陣と外陣を改築．1281 年献堂．（2017 年 2 月 8 日調査）

主要文献：Bazelaire et al., 2004; Bruzelius, 1985; Crosby, 1987; Delannoy et al., 2015; Tricoit, 2009

31——**サン＝ルー＝デスラン（オワーズ），サン＝ルー修道院聖堂** Saint-Leu-d'Esserent (Oise), prieuré Saint-Leu

西ファサードと内陣は 1150 年頃，外陣は 1190-1200 年頃の建設．13 世紀，外陣建設の直後の時期に内陣を改変しトリフォリウムが通路式となった．（2016 年 2 月 16 日調査）

主要文献：Bideault et Lautier, 1987, p. 318-331; Fossard, 1934; Hanquiez, 2005; Hanquiez, 2008; Lefèvre-Pontalis, 1905b; Tallon, 2012

32——**サン＝カンタン（エーヌ），サン＝カンタン聖堂** Saint-Quentin (Aisne), collégiale Saint-Quentin

13 世紀初頭にシュヴェ，小袖廊とその手前の直線 4 ベイからなる内陣が着工し，1257 年までに使える状態になった．14 世紀に内陣の柱とヴォールトの修復．西側の袖廊は 14 世紀末の完成．外陣の大半は 15 世紀前半．1477 年から，かねて構造的問題が深刻化していた南小袖廊の再建工事．（2016 年 6 月 14 日調査）

主要文献：Héliot, 1959c; Héliot, 1967c; Thiébaut, 2006, p. 390-405; Tricoit, 2011

33——**ソワッソン（エーヌ），サン＝ジェルヴェ＝サン＝プロテ大聖堂** Soissons (Aisne), cathédrale Saint-Gervais-Saint-Protais

四層構成の南袖廊は 1176 年頃の着工．工事は内陣へと進み，1212 年までに完成．外陣は 1240 年頃までにおおむね完成．1250 年頃より，南袖廊と同時代に建設されていた北袖廊を改築．第一次世界大戦中に甚大な被害を受け，修復された．（2016 年 10 月 25 日調査）

主要文献：Ancien, 1984; Barnes, 1963; Barnes, 1969; Brunet, 1928; Sandron, 1998; Sandron, 2001, p. 366-381

34——**トゥール（アンドル＝エ＝ロワール），サン＝ガティアン大聖堂** Tours (Indre-et-Loire), cathédrale Saint-Gatien

内陣は 1236 年頃着工，1265 年より少し後に完成．北袖廊は 1277 年，南袖廊は 1285 年頃の完成．まもなく北袖廊のバラ窓に不具合が判明し，修復．外陣東側 2 ベイは 14 世紀初頭とみられるが，1330 年頃工事が中断．外陣西側は 1430 年頃-1467 年の建設．西ファサードには古典主義的色彩も強い．（2023 年 4 月 28 日調査）

主要文献：Andrault-Schmitt, 2003; Andrault-Schmitt, 2010; Andrault-Schmitt et al., 2019; Lillich, 1980; Saint-Jouan, 2003; Schreiber, 1997

35——ヴィエンヌ（イゼール），サン＝モーリス大聖堂　Vienne (Isère), cathédrale Saint-Maurice

12 世紀に建設された外陣東側の大アーケードが現存最古の部分である．内陣は 13 世紀半ばの建設．外陣東側の高所は 14 世紀初頭から 15 世紀まで数段階に分けて建設された．15 世紀に開始した外陣西側の工事は 16 世紀初頭まで続いた．（2017 年 9 月 15 日調査）

主要文献：Bégule, 1914; Bouticourt et Parron, 2014; Cavard, 1978; Reveyron, 1994a; Salet, 1974; Vallery-Radot, 1952

トリフォリウム関連地図（広域・詳細）

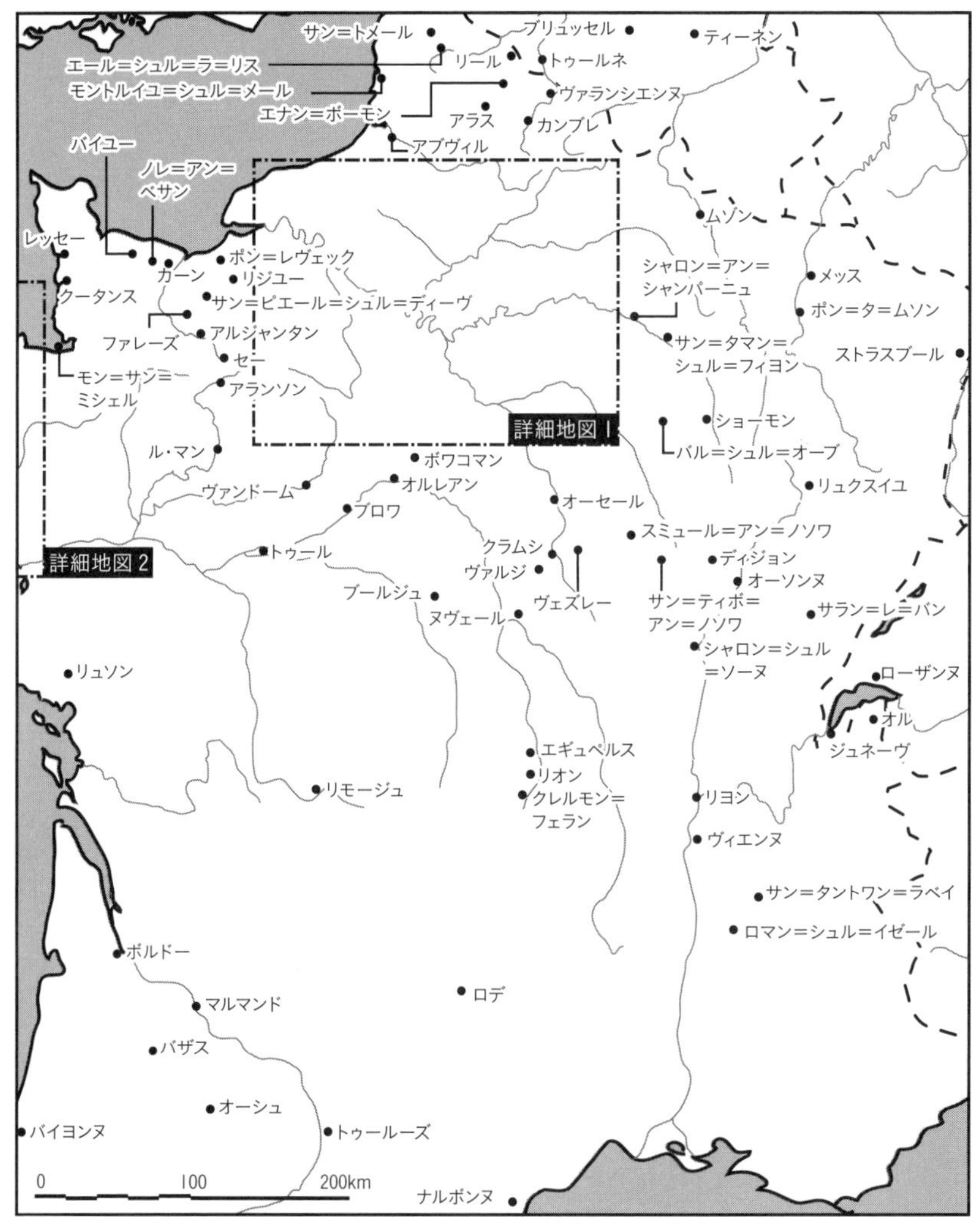

トリフォリウムを有する，あるいは有したと思われる聖堂（現存しないものを含む）が位置する都市を示す．

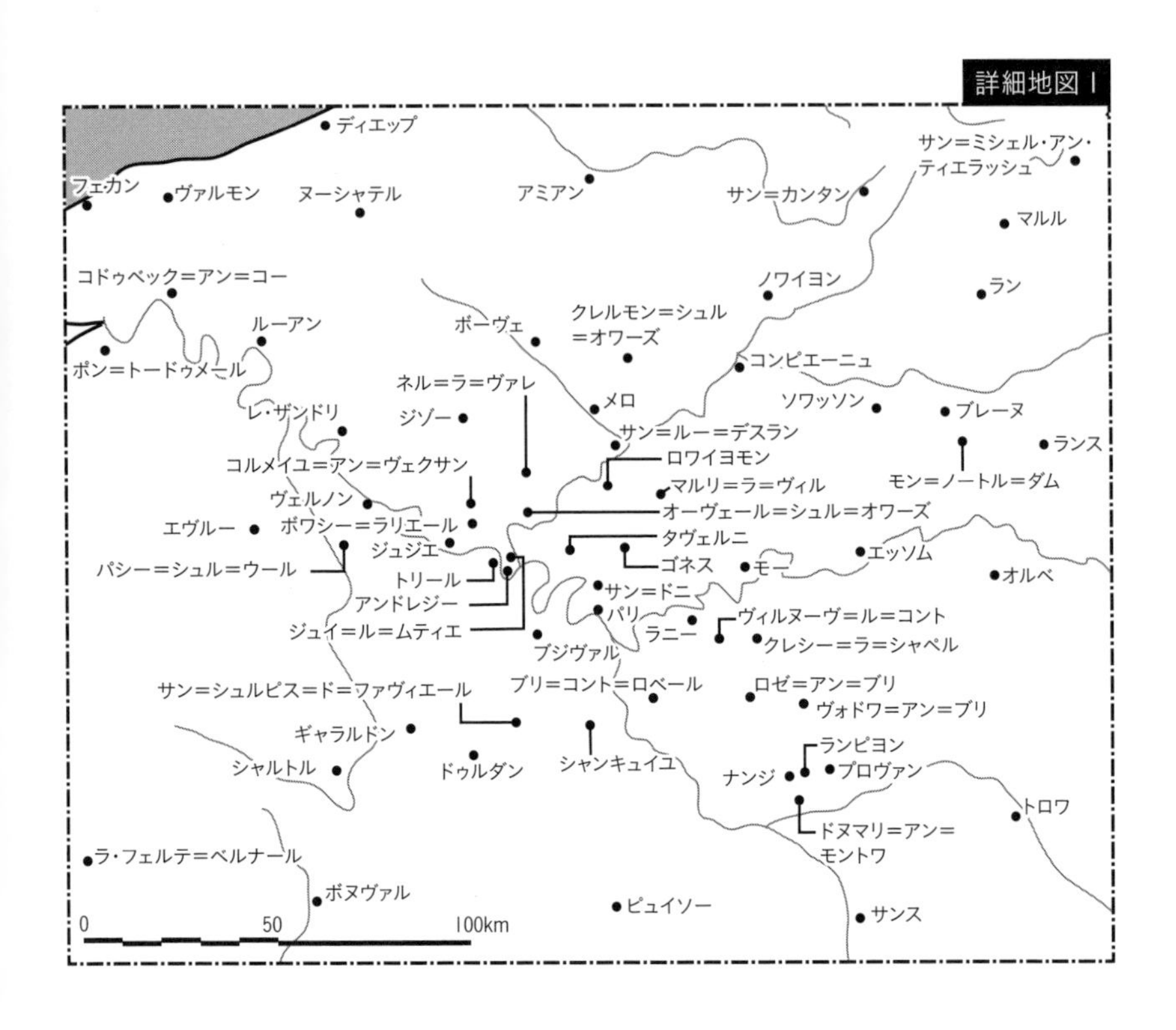

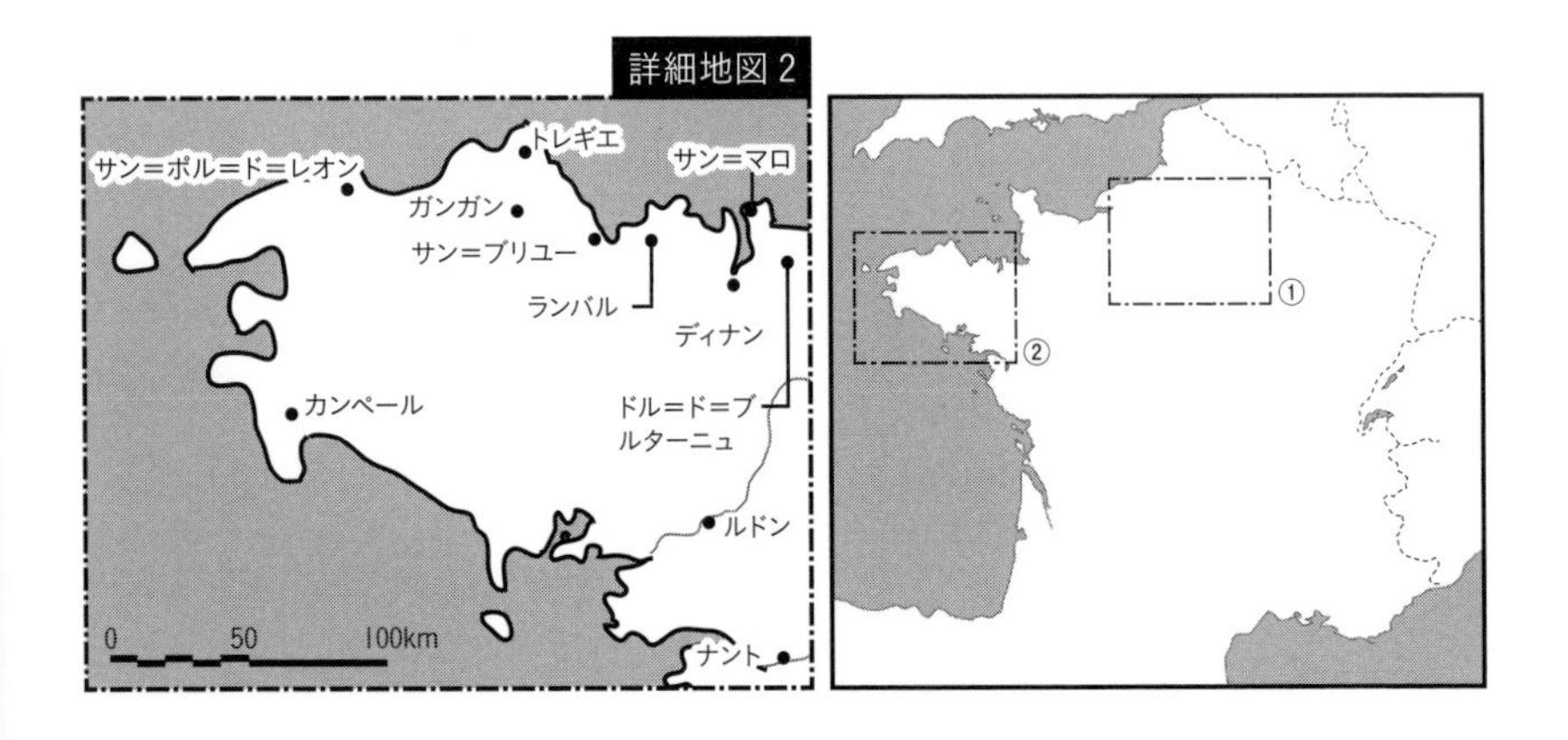

トリフォリウム関連地図（広域・詳細）

嶋﨑　礼（しまざき・あや）

1990年埼玉県生まれ．九州大学大学院芸術工学研究院助教．

2019年東京大学大学院工学系研究科建築学専攻博士課程修了．博士（工学）．

東京大学大学院工学系研究科学術支援職員，日本学術振興会特別研究員（RPD）などを経て2024年より現職．武蔵野美術大学造形学部，京都芸術大学通信教育部非常勤講師．前田工学賞（2021年）ほか受賞．

主な著書に『芸術の都 ロンドン大図鑑 英国文化遺産と建築・インテリア・デザイン』（共訳，西村書店，2017年），『西洋の名建築解剖図鑑』（共著，エクスナレッジ，2023年）がある．

ゴシック建築の考古学
——トリフォリウムからみる建設技術史

2024年12月8日　初　版

［検印廃止］

著　者　嶋﨑（しまざき）　礼（あや）

発行所　一般財団法人　東京大学出版会
代表者　吉見俊哉
153-0041　東京都目黒区駒場4-5-29
https://www.utp.or.jp/
電話　03-6407-1069　Fax　03-6407-1991
振替　00160-6-59964

組　版　有限会社プログレス
印刷所　株式会社ヒライ
製本所　牧製本印刷株式会社

ISBN 978-4-13-066864-4　Printed in Japan

著者	書名	判型	価格
加藤耕一 著	時がつくる建築　リノベーションの西洋建築史	四六	三六〇〇円
後藤　武 著	鉄筋コンクリート建築の考古学　アナトール・ド・ボドーとその時代	A5	七四〇〇円
中川　武 編	世界建築史ノート　「人類の夢」を巡歴する	A5	三九〇〇円
長谷川香 著	近代天皇制と東京　儀礼空間からみた都市・建築史	A5	七〇〇〇円
江本　弘 著	歴史の建設　アメリカ近代建築論壇とラスキン受容	A5	六〇〇〇円

ここに表示された価格は本体価格です．ご購入の際には消費税が加算されますのでご了承ください．